VERÖFFENTLICHUNGEN DES
HWWA-INSTITUT FÜR WIRTSCHAFTSFORSCHUNG-HAMBURG

Die Energiewirtschaft der VR China

Die Entwicklung
von Energieangebot und Energieverbrauch im Rahmen
der sozialistischen Planwirtschaft seit 1949

Kurt Wiesegart

1987

VERLAG WELTARCHIV GMBH · 2 HAMBURG 36

CIP-Kurztitelaufnahme der Deutschen Bibliothek

Wiesegart, Kurt:

Die Energiewirtschaft der VR China: d. Entwicklung von
Energieangebot u. Energieverbrauch im Rahmen d. sozialist.
Planwirtschaft seit 1949 / Kurt Wiesegart. — Hamburg: Verl.
Weltarchiv, 1987.
  (Veröffentlichungen des HWWA-Institut für Wirtschaftsforschung,
Hamburg)
  ISBN 3–87895-339-9

VORWORT

Der Forschungsbereich China des HWWA-Institut für Wirtschaftsforschung-Hamburg hat seit seiner Einrichtung im Jahre
1979 eine Reihe von Monographien und Fachdokumentationen
veröffentlicht. Im Vordergrund standen dabei die Analyse und
Dokumentation der wirtschaftlichen Reformbestrebungen Chinas,
die in der zweiten Hälfte der siebziger Jahre einsetzten.

Bei allen bisherigen Reformerfolgen scheint es, daß die Energieversorgung zu einem Engpaß für die weitere wirtschaftliche
Entwicklung Chinas werden könnte. Die vorliegende Arbeit von
Kurt Wiesegart - sie entstand als Dissertation an der Universität Hamburg - beschreibt und analysiert umfassend die Energiewirtschaft der Volksrepublik China seit ihrer Gründung im
Jahre 1949. Wegen der Bedeutung dieses Bereichs für die chinesische Volkswirtschaft und seiner vielfältigen Verflechtungen
mit allen anderen Sektoren eröffnet sich dem Leser gleichzeitig
ein tiefer Einblick in die Gesamtentwicklung der chinesischen
Wirtschaft.

Der Autor, ein ehemaliger Mitarbeiter der HWWA-Forschungs-
gruppe China, war dank mehrerer Forschungsaufenthalte in
der VR China und aufgrund seiner Kenntnis der chinesischen
Sprache wie kaum ein anderer in der Lage, auf primäre Quellen zurückzugreifen, die hier oder im westlichen Ausland
überwiegend nicht verfügbar sind.

Armin Gutowski

INHALTSVERZEICHNIS

Zweites Kapitel

Aufbau der chinesischen Energiewirtschaft 57

Drittes Kapitel

Leistungsfähigkeit der chinesischen Energiewirtschaft 117

Viertes Kapitel

Energieverbrauch und gesamtwirtschaftliche Entwicklung

Fünftes Kapitel

Ansätze zur Lösung der Energieversorgungsprobleme und Entwicklungsperspektiven

Fünftes Kapitel (Fortsetzung)

VERZEICHNIS DER TABELLEN

11

VERZEICHNIS DER ABKÜRZUNGEN
(in alphabetischer Reihenfolge)

BIP	Bruttoinlandprodukt
BPW	Bruttoproduktionswert
BRD	Bundesrepublik Deutschland
BSP	Bruttosozialprodukt
DM	Deutsche Mark
FF	Französische Francs
FJP	Fünfjahrplan
g	Gramm
GW	Gigawatt
h	Stunde
kg	Kilogramm
km	Kilometer
km^2	Quadratkilometer
km^3	Kubikkilometer
kW	Kilowatt
kWh	Kilowattstunde
m	Meter
m^2	Quadratmeter
m^3	Kubikmeter
Mio.	Million
Mrd.	Milliarde
MW	Megawatt
NSP	Nettosozialprodukt
RMB	Renminbi (Yuan)
SKE	Steinkohleeinheit
t	Tonne
tkm	Tonnenkilometer
US-$	US-Dollar
VR	Volksrepublik
Y	Yuan (Renminbi)

TRANSKRIPTION CHINESISCHER NAMEN

In der vorliegenden Arbeit wird prinzipiell die in der VR
China gebräuchliche Pinyin-Umschrift als Transkriptionssytem
für die chinesische Schrift verwendet (Ausnahmen bilden
Autorennamen oder Verlagsorte, deren Schreibweise in den
zitierten Veröffentlichungen vorgegeben ist). Die Pinyin-Umschrift wurde im Jahre 1958 in China landesweit eingeführt
und ist u.a. seit 1977 von den Vereinten Nationen als internationaler Standart für die Schreibung geographischer Namen
anerkannt. Die lateinische Schreibweise einiger bekannter
Namen ändert sich dementsprechend wie folgt:

Pinyin-Schreibweise

Peking	Beijing
Yangtse	Changjiang
Kanton	Guangzhou
Tsingtau	Qingdao
Tiantsin	Tianjin
Sinkiang	Xinjiang
Tibet	Xizang
Mao Tsetung	Mao Zedong

EINFÜHRUNG

Energie ist weltweit knapp geworden. Die rapiden Preiserhöhungen für Erdöl Anfang und Ende der siebziger Jahre auf dem
Weltmarkt haben zu Verteilungsproblemen geführt, die Änderungen in den internationalen Wirtschaftsbeziehungen nach sich
zogen. So schlugen die Leistungsbilanzüberschüsse vieler
Industrieländer in Defizite um, die Defizite der erdölimpor-
tierenden Entwicklungsländer wuchsen sprunghaft an.

Die Preiserhöhungen, die letztlich nur die Knappheit der
fossilen Energieressourcen widerspiegelten, hatten nachhaltige Auswirkungen auf die Energieverbrauchsstruktur vieler
Länder: Andere Energieträger, wie z.B. Atomkraft, gewannen an
Bedeutung; vor allem aber lösten sie strukturelle Anpassungs-
prozesse aus, und energiesubstituierende Maßnahmen zur Senkung des relativen Energieverbrauchs traten in vielen Ländern in den Vordergrund der wirtschaftspolitischen Prioritätenskala.

Die Volksrepublik China ist im Hinblick auf die Energieversorgung seit den sechziger Jahren weitgehend autark. Aufgrund
der sich gegenüber dem Ausland lange Zeit abschottenden
Wirtschaftspolitik Chinas hatten die Änderungen der Energiepreise auf dem Weltmarkt keinen Einfluß auf die binnenländischen Energiepreise. Der erste Ölpreisschub 1973/74 wurde
von der chinesischen Führung lediglich als ein Problem der
westlichen kapitalistischen Martkwirtschaften betrachtet. Man
baute auf die binnenländischen Energieressourcen und ver-
zichtete auf Anpassungsstrategien.

Ende der siebziger Jahre begann die Gewinnung von Primärenergie in China jedoch zu stagnieren. Die Energieversorgung
wurde zunehmend kritisch und es wurde deutlich, daß auch in
China Energie ein knapper Faktor ist, dessen Produktion nicht
unbegrenzt ausgeweitet werden kann. Seither scheint die
Energieversorgung in China zum entscheidenden Engpaß für
die weitere Wirtschaftsentwicklung geworden zu sein.

Ziel der Untersuchung und Vorgehen

Ziel der vorliegenden Arbeit ist die Untersuchung der Energiewirtschaft der VR China unter der Fragestellung, auf
welche Weise die chinesische Führung das Angebot von Energie
und den Bedarf der übrigen Wirtschaftssektoren nach Energie
aufeinander abgestimmt hat. Der Betrachtungszeitraum erstreckt sich von 1949, dem Jahr der Gründung der Volksrepublik China, bis etwa 1983/84.

Im ersten Kapitel wird eine Bestandsaufnahme der chinesischen
Wirtschaft zu Beginn der sozialistischen Industrialisierung
der VR China vorgenommen. Im einzelnen werden die grundlegenden Merkmale der Gesamtwirtschaft unter besonderer Berücksichtigung der Energiewirtschaft dargestellt. Ferner werden
die spezifischen Merkmale der sozialistischen Wirtschaftsordnung Chinas sowie die Grundlinien der chinesischen Entwicklungsstrategien erarbeitet. Im Vordergrund stehen dabei
jene Rahmenbedingungen, die für den Aufbau der Energiewirtschaft im zentral geplanten und gelenkten Wirtschaftssystem
Chinas maßgeblich waren.

Im zweiten und dritten Kapitel wird das Energieangebot untersucht und zwar zunächst, im zweiten Kapitel, der Ausbau der
Gewinnungskapazitäten in den verschiedenen energiewirtschaftlichen Bereichen. Im Vordergrund dieses Analyseteiles steht
die Untersuchung der Bedeutung, die der Energiewirtschaft
insgesamt sowie den einzelnen Energiebereichen im Rahmen des
Wirtschaftsaufbaus beigemessen wurde. Im einzelnen wird auf
den Umfang der Ressourcen eingegangen, die seit Beginn der
sozialistischen Industrialisierung von den zentralen Instanzen in die energiewirtschaftlichen Produktionszweigen gelenkt
wurden und es wird nach den energiepolitischen Leitlinien
gefragt. Dieser Überblick soll die zentrale Bedeutung der
energiewirtschaftlichen Bereiche im Entwicklungsprozeß Chinas
ersichtlich machen. Ferner sollen einige der Ursachen erkennbar werden, die maßgeblich für die Energieengpässe seit Beginn der siebziger Jahre und schließlich für die Stagnation
der Energiegewinnung Ende der siebziger Jahre sind.

Die Entwicklung der Leistungsfähigkeit der Energiewirtschaft
wird im dritten Kapitel analysiert. Da die Produktionslei-
stung in den extraktiven Industriezweigen außer von dem Faktoreneinsatz auch von den geophysikalischen Gegebenheiten
und indirekt von den Kenntnissen über die Energieressourcen
abhängig ist, wird zunächst im ersten Abschnitt untersucht,
ob die langfristig stabile Energieversorgung durch Exploration binnenländischer Energievorkommen abgesichert wurde.
Dem schließt sich die Analyse der Entwicklung des bisherigen
Energieangebots an, d.h. der Energiegewinnung und -umwandlung
sowie der Energieimporte. Die bis Ende der siebziger Jahre
erzielten hohen durchschnittlichen jährlichen Zuwachsraten
des Gesamtenergieangebots lassen zunächst vermuten, daß die
Entwicklungsanstrengungen erfolgreich waren. Es zeichnen sich
aber auch erhebliche Probleme innerhalb der energieerzeugen-
den und energieumwandelnden Bereiche ab, die auf Fehlentwicklungen und möglicherweise Fehlsteuerungen von Ressourcen
schließen lassen.

Aufbauend auf dem im zweiten Kapitel behandelten Ressourcen-
einsatz zur Entwicklung des Energiesektors wird in einem weiteren Abschnitt des dritten Kapitels auf die Kostenentwicklung, auf die Rolle der Erzeugerpreise sowie auf die Entwicklung der Kapital- und Arbeitsproduktivität eingegangen.

Im letzten Abschnitt dieses Kapitels wird der Transportsektor, soweit er für die Bereitstellung von Energieträgern für
die Binnenwirtschaft bedeutsam ist, untersucht. Dabei wird
insbesondere auf dessen Kapazität und Struktur Ende der 70er
Jahre eingegangen und es wird gefragt, ob die Transportkapazitäten das Ergebnis einer langfristigen, an dem unbehinder-
ten überregionalen Güteraustausch orientierten Entwicklungs-
planung sind.

Aus der Untersuchung des Faktoreinsatzes, der Leistungsfähigkeit der Energiewirtschaft sowie des Transportwesens werden
sich bereits vorläufige Aussagen zu der Frage nach den mög-
lichen Ursachen für die disproportionale Entwicklung von
Energieangebot und Energienachfrage treffen lassen.

Das nachfolgende vierte Kapitel widmet sich der Untersuchung des Energieverbrauchs. Dieser wird von zahlreichen Faktoren beeinflußt; die wichtigsten sind das Wachstum des Brutto- sozialprodukts, die Wirtschaftsstruktur, die Standortverteilung der Industrie und - in einer zentral geplanten und gelenkten Wirtschaft - die Sonderheiten des administrativen Zuteilungssystems. Die im Inland gewonnene Energie wird in China bis auf einen geringen Anteil auch im Inland verbraucht. Der Energieverbrauch Chinas entspricht etwa dem Energieverbrauch des hochindustrialisierten Landes Japan. Es scheint demnach, daß das chinesische Volkseinkommen relativ energieintensiv erwirtschaftet wird. Um die Ursachen der hohen Energieintensität zu ermitteln, werden Energieverbrauchsstruktur, die produktspezifische Energieintensität sowie die gesamtwirtschaftliche Energienutzungsrate untersucht.

Da die Ursachen für den relativ hohen Energieverbrauch auch systembedingt sein können, wird das Allokationssystem analysiert. Entsprechend dem Selbstverständnis der sozialistischen Planwirtschaft soll die geplante, administrative Zuteilung von Produktionsfaktoren eine optimale Allokation von Energie gewährleisten. Verschiedene Anzeichen lassen indes darauf schließen, daß das Allokationssystem sowohl hinsichtlich der Zuteilung von Quantitäten als auch im Hinblick auf die Zuteilung bedarfgemäßer Güterqualitäten den Anforderungen nicht gerecht wird. Besonderes Gewicht bei der Analyse des Allokationssystems soll auf die Funktion der Energiepreise gelegt werden. Es wird untersucht, ob in der Vergangenheit Energiepreisveränderungen erfolgt sind und falls ja, wie sich die Energiepreise im Verhältnis zu anderen Industriegüterpreisen entwickelt haben. Sofern beispielsweise Energie relativ zu anderen Gütern billiger wurde, bestände aus einzelwirtschaftlicher Sicht keine ökonomische Notwendigkeit, Energie einzusparen und/oder zu substituieren, was zum Teil jedenfalls die hohe Energieintensität des Sozialprodukts erklären würde.

Im letzten Kapitel werden die Maßnahmen untersucht, die die chinesische Führung seit Ende der siebziger Jahre zur Lösung der Energieprobleme ergriffen hat, und es werden die Perspektiven für die Sicherung der Energieversorgung abgeschätzt. Zunächst wird die Nachfrageseite behandelt, da für die Entscheidungen über den zukünftigen Ausbau der Energiegewinnungskapazitäten die erwartete Nachfrageentwicklung maßgeblich ist. Es soll ferner ermittelt werden, welche Maßnahmen zur Reduzierung des Energieverbrauchszuwachses vorgesehen sind. Anschließend wird darauf eingegangen, welche Maßnahmen auf der Angebotsseite zur langfristigen Ausweitung des Energieangebots ergriffen wurden. Im einzelnen geht es um die Fragen, welche energiepolitische Konzeption der derzeitigen Entwicklungspolitik zugrunde liegt, welche Planziele es für die Ausweitung der Energiegewinnung gibt, wieviel Kapital zur Realisierung dieser Pläne erforderlich sein wird und welche Rolle ausländischem Kapital beim Ausbau des Energiesektors beigemessen wird.

Im letzten Abschnitt wird auf die ordnungspolitischen Maßnahmen eingegangen, die zur Reduzierung des relativen Energieverbrauchszuwachs sowie zur Ausweitung des Energieangebots bereits ergriffen wurden oder in Zukunft vorgesehen sind. Es soll ermittelt werden, ob die seit Anfang der 80er Jahre eingeleiteten ordnungspolitischen Reformen, die eine Einschränkung der direkten administrativen Planung und Lenkung der Wirtschaftsprozesse zugunsten der Nutzung ökonomischer Hebel vorsehen, auch in den Bereichen der Energiegewinnung und Allokation von Energieträgern durchgesetzt werden und insbesondere wird auf die Bedeutung preis- und steuerpolitischer Maßnahmen eingegangen.

Zur Materiallage

Die Arbeit basiert in erster Linie auf offiziellen chinesischen Statistiken sowie auf Büchern, Fachzeitschriften und Tageszeitungen aus der VR China.

Die verwendeten Primärquellen konnte ich während zweier mehrmonatigen Forschungsaufenthalte in den Jahren 1982 und 1983 in der VR China zusammentragen. Der Zugang zu den Materia-

lien, die im Ausland zum überwiegenden Teil nicht verfügbar
sind, war mir nur möglich durch die Unterstützung mehrerer
Mitarbeiter verschiedener Institutionen: Der Staatlichen Planungskommission, der Staatlichen Wirtschaftskommission, den
Ministerien für Kohleindustrie, für Erdölindustrie, für Elektrizitätsindustrie und für Kernenergie, dem Energiewirtschaftlichen Institut der chinesischen Akademie für Sozial-
wissenschaften sowie der Universität Beijing (Beida). Ihnen
bin ich zu großem Dank verpflichtet. Ohne ihre Hilfe wäre
die Datenerhebung nicht möglich gewesen und die Arbeit in
der vorliegenden Fassung nicht geschrieben geworden.

ERSTES KAPITEL

ALLGEMEINE GRUNDLAGEN DER CHINESISCHEN WIRTSCHAFT UND
STRATEGIEN DER CHINESISCHEN WIRTSCHAFTSPOLITIK

1. Allgemeine Bedingungen des chinesischen Wirtschaftsraumes

1.1. Geographische Bedingungen, klimatische Verhältnisse,
     Bevölkerung

Die Entwicklungspolitik Chinas steht seit der Gründung der
Volksrepublik vor der Aufgabe, eine rückständige Wirtschaft
in einem ausgedehnten, heterogenen Gebiet zu entwickeln. Mit
einer Fläche von 9,56 Mio. qkm ist die VR China hinter der
Sowjetunion und Kanada der drittgrößte nationale Wirtschaftsraum der Erde. Die Flächenausdehnung entspricht fast der 40-
fachen Fläche der Bundesrepublik Deutschland. Das Gebiet
weist ausgeprägte physisch-geographische Unterschiede auf.
Rd. 60 % der Landoberfläche heben sich 1000 m und mehr über
dem Meeresspiegel, nur 10 % sind Tiefebenen.[1]

Die ausgedehnte Erstreckung des Landes, die Variabilität in
den Oberflächenformen und die extremen Höhendifferenzen
zwischen den 8000 m hohen Gebirgen im Südwesten und die bis
unter den Meeresspiegel reichenden Senken im Nordwesten haben
eine außerordentliche Vielfalt der klimatischen Verhältnisse
zur Folge mit ausgeprägten Unterschieden zwischen Nord und
Süd, zwischen Ost und West. Während in den höheren Teilen
des Tibet-Qinghai-Plateaux ein Dauerforst-Klima herrscht,
haben die südlichen Provinzen, wie z.B. Guangxi oder Guangdong, das ganze Jahr über tropische Temperaturen, die den
Anbau aller tropischen Pflanzen ermöglichen. Das Klima erschwert nachhaltig die Erschließung der Vorkommen an industriellen Energierohstoffen und die Ansiedlung von Industrie-
räumen. Die rohstoffreichen Gebiete im Norden und Nordosten

_____

1 Vgl. Wilfried KOCH: Der Naturraum, in B. Staiger (Hrsg.):
  China: Natur - Geschichte - Gesellschaft - Politik -
  Staat - Wirtschaft - Kultur, Stuttgart 1980, S.3 f.

sind beispielsweise nur vier bis sieben Monate frostfrei.[1]
Die regional zum Teil erheblichen Temperaturschwankungen[2]
stellen extreme Anforderungen an Arbeitskräfte und Materialien.

Entsprechend der geographischen und klimatischen Bedingungen
leben über 90 % der Bevölkerung in den fruchtbaren Becken
und Talungen Ostchinas. Durch diese hohe regionale Konzentration der Bevölkerung wird die Nutzung des riesigen Arbeitskräftepotentials - im Gründungsjahr der Volksrepublik (1949)
zählte die Bevölkerung 542 Millionen, Ende 1982 1.054 Millionen - zur Industrialisierung des Binnenlandes und der
Erschließung der dort vorhandenen Rohstoffe erheblich eingeschränkt.[3]

1.2. Wirtschaftsgeographische Bedingungen

Der chinesische Wirtschaftsraum birgt umfangreiche metallische und energetische Ressourcen. Die Vorkommen beispielsweise an Eisenmetallen wie Eisenerz, Mangan und Molybdän
sind im Vergleich zu anderen Ländern groß, ebenso die Vorkommen an Nichteisenmetallen wie Kupfer, Aluminium Wolfram,
Antimon Zinn oder Zink.[4] Die Vorkommen an den Brennstoffen
Kohle und Erdöl zählen zu den größten der Welt.

---

1 China Handbook Editorial Committee (Hrsg.): China Handbook
  Series: Geography, Peking 1983, S. 77.
2 Die Unterschiede der Durchschnittstemperaturen im Nordosten des Landes betragen 40° Celsius. Vgl. WANG Li, WANG
  Shuqing: Zhongguo qihou gaikuang (Die klimatischen Verhältnisse in China), in: Xue Muqiao (Hrsg.): Zhongguo Jingji
  Nianjian 1983 (Wirtschaftsjahrbuchs Chinas 1983), S.I,18
  (im folgenden zitiert als: Zhongguo Jingji Nianjian 1983).
3 Guojia tongjiju (Hrsg.): Zhongguo Tongji Nianjian 1983
  (Statistisches Amt: Statistisches Jahrbuch Chinas 1983;
  im folgenden zitiert als: Zhongguo Tongji Nianjian 1983),
  Beijing 1983, S.103.
4 Vgl. Helmut SCHMIDT: Metall- und Nichteisenmetallrohstoffe
  in der VR China, in: E. Garms (Hrsg.): Wirtschaftspartner
  China 81/82, Chancen nach der Ernüchterung, Hamburg 1981,
  S.155 ff.

Ungünstig für die industrielle Nutzung der Rohstoffe ist deren regionale Lage. Sie sind sowohl ungleichmäßig verteilt als auch zum Großteil in noch unerschlossenen, schwer zugänglichen und schwach besiedelten Regionen konzentriert. Beispielsweise befindet sich mehr als die Hälfte der vier für den industriellen Aufbau wichtigsten bergbaulichen Rohstoffe Kohle, Erdöl, Eisen und Kupfer jeweils in drei Provinzen: Kohle zu ca. 70 % in Shanxi, der Inneren Mongolei und Guizhou; Erdöl mit knapp 70 % in Heilongjiang, Shandong und Hebei; Eisenerz zu etwa 50 % in Liaoning, Sichuan und Hebei; Kupfer mit ca. 50 % in Jiangxi, Shandong, Yunnan und Tibet.[1] Die Vorkommen an Kupfer, Vanadium, Nickel und Titan sind fast ausschließlich in den landesinneren Regionen konzentriert.[2]

Von regionalpolitischer Bedeutung ist ferner, daß es nur wenige Provinzen gibt, die Vorkommen von mehreren wichtigen bergbaulichen Rohstoffen in einem Umfang ausweisen, der ausreichend für den Aufbau von relativ geschlossenen Industriezentren ist.[3] Die meisten Provinzen des Landes weisen lediglich von einem oder maximal zwei wichtigen Rohstoffen Vorkommen in größerem Umfang auf.

Demnach ist der Transfer von Energie- und anderen Rohstoffen zwischen den Landesteilen notwendige Voraussetzung für den

---

1 Vgl. LI Wenyuan: Woguo kuangchan ziyuan yu dili weizhi de diqu chadao, gongye buju ruogan tiaojian de jingji dili fenxi (Analyse der wirtschaftsgeographischen Bedingungen der Regionalverteilung der Industrie und der geographischen Lage der bergbaulichen Rohstoffe Chinas), in: Dili Yanjiu Nr.1, 1982, S.19 ff. Unberücksichtigt sind bei dieser Kategorisierung die jeweiligen Erschließungsbedingungen, Ressourcenqualitäten und andere Lagerstättenmerkmale, die für die wirtschaftliche Nutzung der Vorkommen von Bedeutung sind.
2 Vgl. HUANG Rongsheng, RONG Donggu, a.a.O., S.283.
3 Nach einer Untersuchung des Wirtschaftsgeographen Li Wenyan gibt es beispielsweise nur drei Provinzen (Hebei, Shanxi, Anhui), die von den vier für die Industrialisierung wichtigen Rohstoffen (Eisen, Kohle, Kupfer, Erdöl) ausreichende Vorkommen aufweisen, um einen auf dem jeweiligen Rohstoff basierenden Industriezweig aufzubauen. Vgl. LI Wenyan, a.a.O., S.20.

Aufbau von Industriezentren. Dies verdeutlicht u.a. die zentrale Rolle, die der Errichtung von überregionalen Verkehrswegen für die Industrialisierung des Landes zukommt.

2. Die chinesische Wirtschaft zu Beginn der sozialistischen Wirtschaftspolitik unter besonderer Berücksichtigung der Energiewirtschaft

2.1. Entwicklungsstand der chinesischen Wirtschaft

Zur Zeit der Gründung der Volksrepublik war China ein rückständiges, unterentwickeltes Land mit niedrigem Produktionsniveau und Pro-Kopf-Einkommen. Etwa 90 % der gesamten Bevölkerung lebten auf dem Land und waren in der Landwirtschaft tätig; sie trugen mit einem Anteil von zwei Dritteln zur Entstehung des Sozialprodukts bei. Die landwirtschaftliche Produktion sicherte nur ein niedriges Subsistenzniveau. Da von der Gesamtfläche des Landes nur ca. 11 % (1.08 Mio.qkm) landwirtschaftlich nutzbar waren, mußten intensive Bewirtschaftsmethoden ergriffen werden, um hohe Flächenerträge zu erzielen. Die Arbeitproduktivität war gering.[1]

Die der Gründung der Volksrepublik vorausgegangenen acht Jahre Krieg gegen die japanische Invasionsarmee und vier Jahre Bürgerkrieg hatten der chinesischen Wirtschaft, vor allem der industriellen Produktion, schwere Schäden zugefügt. Wesentliche der einst vorhandenen industriellen Produktionsstätten waren, wenn nicht zerstört oder demontiert, in desolatem Zustand. Der Produktionswert der Industrie betrug bei Kriegsende (1949) die Hälfte des Produktionswertes des Jahres 1936.[2] Eine erhebliche Reduzierung industriellen Produktionskapazitäten, von der vor allem die energiewirtschaft-

1 Vgl. Nai-Ruen CHEN, Walter GALENSON: The Chinese Economy under Communism, Chicago 1969, S.5 f.
2 Vgl. YANG Jianbai: Zhonghua Renmin Gongheguo huifu he fazhan guomin jingji chengjiu (Die Erfolge der Konsolidierung und Wirtschaftslenkung der VR China), Peking 1956, S.14.

Tabelle I.1.   Regionale Verteilung wichtiger Bergbauressourcen Chinas

Region	Anzahl d. Rohstoffe m. Schlüsselstellung	Eisen Anteil % (Rang)	Kohle Anteil % (Rang)	Kupfer Anteil % (Rang)	Erdöl Anteil % (Rang)	Weitere bergbauliche Rohstoffe mit reichen Vorkommen
Hebei	3	15,8 (3)	2,8 (6)		10,4 (3)	metallische Komplementär-Rohstoffe
Shanxi	3	7,0 (4)	32,9 (1)	5,7 (6)		Aluminium-Erden, Komplement.-Rohst.
Neimenggu	2	3,3 (7)	30,8 (2)			seltene Erden, Kupfer
Liaoning	1	2,8 (1)				Kohle, Erdöl, Komplement.-Rohst.
Jilin	0					Kupfer, Blei, Zink
Heilongjiang	2			5,2 (8)	41,4 (1)	Blei, Zink, Kohle
Shandong	1				16,0 (2)	Kohle, Eisen, Alu.-Erden, Kompl.-Rohst.
Jiangsu	0					Kohle
Zhejiang	0					
Anhui	3	5,7 (5)	3,7 (4)	5,7 (7)		
Jiangxi	1			22,2 (1)		
Fujian	0					
Henan	1		2,6 (7)			Aluminium-Erden
Hubei	2	5,1 (6)		5,8 (5)		Antimon, Blei, Zink, Kupfer
Hunan	0					Eisen, Schwefel, Blei, Zink, Kupfer
Guangdong	0					Aluminium-Erden
Guangxi	0					Kohle, Erdgas, Blei, Zink, Kupfer, Al.-E.
Sichuan	1	16,7 (2)	7,4 (3)			Aluminium-Erden, Phosphat
Guizhou	1			13,1 (2)		Eisen, Phosphat, Blei, Zink, Kohle
Yunnan	1			13,0 (3)		
Xizang	1		3,4 (5)			
Sha'anxi	1			8,4 (4)		Nickel, Kupfer, Blei, Zn, Schwefel, Eisen
Gansu	1					Kohle
Ningxia	0					Sylvite, Salz, Blei, Zink
Qinghai	0					Erdöl, Eisen, Blei, Zink
Xinjiang	1		2,6 (8)			

Beachte: Hebei ist einschließlich der Stadtgebiete von Beijing und Tianjin;
Jiangsu ist einschließlich des Stadtgebietes von Shanghai.

Quelle: LI Wenyan: Woguo kuangchan ziyuan yu dili weizhi de diqu chadao, gongye buju ruogan tiaojian de jingji dili fenxi (Analyse der wirtschaftsgeographischen Bedingungen, der Regionalverteilung der Industrie und der geographischen Lage der bergbaulichen Rohstoffe Chinas), in: Dili Yanjiu Nr.1, 1982, S.21.

Tabelle I.2.

Produktion ausgewählter Industriegüter
vor 1949 und im Jahre 1949

	Höchstproduktion vor 1949 (1000 t)	Produktion 1949 (1000 t)	Indexzahl 1949 (maximum vor 1949=100)
Kohle	62.000 (1942)	32.430	52,4
Rohöl	321 (1943)	121	37,7
Elektrizität (Mio.kWh)	5.960 (1941)	4.310	72,3
Roheisen	1.801 (1943)	252	14,0
Stahl	923 (1943)	158	17,1
Zement	2.290 (1942)	660	28,8
Mineraldünger[a]	227	27	11,9
Baumwolltuch (Mio.m)	2.790 (1936)	1.890	67,8
Zigaretten (1000 Kästen à 5000 St.)	2.363 (1947)	1.600	67,7
Zucker	414 (1936)	199	48,1
Salz	3.918 (1943)	2.985	76,2

a ohne Ammoniumnitrat

Quelle: Guojia Tongjiju (Hrsg.): Zhongguo Tongji Nianjian 1983 (Statistisches Jahrbuch Chinas 1983), Beijing 1983, S. 279 (im folgenden abgekürzt: Zhongguo Tongji Nianjian 1983); The State Statistical Bureau (Hrsg.): Ten Great Years Peking 1960, S.95 ff.

Tabelle I.3.

Chinas Platz in der Weltrangliste ausgewählter Industriegüter
1936 und 1949

	Stahl	Roheisen	Kohle	Elektrizität
1936	18.	12.	7.	14.
1949	26.	23.	9.	25.

Quelle: The State Statistical Bureau (Hrsg.): Ten Great Years, Peking 1960, S.106.

lichen Bereiche betroffen waren, war durch die in den Jahren 1945/46 im Nordosten des Landes von der Sowjetunion vorgenommenen Demontage industrieller Anlagen und infrastruktureller Einrichtungen erfolgt.[1]

Die neue sozialistische Regierung stand deshalb zunächst vor der Aufgabe, die Kriegsschäden zu beseitigen und die Wirtschaft des Landes zu konsolidieren, bevor mit dem Aufbau neuer Produktionsstätten begonnen werden konnte.

Tabelle I.4.

Industrielle Kapazitätsverluste durch sowjetische Demontagen
(%)

Industriebereich	Amerikanische Schätzungen	Japanische Schätzungen
Elektrische Energie	71	60
Kohlenbergbau	90	80
Eisen und Stahl	50-100	50-100
Eisenbahn	50-100	50-100
Mechanische Industrie	80	68
Flüssige Kraftstoffe u. Schmiermittel	75	90
Chemikalien	50	33
NE-Metalle	75	50-100
Textilien	75	50
Papiermasse und Papier	30	80
Telekommunikation	20-100	30

Quelle: CHANG, John K.: Industrial Development in Pre-Communist China, A Quantitative Analysis, Chicago, 1969, S.82.

---

1 Vgl. Tabelle 1.4.

2.2. Wirtschaftsstruktur

2.2.1. Industriestruktur

Die Industriestruktur war Ende der 40er Jahre einseitig auf
die Konsumgüterindustrie ausgerichtet. Ca. 74 % des Bruttoproduktionswertes der Industrie (1949, zu Preisen von 1952)
wurden in der Leichtindustrie erwirtschaftet, 26 % von der
Schwerindustrie.[1] Der Anteil der modernen Industrie war sehr
gering. Laut Chen Yun waren nur 10 % der Industriebetriebe
der modernen Industrie zuzurechnen.[2] Der Wirtschaftsgeograph
Wu Xing gibt den Anteil der modernen Industrie am Gesamtpro-
duktionswert von Industrie und Landwirtschaft mit 17 % an.[3]
Obgleich sich diese Angaben auf unterschiedliche Kategorien
beziehen und nicht eindeutig sind, vermitteln sie zumindest
einen Eindruck vom Entwicklungsniveau der Industrie Anfang
der 50er Jahre.

---

1 Vgl. Zhongguo Tongji Nianjian 1983, a.a.O., S.217. Eigene
  Berechnungen. Die chinesische Statistik untergliedert die
  Industrie in die Subsektoren Schwerindustrie (zhongguongye)
  und Leichtindustrie (qinggongye). Unter Schwerindustrie
  werden folgende Industriezweige subsummiert: Metallindu-
  strie, Elektroindustrie, Kohle- und Kokereiindustrie, Chemische Industrie, Maschinenbauindustrie, Baustoffindustrie
  und Forstwirtschaft. Von der Chemischen Industrie, Maschi-
  nenbau- und Baustoffindustrie sowie der Forstwirtschaft
  werden nur jene Produktionsbereiche der Schwerindustrie zugeordnet, die Produktionsmittel für andere Sektoren und
  Industriezweige herstellen, also z.B. Düngemittel und
  Pestizide, Landwirtschaftsmaschinen oder Transportausrüstungen, Baumaterialien für die Industrie oder auch Wald-
  abholzung oder Holzbearbeitung. Andere Produktionsbereiche
  der zuletzt genannten Industriezweige, die Güter zu nicht-
  produktiven Zwecken herstellen, werden der Leichtindustrie
  zugeordnet, zusammen mit folgenden weiteren Industriezweigen: Nahrungsmittel, Textilien, Kleidung, Leder, Papier-
  herstellung sowie die Industriezweige, die Güter für Er-
  ziehungs- und Kulturwesen herstellen. Vgl. Zhongguo tongji
  Nianjian 1983, a.a.O., S.224 f.
2 Unter der Kategorie "Moderne Industrie" wurden jene Betriebe eingeordnet, die mit Hilfe maschineller Ausrüstungen,
  wie Dampfmaschinen, Generatoren oder Elektromotoren produzierten. Vgl. Foreign Language Press (Hrsg.): New China's
  Economic Achievements 1949-1952, Peking 1952, S.42 und
  S.102.
3 Vgl. WU Xing: Woguo zhonggongye dili (Regionalverteilung
  der Schwerindustrie Chinas), Peking 1957, S.1.

Typisch für den rückständigen Entwicklungsstand war die
geringfügige Verflechtung der einzelnen Wirtschaftsbereiche.
Die vergleichsweise moderne Leichtindustrie war in den Küstenprovinzen konzentriert; sie stand vor der Gründung der
Volksrepublik meist unter ausländischer Leitung und produzierte vorwiegend für die Bevölkerung der Küstenstädte und
für den Export.[1] Die überwiegend im Norden gelegene Schwerindustrie orientierte sich bis zum Ende des Krieges mit
Japan (1945) am Bedarf Japans nach schwerindustriellen Gütern.

Die wenigen modernen Wirtschaftsbereiche hatten weder regional noch sektoral nennenswerte Ausbreitungseffekte auf die
traditionellen Wirtschaftsbereiche; die integrative Verbindung sowohl innerhalb der modernen Industriezweige als auch
zwischen den traditionellen und modernen Wirtschaftsformen
war gering.[2]

2.2.2. Struktur des Verkehrs- und Transportsektors

Integrationshemmend war in den Gründungsjahren der Volksrepublik der kaum ausgebaute überregionale Transportsektor.
Natürliche Verkehrswege, die Wasserstraßen und die Küste des
Landes, konnten den Güteraustausch zwischen den Regionen
nicht sicherstellen. Die Hauptstromrichtung der Flüsse ist
durch die Abflachung des 5000 Meter hohen Reliefs des Qing-
hai-Tibet-Plateaus, hin zu den Alluvialebenen an der Meeres-
küste von Ost nach West vorgegeben - quer zu den Hauptver-
kehrsadern. Der Küstenverkehr bot nur entlang des schmalen
Küstenstreifens Möglichkeiten für den Gütertransport in Nord-
Süd-Richtung. Infolge der regional unterschiedlichen Nieder-
schläge und Sonneneinstrahlung waren ferner zahlreiche Flüsse
nur auf Teilstrecken ganzjährig beschiffbar.

---

1 Vgl. Willy KRAUS: Wirtschaftliche Entwicklung und sozialer
  Wandel in der Volksrepublik China, Berlin, Heidelberg,
  New York 1979, S.28 f.
2 ebenda.

Bedeutendster überregionaler Verkehrsträger war die Eisenbahn. Sie verfügte über ein Streckennetz von ca. 22.000 km.[1] Davon waren allerdings nur etwa 11.000 km unbeschädigt. Landesweit entsprach dies einer Streckendichte von 0,2 Kilometer pro 100 Quadratkilometer. Von einer auch nur annähernd gegebenen verkehrsmäßigen Verknüpfung der Landesteile konnte keine Rede sein. Bedingt durch die Entwicklung des chinesischen Eisenbahnwesens, die wesentlich von ausländischen Interessen bestimmt war, waren die vorhandenen Strecken zum überwiegenden Teil im Nordosten und Norden konzentriert und dienten hauptsächlich der Versorgung der sich im ausländischen Besitz befindlichen industriellen Produktionsstätten in den Küstenregionen und/oder der Belieferung der Exporthäfen mit Rohstoffen.[2]

Im Landesinneren, wo noch kaum Eisenbahnstrecken verlegt waren,[3] übernahmen Landfahrzeuge, Tragtiere, Träger und Lastboote den Großteil des Güter- und Personentransports. Großmann weist darauf hin, daß in weiten Gegenden Verkehrsverhältnisse herrschten vergleichbar mit denen unseres Mittelalters.[4] Ein überregionales Straßennetz war noch kaum entwickelt. Die Länge des gesamten befahrbaren Straßennetzes wird für das Jahr 1949 mit 80.000 km angegeben;[5] davon war jedoch nur ein Bruchteil - dieser konzentrierte sich auf die Küstenstädte - befestigt.

---

1 Vgl. Xinhua News Agency (im folgenden zitiert als: XNA), No.13010 vom 28.8.1984.
2 Zum fremdbestimmten Ausbau des chinesischen Eisenbahnsystems in den östlichen Küstenregionen in den ersten Jahrzehnten dieses Jahrhunderts vgl. M.Th. STREWE: Das Verkehrswesen in China, in: J. Hellauer (Hrsg.): China - Wirtschaft und Wirtschaftsgrundlagen, Berlin, Leipzig 1921, S.121 ff.
3 In den landesinneren Provinzen Yunnan und Shanxi waren die verlegten Trassen schmalspurig, so daß eine Anbindung dieser Strecken an die anderen Strecken, die Normalspurbreite hatten, erschwert war.
4 Vgl. Bernhard GROSSMANN: Die wirtschaftliche Entwicklung der Volksrepublik China. Ökonomische Studien, H.6, Stuttgart 1960, S.208.
5 Vgl. XNA, No. 12938 vom 17.6.1984.

Die Eisenbahn und der Straßenverkehr hatten nach Abschluß
der Wiederaufbauphase im Jahr 1953 einen Anteil von jeweils
ca. 40% am gesamten Gütertransportaufkommen, der Transport
per Binnenschiffen einen Anteil von etwa 16 %.[1]

2.3. Standortverteilung der Industrie

In Anbetracht der regionalen Bevölkerungsverteilung und der
ausländischen Einflüsse, die seit dem vergangenen Jahrhundert
und verstärkt seit Anfang dieses Jahrhunderts die Entwicklung
der chinesischen Industrie maßgeblich bestimmten,[2] ist es
nicht verwunderlich, daß die regionale Standortverteilung
der Industrie sehr unausgeglichen und der regionale Entwicklungsstand unterschiedlich war.

Im Jahr 1949 waren 73% der gesamten chinesischen Industrie
an der Küste konzentriert.[3] Von dieser Küstenindustrie[4] befanden sich weitaus die meisten Produktionskapazitäten in
wenigen Städten wie Shanghai, Tianjin, Qingdao und Guangzhou.[5]

Ein deutliches Gefälle der industriellen Verteilung war in
Nord-Süd-Richtung gegeben. Große Teile der Mandschurei im
Nordosten waren bereits im Jahr 1937 ein Schwerindustrie-

---

1 Vgl. Zhongguo Tongji Nianjian 1983, a.a.O., S. 306; eigene
  Berechnungen.
2 Zum Einfluß ausländischer Interessen beim Auf- und Ausbau
  der Infrastruktur und regionaler Industriekörper Anfang
  dieses Jahrhunderts vgl. M.Th. STREWE, a.a.O., S.95 ff.,
  sowie ders.: Industrie und Bergbau Chinas, in: J. Hellauer
  (Hrsg.), a.a.O., S.185 ff.
3 Vgl. YANG Jianbai, a.a.O., S.13 f.
4 Die Begriffe "Küstengebiet" und "Küstenindustrie" sind im
  chinesischen Sprachgebrauch nicht eindeutig definiert; im
  allgemeinen wird darunter das gesamte Provinzterritorium
  verstanden, das eine Küstenbegrenzung aufweist. Die Provinz
  Liaoning dagegen wird, obgleich sie am Gelben Meer liegt,
  bei industriegeographischen Betrachtungen häufig zu Nord-
  ost-China gerechnet.
5 In den großen Küstenstädten befanden sich im Jahr 1947 70 %
  aller Fabriken und 69 % der in der Industrie beschäftigten
  Arbeitskräfte des Landes. Vgl. ZHANG Wenjing: Zhongguo shehuizhuyi gongyehua (Die sozialistische Industrialisierung
  Chinas), Peking 1957, S.261.

gebiet. An der Südküste, in der Provinz Guangdong, gab es
dagegen keine nennenswerten schwerindustriellen Produktionsstätten.

Tabelle I.5.

Regionale Verteilung der industriellen Bruttowertschöpfung
1952 und 1957 (%)

Regionen	1952	1957
Osten	32,0	27,4
Norden	21,6	22,8
Nordosten	22,9	23,2
Süden	7,4	7,5
Südwesten	7,0	8,4
Zentralchina	6,5	7,5
Nordwesten	2,6	3,1

Quelle: FIELD, Robert Michael: Civilian Industrial Production
in the People's Republic of China: 1949-74, in: China A Reassessment of the Economy, A Compendium of Papers Submitted
to the Joint Economic Committee Congress of the Unites
States, Washington D.C. 1975, S.155.

Vor 1949 waren rd. 90 % der Eisen- und Stahlindustrie im
Nordosten konzentriert. Es gab im ganzen Land 19 Verhüttungs-
betriebe mit vergleichsweise moderner Ausstattung, sie befanden sich bis auf wenige Ausnahmen in den Küstengebieten.[1]
Eisenschmelzereien althergebrachter Art waren zwar in ganz
China verbreitet; die ausgebrachten Qualitäten in diesen Produktionsstätten waren gering.

Die Maschinenbauindustrie befand sich erst in der Anfangsphase ihrer Entwicklung. Der Selbstversorgungsgrad betrug
ca. 23 %.[2] Rd. 90 % der Maschinenbaubetriebe konzentrierten
sich in den Städten Shanghai, Tianjin, Qingdao, Jinan, Wuhan,
Guangzhou, Beijing, Wuxi, Hangzhou und Taiyuan.[3]

---

1 Vgl. o.V.: Huaihuang shi nian (Ein glorreiches Jahrzehnt),
  Beijing 1959, S.30 und S.114.
2 Vgl. o.V.: Woguo gangtie, dianli, meitan, jixie, fangzhi,
  zaoshi gongye jinxi (Fortschritte in der Stahl-, Elektro-,
  Kohle-, Maschinenbau-, Textil- und Papierindustrie Chinas),
  Beijing 1958, S.5.
3 ebenda, S.107 ff.

Tabelle I.6.

Regionale Verteilung der Produktionskapazitäten
für Roheisen, Gußstahl und Fertigstahl 1952 (%)

	Roh-eisen	Gußstahl (Steel ingot)	Fertig-Stahl
Osten	11,9	6,6	25,0
Norden	38,8	16,9	14,8
Nordosten	43,2	68,5	48,5
Süden	–	–	–
Südwesten	4,7	5,8	10,0
Zentralchina	0,7	2,2	1,7
Nordwesten	0,7	–	–

Quelle: WU Yuan-li with a contribution by Ronald HSIA: The
Steel Industry in Communist-China, New York, Washington,
London 1965, S.215 f.

Die chemische Industrie war ebenfalls auf die Küstenstädte
beschränkt, und zwar auf Shanghai, Nanjing und Tianjin sowie
auf Städte im Nordosten. Die Produktionskapazitäten der wenigen modernen Betriebe werden als gering bezeichnet.[1]

Auch die NE-Metallindustrie war – gemessen am Umfang der
bereits bekannten Buntmetallvorkommen – noch wenig entwik-
kelt. Allerdings stellte China mit einigen Erzen, wie z.B.
Antimonerz aus der Provinz Hunan und Woframerz aus der Provinz Jiangxi Ende der 40er Jahre einen Anteil von 70-75 % an
der Weltproduktion.[2]

Die Zentren der leichtindustriellen Produktion befanden sich
überwiegend in den Küstenstädten Shanghai, Beijing und Tianjin.

---

1 Vgl. ZHENG Wenjing, a.a.O. S.139.
2 Vgl. S. KAZANING: Zhongguo jingji dili (Wirtschaftsgeographie Chinas), Beijing 1959, S.103.

2.4. Entwicklungsstand der Energiewirtschaft

2.4.1. Bekanntes Potential an Energievorkommen und regionale
       Verteilung

Über Umfang und Verteilung der Energievorkommen bestanden
zur Zeit der Gründung der Volksrepublik offenbar nur ganz
globale Vorstellungen. Erste Ziffern, die veröffentlicht
wurden, wichen z.T. erheblich von früheren Untersuchungs-
ergebnissen ab und waren vermutlich lediglich grobe Schätzungen. So wurden die Kohlereserven vom Peking Geological Service im Jahre 1950 mit 300 Mrd.t angegeben.[1] Geologische
Untersuchungen aus früheren Jahren waren schon zu Schätzungen
gekommen, die deutlich über dieser Größenordnung lagen.[2]

Tabelle I.7.

                 Vor 1949 bekannte Kohlereserven

Jahr	1926	1934	1942	1947
Mrd.t	217,626	243,669	265,311	444,067

Quelle: 1926: Karl August WITTVOGEL: Wirtschaft und Gesell-
schaft Chinas, Leipzig 1931, S.118; 1934, 1942, 1947: Wu
Yuan-Li, H.C. Ling: Economic Development and the Use of
Energy Ressources in Communist China, New York, London, 1963
S.32 f.

Gewißheit bestand über umfangreiche Kohlevorkommen im Nordosten. Diese Brennstoffe und die ebenfalls vorhandenen Eisenerzvorkommen hatten Japan in den 30er Jahren zum Aufbau der
dortigen Schwerindustrie sowie zum Ausbau der Eisenbahnstrek-
ken veranlaßt, um die Rohstoffe vor Ort verarbeiten und nach
Japan transportieren zu können. Von der im Landesinnern gelegenen Region Shanxi, in der nach einer Erhebung im Jahre

---

1 Vgl. Ti-li Chih-shih, No.6, Peking 1953, S.154, zit. nach
  WU Yuan-Li with the Assistance of H.C. LING: Economic
  China, New Xork, London 1963, S.33 (im folgenden zit. als
  WU Yuan-li, H.C. LING.
2 Vgl. Tabelle I.7.

1926 mehr als die Hälfte der Kohlevorräte des Landes lagerten, gab es eine Eisenbahnlinie über Beijing in den Nordosten zur Küste, die im wesentlichen für den Transport von Exportkohle bestimmt war.[1]

Tabelle I.8.

Regionale Verteilung der bekannten Kohlereserven in China
1947 (Mrd.t)

Gebiet	Volumen	Anteil
Nordosten	12,413	2,80
Norden	299,966	67,55
Nordwesten	105,810	23,83
Osten	3,256	0,73
Zentralchina	11,971	2,70
Südwesten	9,192	2,07
Innere Mongolei	1,459	0,32
Gesamt	444,067	100

Quelle: WU Yuan-Li, H.C. LING: Economic Development and the Use of Energy Ressources in Communist China, New York, London, 1963, S.37.

Es bestanden kaum Kenntnisse über die Vorkommen an Kohlenwasserstoffen. Zwar geht die Geschichte der Nutzung von Erdöl und Erdgas in China sehr weit zurück,[2] die Exploration mit Hilfe moderner Techniken wird aber erst auf Anfang dieses Jahrhunderts datiert. Die erfolgte Explorationstätigkeit war indes gering. So betrug die gesamte Bohrleistung zu explora-

---

1 Die Geschichte des Kohlebergbaus in China läßt sich rd. zwei Jahrtausende zurückverfolgen. Über den Kohlebergbau in Shanxi und die lokale Entwicklung der Eisenindustrie bereits im 19. Jh. wird bei Richthofen berichtet. Vgl. F.v. RICHTHOFEN: China, Bd.II, 1882, S.412 ff. 436 ff., zit. nach Karl August WITTFOGEL: Wirtschaft und Gesellschaft Chinas, Leipzig 1931, S.114 ff.
2 Literaturhinweise zur Geschichte der Erdöl- und Erdgasgewinnung in China vor dem 20. Jh. finden sich bei A.A. MEYERHOFF, J.-O. WILLUMS: Petroleum Geology and Industry of the People's Republic of China, in: United Nations ESCAP (Hrsg.) CCOP Technical Bulletins, Vol.10, Dec. 1976, S.105 f.

tiven Zwecken zwischen 1907 und 1948 nicht mehr als 34.000 m.[1]
(Zum Vergleich: Die Explorationsbohrungen, die im Jahr 1953
durchgeführt wurden, hatten bereits eine Gesamtlänge von
18.000 m).[2]

Über die vor 1949 bekannten Vorräte liegen keine eindeutigen
Daten vor. Offizielle Angaben bezifferten die Ölreserven auf
727 Mio.t (1942) und auf 2.750 Mrd.t im Jahr 1953.[3] Der bedeutendste Teil der Reserven, ca. 2 Mrd.t, war zu Beginn der
50er Jahre in Xinjiang (Nordwesten) nachgewiesen worden, und
zwar in den Becken Junggar, Tarim und Turfan; weitere Vorkommen
lagerten im Qaidam-Becken (Qinghai) sowie im Norden der Provinz
Sha'anxi. Große Erdgasvorkommen waren in der Provinz Sichuan
nachgewiesen. Ferner waren Ölschieferreserven bekannt, die von
chinesischer Seite Ende der 50er Jahre auf insgesamt 60 Mrd.t
beziffert wurden.[4]

2.4.2 Produktionspotential

Das Fördervolumen von Kohle und Erdöl sowie die Elektrizitätserzeugung waren wie bereits erwähnt bis Ende der 40er Jahre
durch die Kriegseinwirkungen ebenso wie die Produktion anderer
Industriegüter zurückgegangen und lagen weit unter den in vorausgegangenen Jahren bereits erzielten Produktionsspitzen.[5]
Kommerzielle Primärenergie[6] beschränkte sich fast ausschließ-

---

1 Vgl. Y.J. BEREZINA: Topliuno-Energiescheskaia Baza Kitayskai
   Norodnoj Respublik; Moscow 1939, zit. nach Wu Yan-Li,
   H.C. Ling, a.a.O., S.175.
2 ebenda
3 Vgl. WU Yuan-Li, H.C. LING, a.a.O., S.176
4 Vgl. Renmin Ribao vom 7.8.1958, zit. nach WU Yuan-Li, H.C.
   LING, a.a.O., S.178
5 Vgl. Tabelle I.2.
6 Unter kommerzieller Energie werden im allgemeinen Energieträger wie Kohle, Erdöl, Erdgas, Elektrizität verstanden; mit
   nichtkommerziellen Energieträgern faßt man Stoffe wie Feuerholz, Holzkohle, Dung, tierische und landwirtschaftliche Abfälle zusammen. Die Abgrenzung ist nicht ganz unproblema-
   tisch. So besteht wegen der Knappheit einzelner der sog.
   nichtkommerziellen Energieträger in vielen Länder bereits die
   Tendenz der Kommerzialisierung. Dies ist z.B. bei Feuerholz
   der Fall. Der starke Rückgang der Waldbestände in bestimmten
   Regionen und Ländern - z.B. in Indonesien, der Elfenbeinküste
   u.a. - führt dazu, daß Brennholz nicht mehr ohne weiteres als
   "unbegrenztes" Gut kostenlos verfügbar und insofern bereits
   "kommerzialisiert" ist. Trotz der Abgrenzungsproblematik wird
   in dieser Arbeit die begriffliche Trennung beibehalten.

lich auf Kohle (97 % der erzeugten kommerziellen Energie). Die Erdölförderung war noch kaum entwickelt; sie hatte einen Anteil von ca. 1 % an der inländischen Primärenergiegewinnung. Weitere 2 % waren Primärstrom[1] aus Wasserkraft.[2]

Die Kohleförderung belief sich im Jahr 1949 auf 32,43 Mio.t. Der Stand der technischen Entwicklung war niedrig. Im Kohlebergbau wurden kaum mechanische Verfahren zur Förderung eingesetzt. Für das Jahr 1951 wird der Anteil der Kohle in den vom Kohle-Ministerium verwalteten Bergwerken, der mit Hilfe mechanischer Verfahren abgebaut wurde, auf 11,6 % beziffert. Lediglich 38 % der Kohle wurden mittels Sprengstoff aus dem Berg gelöst,[3] der überwiegende Teil mit Eisen und Schlägel.

Die Fördergebiete waren klein und regional weit gestreut. Im Jahr 1949 gab es acht Kohleabbaugebiete, die jährlich mehr als 1 Mio.Tonnen förderten. Das größte Tiefbaurevier, Kailuan in der Provinz Hebei, hatte eine jährliche Förderkapazität von 3,34 Mio.Tonnen; wegen der Kriegszerstörungen konnte Ende der 40er Jahre jedoch nur noch ein Teil der Förderkapazität genutzt werden. Die Tagebaue im Gebiet Fushun (Nordosten) hatten eine Förderkapazität von insgesamt 6-7 Mio. Tonnen.[4]

Etwa 50 % der Kohle wurden in der im Nordosten gelegenen Mandschurei, die bis zum Abzug der Japaner (1945) weitgehend isoliert von der übrigen Wirtschaft des Landes blieb, gewonnen. Etwa 30 % der Kohle wurden im Norden des Landes und 18 % im Osten gefördert.[5]

---

1 Unter Primärstrom wird die aus Wasserkraft, Kernkraft und Geothermik erzeugte Elektrizität verstanden.
2 Vgl. Zhongguo Tongji Nianjian 1983, a.a.O., S.244.
3 Die statistischen Angaben sind nicht eindeutig. Wu, Ling listen die vorhandenen mechanischen Ausrüstungen für den Zeitraum 1952-56 auf, vgl. WU Yuan-Li, H.C. LING, a.a.O., S.47 f.
4 Vgl. Horst KLAUSING: Probleme der Standortverteilung der Schwerindustrie in der Volksrepublik China 1949-1959, Diss., Leipzig 1968, S.55 f.
5 Vgl. Tabelle I.9.

Tabelle I.9.

Regionale Verteilung der Kohleförderung
in den zentral verwalteten Bergwerken
im Jahr 1950 (Mio.t)

			Zwischen-summe	Anteil[b] (%)
Nordosten:	Liaoning	7,27		
	Jilin	2,457		
	Heilongjiang	4,894	14,621	48,5
Norden:	Beijing	0,425		
	Hebei	6,10		
	Shanxi	1,928		
	Innere Mongolei	0,335	8,788	29,1
Nordwesten:	Sha'anxi	0,116	0,116	0,0
Osten:	Jiangsu	1,054		
	Anhui	1,508		
	Jiangxi	0,223		
	Shandong	2,27	5,055	16,8
Zentralsüd:	Henan	0,811		
	Hunan	0,142	0,953	0,0
Südwesten:	Guizhou	0,116	0,116	0,0
Gesamt:			29,649[a]	

a Das gesamte Produktionsvolumen des Jahres 1950 wird mit 30,175 Mio.Tonnen angegeben. Die Differenz in Höhe von 0,526 Mio.Tonnen setzt sich vermutlich aus weiteren Produktionsmengen in den Regionen Shanghai, Xinjiang und Ningxia zusammen. Weitere rd. 13 Mio.Tonnen wurden in lokalen Gruben gewonnen. Vgl. Guojia tongjiju (Hrsg.): Zhongguo Tongji Nianjian 1981 (Statistisches Jahrbuch Chinas 1981), Beijing 1982, S.223

b Bezugsbasis ist 30,175 Mio.Tonnen (= 100 %)

Quelle: Zhongguo meitan gongyebu (Hrsg.): Zhongguo Meitan Gongye Nianjian 1982 (Jahrbuch der Kohleindustrie Chinas 1982), Beijing 1983, S.5.

Die noch kaum entwickelte Erdölindustrie befand sich vor
allem in zwei Gebieten: Die Erdölförderung in Nordwest-China
und die Produktion synthetischen Erdöls im Nordosten. Von
der gesamten Rohölförderung im Umfang von 120.000 Tonnen
(1949) und 200.000 Tonnen (1959) stammte der überwiegende
Teil aus den Gebieten der Nordwestprovinzen und zwar den Erd-
ölfeldern Yumen (Gansu) und Dushanzi (Sha'anxi). Lediglich
kleinere Mengen konnten in Raffineriebetrieben nahe den
Feldern Yumen und Dushanzi verarbeitet werden. Der Großteil
des Rohöls wurde zur Verarbeitung nach Shanghai transportiert.[1] Das aus den Ölschieferlagerstätten des Nordostens in
den Raffinerien bei Fushun, Jinzhou und Huadian raffinierte
Öl dürfte Ende der 40er Jahre ein Volumen von wenigen hunderttausend Tonnen gehabt haben.[2] Offizielle Angaben sind
nicht verfügbar. Insgesamt wurde Chinas Erdölbedarf (einschließlich Erdölerzeugnissen) in den 40er und Anfang der
50er Jahre zum überwiegenden Teil durch Erdölimporte gedeckt.[3]

Zu erwähnen ist noch die Erdgasgewinnung in Höhe von 7 Mio.
cbm (1949).[4] Erdgas wurde fast ausschließlich in der Provinz
Sichuan gewonnen und auch dort verbraucht.

Die gesamte Stromerzeugungskapazität betrug im Jahr 1949
1.800 bis 1.900 MW.[5] Die Stromerzeugung belief sich auf
4,3 Mrd.kWh, davon wurden über 80 % (3,6 Mrd.kWh) in kohle-
bestückten Wärmekraftwerken gewonnen.[6] Die großen Kraftwerke

---

1 Vgl. Horst KLAUSING: Probleme der Standortverteilung der
  Schwerindustrie in der Volksrepublik China 1949-1959,
  Diss., Leipzig 1968, S.55 f.
2 Klausing beziffert die Schieferölproduktion des Jahres
  1943 auf 318.000 Tonnen. Die von Japan errichteten Raffinerien produzierten ausschließlich für den japanischen
  Markt. Vgl. Horst KLAUSING, a.a.O., S.56 f.
3 Da keine offiziellen Angaben vorliegen, läßt sich der Im-
  portanteil anhand der verfügbaren Statistiken nur schätzen.
  Er lag noch im Jahr 1953, nachdem die inländische Erdölgewinnung bereits von 0,12 Mio.t (1949) auf 0,62 Mio.t gesteigert worden war, bei ca. 60 % des inländischen Erdöl-
  gesamtverbrauchs. Vgl. Zhongguo Tongji Nianjian 1983,
  a.a.O., S.225 ff.; eigene Berechnungen.
5 Vgl. WU Yuan-Li, H.C. LING, a.a.O., S.14.
6 Vgl. Zhongguo Tongji Nianjian 1983, a.a.O., S.244.

befanden sich im Nordosten, ferner in Shandong, Hebei, Jiangsu und Zhejiang, in den Großstädten Shanghai, Tianjin, Beijing, Qingdao, Nanjing, Guangzhou, Wuhan und Chongqing. Als
Wasserkraftwerk von nennenswerter Größe ist nur das Fengman-
Kraftwerk am Sunghuajiang (Nordosten) zu nennen, dessen An-
fangsstufe von Japan (1937-43) gebaut worden war. Im Jahr
1948 hatte es eine Gesamtkapazität von 130 MW.[1] Die Stromerzeugungskapazitäten lagen somit fast ausschließlich in den
östlichen und nordöstlichen Industriegebieten. Von einem
chinesischen Energieverbundnetz zur Zeit der Gründung kann
keine Rede sein. Der größte Teil des Binnenlandes, vor allem
die reinen Landwirtschaftsgebiete, waren vor 1949 völlig
ohne Stromversorgung.

Die Probleme, die bei der Versorgung der Industriegebiete
mit Brennstoffen und Elektrizität bestanden haben, werden
z.B. aus den niedrigen Beladungszeiten der Kraftwerke deutlich. Im Landesdurchschnitt produzierten die Kraftwerke insgesamt (einschließlich Wasserkraftwerke) in den Jahren 1949
und 1950 jährlich nur 2.300-2.400 Stunden Strom – das entspricht einer Betriebszeit von lediglich 95 – 100 Tagen.[2]

3. Merkmale der sozialistischen Wirtschaftsordnung der
   VR China

Die kommunistische Partei Chinas stellte sich nach der Revolution die Aufgabe, in dem unterentwickelten Land, dessen
Wirtschaft hauptsächlich aus einer kleinbäuerlichen Landwirtschaft bestand, die Produktionsmittel in sozialistisches
Eigentum zu überführen und ein planmäßig gelenktes und kon-
trolliertes Wirtschaftssystem aufzubauen. Im Sinne von Karl
Marx[3] gingen die Gründer der Volksrepublik davon aus, daß
die vorher bestimmte Kontrolle der Produktion die bestmög-

---

1 Vgl. Horst KLAUSING, a.a.O., S.58.
2 Eigene Berechnungen aus den Angaben über Stromerzeugungskapazitäten und Stromerzeugung.
3 Vgl. Karl MARX: Das Kapital, Kritik der politischen Ökonomie, Band 3, Berlin (Ost) 1969, S.197.

liche Befriedigung der materiellen und kulturellen Bedürfnisse der Bevölkerung gewährleistet.[1] Entsprechend begann man nach 1949 damit, Grund und Boden und die Produktionsmittel zu verstaatlichen, die Landwirtschaft zu kollektivieren und ein staatliches Planungs- und Lenkungssystem aufzubauen. Die beiden Grundelemente der sozialistischen Wirtschaftsordnung, die Vergesellschaftung (Staats- und Kollektiveigentum) sowie die zentrale Planung als Koordinations- und Steuerungsinstrument basieren auf der Ansicht, daß mit der neuen Wirtschaftsordnung die bewußte planmäßige Koordination des Wirtschaftsprozesses und somit eine raschere, mit weniger Reibungsverlusten behaftete Entwicklung zu einer zukünftigen Überflußgesellschaft möglich sein wird.

3.1. Verstaatlichung von Grund und Boden und des Produktionskapitals sowie Kollektivierung der Landwirtschaft

Im Zuge der Sozialisierungspolitik wurden nach der Gründung der Volksrepublik im wesentlichen folgende Maßnahmen eingeleitet:

Die Bodenreform in der Landwirtschaft vom 30. Juni 1950 schaffte die Basis für die Aufteilung des gesamten Bodenbesitzes von Großgrundbesitzern an jene, die den Boden auch bestellen: "Jedem Pflüger sein Feld".[2] Im Verlaufe aufeinander folgender Schritte wurden Grund und Boden sowie die Produktionsmittel in Kollektiveigentum überführt.[3] Mit der Gründung der Volkskommunen im Jahr 1958, die die Übergangsstufe vom Genossenschaftseigentum repräsentierten, wurde eine Entwicklung abgeschlossen, die über zwei Jahrzehnte

---

1 Vgl. Nanfang Shiliusuo daxue "Zhengzhi jingjixue jiaocha" bianxiezu (Autorenkollektiv): Zhengzhi jingjixue - shehuizhuyi bufen (Politische Ökonomie - Teil: Sozialismus), Sichuan 1979, S.118 ff.
2 Vgl. MAO Tse-Tung: Die gegenwärtige Lage und unsere Aufgabe, in: Ausgewählte Werke, Bd.IV, Peking 1969, S.181 f., Anm.4.
3 Vgl. XUE Muqiao: Sozialismus in China, Erfolge, Fehlschläge Reformperspektiven, Hamburg 1982, S.49 ff.

lang die Basis für die Kollektivbewirtschaftung in der Landwirtschaft bilden sollte.[1]

Tabelle I.10.

Anteil der staatlichen Betriebe im Jahr 1949

Elektrizitätsindustrie	58 %
Kohlegewinnung	68 %
Roheisenproduktion	92 %
Stahlproduktion	97 %
Zementproduktion	68 %
Baumwollgarnproduktion	53 %

Quelle: Willy KRAUS: Wirtschaftliche Entwicklung und sozialer Wandel in der Volksrepublik China, Berlin, Heidelberg, New
York 1979, S.75

Die Verstaatlichung des industriellen Produktionskapitals
erfolgte ebenfalls in mehreren Schritten. Nach der Gründung
der Volksrepublik wurden insbesondere die schwerindustriellen
Zweige Kohle, Stahl, Elektrizität, Chemie, Maschinenbau sowie das Eisenbahnwesen zum Großteil - soweit dies durch die
vorausgegangene Kriegswirtschaft nicht bereits der Fall war -
verstaatlicht. Der staatliche Anteil an den wichtigsten Industriezweigen, wie er nach den im Jahr 1949 durchgeführten
Enteignungsmaßnahmen gegeben war, ist in Tabelle I.10. wie-
dergegeben. Der Verstaatlichungsprozeß in der gesamten Industrie sowie des Handels war im wesentlichen bis 1956 abgeschlossen; zu diesem Zeitpunkt erstellten private Industriebetriebe nunmehr einen Anteil von 2,8 % des gesamten industriellen Bruttoproduktionswertes.[2]

---

1 Es waren regional stark unterschiedliche Ausprägungen der
  Kollektivierung zu verzeichnen. In manchen Volkskommunen
  war der Kollektivierungsprozeß soweit durchgeführt worden,
  daß sämtliche Produktionsmittel in das Eigentum der Volks-
  kommune überführt worden waren, d.h. die beiden unteren
  Eigentumsstufen auf der Ebene der Gruppe und Brigade waren
  aufgehoben. In den Folgejahren wurden diese Entwicklungen
  meist jedoch wieder zurückgenommen.
2 Vgl. XUE Muqiao, a.a.O., S.46.

3.2. Zentrale Planung als Kordinations- und Steuerinstrument

Die ersten Maßnahmen zu einer das ganze Land einschließenden zentralen Erfassung und Lenkung der Wirtschaft erfolgten Anfang des Jahres 1950 durch die einheitliche Verwaltung der Finanzen und Wirtschaft, indem die staatlichen Einnahmen und Ausgaben, die Zuteilung von Rohstoffen und Gütern sowie der Bargeldumlauf gemäß zentraler Richtlinien geregelt wurden. Die umfassende zentrale Planung und Lenkung begann ab 1953 mit der Durchführung des ersten Fünfjahrplans (im folgenden abgekürzt FJP), nachdem die wesentlichen Bereiche der Wirtschaft zum großen Teil verstaatlicht waren oder zumindest indirekt bereits staatlicher Kontrolle unterstanden.

Mit der Umsetzung zentraler Planung und Lenkung begann man, die Hauptrichtung der Entwicklung, insbesondere die Struktur des Produktionsapparates sowie die grundlegenden Produktionsbedingungen nach Plänen zu bestimmen. Mit dem Plan wurden das Gesamtvolumen und die Grundelemente der Angebotsstruktur der Produktionsmittel sowie das Gesamtvolumen und die Grundelemente der auf sie gerichteten Nachfragestruktur festgelegt. Die zentrale Planung und Lenkung wurde im Verlaufe der 50er Jahre gefestigt und in ihrer Grundkonzeption trotz Veränderungen der Planungs- und Lenkungsmethoden und verschiedener Reformen des Planungs- und Lenkungsapparates kaum ernsthaft in Frage gestellt.

Die Planerstellung, die mittels der Bilanzmethode vorgenommen wurde,[1] sollte die angestrebte Entwicklung von Akkumulation und Konsum sowie die Herstellung angemessener Proportionen zwischen und innerhalb von Wirtschaftssektoren ermöglichen. Sie erfolgte in lang- und kurzfristigen Plänen für die Gesamtwirtschaft sowie für die einzelnen Sektoren. Die aus diesen Plänen abgeleiteten Einzelpläne wurden den Industriebetrieben als Solldaten vorgegeben.

---

1 Zu den Bilanzierungsverfahren und den Methoden der Planerstellung vgl. Wolfang KLENNER: Ordnungsprinzipien im Industrialisierungsprozeß der VR China, Hamburg 1979, S.24.

In diesem von der Sowjetunion übernommenen Wirtschaftssystem
liegt grundsätzlich eine hohe Machtkonzentration auf der zentralen Ebene; die Eigenverantwortung lokaler Behörden war
uns ist - sieht man von kurzen Unterbrechungen in einzelnen
Entwicklungsphasen ab - beschränkt, da Regionalpläne und
Betriebspläne meist Bestandteil der Pläne übergeordneter
Ebenen waren. Investitionsmittel wurden den Betrieben vom
Staat zugewiesen, Gewinne wurden an den Staat abgeführt, Verluste der Betriebe vom Staat getragen. Mittel für Ersatz-
oder Erneuerungsinvestitionen mußten die Unternehmen bei den
zuständigen Finanzbehörden beantragen. Die Erzeugnisse wurden
von staatlichen Handelsorganisationen aufgekauft und abgesetzt. Ein direkter Kontakt zwischen Produzent und Markt bestand nicht.[1]

Das dargelegte Planungs- und Lenkungsinstrumentarium ermöglichte den staatlichen Behörden der VR China eine zentrale
Lenkung des Investitionsprozesses auch in den hier untersuchten Energiebereichen u.a. im Hinblick auf Volumen und regionale Struktur.

3.3. Verwaltungsebenen und Verwaltungseinheiten

Seit Bestehen der Volksrepublik gab es wiederholt Veränderungen in der Struktur des staatlichen Verwaltungssystems.
Da diese Wandlungen nur bedingt für die Bearbeitung der vorliegenden Fragestellung von Belang sind, sei nur die administrative Grundstruktur skizziert, wie sie im wesentlichen
seit den 50er Jahren für die Dauer des hier betrachteten
Zeitraums Geltung hat.

Gemäß der Verfassung der Volksrepublik ist China in 22 Provinzen (einschließlich Taiwan), fünf Autonome Gebiete und
drei sog. Regierungsmittelbare Städte untergliedert. Diese
Regionen[2] haben eigene, der Zentralregierung unterstellte

---

1 Vgl. XUE Muqiao, a.a.O., S.316.
2 Provinzen, Autonome Gebiete und Regierungsunmittelbare
  Städte werden in der vorliegenden Arbeit zusammenfassend
  als "Regionen" bezeichnet, um eine sich wiederholende Auf-
  zählung der Kategorien zu vermeiden.

Verwaltungen. Ihnen sind wiederum Kreise (xian) bzw. Autonome Kreise), Städte (shi) und Distrikte (shiqu) unterge-
ordnet. Den Kreisen sind die Volkskommunen und Kleinstädte
unterstellt. Die Verwaltungseinheiten auf gesamtstaatlicher
Ebene werden als zentrale (zhongyang) Organe, jene in regionalen Verwaltungseinheiten - unterhalb der Verwaltungsebene
der Provinzen, Autonomen Gebieten und Regierungsunmittelbare
Städte - als lokale (difang) Organe bezeichnet.[1]

Neben dieser administrativen Verwaltungsstruktur werden in
der Literatur häufig die in Tabelle I.11. aufgeführten Großwirtschaftsräume unterschieden. Diese Räume haben zwar keine
administrative Bedeutung. Für die vorliegende Untersuchung
sind sie jedoch insofern von Bedeutung, als in zahlreichen
chinesischen Quellen, die sich z.B. mit den Möglichkeiten
der Ressourcenversorgung der verschiedenen Landesteile befassen, meist diese regionale Grobgliederung zugrunde gelegt
wird.[2]

4. Strategie der chinesischen Entwicklungspolitik

Die chinesische Entwicklungspolitik ist seit der Gründung
der Volksrepublik in mehreren Phasen verlaufen, die z.T.
sehr unterschiedliche Ausprägung haben und die - zumindest
ab Ende der 50er Jahre - wie Kraus vermerkt, als jeweils
"eigenständige, spezifisch chinesische Entwicklungsschritte

---

1 Zur Gliederung der Verwaltungseinheiten während des in
  dieser Arbeit untersuchten Betrachtungszeitraums vgl.
  Wolfgang KLENNER: Ordnungsprinzipien..., a.a.O., S.90 ff.
  Zu neueren Angaben über Veränderungen im territorial-admi-
  nistrativen Gliederungssystem vgl. Peter SCHIER: Veränderungen im Verwaltungssystem der Volksrepublik China, in:
  China aktuell, Juli 1984, S.392 ff.
2 Im Verlaufe der rd. 30 jährigen Geschichte der Volksrepublik gab es wiederholt Versuche, die einzelnen Großwirtschaftsräume zu komplexen integrierten Wirtschaftsgebieten
  auszubauen und sie auch administrativ enger zu verknüpfen.
  Konkrete Schritte in diese Richtung blieben bisher aber
  immer in den Anfängen stecken.

Tabelle I.11.

Untergliederung chinesischer Regionen
nach Großwirtschaftsräumen

Großwirtschaftsräume	Zugehörige Regionen
Nordosten (dongbei)	Heilongjiang, Jilin, Liaoning
Norden (huabei)	Innere Mongolei, Shanxi, Hebei Beijing, Tianjin
Nordwesten (xibei)	Xinjiang, Qinghai, Gansu, Ningxia, Sha'anxi
Osten (huadong)	Shandong, Jiangsu, Anhui, Shanghai, Zhejiang, Jiangxi, Fujian
Zentralsüd (zhongnan)	Henan, Hubei, Hunan, Guangxi, Guangdong
Südwesten (xinan)	Xizang (Tibet), Sichuan, Yunnan, Guizhou

gelten können.[1] Ziel der Entwicklungspolitik war die Industrialisierung des Landes im Rahmen einer sozialistischen
Wirtschaftsordnung. In den einzelnen Phasen wurden jedoch
zur Erreichung dieses Ziels unterschiedliche struktur- und
prozeßpolitische Maßnahmen ergriffen. Die zugrundeliegenden
Umorientierungen in der Entwicklungspolitik waren sowohl von
ökonomischen als auch von politisch-ideologischen Beweg-
gründen jeweils führender chinesischer Wirtschaftspolitiker
ausgelöst. In den folgenden Abschnitten werden kurz die
entscheidenden Merkmale der entwicklungspolitischen Strategie, die sich als durchgängig durch alle Entwicklungsphasen
herauskristallisieren, beleuchtet.

---

1 Vgl. Willy KRAUS, a.a.O., S.467.

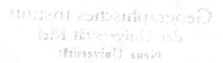

4.1. Maximierung des industriellen Wachstums

Ziel der entwicklungspolitischen Strategie war seit der Gründung der Volksrepublik ein rasches Wirtschaftswachstum. Als entscheidender Sektor, von dem die Impulse für das gesamtwirtschaftliche Wachstum ausgehen sollten, wurde die Industrie angesehen. Eine schnelle Zielerreicherung versprach man sich durch eine massive Kapitalbildung im Industriesektor. Entsprechend war man bestrebt, einen möglichst hohen Anteil des Volkseinkommens in den Ausbau der industriellen Produktionskapazitäten zu lenken.[1]

Im Rückblick betrachtet, zeigt sich, daß über rd. drei Jahrzehnte volksrepublikanischer Geschichte die Akkumulationsrate meist bei 30 % und darüber lag.[2,3] In einzelnen Jahren

---

1 In der VR China wird wie auch in anderen sozialistischen Ländern das sog. materielle Volkseinkommen in der volkswirtschaftlichen Gesamtrechnung zugrunde gelegt. Es ist vergleichbar mit dem Nettosozialprodukt zu Faktorkosten abzüglich des Wertschöpfungsbeitrages des Dienstleistungssektors im westlichen Volkseinkommenkategorien. Zu dem in China angewendeten Volkseinkommenskonzept und den neuen Diskussionsansätzen vgl. CHEN Zhibiao: Guomin shouru fanwei de chongxin kaocha (Über die Staatseinnahmen), in: Jingji Yanjiu, Nr. 4, 1981, S.39 ff.
2 Der Begriff "Akkumulation" entspricht inhaltlich etwa dem im Westen verwendeten Begriff der "Nettoinlandsinvestition". Er umfaßt die Zunahme produktiver und nichtproduktiver Anlagen und Ausrüstungen sowie die Zunahme des Umlaufkapitals und der Lagerhaltung und ferner auch Nebenkosten wie z.B. Ausbildungskosten für Personal. Nicht enthalten sind Abschreibungen sowie Kosten für größere Reparaturen oder Generalüberholungen. Vgl. Willy KRAUS, a.a.O., S.145.
3 Die Weltbank weist in diesem Zusammenhang darauf hin, daß die chinesische Investitionsquote im Vergleich zu Ländern mit niedrigen und mittleren Einkommen außerordentlich hoch ist. Vgl. World Bank (Hrsg.): China: Socialist Economic Development, Vol. I - The Economy, Statistical System and Basic Data, Washington D.C. 1983, S.79. Zur Problematik des Vergleichs von Investitionsquoten verschiedener Länder vgl. Wolfgang KLENNER: Der Wandel in der Entwicklungsstrategie der VR China, Hamburg, S. 51 ff.

erreichte sie bis zu 44 % (1959).[1]

Tabelle I.12.

Akkumulationsquoten in den chinesischen Entwicklungsperioden

Zeitraum	durchschnittl. Akkumulations- quote (%)	Schwankungen der Akkumulations- quote(höchste u. niedrigsteQuote)
Erste FJP-Periode (1953–57)	24,2	25,5–27,9
Zweite FJP-Periode (1958–62)	30,8	43,8–10,4
Konsolidierungsphase (1963–65)	22,7	27,1–17,5
Dritte FJP-Periode (1966–70)	26,3	32,9–21,1
Vierte FJP-Periode (1971–75)	33,0	34,1–31,6
Fünfte FJP-Periode (1976–80)	33,3	36,5–30,9

Quelle: Guojia tongjiju (Hrsg.): Zhongguo Tongji Nianjian 1983 (Statistisches Jahrbuch Chinas 1983), Beijing 1983, S.28.

Die ausgeprägten Schwankungen der Akkumulationsraten spiegeln den Wandel der verfolgten Entwicklungskonzeption wider. Während im Verlaufe der ersten FJP-Periode die Akkumulations- rate durchschnittlich bei ca. 24% lag und nur geringe Schwan- kungen aufwies, stieg sie in der zweiten FJP-Periode auf durchschnittlich ca. 31 % mit Amplituden zwischen 10 % und 42 %.[2] Mit Ausnahme der dreijährigen Konsolidierungsphase Anfang der 60er Jahre wurde in der Folgezeit ein hoher Anteil des Volkseinkommens in die produktiven Bereiche gelenkt und zwar überwiegend in den Ausbau der Produktionskapazitäten - etwa 80-90 % der für produktive Zwecke getätigten Investi-

---

1 Vgl. Tabelle I.12. Zu den durch die Investitionsquoten induzierten Einkommenseffekten vgl. YANG Bo: Jilei he xiaofei guangxi de tantao (Über den Zusammenhang von Akku- mulation und Konsum), in: Hongqi Nr.6, 1981, S.13 ff; Shigeru ISHIKAWA: China's Economic Growth since 1949 - An Assessment, in: The China Quaterly, Nr.94, June 1983, S.242 ff.
2 Vgl. Tabelle I.12.

tionen[1] dienten dem Aufbau neuer Produktionsanlagen.[2] Eine
Reduzierung sowohl der Akkumulationsrate als auch der hohen
Rate von Neuinvestitionen zugunsten qualitativer Verbesse-
rungen vorhandener Produktionsanlagen zeichnete sich erst
Ende der 70er Jahre ab.[3]

4.2. Priorität der Entwicklung der Schwerindustrie

In Anlehnung an das sowjetische Entwicklungsmodell wurde
der Schwerindustrie die führende Rolle im Industrialisierungsprozeß zugeordnet. Die chinesische Führung ging davon
aus, daß die Schwerindustrie, die Branchen Eisen und Stahl
sowie Maschinenbau die maßgeblichen Träger eines gesamtwirtschaftlichen Wachstumsprozesses sind. Somit mußten notwen-
digerweise im Energiebereich Voraussetzungen geschaffen werden, um die schwerindustriellen Branchen mit Energierohstoffen versorgen zu können. Entsprechend wurde der überwiegende Teil der getätigten Investitionen in den Ausbau der
schwerindustriellen Branchen gelenkt.[4] Die Leichtindustrie
hatte eine vergleichsweise untergeordnete Bedeutung in der
staatlichen Investbaupolitik.

---

1 Der in der chinesischen Terminologie verwendete Begriff
  "Investbau" umfaßt folgende Investitionen: Bautätigkeiten,
  Installationen, geologische Untersuchungen, größere Reparaturen. Er umfaßt sowohl produktive Investitionen, wie
  z.B. Bau- und Ausrüstungsinvestitionen im Bergbaubetrieb
  als auch nichtproduktive Investitionen wie z.B. den Bau
  von Wohnanlagen für die im Bergbaubetrieb beschäftigten
  Arbeitskräfte. Vgl. Wolfgang KLENNER: Ordnungsprinzipien..., a.a.O., S.195 ff; Willy KRAUS, a.a.O., S.145.
2 Vgl. Zhongguo Tongji Nianjian 1983, a.a.O., S.339. LING
  Gang: Caizheng fenpei yu jilei, xiaofei; Qiantan shehuizhuyi jiben jingji guilü caizheng lingyu de tixian (Die
  Aufteilung der Finanzeinnahmen in Akkumulation und Konsum;
  Überlegungen zu den Grundgesetzen der sozialistischen Wirtschaft im Hinblick auf die Finanzen) in: Tianjin Caijing
  Xueyuan Xuebao, Nr.1, 1982, abgedr. in: Caizheng Jinrong,
  F 6 Beijing 1982, Nr.4, S.6.
3 Ende der 70er Jahre zwangen die bestehenden sektoralen
  Ungleichgewichte zu einer grundlegenden Reform der Entwicklungsstrategie. Darauf wird in Kapitel V dieser Arbeit
  eingegangen werden.
4 Auf die Allokationspolitik in der Schwerindustrie wird im
  einzelnen in Kapitel II eingegangen werden.

4.3. Aufbau der ländlichen Kleinindustrien

Neben dem Aufbau der Schwerindustrie ist der Aufbau ländlicher Kleinindustrien ein weiteres Charakteristikum der
Industrialisierungspolitik in der chinesischen Entwicklung.
Die Strategie der ländlichen Industrialisierung, die im
übrigen auch Vorbild für die Industrialisierung anderer Entwicklungsländer wurde, bedeutete – zumindest partiell – eine
Abkehr von der sowjetischen kapitalintensiven Entwicklungsstrategie und eine Orientierung in Richtung einer arbeits-
intensiveren Strategie des ländlichen Industrieaufbaus.

Diese Entwicklungsstrategie wies verschiedene Vorteile auf:
es konnten lokale Rohstoffvorkommen vor Ort genutzt werden,
ohne daß der Aufbau kostenintensiver Infrastruktursysteme
erforderlich war; in der Landwirtschaft freigesetzte Arbeitskräfte konnten in ländlichen Kleinindustrien beschäftigt
werden und so Kapazitätseffekte bewirken, die in Anbetracht
des latenten Kapitalmangels kaum auf andere Weise erzielbar
gewesen wären; ferner wurde die ländliche Bevölkerung mit
der industriellen Produktionsweise vertraut gemacht.[1]

Im wesentlichen wurde diese Strategie in zwei Entwicklungsphasen forciert vorangetrieben: Ende der 50er Jahre, während
der Periode des "Großen Sprungs nach vorn" und während der
Kulturrevolution, Ende der 60er Jahre, Anfang der 70er Jahre.
Initiert wurde auf diese Weise der Aufbau verschiedener Produktionszweige auf dem Land: Kohle- und Erzbergwerke, Eisen-
und Stahlbetriebe, kleine Mineraldünger-, Zement- und Maschi-
nenbaufabriken, Kleinkraftwerke, Reparaturwerkstätten oder
Fabriken zur Herstellung von Lebensmittelkonserven. Der Auf-

---

1 Zum Wandel der Industrialisierungspolitik und dem Aufbau
  ländlicher Kleinindustrien, vgl. Jon SIGURDSON: Rural Indu-
  strialisation in China, in: Joint Economic Committee
  (Hrsg.): China: A Reassessment of the Economy, Washington D.C. 1975, S.411 ff; Willy KRAUS, a.a.O., S.248 ff.,
  481 ff; Wolfgang KLENNER: Ordnungsprinzipien..., a.a.O.,
  S.273 ff. und 329 ff.

bau lokaler Industriebasen sollte eine möglichst autarke Entwicklung der Kreise ermöglichen.[1]

Tabelle I.13.

   Zahl der Industriebetriebe nach Größenkategorien und
       jeweils erstellter Bruttoproduktionswert (1982)

Größenkategorie[a]	Zahl der Betriebe	Anteil	Industrieller BPW (Mrd.Yuan)	Anteil
Großbetriebe	1.584	0,4 %	145,635	26,1 %
Mittelbetriebe	3.857	1,0 %	102,743	18,4 %
Kleinbetriebe	383.180	98,6 %	309,367	55,5 %
Gesamt	388.621	100,0 %	557,745	100,0 %

a Eine Auflistung der Größenkategorien nach Industriezweigen
findet sich bei CHEN Shengchang: Qiye guimo jiegou yu giye
zuzhi jiegou duice (Über Betriebsgrößenstruktur), in: SUN
Shangqing (Hrsg.): Lun jingji jiegou duice (Über die Wirtschaftsstruktur); Beijing 1984, S. 311 ff.

Quelle: Guojia tongjiju (Hrsg.): Zhongguo Tongji Nianjian
1983 (Statistisches Jahrbuch Chinas 1983), Beijing 1983,
S.228; eingene Berechnungen.

Als Folge dieser Entwicklungsstrategie war die Wirtschaftsstruktur Ende der 70er, Anfang der 80er Jahre durch einen
ausgeprägten Dualismus gekennzeichnet. Dies wird deutlich,
wenn man die Zahl der Industriebetriebe nach Größenkategorien und den erwirtschafteten Bruttoproduktionswert betrachtet. Es gab nur wenige tausend Groß- und Mittelbetrieben.
Sie hatten zahlenmäßig einen Anteil von nur 1,4 % an allen
Industriebetrieben, d.h. der weitaus überwiegende Teil aller
Betriebe bestand aus Kleinbetrieben. Die Groß- und Mittelbetriebe erwirtschafteten jedoch fast die Hälfte des gesamten
industriellen Bruttoproduktionswertes.[2]

---

1 Vgl. Wolfgang KLENNER: Ordnungsprinzipien..., a.a.O.,
  S.329. Mit der Parole "Groß und vollständig, klein aber
  vollständig" (da er quan, xiao er quan) wurden konzeptio-
  nell nicht nur Gebiete, sondern auch die Produktionseinheiten selbst kategorisiert. Nach der Vorstellung maßgeblicher
  Wirtschaftspolitiker sollten die Produktionsbetriebe hinsichtlich ihres Produktionssystems weitgehend autark sein
  - angefangen von der Erstellung von Vorleistungen bis hin
  zur Herstellung des Endprodukts. Vgl. Renmin Ribao vom
  13.3.1965.
2 Vgl. Tabelle I.13.

ZWEITES KAPITEL

AUFBAU DER CHINESISCHEN ENERGIEWIRTSCHAFT

Die Ausgangssituation in den Energiebereichen zur Zeit der
Gründung der Volksrepublik China war bestimmt durch die in
Kapitel I skizzierten Merkmale: Es gab nur wenige größere
Brennstofffördergebiete; deren Kapazitäten waren zu einem großen Teil zerstört oder demontiert. Der Bedarf an Erdölerzeugnissen mußte fast ausschließlich durch Importe gedeckt werden. Die Industriezentren waren zum überwiegenden Teil an
der Küste konzentriert, während sich der Großteil der nachgewiesenen Energielagerstätten im Landesinnern befand. Angestrebt wurde eine Verbesserung der räumlichen Verteilung
der industriellen Produktion, wobei beabsichtigt war – entsprechend dem damals als vorbildlich geltenden sowjetischen
Entwicklungskonzept sowie in Anbetracht der rückständigen
Transportbedingungen – hinsichtlich der materiellen Versorgung eine weitgehende Autarkie der einzelnen Großwirtschaftsräume zu erreichen.[1]

Ein harmonisches Wachstum der Wirtschaft setzt grundsätzlich
die Verfügbarkeit von Energieträgern voraus. Mit der Priorität der schwerindustriellen Branchen Eisen und Stahl sowie
Maschinenbau in der Entwicklungspolitik ergab sich konsequent
eine vorrangige Stellung der Energiebereiche in der staatlichen Investitionsplanung. Die Ausweitung des Energieangebots mußte dem Aufbau der energieintensiven Industriezweige
vorausgehen, um Verzögerungen des industriellen Aufbaus oder
nichtbeschäftigte industrielle Produktionskapazitäten zu
vermeiden.

Es wird in dem vorliegenden Kapitel untersucht werden, welche
Bedeutung den energiegewinnenden und energieumwandelnden
Bereichen im Rahmen der gesamtwirtschaftlichen Faktorallokation
tion zugeordnet, welche Entwicklungsstrategie in diesen Teil-
bereichen der Wirtschaft verfolgt und welche Strukturmerk-

---

1 Vgl. LU Da-Dao, Albert KOLB: Zur territorialen Struktur
  der Industrie in China, in: Geographische Zeitschrift,
  H.4, 1979, S.273

male sich als Folge dieser Politik bis Ende der 70er Jahre
in den einzelnen Energiebereichen herausgebildet hatten. In
Anbetracht der erheblichen Energieversorgungsprobleme, die
spätestens seit Ende der 70er Jahre die gesamtwirtschaftliche Entwicklung in China behinderten, ist zu vermuten, daß
die Ursachen offenbar vorhandener Ungleichgewichte in vorausgegangenen Entwicklungsperioden begründet sind.

1. Investitionspolitik in der chinesischen Energiewirtschaft

1.1. Gesamtwirtschaftliche Investitionen

Energiepolitik zur Sicherung der Energieversorgung erfordert
in Anbetracht der langen Ausreifungszeiten von Energieprojekten eine langfristige Planung, die eine an dem zu erwartenden Energiebedarf ausgerichtete Kontinuität beim Ausbau
der energiegewinnenden Bereiche ermöglicht. Mit Beginn der
sozialistischen Planwirtschaft und der in den 50er Jahren
im wesentlichen abgeschlossenen Verstaatlichung aller wichtigen Industriebereiche waren grundsätzlich die institutionellen Voraussetzungen für eine koordinierte langfristige
Gesamtplanung der Energieversorgung gegeben. Wie erwähnt,
waren die einzelnen Energiebereiche bereits seit Beginn der
sozialistischen Planwirtschaft in hohem Maße verstaatlicht -
seit Ende 1952 die Steinkohle produzierenden Betriebe zu
90 %, die Elektrizitätsindustrie zu 96 % und die Mineralöl-
industrie zu 100 %. Damit oblagen Planung, Finanzierung und
Durchführung der Investitionsprojekte grundsätzlich staatlichen Behörden und deren Ausführungsorganen.

Von den im sozialistischen Wirtschaftssystem Chinas gegebenen vier Quellen für Investitionsmittel[1] war der Staatshaus-

---

1 Die vier Quellen für Investitionen sind: Der Staatshaushalt (caizheng bokuan), betriebliche Reinvestitionsfonds
  (qiye baoliu zijin), Bankkredite (yinhang xindai) und Genossenschaftsfonds (shehui jijin), Vgl. LI Yining: Shehuizhuyi youxiao touzi yu heli touzi (Effiziente und angemessene Investitionen im Sozialismus), in: Caizheng Jingji,
  Nr. 1, 1982, S.28 ff., abgedr. in: Zhongguo Renmin Daxue
  Shubao Ziliaoshe (Hrsg.): Fuyin Baokan Ziliao: Caizheng
  Jinrong F 6 (im folgenden zitiert als: Caizheng Jinrong
  F 6) Nr. 7, 1982, S.88

halt die wichtigste Quelle.[1] Im Zeitraum zwischen 1950 und
1979 belief sich der Anteil der durch Dotationen finanzierten
Investbauten auf 80-90 % aller in diesem Zeitraum durchgeführten Investbauten.[2] Somit wurden Höhe und Struktur der
Investitionen sowie Umfang der Produktionskapazitäten und
technisches Niveau der Anlagen nahezu ausschließlich durch
zentrale staatliche Instanzen bestimmt.

Gemäß der verfolgten Entwicklungskonzeption, die der Industrie und insbesondere der Schwerindustrie die führende
Rolle beim Wirtschaftsaufbau zuwies, war es naheliegend,
daß ein wesentlicher Teil der Fondsmittel in den Industriesektor bzw. in die schwerindustriellen Branchen gelenkt
wurde. Folgt man den offiziellen Angaben in den seit Anfang
der 80er Jahre veröffentlichten statistischen Jahrbüchern,
so war dies der Fall: Seit Beginn der 50er Jahre bis Ende
der 70er Jahre dienten die Hälfte aller Investbauinvestitionen dem Aufbau der industriellen Produktionskapazitäten.[3]
Der weitaus größte Teil dieser Mittel wiederum, nämlich 90 %,
war für den Ausbau der schwerindustriellen Branchen bestimmt.
Zwischen 30 % und 40 % der Mittel für die Schwerindustrie
wurden in den Branchen Eisen und Stahl sowie Maschinenbau
investiert.[4]

Der Anteil an Investitionsmitteln, der für die Erweiterung
des Energieangebots (einschließlich Energieumwandlung und
-fortleitung) bestimmt war, nahm mit 30-35 % aller Investitionen innerhalb der gesamten Industrie die zweitgrößte
Position ein. Diese Entwicklungspriorität spiegelt sich
auch bei den Importen von Anlagen und Ausrüstungen wider. Im
Zeitraum zwischen 1950 und 1979 wurde beispielsweise etwa
ein Viertel der gesamten importierten Anlagen und Ausrüstun-

---

1 Auf die seit Ende der 70er Jahre eingeleiteten Reformen
  bei der Allokation von Finanzmitteln wird in Kapitel V
  eingegangen werden.
2 Vgl. Tabelle II.1.
3 Vgl. Tabelle II.2
4 Vgl. Zhongguo Tongji Nianjian 1983, a.a.O., S.329.

Tabelle II.1.

Investbauinvestitionen 1950–1983
nach amtlichen Angaben
(Mrd.Yuan zu lfd. Preisen)

Jahr	Investbau insgesamt	Investbau Investbau innerhalb des Staatsplanes	Investbau innerhalb des Staatsplanes anteilig an den Gesamtinvestitionen %
1950	1,134	1,041	91,8
51	2,346	1,875	79,9
52	4,356	3,711	85,2
1953	9,044	7,549	83,5
54	9,907	8,343	84,2
55	10,036	9,366	93,3
56	15,528	14,712	94,7
57	14,332	13,148	91,7
1958	26,900	21,644	80,5
59	34,972	27,207	77,8
60	38,869	30,175	77,6
61	12,742	9,387	73,7
62	7,126	6,025	84,5
1963	9,816	8,469	86,3
64	14,412	12,396	86,0
65	17,961	16,309	90,8
1966	20,942	18,830	89,9
67	14,017	12,486	89,1
68	11,306	10,379	91,8
69	20,083	18,160	90,4
70	31,255	27,273	87,3
1971	34,084	28,277	83,0
72	32,798	26,441	80,6
73	33,810	28,220	83,5
74	34,771	28,976	83,3
75	40,932	33,558	82,0
1976	37,844	31,093	82,6
77	38,237	31,235	81,7
78	50,099	41,737	83,3
79	52,348	41,857	80,0
80	55,889	34,927	62,5
1981	44,291	25,156	56,8
82	55,553	27,667	49,8
83	59,413	34,576	58,2

Quelle: Guojia tongjiju (Hrsg.): Zhongguo Tongji Nianjian
1984 (Statistisches Jahrbuch Chinas 1984), Beijing 1984,
S.301.

Tabelle II.2.

Entwicklung der Investbauinvestitionen in den Energiebereichen (Mrd.Yuan)

Sektor	1953-1957	1958-1962	1963-1965	1966-1970	1971-1975	1976-1980	1981	1982
Industrie insgesamt	25,026	72,830	21,018	54,151	97,797	123,008	21,601	26,060
darunter:								
Leichtindustrie	3,747	7,659	1,647	4,262	10,303	15,625	4,338	4,645
Schwerindustrie	21,279	65,171	19,371	49,889	87,494	107,546	17,263	21,415
Energiebereiche	7,144	20,096	6,366	15,409	30,913	48,641	9,124	10,138
darunter:								
Elektrizität	2,978	8,888	2,207	6,860	12,939	21,874	4,014	4,623
Kohle	2,968	8,698	2,515	4,665	9,074	13,625	2,315	2,985
Erdöl	1,198	2,510	1,644	3,884	8,900	13,142	2,795	2,530
Anteile der Investitionen (%)								
Industrie insgesamt[a]	45,5	60,4	49,8	55,5	55,4	52,6	48,8	46,9
darunter:								
Leichtindustrie	6,4	6,4	3,9	4,4	5,8	6,7	9,8	8,4
Schwerindustrie	36,1	54,0	45,9	51,1	49,6	45,9	39,0	38,5
Energiebereiche	12,1	16,7	15,1	15,8	17,4	20,7	20,6	18,3
darunter:								
Elektrizität	5,1	7,4	5,2	7,0	7,3	9,3	9,1	8,3
Kohle	5,0	7,2	6,0	4,8	5,1	5,8	5,2	5,4
Erdöl	2,0	2,1	3,9	4,0	5,0	5,6	6,3	4,6

a Investbauinvestitionen in allen volkswirtschaftlichen Sektoren: 100%

Quelle: Guojia tongjiju (Hrsg.): Zhongguo Tongji Nianjian 1983 (Statistisches Jahrbuch Chinas 1983), Beijing 1983, S. 326 ff.; eigene Berechnungen.

gen für den Ausbau der Energiebereiche geordert.[1,2]

Die außerordentliche hohe Bedeutung der Energiebereiche in der Investitionspolitik wird im Vergleich zu anderen Entwicklungsländern ersichtlich. Die in der VR China im Zeitraum 1953-1980 für den Aufbau der Energiebereiche aufgebrachten staatlichen Investitionsmittel betrugen ca. 129 Mrd. Yuan, das entspricht etwa 18% der gesamten in diesem Zeitraum getätigten staatlichen Investitionsausgaben für alle Wirtschaftssektoren.[3] Nach Berechnungen der Weltbank beliefen sich beispielsweise die gesamten Investitionen aller Entwicklungsländer (ohne VR China), die im Zeitraum von 1966-1975 für den Ausbau der Energiebereiche aufgebracht wurden lediglich auf etwa 5% (jahresdurchschnittlich ca. 12 Mrd. US-Dollar) aller im gleichen Zeitraum in den Entwicklungsländern getätigten Investitionen.[4]

Im Vorgriff auf die an späterer Stelle zu untersuchenden Kapazitätseffekte der Investitionen sollen die Budgetzuweisungen in absoluten Größen betrachtet werden. Im Jahresdurchschnitt der einzelnen FJP-Perioden steigen die staatlichen Investitionsmittel für die Energiebereiche insgesamt von ca. 1,4 Mrd.Yuan (Erste FJP-Periode) auf 9,7 Mrd.Yuan (Fünfte FJP-Periode). Bemerkenswert sind die Schwankungen der Mittelzuweisungen. Während in der zweiten FJP-Periode ein Zuwachs der jahresdurchschnittlichen Mittelzuweisungen um ca. 280 % gegenüber der ersten FJP-Periode (auf ca. 4 Mrd. Yuan) gegeben war, gingen die Zuweisungen Anfang der 60er Jahre drastisch zurück - auf jahresdurchschnittlich ca.

---

1 Vgl. CHEN Huiqin: Woguo sanshi nian lai jishu yinjin gongzuo jingji xiaoguo chubu fenxi (Vorläufige Analyse der Wirtschaftlichkeit der Technologieimporte der vergangenen dreißig Jahre), in: Gongye Jingji Guanli Congkan, Nr.5, 1981, abgedr. in: Zhongguo Renmin Daxue Shubao Ziliaoshe (Hrsg.): Fuyin Baokan Ziliao: Gongye Jingji F 3 (im folgenden zitiert als: Gongye Jingji F 3), Nr.16, 1981, S.31 ff.
2 Vgl. Tabelle II.3.
3 Vgl. Tabelle II.2.; eigene Berechnungen.
4 Vgl. World Bank (Hrsg.): Energy in the Developing Countries, Washington D.C., August 1980, S.6.

Tabelle II.3.

Anteile einzelner Industriezweige an den Importen von Anlagen und Ausrüstungen in verschiedenen Perioden

(%)

	50er Jahre	60er Jahre	1973–1977	1978–1979	1950–1979
Gesamtimporte	100,0	100,00	100,0	100,0	100,0
1. Energiebereiche	36,8	10,8	18,8	24,7	25,2
darunter: Erdölindustrie	(2,9)	(5,8)	(2,0)	(1,7)	(2,1)
Kohleindustrie	(4,5)	(–)	(3,0)	(11,5)	(8,0)
Elektrizitätsindustrie	(29,4)	(5,0)	(13,8)	(11,5)	(15,1)
2. Metallurgie	22,9	31,7	20,1	26,1	24,1
3. Chemie	5,6	28,1	26,2	29,1	24,0
4. Leicht- und Textilindustrie	4,3	16,7	24,5	9,2	12,1
darunter: Textilindustrie	(1,6)	(11,7)	(23,4)	(7,5)	(10,3)
Leichtindustrie	(2,7)	(5,0)	(1,1)	(1,7)	(1,8)
5. Maschinenindustrie	11,3	10,9	3,1	1,1	3,7
6. Militärwesen	11,8	–	5,6	6,3	7,0
7. Baumaterialien	2,6	–	0,2	1,6	1,5
8. Transport und Verkehr	0,5	–	0,9	0,5	0,6
9. Land-, forst- und wasserwirtschaftliche Industrie	0,7	–	–	0,1	0,2

Quelle: CHEN Huiqin: Woguo sanshi nian lai jishu yinjin gongzuo jingji xiaoguo chubu fenxi; shang. (Vorläufige Analyse der Wirtschaftlichkeit der Technologieimporte Chinas der vergangenen drei Jahrzehnte, Teil 1), in: Gongye Jingji Guanli Congkan, Nr.6, 1981, abgedruckt in: Gongye Jingji F 3, Nr.16, 1981, S.51.

2,1 Mrd.Yuan und zwar als Folge der Kürzungen der Staatsausgaben während der Konsolidierungsphase, die zur Reduzierung
von sektoralen Ungleichgewichten vorgenommen worden waren.
Erst Ende der 60er, Anfang der 70er Jahre wurde in den Energiebereichen wieder jene Höhe der jahresdurchschnittlichen
Budgetzuweisungen erreicht, wie sie bereits Ende der 50er
Jahre gegeben war.

Tabelle II.4.

Jahresdurchschnittliche Investbauinvestitionen
in den Energiebereichen während
der einzelnen Planperioden
(Mrd.Yuan)

Zeitraum	1953-57	1958-62	1963-65	1966-70	1971-75	1976-80	1981	1982
Mrd.Yuan	1,429	4,019	2,122	3,082	6,183	9,728	9,124	10,138

Quelle: Vgl. Tabelle II.2; eigene Berechnungen.

Aus diesen Angaben wird deutlich, daß von einer Kontinuität
in der Energiepolitik - zumindest was den Teil der staatlichen Investitionspolitik betrifft - trotz gegebener admi-
nistrativer Voraussetzungen kaum die Rede sein kann.

Es ist in Anbetracht der langen Ausreifungszeiten von energiewirtschaftlichen Projekten zu vermuten, daß die gegebenen
Fluktuationen bei den Mittelzuweisungen die Durchführung
und Fertigstellung von Energieprojekten erschwerten und
möglicherweise auch die Kosten der Energiegewinnung - was
den Bereich der Fixkosten betrifft - beeinflußten. Dies wird
im dritten Kapitel untersucht werden. In den nachfolgenden
Abschnitten dieses Kapitels werden die Bedeutung der einzelnen Energiebereiche im Rahmen des Investitionsprogramms sowie Strukturmerkmale der genannten Bereiche analysiert werden.

Tabelle II.5.   Investbauinvestitionen in verschiedenen Perioden nach Sektoren
(Mrd.Yuan, %)[1]

Sektor	1953-57	1958-62	1963-65	1966-70	1971-75	1976-80	1981	1982
I. Investitionen (Mrd.Yuan)								
Alle Sektoren	58,847	120,609	42,189	97,603	176,395	234,217	44,291	55,553
Industrie	25,026	72,830	21,018	54,151	97,797	123,171	21,601	26,060
Bauwesen u. geologische Prospektion	3,590	3,055	1,059	2,195	4,033	7,296	1,171	1,326
Land- u. Forstwirtschaft, Wasserbau, Metereologie	4,183	13,571	7,446	10,427	17,308	24,608	2,921	3,412
darunter: Wasserbau	2,551	9,445	4,235	6,952	11,931	15,281	1,313	1,774
Transport, Post- und Fernmeldewesen	9,015	16,330	5,378	15,001	31,759	30,245	4,047	5,721
darunter: Eisenbahn	5,916	10,416	3,395	11,250	17,308	14,047	1,445	2,637
Handel und andere Dienstleistungen[2]	2,140	2,412	1,044	2,104	5,041	8,735	2,801	3,597
Wissensch, Forschung, Kultur, Erzie- hung, Gesundheits- u. Sozialwesen[3]	4,456	4,639	2,405	2,744	5,545	12,782	4,363	5,081
Zivile öffentliche Einrichtungen	1,443	2,755	1,231	1,738	3,361	9,512	3,185	4,222
Sonstige	8,994	5,017	2,608	9,243	11,551	17,868	4,202	6,134
II. Anteilige Investitionen (Gesamtinvestitionen = 100 %)								
Industrie	42,5	60,4	49,8	55,5	55,4	52,6	48,8	46,9
Bauwesen u. geologische Prospektion	6,1	2,5	2,5	2,2	2,3	3,2	2,7	2,4
Land- u. Forstwirtschaft, Wasserbau, Metereologie	7,1	11,3	17,7	10,7	9,8	10,5	6,6	6,1
darunter: Wasserbau	4,3	7,8	10,0	7,1	6,8	6,5	3,0	3,2
Transport, Post- und Fernmeldewesen	15,3	13,5	12,7	15,4	18,0	12,9	9,1	10,3
darunter: Eisenbahn	10,1	8,6	8,0	11,5	9,8	6,0	3,3	4,7
Handel und andere Dienstleistungen	3,6	2,0	2,5	2,1	2,9	3,7	6,3	6,5
Wissensch, Forschung, Kultur, Erzie- hung, Gesundheits- und Sozialwesen	7,6	3,8	5,7	2,8	3,1	5,4	9,8	9,2
Zivile öffentliche Einrichtungen	2,5	2,3	2,9	1,8	1,9	4,1	7,2	7,6
Sonstige	15,3	4,2	6,2	9,5	6,6	7,6	9,5	11,0

1 Die Klassifikation der Sektoren wurde gemäß den Haupterzeugnissen im Fertigprojekt bzw. gemäß der Projektbestimmung vorgenommen.
2 Unter den Dienstleistungsbereichen sind in der Statistik aufgeführt: Catering and service Trades, materials supply,
marketing.
3 Einschließlich Investitionen in zivile öffentliche Unternehmen, Einrichtungen und Gebäude.
Quelle: Guojia tongjiju (Hrsg.): Zhongguo Tongji Nianjian 1983 (Statistisches Jahrbuch Chinas 1983), Beijing 1983, S.324 f

65

1.2. Ausbau und Struktur der energiegewinnenden und
     energieumwandelnden Industriezweige

1.2.1. Aufbau der Kohleindustrie

1.2.1.1. Ausbau der Förderkapazitäten

Um die Versorgung der metallurgischen Industrie mit Brennstoffen sicherzustellen, war es aufgrund der Anfang der
50er Jahre bekannten Brennstoffreserven naheliegend, daß
sich die Entwicklungsanstrengungen im Bereich der Primärenergieträger auf die Erschließung der Kohlevorkommen richteten. Während der Wiederaufbauphase 1949-1952 wurden zunächst
die Kriegszerstörungen in den Bergbaugebieten behoben, damit
die Förderung wieder aufgenommen werden konnte. Bis Ende
des Jahres 1952 war 83% der Förderkapazitäten in den vorhandenen Bergbaubetrieben wieder hergestellt; 32 Bergwerke
waren erneuert (gaijin) und die Errichtung von 21 neuen Bergbaubetrieben war eingeleitet worden. Ende des Jahres 1952
belief sich die gesamte Förderkapazität auf 71,3 Mio.t.
p.a., ca. 66 % mehr als im Jahr 1949.[1]

Ab 1953 wurden die Anstrengungen zum Ausbau der Kohleindustrie verstärkt. Zwischen 1953 und 1965, dem Zeitraum der
ersten FJP-Periode bis zum Ende der Konsolidierungsphase,
wurden über 40 % der für den Ausbau der Energiebereiche
investierten Haushaltsmittel in die Kohleindustrie gelenkt.
Das entsprach etwa 12 % der gesamten für den industriellen
Aufbau investierten Budgetmittel.[2] Mit einem Kapitalinput
von knapp 3 Mrd.Yuan während der ersten FJP-Periode wurden
103 Gruben ausgebaut und die Errichtung von 194 Grubenbetrieben wurde begonnen. Unter den 156 industriellen Großprojek-
ten, die als Kernstück des industriellen Aufbauprogramms mit
technischer Unterstützung der Sowjetunion errichtet wurden,

---

1 Vgl. Meitan gongyebu zhengce yanjiushi (Autorenkollektiv):
  Zhongguo meitan gongye sanhi nian (Dreißig Jahre Kohleindustrie Chinas), in: Zhongguo meitan gongyebu (Hrsg.):
  Zhongguo Meitan Gonye Nianjian 1982 (Jahrbuch der Kohleindustrie Chinas, 1982), Beijing 1983, S.4.
2 Vgl. Tabelle II.2., eigene Berechnungen.

waren 24 Projekte in der Kohleindustrie.[1] Zu den wichtigsten
Bergbauprojekten, die erweitert wurden, zählten die Kohlen-
bergwerke Kailuan, Datong (Shanxi), Fushun, Fuxin, Jixi,
Hegang, Xuzhou, Jiaozuo, Fengfeng, Yangquan, Zaozhuang und
Zibo. In 10 neuen Bergbaurevieren wurden Aufschlußarbeiten
begonnen: in Xinglong, Xuangang, Fenxi, Lu'an, Baotou, Ping-
dingshan, Hebei, Zhongliangshan, Shizuishan und Datong (Anhui).[2] Insgesamt wurden die Förderkapazitäten um ca. 64 Mio.t
erweitert.[3]

Dennoch blieben die Energie-, vor allem die Brennstoffver-
sorgungsprobleme bestehen. Der bereits während der ersten
FJP-Periode (1953-1957) begonnene forcierte Ausbau der Industriezweige Eisen, Stahl und Maschinenbau forderte entsprechend rasch wachsende Mengen an bereitgestellten Brennstoffen
und Elektrizität. In der zweiten FJP-Periode (1958-1962)
wurden deshalb die Dotationen gegenüber der Vorperiode nahezu
verdreifacht - auf 8,7 Mrd.Yuan. Ein gewaltiger Ressourcen-
einsatz vor allem während der Phase des Großen Sprungs nach
vorn führte innerhalb relativ kurzer Zeit zu einer sprung-
haften Ausweitung der Förderleistung. Im Zeitraum von 1958
bis 1960 wurden - folgt man den Angaben in den offiziellen
statistischen Jahrbüchern - aus neu aufgeschlossenen Kohle-
gruben ca. 320 Mio.Tonnen gefördert.[4] Ein Großteil dieser
Förderleistung wurde durch die Mobilisierung lokaler Arbeits-
kräfteressourcen ermöglicht.[5]

---

1 Vgl. Meitan gongyebu zhengce yanjiushi: Zhongguo meitan
  gongye sanshi nian, a.a.O., S.4.
2 Vgl. Meitan gongyebu zhengce yanjiushi: Zhongguo meitan
  gongye sanshi nian, a.a.O., S.4.
3 Vgl. Zhongguo Tongji Nianjian 1983, a.a.O., S.348; eigene
  Berechnungen:
4 Vgl. Meitan gongyebu zhengce yanjiushi: Zhongguo meitan
  gongye sanshi nian, a.a.O., S.4.
5 Nach den Angaben des Statistischen Jahrbuchs der VR China
  wurden im Zeitraum 1958-1960 ca. 136 Mio.t neue Förderleistung aus zentralstaatlichen Dotationen finanziert. Demnach wurden ca. 184 Mio.t. Förderleistung aus lokalen Ressourcen erbracht. Vgl. Zhongguo Tongji Nianjian 1983,
  a.a.O., S.348; eigene Berechnungen.

Der Investitionsschub trug in der Kohleindustrie allerdings nicht zu einer dauerhaften Ausweitung der Förderkapazitäten bei. Die überstürzt vorgenommenen Aufschlußaktivitäten, völlig ungenügende Vorbereitungsarbeiten (beispielsweise wurden kaum geologische Prospektionen durchgeführt) und ein Mangel an Koordination hatten beispielsweise zur Folge, daß ein Teil der großen Zechen, deren Abbauperiode ab 1957 für den Zeitraum von 10 Jahren oder länger vorgesehen waren, bereits Anfang der 60er Jahre stillgelegt werden mußten. Auf diese Weise wurde die mittel- und langfristige Planung in der Brennstoffbereitstellung erheblich beeinträchtigt. Ferner wurden in dieser Phase Sicherheitsvorkehrungen im Bergbau in grober Weise vernachlässigt, so daß sich die Unfallrate mit Todesfolge pro 1 Mio.Tonnen abgebauter Kohle im Vergleich zur ersten FJP-Periode verdoppelte.[1]

Ein Großteil der in diesem Zeitraum aufgeschlossenen Gruben mußte bereits Anfang der 60er Jahre wieder stillgelegt werden. Die drastischen Kürzungen der Staatsausgaben während der Konsolidierungsphase - die in die Kohleindustrie gelenkten Haushaltsmittel gingen im Vergleich zur zweiten FJP-Periode von jahresdurchschnittlich 1,7 Mrd.Yuan auf jahresdurchschnittlich 0,8 Mrd.Yuan zurück - beschränkten die Fortführung der Ausbauaktivitäten auf eine geringe Zahl von Bergwerken. In den drei Jahren zwischen 1963 und 1965 belief sich die neu geschaffene Förderkapazität lediglich auf 24 Mio.Tonnen[2] - erheblich weniger als in einem vergleichbar langen Zeitraum während der zweiten FJP-Periode errichtet worden war.

Ab der dritten FJP-Periode (1966-1970) ging die der Kohleindustrie zugemessene Bedeutung - nimmt man den Anteil an den Zuweisungen aus dem Haushalt als Indikator - deutlich zurück. In den nachfolgenden drei FJP-Perioden bis einschließlich zum Jahr 1982 wurde der Anteil der Investbau-

---

1 Vgl. Meitan gongyebu zhengce yanjiushi: Zhongguo meitan gongye sanshi nian, a.a.O., S.4. Detaillierte Angaben liegen nicht vor.
2 Vgl. Zhongguo Tongji Nianjian 1983, a.a.O., S.348; eigene Berechnungen.

mittel für den Kohlebereich an den gesamten staatlichen Investitionen auf 30 % und weniger gesenkt. Ein wesentlicher
Grund war, daß der nationalen Erdölindustrie wachsende Aufmerksamkeit gewidmet wurde.[1] Bei der Betrachtung absoluter
Mittelzuweisungen zeigt sich, daß beispielsweise in der vierten FJP-Periode (1971-1975) mit jahresdurchschnittlich 1,8
Mrd.Yuan staatlicher Investitionsmittel für die Kohleindustrie erst wieder die Höhe des Kapitaleinsatzes der zweiten
FJP-Periode, also mehr als ein Jahrzehnt zuvor, erreicht
wurde. Der in der fünften FJP-Periode (1976-1980) Ende der
70er Jahre erzielte Zuwachs an Förderkapazitäten - soweit
er aus Haushaltsmitteln finanziert war - entsprach schließlich mit 65 Mio.Tonnen kaum mehr als dem Zuwachs der Förderkapazitäten während der ersten FJP-Periode.[2]

Neben diesen erheblichen Diskontinuitäten in der Entwicklung
der Förderkapazitäten zeichnete sich auch sehr rasch eine un-
gleichgewichtige Entwicklung innerhalb der Kohleindustrie ab.

Aus den offiziellen Statistiken wird deutlich, daß beim Ausbau der Kohleindustrie der Entwicklungsschwerpunkt vorrangig
auf extensives Wachstum, d.h. den Zuwachs der Förderleistung,
nicht aber auf die Verbesserung der Kohlequalitäten gelegt
wurde. Während in der ersten FJP-Periode der Aufbereitung der
Kohle noch ein hoher Stellenwert im Investbauprogramm beigemessen wurde,[3] und sich die Aufbereitungskapazitäten von 5,9
Mio.t (1953) auf 21,1 Mio.t (1957) erhöhten - was einer Verdoppelung des Anteils der in die Aufbereitung gelangenden
Rohförderkohle entspricht - ist in den nachfolgenden beiden
Jahrzehnten nur eine im Vergleich zur Ausweitung der Förderkapazitäten geringfügige Zunahme der Aufbereitungskapazitäten

---

1 Vgl. Tabelle II.2.
2 ebenda; eigene Berechnungen.
3 Die Errichtung von Kohleaufbereitungsanlangen wurde formal
  der Schaffung von Förderkapazitäten gleichgestellt, wie
  aus den im Jahr 1953 propagierten Richtlinien zur Entwicklung der Kohleindustrie hervorgeht. "Der Aufbau neuer Bergwerke und Aufbereitungsanlagen muß im großen Maßstab vorangetrieben, die Kapazitäten vorhandener Bergwerke und Aufbereitungsanlagen müssen umfassend erschlossen werden".
  Vgl. Meitan gongyebu zhengce yanjiushi: Zhongguo...a.a.O.,
  S.4.

zu verzeichnen. Bis 1965 waren diese auf 40,6 Mio.Tonnen
und 1979 auf 109 Mio.Tonnen ausgeweitet worden. Damit blieb
der Anteil der aufbereiteten Kohle mit 17,5 % (1965) und
18,3 % (1979) nahezu unverändert.[1] Von den im Jahr 1979 vorhandenen 96 Aufbereitungsanlagen dienten 80 Anlagen der Aufbereitung von Kokskohle als Rohstoff für die Eisen- und
Stahlindustrie. Lediglich 16 Anlagen mit einer Durchsatzkapazität von ca. 26 Mio.Tonnen pro Jahr dienten der Aufbereitung von Kesselkohle für den Brennstoffbedarf der verschiedenen energieverbrauchenden anderen Industriezweige
und Wirtschaftssektoren.[2]

Betrachtet man zusammenfassend den Kapitaleinsatz in der
chinesischen Kohleindustrie, so zeigt sich folgendes: im
Zeitraum von 1953-1980, d.h. von der ersten FJP-Periode bis

Tabelle II.6.

Investbauinvestitionen im Kohlebergbau nach Herkunft
der Mittel in ausgewählten Jahren
(Mio.Yuan in lfd. Preisen)

Jahr	1950	1952	1957	1965	1975	1979
Gesamtinvestitionen	90,96	160,72	977,24	796,58	2074,76	3248,28
davon:						
Staatliche Finanzierung	90,96	160,72	890,59	774,31	1814,68	3117,65
Eigenfinanz.d.Betriebe			86,65	22,27	260,08	130,63
Anteil des staatlichen Investbaus (%)	100	100	91,1	97,2	87,5	96,0

Quelle: Zhongguo meitan gongyebu (Hrsg.): Zhongguo Meitan Gongye Nianjian
1982 (Jahrbuch der Kohleindustrie Chinas 1982), Beijing 1983, S.13; eigene
Berechnungen

---

1 Vgl. Zhongguo Meitan Gongye Nianjian 1982, a.a.O., S.11.
2 ebenda

einschließlich der fünften FJP-Periode wurden Budgetmittel von insgesamt ca. 42 Mrd.Yuan für den Aufbau staatlicher Kohlebergwerke (einschließlich Aufbereitungsanlagen) investiert; das entspricht knapp 11 % der gesamten in die Industrie gelenkten Investbaumittel. Wie aus Tabelle II.6. hervorgeht, wurden die Investbauten fast ausschließlich aus Budgetzuweisungen finanziert. Die in diesem Zeitraum errichteten Förderkapazitäten beliefen sich auf 451 Mio.Tonnen/a.[1] Rechnerisch betragen demnach die durchschnittlichen Investitionsaufwendungen für die Schaffung einer Tonne Förderkapazität in den aus Haushaltsmittel finanzierten Bergbaubetrieben ca. 93 Yuan.[2] Aus Tabelle II.7. wird deutlich, daß sich vor allem in der zweiten Hälfte der 70er Jahre ein steiler Anstieg der Investitionskosten pro Tonne im Kohlenbergbau abzeichnet.

Neben den aus zentralen Haushaltmitteln finanzierten Bergbaubetrieben wurden ferner von örtlichen Einheiten, d.h. der Verwaltung von Provinzen, Kreisen und Städten und schließlich von Kommunen und Produktionsbrigaden Grubenbetriebe errichtet.[3] Über den Kapitaleinsatz in den dezentral verwalteten

---

1 Vgl. Zhongguo Tongji Nianjian 1983, a.a.O., S.348.
2 Die ermittelten durchschnittlichen Investitionskosten pro Tonne Förderkapazität sind nur als Näherungswert zu betrachten. Diese vereinfachte Ermittlung der Durchschnittskosten ist aus zwei Gründen gerechtfertigt: Zum einen wurde der überwiegende Teil aller Investbaumittel wie erwähnt in die Erweiterung der Förderkapazitäten, nicht aber in die Modernisierung bereits vorhandener Anlagen gelenkt; zum anderen wurde das im Produktionsprozeß verbrauchte Produktionsvermögen während des Betrachtungszeitraums sehr gering bewertet: die durchschnittliche Abschreibungsquote für industrielle Anlagen lag bis Ende der 70er Jahre bei 3,3 %. Da sich die Nutzungsdauer von Industrieanlagen auf bis zu 60 Jahren erstreckte, kann davon ausgegangen werden, daß es sich bei den während des Betrachtungszeitraums getätigten Investitionen überwiegend um Erweiterungsinvestitionen, nicht aber um Ersatzinvestitionen handelte. Zur Abschreibungspraxis in der Industrie vgl. SUN Yefang: Industrie: Der Weg zur technischen Umgestaltung, in: Beijing Rundschau, Nr. 9, 1983, S.24.
3 Ferner gibt es noch eine gewisse Zahl von Kohlebergwerken, die von der Armee und vom Amt für öffentliche Sicherheit betrieben werden. Vgl. Renmin Ribao vom 12.11.1981. Statistische Angaben liegen nicht vor.

Tabelle II.7.

Entwicklung der Investitionskosten (Yuan)
pro Tonne Förderkapazität

Jahr	1957	1965	1975	1979
Durchschnittliche Investitionskosten	74,8	92,9	108,9	228,4

Quelle: Meitan Gongyebu (Hrsg.): Zhongguo Meitan Gongye Nianjian 1981 (Jahrbuch der Kohleindustrie Chinas 1981), Beijing 1982, S.13.

Bergwerken liegen keine zuverlässigen statistischen Daten vor. Da in den meisten Entwicklungsphasen der Finanzierungsspielraum der unteren Verwaltungsebenen sehr eng war, blieb deren Möglichkeit der Kapitalbildung jedoch beschränkt. Da auch der Zugang zu vergleichsweise modernen Produktionsmitteln erschwert war - diese wurden über die staatlichen Allokationskanäle vorrangig in die modernen Industriebetriebe gelenkt - waren diese Betriebe bei der Schaffung von Förderkapazitäten weitgehend auf den Einsatz von Arbeitskräften angewiesen. Gemessen am Fördervolumen hat die Bedeutung der lokal verwalteten Bergwerke seit Ende der 50er Jahre dennoch deutlich zugenommen - von ca. 28 % im Jahr 1957 der gesamten Kohleförderung auf 44 % im Jahr 1979. Ein bedeutender Zuwachs des Anteils lokal verwalteter Bergwerke an den gesamten Förderkapazitäten erfolgte in der zweiten Hälfte der 60er und Anfang der 70er Jahre - bedingt vor allem durch die verstärkten Aktivitäten der Volkskommunen, die ihren Anteil an der gesamten Kohleförderung von ca. 4 % (1965) auf rd. 17% (1979) ausweiten.[1]

---

1 Vgl. Zhongguo Meitan Gongye Nianjian 1981, a.a.O., S.10.

1.2.1.2. Betriebsgrößenstruktur der Bergwerke

Ein charakteristisches Merkmal für die Entwicklungspolitik
Chinas ist, wie in Kapitel I angeführt, der Aufbau einer
dualistischen Wirtschaftstruktur. Dieser "strukturelle Dualismus" ist auch in der Kohleindustrie zu finden. Während
die Anfang der 50er Jahre errichteten Betriebseinheiten im
Kohlebergbau gemäß dem als vorbildlich geltenden sowjetischen
Entwicklungsmodell noch relativ groß waren – die im Jahr
1950 in Angriff genommenen fünf Kohlebergwerke hatten eine
durchschnittliche Förderkapazität von 1,4 Mio.Tonnen p.a.
– ist ab Ende der 50er Jahre eine Tendenz abnehmender durchschnittlicher Betriebsgrößen zu verzeichnen. [1]

Mitte der 70er Jahre wiesen die Betriebsgrößen im chinesischen Kohlebergbau eine beträchtliche Streuung auf. Im Zeitraum zwischen 1950 und 1975 wurden aus Haushaltmitteln die
Errichtung von 1143 Kohlebergwerken finanziert. Wie aus
Tabelle II.9. hervorgeht, hatten die 163 als Großbetriebe
klassifizierten Bergbaubetriebe eine durchschnittliche Betriebsgröße von weniger als 1 Mio.Tonnen Förderkapazität
per annum. Diese Betriebe stellten knapp 40 % der gesamten
in diesem Zeitraum errichteten Förderkapazitäten. Der überwiegende Teil der errichteten Betriebe waren Mittel- und
vor allem Kleinbetriebe, letztere mit einer Jahresförderkapa-
zität von durchschnittlich 150.000 Tonnen.

Aufgelistet nach der Zugehörigkeit der Betriebe zu den verschiedenen Verwaltungsebenen ergibt sich für das Jahr 1980
folgendes Bild: Die 2.209 bestehenden Bergbaubetriebe, die
von Verwaltungseinheiten oberhalb der Volkskommunen verwal-

---

1 Vgl. Tabelle II.8. Eine eindeutige Bestimmung der Betriebsgrößen ist aus den verfügbaren Daten nicht ohne weiteres
  möglich. Die in den zugänglichen Quellen angegebenen Daten
  beziehen sich zum Teil auf die konzipierte Förderkapazität
  der Betriebe, zum Teil auch auf die tatsächlich realisierte
  Förderleistung in einzelnen Jahren.

Tabelle II.8.

Druchschnittliche Größen der Grubenbetriebe in den Planperioden^a (Mio.t/a)

Zeitraum	konzipierte durchschnittl. Betriebsgrößen^b	durchschnittl. Betriebsgrößen bei Inbetrieb- nahme
1950	1.410	–
1. FJP-Periode	0.389	0.372
2. FJP-Periode	0.249	0.235
Konsolidierungsphase	0.546	0.254
3. FJP-Periode	0.218	0.217
4. FJP-Periode	0.273	0.202
5. FJP-Periode	0.519	0.240

a   nicht enthalten sind Betriebe mit einer Förderung von weniger als 30.000 t/a.
b   bei Beginn der Erschließungsarbeiten.

Quellen: für 1950: Zhongguo meitan gongyebu (Hrsg.): Zhongguo Meitan Gongye Nianjian 1982 (Jahrbuch der Kohleindustrie Chinas 1982) Beijing 1983, S.11; für die nachfolgenden Planperioden: LI Mu: Guanyu xin jian kuangjing jingxing wenti de qianjian (Über wirtschaftliche Aspekte beim Aufbau neuer Bergwerke), in: Nengyuan Nr. 5, 1982, S.1 ff.

Tabelle II.9.

Anzahl, Förderleistung und durchschnittliche Betriebsgrößen der im Zeitraum 1950-1975 aus Haushaltsmitteln finanzierten Kohleberbaubetriebe (1975)

	Groß- betriebe	Mittel- betriebe	Klein- betriebe
Anzahl	163	270	710
Förderkapazität (Mio.t)	132	96	106
Durchschnittl. Förderkapa- zität (1000 t)	810	96	106
Anteil an der gesamten Förderleistung (%)	39	29	32

Quelle: Zhongguo meitan gongyebu (Hrsg.): Zhongguo Meitan Gongye Nianjian 1982 (Jahrbuch der Kohleindustrie Chinas, 1982), Beijing 1983, S.11

tet wurden und eine Förderkapazität von mindestens 30.000 t
per annum hatten, stellten eine Förderkapazität von insgesamt
ca. 475 Mio.t pro Jahr.[1] Darunter hatten die rd. 550 zentral
verwalteten Bergbaubetriebe eine durchschnittliche Betriebsgröße von 506.000 Tonnen; die durchschnittliche Betriebsgröße der von den Provinzen verwalteten Bergwerke lag bei
200.000 Tonnen, jene der Distrikte bei 104.000 Tonnen und
jene der Kreise bei 65.000 Tonnen pro Jahr.

Berücksichtigt man darüber hinaus noch die von Volkskommunen
verwalteten Grubenbetriebe - ihre Gesamtzahl betrug im Jahr
1980 ca. 18.000, was bei einer Förderleistung von ca. 114
Mio.t per annum einer durchschnittlichen Betriebsgröße von
etwa 6000 Tonnen entspricht - so ergibt sich statistisch
eine sehr geringe durchschnittliche Betriebsgröße im chinesischen Kohlebergbau: 29.000 Tonnen Förderleistung pro Betrieb und Jahr. Zum Vergleich: In anderen Kohleförderländern,
wie z.B. Polen, liegt die durchschnittliche betriebliche
Förderleistung pro Bergbaubetrieb bei 3,05 Mio.t, in der
Sowjetunion bei 0,90 Mio.t, in Frankreich bei 0,81 Mio.t,
in England bei 0,49 Mio.t und in Indien bei 0,25 Mio.t pro
Jahr (jeweils bezogen auf das Jahr 1979).[2]

Da nur wenige Daten über die in einzelnen Perioden geplanten
Betriebsgrößen im Bergbau vorliegen, läßt sich zwar keine
abschließende Bewertung treffen. Es ist allerdings erkennbar, daß - sieht man von der in einzelnen Entwicklungsperioden forciert betriebenen Strategie der Erschließung von
Kohlevorkommen in Kleinstzechen durch Kreisverwaltungen und
Volkskommunen, die wesentlich die statistisch vergleichsweise geringe durchschnittliche Betriebsgröße im chinesischen
Kohlebergbau bedingen, ab - die Betriebsgrößenstruktur der
aus Budgetmitteln finanzierten Bergbaubetriebe keineswegs

---

1 Vgl. LI Mu: Guanyu xin jian kuangjing jingxing wenti quian-
  jian (Über wirtschaftliche Aspekte beim Aufbau neuer Bergwerke), in: Nengyuan, Nr. 5, 1982, S.1 f.
2 ebenda, S.2.

das Ergebnis einer planmäßig durchgeführten Entwicklungskonzeption sein kann. Wie aus Tabelle II.8. hervorgeht, wurden
die in einzelnen Planperioden konzipierten Betriebsgrößen
nicht verwirklicht. Die durchschnittlichen Betriebsgrößen
der Bergwerke waren bei Aufnahme der Kohleförderung durchweg
kleiner, als in den vorausgegangenen Perioden geplant. Die
Schwankungen der Finanzmittelzuweisungen aus dem Budget, wie
sie oben skizziert worden waren, dürften eine der wesentlichen Ursachen dafür sein.

Zu vermuten ist ferner, daß Wirtschaftlichkeitsgesichtspunkte
bei der Festlegung der Betriebsgrößen, sofern sie überhaupt
zum Tragen kamen, von untergeordneter Bedeutung waren. Zwar
hängt die kostenoptimale Betriebsgröße in den extraktiven
Industriezweigen grundsätzlich von den jeweiligen geophysikalischen Bedingungen, d.h. im wesentlichen von der Mächtigkeit, Struktur und Tiefe der Flöze und den Grundwasserver-
hältnissen ab. Oberflächennahe Flöze können durchaus in
Kleinbetrieben vergleichsweise kostengünstig abgebaut werden; ferner sind die Aufschlußzeiten kürzer, als beim Aufbau
von Großbetrieben, so daß die Förderung rascher aufgenommen
werden kann als in großen Bergbaubetrieben.[1] Im allgemeinen
gilt jedoch für den Kohlebergbau, daß die Investitionskosten
für die Schaffung einer Tonne Förderkapazität mit abnehmender Betriebsgröße steigen[2] - dies gilt auch für den chinesischen Kohlebergbau, wie die wenigen verfügbaren Daten
zeigen. Ende der 70er Jahre lagen die Investitionsaufwendungen pro Tonne Förderkapazität in China's kleinen Kohlezechen
um 10-30 % höher als in Großbetrieben.[3]

Offenbar wurden höhere Investitionskosten beim Aufbau von
Kleinbetrieben zugunsten der Durchsetzung bestimmter ent-
wicklungspolitischer Ziele und/oder zugunsten der kurzfristi-

---

1 ebenda, S.3.
2 Vgl. Walter SCHULZ: Die langfristige Kostenentwicklung
  für Steinkohle am Weltmarkt, in: Zeitschrift für Energiewirtschaft, Nr. 1, 1984, S.9 ff.
3 Vgl. LI Mu, a.a.O., S.3.

gen Erzielung hoher Zuwachsraten der Fördermengen bewußt
in Kauf genommen. Im einzelnen wird an späterer Stelle noch
darauf einzugehen sein.

1.2.1.3. Regionalstruktur der Bergwerke

Eine Veränderung der regionalen Verteilung der Brennstoff-
förderstätten wurde schon in den frühen 50er Jahre eingeleitet. Zwar wurden die Kohleförderzentren in den schwerindustriellen Gebieten des Nordostens weiter ausgebaut,
um die vor Ort bereits angesiedelte Schwerindustrie mit
Brennstoffen versorgen zu können. Gleichzeitig wurden aber
in zunehmendem Umfang Förderkapazitäten im Landesinneren,
wo sich der Großteil der bereits nachgewiesenen Kohlereserven befand,[1] errichtet, so daß sich schon Ende der ersten
FJP-Periode eine deutliche Veränderung der Regionalstruktur
der Kohlebergwerke abzeichnete. Während im Jahr 1950 noch
rund 50 % der Kohle im Nordosten des Landes gewonnen wurden,
weitere knapp 30 % im Norden, war bis 1957 der Anteil der
im Nordosten und Norden geförderten Kohle von 80 % auf 66 %
zurückgegangen und die Kohleförderkapazitäten der anderen
Landesteile hatten sich entsprechend auf 34 % erhöht. Bis
Ende der 70er Jahre war die Veränderung der regionalen Verteilung in Richtung Binnenland weiter fortgeschritten, so
daß sich der Anteil der im Nordosten und Norden konzentrierten Förderkapazitäten auf ca. 44 % (1979) reduziert hatte.[2]

Maßgeblichen Einfluß auf die regionale Streuung beim Aufschluß von Kohlelagerstätten hatte das Bestreben, Wirtschaftsräume mit einem möglichst hohen Grad an Selbstversorgung zu schaffen. Zu einem wachsenden Problem bei der
Umsetzung dieses Regionalprinzips wurde die Bereitstellung
von Energieträgern in den südlichen Landesteilen.

---

1 Vgl. Kap. I.2.4.
2 Vgl. Tabelle II.10.

Tabelle II.10.

Veränderung in der Standortverteilung der Kohleförderkapazitäten

	Ende der 1.FJP-Periode	v.H.	1979	v.H.
Gesamtkapazität (Mio.t)	143,67	100	464,26	100
davon im:				
Nordosten	51,07	35,5	84,82	18,27
Norden	43,86	30,5	118,19	25,46
Südwesten	)		54,22	11,68
Nordwesten	)	34	48,85	10,52
Osten	)		78,11	16,82
Zentralchina	)		80,09	17,25

Quelle: Zhongguo meitan gongyebu (Hrsg.): Zhongguo Meitan Gongye Nianjian 1982 (Jahrbuch der Kohleindustrie Chinas 1982), Beijing 1983, S.5.

Da die überregionalen Transportkapazitäten völlig unzureichend waren, um den wachsenden Energiebedarf der Südregionen mit Brennstoffen aus den Bergwerken des Norden und Nordostens zu decken, ging man während der 60er Jahre dazu über, unter Einsatz erheblicher Mittel die Erschließung verwertbarer Kohlevorkommen im Süden und dort vor allem in den neun vergleichsweise bevölkerten und industrialisierten Provinzen voranzutreiben.[1] Die Anfang der 70er Jahre in den Großräumen Südwest und Zentralchina investierten Mittel zum Ausbau der Kohleförderkapazitäten betrugen etwa die Hälfte der gesamten Investitionen in der Kohleindustrie.[2] Insgesamt wurde die

---

1 Die neun Regionen südlich des Changjiang (Yangste) sind Hunan, Hubei, Guangdong, Guangxi, Jiangsu, Zhejiang, Jiangxi, Fujian und Shanghai. Diese Regionen haben einen Anteil von nur 13,3 % an der Landesfläche, werden aber von 36 % der Gesamtbevölkerung bewohnt. Ihr Anteil am industriellen BPW des Landes lag im Jahr 1979 bei 41,5 %. Vgl. ZHANG Siping: Jiangnan meitan ziyuan de kaifa liyong wenti (Die Probleme bei der Erschließung und Nutzung der Kohlevorkommen südlich des Changjiang), in: Xuexi yu Sixiang, Nr. 3, 1981, S.26 ff., abgedruckt in: Gongye Jingji F 3, Nr. 17, 1981, S.66 ff.
2 Vgl. World Bank (Hrsg.): China: Socialist Economic Development, Vol.II, a.a.O., Table A.12, S.254

Förderkapazität beispielsweise in den neun Südregionen so
weit ausgedehnt, daß ihr Anteil an den gesamten Förderkapazitäten bis 1978 von knapp 5 % (1950)[1] auf ca. 16 % anstieg.[2]
Der Anteil der Förderkapazitäten in allen Südregionen (die
südlich des Yangste gelegenen Provinzen) betrug im Jahr
1978 - gemessen an den vorliegenden Angaben über die realisierte Förderleistung - immerhin ca. 30 %.[3]

Tabelle II.11.

Indices für Investitionsaufwendungen pro Tonne Förderkapazität[a] in ausgewählten Provinzen

Shanxi	100[b]
Sha'anxi	158
Henan	140
Jiangsu	189
Anhui	189
Guizhou	220
Sichuan	133
Jilin	210

a Die Indices beziehen sich jeweils auf Steinkohleeinheiten
  (SKE).
b In Shanxi als Vergleichsbasis wurden die Investitionskosten
  gleich 100 gesetzt.

Quelle: XU Shoubo: Nengyuan jishu jingjixue (Techno-Ökonomie
der Energie), Changsha 1981, S. 107.

Die regionale Streuung der Brennstofförderstätten schuf
in Anbetracht der Engpässe im überregionalen Transportsektor
die Voraussetzungen für die Brennstoffversorgung lokal errichteter Industriebetriebe. Kostengesichtspunkte waren
dabei ebenfalls von untergeordneter Bedeutung. Im Landessüden, wo z.B. vergleichsweise komplizierte hydrogeologische
Verhältnisse (variierende geologische Formationen, häufige
tektonische Störungen der Flöze), ein mächtiges Deckgestein,
das die Aufschluß- und Förderarbeiten erschwerte und gering-

---

1 Vgl. Kap. I.
2 Vgl. ZHANG Siping, a.a.O., S. 26 f.
3 Vgl. DING Kun, LI Zaiqing, LIN Jun: Yao jianchi jianshe
  Jiangnan meikuang de fangzhen (Mit Ausdauer den Ausbau der
  Kohleindustrie südlich des Changjiang weiterverfolgen),
  in: Gongren Ribao vom 28.2.1979.

wertige Brennstoffvorkommen gegeben sind,[1] erforderte die Kohlegewinnung erheblich höhere Investitionskosten pro Einheit errichteter Förderkapazität als dies beispielsweise in den nördlichen Gebieten der Fall war. Mit den im Zeitraum 1950-1978 zum Ausbau der Förderkapazitäten in den neun Südregionen aufgebrachten 6,42 Mrd. Yuan wurde eine Förderkapazität von ca. 62 Mio.Tonnen p.a. geschaffen – das entspricht einem durchschnittlichen Investitionsaufwand von 104 Yuan pro Tonne. In der Nordprovinz Shanxi lagen dagegen die durchschnittlichen Investitionskosten pro Tonne Förderkapazität im gleichen Zeitraum bei 91 Yuan.[2] Berücksichtigt man zusätzlich die unterschiedliche Qualität der geförderten Rohstoffe, so werden die Differenzen in den Investitionskosten noch deutlicher.[3]

1.2.2. Aufbau der Erdöl- und Erdgasindustrie

Beim Aufbau der Erdöl- und Erdgasindustrie waren andere Voraussetzungen gegeben als in der Kohleindustrie. Sowohl die bis dato nachgewiesenen Erdöl- und Erdgasvorkommen als auch die inländische Fördermenge waren wie in Kapitel I dargestellt unbedeutend. Dennoch wurden beachtliche Anstrengungen unternommen, um diese Energieträger zu erschließen. Die chinesische Führung strebte in diesem wenig entwickelten Bereich der Energiegewinnung Unabhängigkeit von ausländischen Importen an.

Die aus dem Budget bereitgestellten Finanzmittel – der Erdölbereich wurde wie erwähnt bereits zu Beginn der 50er Jahre verstaatlicht, so daß sämtliche Ausbauaktivitäten aus zentralen Fonds finanziert wurden – beliefen sich während der ersten FJP-Periode auf rd. 1,2 Mrd. Yuan; das entsprach

---

1 Vgl. LUO Hui: Jiangxi nengyuan jingji wenti chutan (Über die wirtschaftlichen Probleme der Energiequellen in Jiangxi), in: Jiangxi Shiyuan Xuebao, Nr. 4, 1982, S.25 ff.
2 Vgl. ZHANG Siping: Shilun Jiangnan diqu meitan ziyuan kaifa liyong de jingji xiaoguo (Über die Wirtschaftlichkeit der Erschließung und Nutzung der Kohlevorkommen in den Gebieten südlich des Changjiang), in: Nengyuan, Nr. 5, 1981, S.6 f.
3 Vgl. Tabelle II.11.

knapp 5 % der gesamten staatlichen Investitionsmittel zum Aufbau der Industrie oder ca. 17 % der in die Energiebereiche investierten Mittel. In erster Linie wurden die Explorations-tätigkeiten forciert, unterstützt mit Ausrüstungen[1] und Hunderten von Experten aus der Sowjetunion.[2] Regionaler Schwerpunkt der Explorationsaktivitäten blieb zunächst der Nordwesten.[3]

Die in einem vergleichsweise kurzen Zeitraum erbrachten Leistungen waren beachtlich. Während zwischen 1907 und 1948 die niedergebrachten Explorationsbohrungen eine Gesamtlänge von nicht mehr als 34.000 m hatten, summierten sich diese im Jahr 1953 auf 18.000 m und im Jahr 1965 auf 408.000 m.[4] Diese Aktivitäten konnten rasch Erfolge zeitigen. Zwischen 1949 und 1958 entdeckten sowjetische und chinesische Geologen

1 Vgl. Tatsu KAMBARA: The Petroleum Industry in China, in: The China Quaterly, No.60, Oct.-Dec. 1974, S.700 f. Meyer-hoff und Willums weisen darauf hin, daß die sowjetischen Bemühungen am Aufbau einer chinesischen Erdölindustrie auch von eigenen Interessen gelenkt waren. Der Mangel an großen Erdöllagerstätten im östlichen Sibirien habe wesent-lich die sowjetischen Unterstützungsmaßnahmen vor allem im Nordwesten Chinas beeinflußt. Vgl. A.A. MEYERHOFF, J.O. WILLUMS: Petroleum Geology and Industry in the People's Republic of China, in: United Nations ESCAP, CCOP Technical Bulletin, Vol. 10, Dec. 1976, S.107.
2 Am 27.3.1950 war eigens ein Abkommen über die Gründung einer chinesisch-sowjetischen Aktiengesellschaft zur För-derung und Weiterverarbeitung von Erdöl in der Provinz Xinjiang (Sinkiang) geschlossen worden. Vgl. W. KRAUS, a.a.O., S.67.
3 Nach Schätzungen von Emerson wurde über die Hälfte der Investitionsausgaben für den Investbau im Erdölbereich für die Exploration von Öllagerstätten ausgegeben, die andere Hälfte für den Ausbau der Förderkapazitäten und der Raffinerien. (Emerson gibt die Höhe der gesamten An-lageinvestitionen mit 1,9 Mrd.Yuan allerdings deutlich höher an, als sie in den in dieser Arbeit verwendeten offiziellen Statistiken ausgewiesen sind). Vgl. John Philip EMERSON: Nonagricultural Employment in Mainland China: 1949-1958, International Population Statistics Report, Series P-90, No. 21, US-Government Printing Office, Washington D.C. 1965, S. 106.
4 Vgl. WU Yuan-Li, with the assistance of H.C. LING: Eco-nomic Development and the use of Energy Ressources in Com-munist China, New York, London 1963, S.175.

ca. 600 potentiell erdöl- und erdgashöffige Strukturen. Bis zum Jahr 1960 - dem Jahr, in dem die letzten sowjetischen Techniker nach Abbruch der chinesisch-sowjetischen Beziehungen das Land verließen - waren in 41 der entdeckten Lagerstätten Bohrtürme errichtet und die Förderung aufgenommen worden.[1] Exploriert wurde Ende der 50er Jahre in den meisten der bekannten Sedimentbecken wie Junggar, Qaidam, Turfan, Pre-Nanshan, Sichuan, Songliao, Ordos. Die meisten der entdeckten Ölfelder befanden sich allerdings in den abgelegenen Nordwestregionen, im Qaidam-Becken, die Gasfelder in der Südwestprovinz Sichuan. Das größte der entdeckten Felder lag ebenfalls im Nordwesten, im Junggarbecken. Das dort explorierte Feld Karamay[2] war gemessen an international üblichen Kriterien eine sog. Riesenlagerstätte.[3]

Die Förderkapazität konnte zwischen 1953 und 1956 bereits mehr als verdoppelt werden - von 0,6 Mio.t auf 1,5 Mio.t p.a. - und erfuhr in den Jahren 1957, 1958[4] erneut eine sprunghafte Ausweitung, nachdem die Förderausrüstungen und die erforderliche Logistik für die in den vorausgegangen Jahren explorierten Lagerstätten errichtet waren. In der zweiten FJP-Periode wurde die Basis für den über knapp zwei Jahrzehnte anhaltenden rapiden Aufschwung der chinesischen Erdölindustrie gelegt. Im Jahre 1959 waren die explorierenden Geologen im Nordosten des Landes auf Kohlenwasserstoffvorkommen gestoßen. In diesem Gebiet, dem Sungliao Becken - das sich als eines der bedeutendsten erdölhöffigen Sedimentbecken des Landes erweisen sollte - konnten innerhalb kurzer Zeit zahlreiche höffige Formationen nachgewiesen werden, so

---

1 Vgl. A.A. MEYERHOFF, J.O. WILLUMS, a.a.O., S. 107
2 ebenda.
3 Als "Riesenlagerstätte" (giant field) wird eine Lagerstätte mit mehr als 2 Mio.t Ölinhalt oder mehr als 250 Mrd. qm Gasinhalt bezeichnet. Vgl. R. MEINHOLD, H. PÄTZ: Erdöl und Erdgas - vom Plankton bis zur Pipeline, Leipzig 1979, S.61.
4 Vgl. die Fördermengen der einzelnen Fördergebiete in Kapitel III.

daß man in der Folgezeit die Explorationsaktivitäten, den
Aufbau von Fördereinrichtungen und Verarbeitungsanlagen
auf diesen bereits relativ industrialisierten Raum mit vergleichsweise guter Infrastruktur konzentrierte. Obgleich
unter erdölgeologischen Gesichtspunkten nicht korrekt, da
es sich dabei um eine Vielzahl von Feldern kleiner und mittlerer Größe handelt,[1] ging dieses Fördergebiet mit einer
Gesamtausdehnung von 1.022 qkm als "Erdölfeld Daqing" in
die Geschichte der chinesischen Erdölindustrie ein.

Nach der Entdeckung des Erdölfelds Daqing wuchs die Bedeutung, die den Kohlenwasserstoffen für die inländische Energieversorgung beigemessen wurde. Es waren nicht ausschließlich die chemo-physikalischen Vorteile, die die Kohlenwasserstoffe z.B. hinsichtlich der Transportfähigkeit, der Energiedichte oder der Verarbeitungsfähigkeit gegenüber den Fest-
körperbrennstoffen aufwiesen, die diesen Bedeutungswandel
verursachten. Die Erdölindustrie, verkörpert als "Erdölfeld
Daqing", wurde zum Symbol für nationale Unabhängigkeit.[2]
Im Jahr 1962 wurde in Daqing die Förderung aufgenommen,
bereits im Jahr 1964 gab es mehr als 2.000 niedergebrachte
Förderbohrungen.

Noch während der Konsolidierungsphase wurde der für den Ausbau der Erdöl- und Erdgasindustrie angesetzte Anteil an
den staatlichen Finanzmittelzuweisungen für die Energiebereiche auf ca. 25 % und schließlich in der vierten FJP-
Periode, nachdem Ende der 60er Jahre weitere Felder an der
Ostküste (die Felder Shengli, Dagang) entdeckt worden waren,
auf fast 30 % erhöht. Die Erdölindustrie wurde zum wachstums-
intensivsten Bereich der Industrieproduktion erklärt: "Jeder
Tropfen Erdöl, den wir gewinnen, unterstützt direkt den sozialistischen Aufbau des Vaterlandes, und mehr Öl bedeutet

---

1 Vgl. TANG Cengxiong: Daqing youtian zhushui kaifa (Sekun-
  därwassertrieb im Erdölfeld Daqing), in: Shiyou Xuebao,
  Vol. 1, Nr. 1, 1980, S.63 ff.
2 Vgl. CHENG Chu-yuan: Chinas Petroleum Industry - Output,
  Growth and Export Potential, New York, Washington, London
  1976, S.11.

zusätzliche Stärke".[1] Seit den 70er Jahren entsprechen die
in diesen vergleichsweise jungen Industriezweig geleiteten
Budgetmittel volumenmäßig jenen Mitteln, die in den Ausbau
der Kohleindustrie gelenkt wurden.

Ende der 70er Jahre wies der Bereich der Kohlenwasserstoffe
die nachfolgend skizzierten Strukturmerkmale auf. Die insgesamt errichtete Erdölförderkapazität belief sich auf ca.
100 Mio.t p.a. In 19 Regionen waren Ölvorkommen entdeckt
und Förderausrüstungen errichtet worden.[2] Rd. 90 % der errichteten Förderanlagen konzentrierten sich auf den Nordosten und Norden. Allein das Erdölfeld Daqing stellte 50 %
der gesamten Förderkapazitäten. Im Nordwesten, wo bereits
während der 50er Jahre umfangreiche Vorkommen exploriert
worden waren, hatte man sich - wegen der unzureichenden lokalen Infrastruktur - auf die Erschließung von wenigen Erdöl-
feldern beschränkt und in vergleichsweise geringem Umfang
Förder- und Transportausrüstungen errichtet.

Die Exploration von Erdgaslagerstätten, die im Jahre 1953
im Südwesten, in der Provinz Sichuan, begonnen worden war,
war in der Folgezeit vorwiegend auf diese Region einschließlich des angrenzenden westlichen Teils der Provinz Hubei
beschränkt geblieben, so daß sich in diesem Raum der größte
Teil der errichteten Förderkapazitäten befand. Ende der 70er
Jahre waren in diesem Raum 59 Gasfelder entdeckt, auf 53
Feldern waren Förderanlagen errichtet worden.[3] Diese Förderkapazitäten stellten den überwiegenden Teil der insgesamt
vorhandenen Kapazitäten zur Förderung ungebundenen Erdgases
- ca. 7 Mrd.qbm - und etwa die Hälfte der gesamten Gasförder-
kapazitäten (d.h. einschließlich des bei der Erdölförderung
gewonnenen Begleitgases).

---

1 Vgl. o.V.: Datjing - Ein rotes Banner an Chinas industrieller Front, in: Verlag für fremdsprachige Literatur, Peking
  1972, S.34.
2 Vgl. Shiyou gongyebu diaocha yanjiushi (Autorenkollektiv):
  Zhongguo shiyou gongye (Die Erdölindustrie Chinas), in:
  XUE Muqiao (Hrsg.): Zhongguo Jingji Nianjian 1981 (Wirt-
  schaftsjahrbuch Chinas 1981), Beijing 1982, S.IV 58.
3 ebenda

Hinsichtlich des Aufbaus von Verarbeitungskapazitäten lassen sich die nachfolgenden Entwicklungsmerkmale ableiten. Zur Zeit der Gründung der Volksrepublik gab es nur einige kleine Raffineriebetriebe in Yumen (Gansu) und in der Provinz Liaoning. Die Raffineriebetriebe in Liaoning dienten der Gewinnung von synthetischem Öl aus Ölschiefer. Von den vor 1949 errichteten Anlagen mit einer Durchsatzkapazität von insgesamt 0,5 Mio.t. p.a. waren aufgrund der Kriegseinwirkungen und Demontagen nur noch Anlagen mit einer Kapazität von 0,16 Mio.t. p.a. funktionsfähig.[1]

Das größte der während der ersten FJP-Periode begonnenen Raffinerieprojekte - seine konzipierte Kapazität wird in westlichen Quellen auf 2,2 Mio.t p.a. geschätzt - war die Raffinerie Lanzhou (Gansu), die komplett mit Ausrüstungen aus der Sowjetunion ausgestattet, im Jahr 1959 den Betrieb aufnahm.[2] Vor allem aber wurden zahlreiche kleine und mittelgroße Raffinerieeinheiten in den neu entdeckten Ölgebieten im QaidamBecken und in Zentralsichuan[3] sowie nahe den Ölschieferstätten im Nordosten[4] errichtet.[5] In Maoming (Südchina) wurde der Bau einer modernen Großraffinerie für die Verarbeitung der lokalen Ölschiefervorkommen begonnen. Ab Ende

---

1 Vgl. CHENG Chu.yuan, a.a.O., S.89.
2 Vgl. CHENG Chu-yuan, a.a.O., S,90.
3 Vgl. A.A. MEYERHOFF, J.O. WILLUMS, a.a.O., S.109.
4 Nach Angaben von Emerson wurden im Jahr 1958 allein im Nordosten ca. 1.400 kleine Raffineriebetriebe mit einer durchschnittlichen Kapazität von 14 t p.a. synthetischem Öl errichtet. Der Anteil an der gesamten Rohölgewinnung betrug aber weniger als 1 %. Emerson vermerkt, daß bis 1960/61 wohl die meisten dieser behelfsmäßigen Anlagen wieder stillgelegt wurden. Vgl. John Philip EMERSON: Nonagricultural Employment in Mainland China, a.a.O., S.106.
5 Meyerhoff und Willums weisen darauf hin, daß der Ausbau der Verarbeitungskapazitäten in Großbetrieben in den Jahren 1959/60 und in den Folgejahren einen schweren Rückschlag erfuhr, nachdem die Sowjetunion ihre Unterstützungsmaßnahmen einstellte und mit dem Abzug der sowjetischen Techniker auch die Konstruktionszeichnungen für konzipierte Großraffinerien mitgenommen wurden. Im Verlauf der 60er Jahre wandte sich China für den Ausbau der Verarbeitungsindustrie mit modernen Ausrüstungen Ländern wie Rumänien, Italien, der Bundesrepublik Deutschland, Frankreich und Japan zu. Vgl. A.A. MEYERHOFF, J.O. WILLUMS, a.a.O., S.109.

der 50er Jahre wandte man sich verstärkt dem Ausbau der Raffineriekapazitäten an der Ostküste, vor allem in den Städten Shanghai und Nanjing, zu. Bis Ende 1962 erreichte die gesamte Rohölverarbeitungskapazität bereits die Größenordnung von 7 Mio.t p.a.[1] Sie war somit erheblich größer als die gesamten vorhandenen Förderkapazitäten, was zunächst eine Verringerung des Imports von Erdölerzeugnissen zugunsten der Rohstoffveredelung in inländischen Produktionsstätten ermöglichte.

Mit der forcierten Ausweitung der Bohr- und Förderaktivitäten in den 60er Jahren wurde zwar auch die Errichtung von Verarbeitungskapazitäten vorangetrieben. Bis zum Jahr 1970 wurde die Rohölverarbeitungskapazität nach westlichen Schätzungen auf 28,5 Mio. Tonnen per annum erhöht. Das entsprach etwa dem Zuwachs der Förderkapazitäten. Es begannen sich aber bereits Kapazitätsengpässe in den Verarbeitungsindustrien abzuzeichnen.[2] Ende der 70er Jahre hatten die Verarbeitungsbetriebe eine Durchsatzkapazität von ca. 80 Mio. Tonnen per annum - das entsprach lediglich noch knapp 80 % der errichteten Rohölförderkapazität. Da keine detaillierten statistischen Daten darüber vorliegen, in welchem Umfang Investitionsmittel jeweils in den Ausbau der Förder- und der Verarbeitungskapazitäten gelenkt wurden, muß in Anbetracht dieses Ungleichgewichts davon ausgegangen werden, daß die Priorität der Aufbauaktivitäten auf die Erweiterung des Fördervolumens gelegt wurde und die Rohstoffverarbeitung vernachlässigt wurde.

Während bis 1957 keiner der errichteten Verarbeitungsbetriebe eine Kapazität von mehr als 0,5 Mio.t p.a. hatte, wurden seit den frühen 60er Jahren mehrere große Betriebseinheiten mit einer Verarbeitungskapazität von 4 Mio.t p.a. konzipiert. Diese boten grundsätzlich bessere Voraussetzungen für eine

---

1 Vgl. CHENG Chu-yuan, a.a.O., S.90.
2 Die Erdölförderung betrug im Jahr 1970 bereits rd. 31 Mio. Tonnen. Vgl. Kap.III.

Tabelle II.12.

Bedeutende Erdölraffinerien Ende der 70er Jahre
(Mio.Tonnen/Jahr)

Name	Provinz	geschätzte Kapazität
Anqing	Anhui	2.0
Anshan	Liaoning	2.5-4.5
Beijing	–	3.5-8.5
Changling	Hunan	3.5
Chongqing	Sichuan	1.0-2.5
Dagang	Hebei	1.5-2.5
Dali	Sha'anxi	–
Dalian No.7	Liaoning	3.5-5.5
Daqing	Heilongjiang	5.0-7.5
Dushanzi	Xinjiang	0.5-2.0
Fushun No.1	Liaoning	4.0-6.5
Fushun No.2	Liaoning	4.3
Fushun No.4	Liaoning	2.0
Fushun No.7	Liaoning	2.0
Fuyu	Jilin	0.4-2.0
Guangzhou	Guangdong	0.7
Hangzhou	Zhejiang	1.0-1.3
Harbin	Heilongjiang	0.5
Jilin	Jilin	2.5
Jinxi	Liaoning	3.5-6.5
Jinzhou	Liaoning	1.5
Jiujiang	Jiangxi	2.0
Karamay	Xinjiang	1.0-3.3
Lanzhou	Gansu	2.5
Lenghu	Gansu	0.9-1.1
Liaoning No.6	Liaoning	–
Luzhou	Sichuan	–
Mangyai	Gansu	–
Maoming	Guangdong	3.7
Nanjing	Jiangsu	3.0-6.0
Nanzhong	Sichuan	0.3-0.8
Qianguo	Jilin	–
Shanghai	–	4.0-11.0
Shengli	Shandong	3.5-5.5
Taizhou	Jiangsu	–
Tianjin	Hebei	1.3-4.0
Turfan	Xinjiang	0.5
Urumqi	Xinjiang	1.5
Wuhan	Hubei	2.5-5.0
Yanchang	Shanxi	0.1-0.5
Yinquan	Ningxia	–
Yuzhuanzi	Qinghai	0.3-0.5
Yumen	Gansu	1.0-4.0
Zhejiang	Zhejiang	2.5

Quelle: J.S.: Free market in oil condemned, in:
Petroleum Economist, April 1981, S.151.

kostengünstigere Produktion als Kleinbetriebe.[1] Allerdings wird von chinesischen Autoren darauf hingewiesen, daß Kostenaspekte bei der Konzeption von Betriebsgrößen als Kriterium eine untergeordnete Rolle spielten.[2] Im Jahr 1980 gab es 10-12 Raffineriebetriebe mit einer Durchsatzkapazität von 3,5 Mio.t p.a. und mehr.[3] Der zahlenmäßig weitaus überwiegende Teil der Betriebe waren Mittel- und Kleinbetriebe. Offizielle statistische Angaben über die Gesamtzahl der Betriebe und die Struktur der Betriebsgrößen liegen nicht vor. Soweit sich einzelnen Quellen entnehmen läßt, ist die Zahl der Kleinbetriebe jedoch sehr hoch. In chinesischen Quellen wird beispielsweise für die Nordostprovinz Liaoning, in der 31 % der gesamten Rohöl- und Ölschieferverarbeitungskapazitäten konzentriert sind - das entpricht einer jährlichen Durchsatzkapazität von ca. 25 Mio.t - neben acht Großraffinerien für die Rohölverarbeitung von 66 mittelgroßen petrochemischen Anlagen berichtet.[4] Westliche Quellen weisen unter Bezug auf chinesische Angaben darauf hin, daß es z.B. in der Präfektur Anyang (Provinz Henan) mehr als 200 Kleinstbetriebe für die Rohölverarbeitung gibt, die von Volkskommunen, Brigaden und Produktionsgruppen betrieben werden. Dieselbe Quelle berichtet von einer Brigade, in der sogar einzelne Haushalte Rohöl raffinieren.[5] Der statistische Anteil dieser Kleinbetriebe an der gesamten Rohölverarbeitung ist jedoch unbedeutend.[6]

---

1 Nach den Erfahrungen beim Aufbau von Raffineriebetrieben im Westen sind die Investitionsaufwendungen pro Tonne Verarbeitungskapazität für Großraffinerien mit Verarbeitungskapazitäten von 4 Mio.t p.a. um ca. 40 % niedriger als für Betriebe mit einer Verarbeitungskapazität von 1 Mio.t p.a. Vgl. M.A. ADELMANN: The World Petroleum Market, Baltimore 1972, S.379.
2 Vgl. RONG Bo: Jing Tian Tan diqu lianyou gongye de nenghao fenxi de fazhan zhong de wenti (Analayse des Energieverbrauchs und Entwicklungsprobleme der Erdölverarbeitungsindustrie im Raum Beijing, Tianjin, Tanshan), in: Nengyuan, Nr. 4, 1982, S.7.
3 Vgl. Tab. II.12.
4 Vgl. XNA, No. 12808 vom 8.2.1984. Nähere Angaben zur durchschnittlichen Durchsatzkapazität der genannten Größenkategorien sind nicht verfügbar.
5 Vgl. J.S.: Free Market in Oil Condemned, in: Petroleum Economist, April 1981, S.151.
6 ebenda.

Insgesamt wurden im Zeitraum von der ersten bis zur fünften
FJP-Periode (1953-1980) ca. 31 Mrd.Yuan Budgetmittel in den
Ausbau der Erdöl- und Erdgasindustrie investiert.[1] Gemessen
an den errichteten Förderkapazitäten war der Kapitaleinsatz
im Vergleich zu den im gleichen Zeitraum errichteten Kohle-
gewinnungskapazitäten sehr hoch. Während im Bereich der
Kohlenwasserstoffe mit einem Kapitaleinsatz von 31 Mrd.Yuan
eine Gewinnungskapazität von etwa 150-160 Mio.t SKE[2] geschaffen wurde, wurden im gleichen Zeitraum im Kohlebereich
mit einem um etwa 30 % höheren Kapitaleinsatz Brennstoff-
gewinnungskapazitäten geschaffen, die mit ca. 330 Mio.t SKE
per annum das doppelte Volumen aufweisen.

1.2.3. Aufbau der Elektrizitätsindustrie

Der Aufbau einer modernen Industrie war ohne Elektrizität
nicht denkbar; entsprechend wurde der Elektrifizierung des
Landes von Beginn an eine hohe Priorität in den Entwicklungs-
bestrebungen eingeräumt.

Die zur Zeit der Gründung der Volksrepublik installierten
Stromerzeugungskapazitäten (ca. 1.900 MW) konzentrierten
sich fast ausschließlich auf die nordöstlichen und nördlichen
Industriegebiete. In den ländlichen Regionen im Landesinnern
gab es keine Kraftwerke von Bedeutung. Zerstörungen durch

---

1 Es ist nicht eindeutig zu klären, ob mit diesen Mitteln
  auch der Aufbau der Verarbeitungsbetriebe finanziert wurde.
  Wahrscheinlich ist jedoch, daß die dem Erdölministerium
  direkt oder indirekt unterstellten Raffineriebetriebe,
  nicht aber die den anderen Fachministerien zugeordneten
  Betriebe damit finanziert wurden. Letztere wurden vermutlich aus den an diese Ministerien erfolgten Dotationen
  finanziert.
2 Für die zur Vergleichbarkeit der verschiedenen Energieträger vorgenommene Umrechnung in Steinkohleeinheiten
  (SKE) wurden die allgemeinen gebräuchlichen Konversionsfaktoren zugrunde gelegt: Für Rohöl 1,43 pro Tonne, Erdgas
  1,33 pro Kubikmeter und für Rohförderkohle 0,714 pro Tonne.
  Ein Kilogramm SKE entspricht einem Wärmewert von 7.000
  kcal. Vgl. Zhongguo Tongji Nianjian 1983, a.a.O., 249,
  Anm.2.

die Kriegsjahre sowie Demontagen hatten Kapazitätsverluste verursacht. Erst etwa 1956/57 hatten die installierten Generatorkapazitäten wieder jenen Stand erreicht, der ohne Kriegseinwirkungen und Zerstörungen bereits 1947 schon erreicht worden wäre.[1]

Die binnenländische Elektroindustrie war noch kaum entwickelt. Der größte Turbo-Generator, der im Jahr 1952 in der Industriestadt Shanghai gebaut werden konnte, hatte eine Kapazität von nur 24 MW. Die Stromübertragungsleitungen in Shanghai hatten eine Spannung von max. 33 kV. Die im Verlaufe der 50er Jahre in inländischen Fabrikationsstätten erstellten Dampfkessel und Generatoren waren überwiegend auf Kapazitäten von 6-12 MW beschränkt.[2] Alles in allem waren dies keine günstigen Voraussetzungen für den angestrebten Aufbau einer modernen Schwerindustrie. Während man sich in der Wiederaufbauphase im wesentlichen auf die Restaurierung der verbliebenen Stromerzeugungskapazitäten beschränkte,[3] wurde schon in der ersten FJP-Periode die hohe Priorität, die der Elektrifizierung des Landes beigemessen wurde, in Ausbauaktivitäten umgesetzt. Mit einem Anteil von 40-45 % an den gesamten staatlichen Investbauausgaben für den Ausbau der Energiebereiche in den einzelnen Planperioden (Ausnahme: während der Konsolidierungsphase 1963-1965 betrug der Anteil lediglich ca. 35 %) hatte der Elektrizitätsbereich unter den Energiebereichen mit deutlichem Abstand die wichtigste Position inne.[4] Bezogen auf alle Industriezweige nimmt er im Zeitraum von der ersten bis zur fünften FJP-Periode nach der Eisen- und Stahlindustrie und der Maschinenbauindustrie den drittbedeutendsten Platz unter allen mit zentralstaatlichen Mitteln ausgebauten Branchen ein.

---

1 Vgl. WU Yuan-Li, H.C. LING, a.a.O., S. 220
2 Vgl. Shanghai shehui kexueyuan (Hrsg.): Shanghai Jingji: 1949-1982 (Die Wirtschaft Shanghais 1949-1982), Shanghai 1983, S.234.
3 Vgl. Vaclav SMIL, a.a.O., S. 48.
4 Vgl. Tabelle II.13.

Bis Ende des Jahres 1979 war die Kapazität der installierten
Generatoren auf 63.016 MW erweitert worden. Im Vergleich zu
anderen Ländern ist in China eine außerordentlich hohe Ausweitung der Stromerzeugung zu verzeichnen. Der zwischen 1952
und 1979 erzielte jahresdurchschnittliche Kapazitätszuwachs
betrug ca. 14 %. In Indien lag der jahresdurchschnittliche
Zuwachs der Stromerzeugungskapazitäten im gleichen Zeitraum
bei 9 %, in Indonesien bei 8 %; in allen Entwicklungsländern
lag der entsprechende Zuwachs bei ca. 10 %.[1]

Von Interesse ist die Struktur der Kraftwerksarten. Diese
wird i.a. von den verfügbaren Primärenergieträgern bestimmt.
Von den bis Ende 1979 errichteten 2.860 Kraftwerken[2] mit
mehr als 0,5 MW installierter Leistung waren ca. 70 % (1336
Kraftwerke) Wärmekraftwerke und 30% Wasserkraftwerke. Im Verlaufe der einzelnen Entwicklungsperioden hatte es wiederholt
Ansätze gegeben, den Anteil der Wasserkraftwerke an den
Kraftwerkskapazitäten zu erhöhen, um die riesigen unerschöpf-
lichen Wasserressourcen des Landes vermehrt für die Stromerzeugung zu nutzen. Beispielsweise war im Jahr 1958 vorgesehen, daß der Anteil der in Wasserkraftwerken erzeugten
Elektrizität bis zum Jahr 1972 höher sein sollte, als der
in Wärmekraftwerken erzeugte Strom. "Wasser als Grundlage
(der Stromerzeugung), Wärme zur Ergänzung (shui zhu, huo
fu). Dieses Konzept wurde aber bereits in den 60er Jahren
modifiziert. Sowohl Wasserkraft als auch Wärmekraft sollten
zukünftig gemäß den örtlichen Gegebenheiten gleichrangig
entwickelt werden.[3] Auch diese Pläne wurden indes nicht umgesetzt. Während noch 1957 der Anteil der Wasserkraftwerke
an den gesamten Kraftwerkskapazitäten bei 50 % lag,[4] war

1 Vgl. World Bank (Hrsg.): China: Socialist Economic Development, Vol. II, a.a.O., S.234.
2 Vgl. CAO Huiwen: Cong dianwang tiaodu kan dongbei diqu
   jiakuai shuidian jianshe de potiesing (Die Dringlichkeit
   des Aufbaus von Wasserkraftwerken im nordöstlichen Stromnetz), in: Shuili Fadian, Nr. 6, 1980, S.6. ff.
3 Vgl. LI Rui: Bixu youxian fazhan shuidian (Wasserkraft
   muß vorrangig entwickelt werden), in: Renmin Ribao vom
   6.3.1980.
4 Vgl. CAO Huiwen, a.a.O., S.6 f.

er bis Ende der 70er Jahre sogar deutlich zurückgegangen
(auf ca. 30 %, s.o.). Der Anteil der Primärelektrizität aus
Wasserkraft sank von 25 % (1957)[1] auf 17-18 % Ende der 70er
Jahre.[2]

Verschiedene Gründe waren für die Verringerung des Anteils
der Wasserkraftwerke an den Stromerzeugungskapazitäten ausschlaggebend. Zum einen zog man es offenbar vor, das knappe
verfügbare Kapital in Wärmekraftwerken zu investieren, da
diese, gemessen an den Investitionskosten pro installierte
Leistungseinheit, billiger waren und ferner vergleichsweise
kürzere Bauzeiten erforderten,[3] was widerum von erheblicher
Bedeutung für die Deckung des Strombedarfs der rasch wachsenden stromintensiven Industriezweige war. Zum anderen mangelte
es an dem notwendigen Know How für den Aufbau von großen
Wasserkraftwerkseinheiten,[4] vor allem nachdem Ende der 50er
Jahre sowjetische Techniker abgereist waren und die chinesischen Fachleute nicht ausreichten, um die entstandene
Lücke zu füllen. Turbinen- und Generatoreneinheiten mit
den notwendigen großen Kapazitäten konnten die binnenländische Maschinenbauindustrie nicht bereitstellen. Probleme
mit der Errichtung und dem Betrieb großer Wasserkraftwerke
zeichneten sich beispielsweise bereits Anfang der 60er Jahre
beim größten Wasserkraftwerk des Landes ab. Die Bauarbeiten
am Kraftwerk Sanmenxia, gelegen am Oberlauf des Gelben
Flusses in der Provinz Henan waren im Jahr 1957 begonnen
worden. Die projektierte Kapazität betrug 1.100 MW. Nicht be-
rücksichtigte Verschlammungsprobleme des Reservoirs, bedingt
durch die hohe Schlammführung des Gelben Flusses,[5] sowie

---

1 Vgl. LI Rui, a.a.O.
2 Vgl. Kapitel II
3 Vgl. LI Rui: Bixu jouxian..., a.a.O.
4 Vgl. QIAN Ning, DAI Dingzhong: Woguo heliu nisha wenti
  jiqi yanjiu jinzhan (Fortschritte bei den Untersuchungen
  der Schlammführung von Chinas Flüssen), in: Shuili Fadian
  Jishu, Nr. 2, 1980, S.19.
5 Als die Dammarbeiten des Sanmenxia-Reservoirs gegen Ende
  des Jahres 1960 im wesentlichen abgeschlossen waren, begann die rasch zunehmende Verschlammung des Speicherbek-
  kens - der Gelbe Fluß hat unter allen großen Flüssen der
  Welt die größte Schlammführung - bereits im Jahr 1964 die
  Hochebenen und die Stadt Xian zu gefährden. Vgl. QIAN Ning,
  DAI Dingzhong; a.a.O.

unzulängliche Sicherung des Dammuntergrundes erforderten
über mehrere Jahre ständige bauliche Veränderungen sowohl
am Kraftwerk als auch am Damm,[1] so daß sich die Fertigstellung der ersten funktionsfähigen Turbinen- und Generatoreneinheiten bis zum Jahre 1973 erstreckte - zehn Jahre länger
als ursprünglich geplant.[2]

Tabelle II.13.

Struktur der Kraftwerke nach Primärenergieträgern
(1979)

	Kapazität (MW)	Anteil (%)
Wärmekraftwerke	43.904	69,7
davon befeuert mit		
Kohle	32.955	52,3
Öl	10.762	17,1
Erdgas[a]	187	0,3
Wasserkraftwerke	19.110	30,3

a Die in der zitierten Quelle nicht aufgeführten
  Wärmekraftwerke, die mit Erdgas befeuert wurden, wurden als Restgröße aus den Angaben errechnet.

Quelle: World Bank Publications: China: Socialist
Economic Development, Vol. II, The Economic Sectors
- Agriculture, Industry, Energy, Transport, and
External Trade and Finance, Washington D.C., S.237.

Die vorrangige Bedeutung für die Stromerzeugung verblieb
somit bei den thermischen Kraftwerken. Diese wurden im Jahr
1979 zu 75 % mit Kohle und zu 25 % mit Erdöl beheizt.[3] Der

---

1 Vgl. LI Rui: Guanyu jiakuai fazhan woguo shuidian jianshe
  de ji dian yijian (Überlegungen zum beschleunigten Aufbau
  von Wasserkraftwerken in China), in: Shuili Fadian, Nr. 1,
  1980, S.5 f.
2 Soweit aus den Unterlagen der Weltbank hervorgeht, betrug
  die Leistungsfähigkeit des Kraftwerks Sanmenxia im Jahre
  1979 nur 250 MW. Es konnte nicht ermittelt werden, ob die
  zu Baubeginn konzipierte technische Kapazität von 1.100 MW
  nicht realisiert wurde oder ob sich die Leistungsfähigkeit
  der Anlage durch die Sedimentation im Becken auf 250 MW
  verringert hatte. Vgl. World Bank (Hrsg.): China: Socialist
  Economic Development, Vol.II, a.a.O., Table A 13, S.255 f.
3 Vgl. Tabelle II.13.

Aufschwung in der Erdölgewinnung Ende der 60er Jahre, Anfang der 70er Jahre hatte u.a. auch dazu geführt, daß viele neu errichtete Wärmekraftwerke vor allem im Nordosten des Landes mit Ölbrennern ausgerüstet wurden. Ein Teil der bereits installierten Kraftwerke wurde nachträglich auf Ölbrenner umgerüstet.[1]

Statistisch unbedeutend, aber dennoch erwähnenswert, sind neben den konventionellen Kraftwerksarten einige weitere, aus regenerierbaren Energiequellen gespeiste Kraftwerke. Bemerkenswert ist dabei, daß es offenbar innerhalb der chinesischen Führung trotz der latenten Kapitalknappheit Kräfte gab, die die Nutzung "alternativer" Energiequellen befürworteten. Ende der 70er Jahre existierten bereits mehrere Pilotanlagen, in denen die Gezeitenenergie, die Geothermik und die Windenergie zur Stromerzeugung genutzt wurde.

Mit der Errichtung von Pilotanlagen zur Nutzung dieser Energiequellen wurde Anfang der 70er Jahre begonnen. Bis Anfang der 80er Jahre gab es drei Kraftwerke zur Umwandlung der Gezeitenenergie in Elektrizität mit einer installierten Generatorenleistung von insgesamt ca. 4 MW;[2] mehrere Kraftstationen mit einer gesamten Generatorenkapazität von ca. 10 MW nutzten Erdwärme zur Stromerzeugung.[3] Einige kleinere Windkonverter mit einer technischen Leistungsfähigkeit von insgesamt 100-250 kW waren im Norden Chinas sowie auf Inseln vor der Ostküste installiert.[4,5]

---

1 Vgl. LI Rui: Bixu jouxian..., a.a.O., S.6.
2 Vgl. Kurt WIESEGART: Gezeitenkraftwerke in der VR China, in: Wasser-Energie-Luft, Nr. 7/8, 1984, S.162 ff.
3 Das größte geothermische Kraftwerk, Yangbajin in Tibet, hat eine installierte Kapazität von 7 MW. Vgl. XNA Nr. 12649, 2.9.1983. Der überwiegende Teil der bisher genutzten Geothermen dient der Wärmegewinnung, vgl. CAI Yihan: Woguo fazhan dire nengyuan de jingji xiaoyi (Die Wirtschaftlichkeit der Erschließung der Geothermik in China), in: Nengyuan Nr. 2, 1981, S.12 ff.
4 Vgl. DENG Heshi: Fengli ziyuan de liyong - fengli fadian (Die Nutzung der Windenergie - Wind zur Stromerzeugung), in: Nengyuan, Nr.5, 1981, S.49; XNA, Nr. 12501, vom 7.4. 1983; Nr.12572, 17.6.1983.
5 Direkte Sonnenenergie wird in China bisher noch nicht zur Stromerzeugung genutzt.

Versucht man zusammenfassend ein Bild von der Größenstruktur der Kraftwerke Chinas zu gewinnen, so zeigt sich, daß eine breite Streuung der Betriebsgrößen gegeben ist. Von den bis Ende des Jahres 1979 errichteten 2.860 Kraftwerken mit einer Leistungsfähigkeit von je mehr als 0,5 MW hatten nur ca. 70 Einheiten eine Generatorenkapazität von 250 MW oder mehr - ca. 2,5 % der (zahlenmäßig) gesamten Kraftwerkskapazitäten. Sie stellten jedoch mit 30.520 MW installierter Generatorenkapazität knapp die Hälfte der installierten Generatorenkapazität.[1] Knapp 40 % der Kraftwerkskapazitäten waren im Nordosten und Norden, weitere 25 % im Osten Chinas konzentriert.[2] Die größten Kraftwerke hatten eine installierte Kapazität von 1.225 MW (das Wasserkraftwerk Liujiaxia, Nordwestchina) und 1.100 MW (das Wärmekraftwerk Qinghe in Nordostchina).[3] Der zahlenmäßig weitaus größte Teil der Kraftwerke - nach Angaben der Weltbank sind es 47 % aller Anlagen - sind Kleinkraftwerke mit einer installierten Generatorenleistung von jeweils weniger als 50 MW.[4]

Schließlich gibt es eine Vielzahl von kleinen Wasserkraftstationen - im Jahr 1979 betrug die Gesamtzahl ca. 90.000 - deren durchschnittliche Leistungsfähigkeit je Einheit bei 80 kW liegt.[5] Diese Anlagen hatten im Jahr 1979 mit ca. 7.000 MW Gesamtleistungfähigkeit einen Anteil von rd. 11 % an der gesamten installierten Generatorenkapazität.[6] Sie liegen weit gestreut in 1.574 der insgesamt 2.137 Kreise des Landes. Im Jahr 1983 waren 774 Kreise, also knapp 40 %

---

1 Vgl. CHEN Zengqing: Zhongguo dianli gongye (Die Elektrizitätsindustrie Chinas), in: XUE Muqiao (Hrsg.): Zhongguo Jingji Nianjian 1981, a.a.O., S.65 f.
3 Vgl. World Bank (Hrsg.): China: Socialist Economic Development, Vol. II, a.a.O., Table A 13, S.255 f; eigene Berechnungen.
4 Vgl. World Bank (Hrsg.): China: Socialist Economic Development, Vol. II, a.a.O., Tabel A 13, S.255 f. Das größte Kraftwerk des Landes, mit dessen Errichtung Ende der 70er Jahre begonnen wurde, hat eine konzipierte Kapazität von 2.700 MW - das Wasserkraftwerk Gezhouba am Oberlauf des Changjiang (Yangtse).
5 Vgl. World Bank (Hrsg.): China: Socialist Economic Development, Kap. II, S.237.
6 ebenda

aller Kreise bei der Stromversorgung ausschließlich auf
diese Kleinstkraftwerke angewiesen.[1]

Tabelle II.14.

Kapazitäten der großen Stromverbundnetze
(1979)

Netz	Gebiet	Installierte Kapazität (MW)	BruttoEngpaß leistung (MW)
Überregionale Netze			
Nordosten	Liaoning sowie große Teile von Heilongjiang und Jilin	7.759	6.020
Osten	Jiangsu, Anhui, Zhejiang Shanghai	7.455	5.810
Zentralchina	Henan, Hubei	5.529	3.500
Norden	Beijing, Tianjin Nord-Hebei	4.989	3.553
Nordwesten	Sha'anxi, Gansu Großteil von Qinghai	3.832	2.628
Zwischensumme		29.564	
sieben große regionale Netze		14.204	
Insgesamt		43.768	
Anteil an der ges. Generatorenkapazität		69,5 %	

Quelle: World Bank (Hrsg.): China: Socialist Economic Development, Vol.II, The Economic Sectors - Agriculture, Industrie, Energy, Transport, and External Trade and Finance,
Washington D.C., 1983, S.236.

Entsprechend dem auf regionale Autarkie ausgerichteten Entwicklungsprinzip ist es nicht überraschend, daß Ende der
70er Jahre auch das Stromfortleitungssystem sehr "regiona-

---

1 Vgl. XNA, Nr.12867 vom 7.4.1984.

lisierten" Charakter hatte. Es gab kein landesweites Stromverbundsystem. Stromerzeugung und -fortleitung waren dadurch
gekennzeichnet, daß es mehrere Elektrizitätsnetze gab, die
quasi als Inseln unverbunden nebeneinander bestanden. Die
Parzellisierung wird aus Tab. II.14 deutlich. Etwa drei Viertel der installierten Generatorenkapazität verteilte sich
im Jahr 1979 auf nicht weniger als 12 größere voneinander
isolierten Stromnetze. Die restlichen ca. 30 % installierte
Generatorenkapazität speiste den erzeugten Strom in eine
Vielzahl kleinerer lokaler Netze. Ein Mangel bestand Ende
der 70er Jahre vor allem an Hochspannungsleitungen, die eine
Übertragung von Strom über große Entfernungen ermöglichen
und somit u.a. auch die Voraussetzungen für den überregionalen Ausgleich von Angebots- und Bedarfsschwankungen schaffen.
Die Knappheit von Hochspannungsleitungen mag ein Vergleich
mit der Bundesrepublik Deutschland veranschaulichen. Die
Ende 1979 in China vorhandene Gesamtlänge an Hochspannungsleitungen ab 110 kV betrug ca. 87.000 km (davon 61.000 km
mit 110 kV, 25.000 km mit 220 kV, 800 km mit 330 kV). Die
Gesamtstrecke der Hochspannungsleitungen war damit nur um
ca. 20 % länger als jene der Bundesrepublik, die ein Vierzig-
stel der Landfläche Chinas aufweist.[1] Nach Schätzungen der
Weltbank läßt sich der Mangel an Hochspannungsleitungen auf
ca. 10.000 km beziffern.[2]

Aus den kumulierten Investitionsaufwendungen und den verfügbaren Daten über die Struktur der Elektrizitätserzeugung und
-fortleitung läßt sich eine Vorstellung von der Struktur der
Investitionskosten im Elektrizitätsbereich gewinnen. Im Vergleich zu den Primärenergieträgern wurden im Betrachtungszeitraum 1953-1980 mit 56 Mrd.Yuan[3] etwa 33 % mehr als bei

1 Die Stromnetzlänge der Bundesrepublik Deutschland betrug
  im Jahr 1979 71.814 km. Vgl. Vereinigung Deutscher Elektrizitätswerke, VDEW e.V. (Hrsg.): Die öffentliche Elektrizitätsversorgung 1979, Frankfurt 1980, S.32.
2 Vgl. World Bank (Hrsg.): China: Socialist Economic Development, Vol.II, a.a.O., S.237.
3 In dieser Summe sind keine aus lokalen Fonds für die Errichtung von Kraftwerken und Stromleitungen aufgewendeten
  Mittel enthalten. Über die Höhe dieser lokal finanzierten
  Investitionen liegen keine Angaben vor.

Kohle und 80 % mehr als bei Erdöl/Erdgas investiert - was
die eingangs erwähnte hohe entwicklungspolitische Bedeutung,
die der Elektrifizierung des Landes beigemessen wurde, widerspiegelt. Aus Angaben von Cao Huiwen läßt sich errechnen,
daß die durchschnittlichen Investitionsaufwendungen pro
Kilowatt installierte Leistung bei Wärmekraftwerken etwa
660 Yuan, bei Wasserkraftwerken 1.170 Yuan betrugen.[1] Bei
großen Kraftwerkseinheiten waren die Investitionsaufwendungen
pro installierte Leistungseinheit im allgemeinen niedriger
als bei kleineren Kraftstationen. Sie beliefen sich bei
Wärmekraftwerken großer und mittlerer Betriebsgrößen auf
506 Yuan/kW, bei entsprechenden Wasserkraftwerken auf 855
Yuan/kW.[2]

Die Gesamtinvestitionssumme für die Errichtung von Stromfort-
leitungs- und -verteilungsanlagen war im Betrachtungszeitraum
erheblich niedriger als die für die Errichtung von Stromerzeugungsanlagen investierte Investitionssumme. Es ist zwar
keine Goldene Regel bekannt, welche Relation der Investitionsaufwendungen für die Stromerzeugung und die Stromfortleitung und -verteilung beim Aufbau eines Stromversorgungs-
systems angemessen ist. Ein Vergleich mit der Bundesrepublik
Deutschland läßt aber zumindest vermuten, daß in China dem
Aufbau von Stromfortleitungs- und -verteilungsanlagen im Vergleich zu Stromerzeugungsanlagen wenig Bedeutung beigemessen
wurde. Während in der Bundesrepublik das Verhältnis der Investitionen für Anlagen zur Stromfortleitung und -verteilung
zu den Investitionen für Anlagen zur Stromerzeugung in einem
längeren Betrachtungszeitraum etwa 1,2 : 1 betrug,[3] ist das
entsprechende Verhältnis in China lediglich 0,2 : 1.[4]

---

1 Vgl. CAO Huiwen, a.a.O., S.7. f.
2 Vgl. LI Rui, a.a.O., S.6.
3 In der Bundesrepublik Deutschland wurden im Zeitraum 1971-
  1981 ca. 40 Mrd.DM in die Stromerzeugung und rd. 46 Mrd.DM
  in die Fortleitungs- und Verteilungsanlagen investiert.
  Vgl. Vereinigung Deutscher Elektrizitätswerke VDEW e.V.
  (Hrsg.): Die öffentliche Elektrizitätsversorgung 1981,
  Frankfurt 1982, S.47.
4 Vgl. World Bank (Hrsg.): China: Socialist Economic Development, Vo.II, a.a.O., Table A.22, S.266.

Tabelle II.15.

Produktion von Generatoreinheiten zur Stromerzeugung
1951–1983

Jahr	Zuwachs in 1000 MW	gegenüber Vorjahr (%)	Kumul. Kapazität in 1000 MW	Zuwachs in %
1951	2	–	2	–
52	6	200,0	8	300,0
1953	22	266,7	30	275,0
54	8	-63,6	38	26,7
55	62	675,0	100	163,2
56	201	224,2	301	201,0
57	198	-1,5	499	65,8
1958	1.100	455,6	1.599	220,4
59	2.423	120,3	4.022	151,5
60	3.388	39,8	7.410	84,2
61	679	-80,0	8.089	9,2
62	152	-77,6	8.241	1,9
1963	404	165,8	8.645	4,9
64	440	8,9	9.085	5,1
65	683	55,2	9.768	7,5
1966	1.323	93,7	11.091	13,5
67	619	-53,2	11.091	5,6
68	1.375	122,1	13.085	11,7
69	2.031	47,7	15.116	15,5
70	2.918	43,7	18.034	19,3
1971	3.533	21,1	21.567	19,6
72	4.325	22,4	25.892	20,1
73	5.018	16,0	30.910	19,4
74	4.616	-8,0	35.526	14,9
75	4.965	7,6	40.491	14,0
1976	4.002	-19,4	44.493	9,9
77	3.181	-20,5	47.674	7,2
78	4.838	52,1	52.512	10,2
79	6.212	28,4	58.724	11,8
80	4.193	-32,5	62.917	7,1
1981	1.395	-66,7	64.312	2,2
82	1.645	17,1	65.957	2,6
83	2.740	66,5	68.697	4,2

Quelle: Guojia tongjiju (Hrsg.): Zhongguo Tongji Nianjian
1984 (Statistisches Jahrbuch Chinas 1984), Beijing 1984,
S.228; eigene Berechnungen.

Geographisches Institut
der Universität Kiel
Neue Universität

2. Einsatz von Arbeitskräften in der chinesischen Energiewirtschaft

2.1. Grundlinien der Beschäftigungspolitik

Neben der Kapitalallokation ist auch die Allokation der Arbeitskräfte Bestandteil der zentralen Planung. Arbeitskräfte wurden seit den 50er Jahre den Betrieben von den Arbeitsbüros zugeordnet. Da der Produktionsfaktor Arbeit in großem Umfang vorhanden war und persönliche Bedingungen und Wünsche der Arbeitskräfte wenig Berücksichtigung fanden, war eine große Mobilität der Arbeitskräfte gegeben, so daß deren Einsatz relativ unbehindert gemäß den Planvorstellungen erfolgen konnte. Im Verlaufe der ersten drei Jahrzehnte sozialistischer Wirtschaftspolitik war nicht die Knappheit, sondern die Integration nicht beschäftigter Arbeitskräfte in den Produktionsprozeß das drängendste beschäftigungspolitische Problem.

Während man in der Landwirtschaft durch den Aufbau arbeitsintensiver lokaler Kleinindustrien bemüht war, die Landwirtschaft zu industrialisieren und gleichzeitig freigesetzte Arbeitskräfte in lokalen Industriebetrieben zu integrieren, verfolgte man in den Städten über lange Perioden vorwiegend den Aufbau einer kapitalintensiven Großindustrie, was dauerhaft das Problem ergab, für die wachsende Zahl städtischer Arbeitskräfte Arbeitsplätze in ausreichendem Umfang zu schaffen. Im Verlaufe der einzelnen Entwicklungsperioden ergriff die chinesische Führung unterschiedliche Maßnahmen, um die Beschäftigungsprobleme zu bewältigen. Nicht immer führten die Maßnahmen zu den gewünschten Erfolgen. Zum Teil konterkarierten die Ergebnisse einzelner beschäftigungswirksamer Konzepte die angestrebten Ziele.

Beispielsweise sollte während der Periode des Großen Sprungs durch Mobilisierung des gesamten Arbeitskräftepotentials auf dem Land zusätzliche Investitionsquellen für die Errichtung lokaler Industriebetriebe und den Ausbau der Infrastruktur

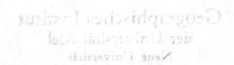

erschlossen werden.[1] Die induzierten Masseneinsätze waren
auch mit erzwungenen Freisetzungen von Arbeitskräften aus
der landwirtschaftlichen Produktion verbunden, was erhebliche Rückgänge der Ernteerträge bei verschiedenen landwirtschaftlichen Anbauerzeugnisse und der viehwirtschaftlichen
Produktion hatte.[2] Dieser sowohl hinsichtlich des Kapital-
als auch des Arbeitskräfteinsatzes forcierte Investitionsschub hatte ferner keine dauerhaften Kapazitätseffekte zur
Folge. Es waren letztlich Überinvestitionen, die nicht von
dem vorhandenen Produktionssystem absorbiert werden konnten.
Aus Mangel an komplementärem Faktoreinsatz konnten die neu-
geschaffenen Kapazitäten nur beschränkt genutzt werden.[3]

Tabelle II.16.

Entwicklung der Produktion ausgewählter landwirtschaftlicher
Erzeugnisse pro Kopf der Bevölkerung
in ausgewählten Jahren
(Pfund)

Jahr	Getreide[a]	Baumwolle	Ölpflanzen[b]	Fleisch[c]
1952	576	4,58	14,74	11,9
1957	612	5,15	13,17	12,5
1962	481	2,25	6,02	5,8
1965	544	5,87	10,14	15,4
1978	640	4,55	10,97	18,0

a Die Kategorie "Getreide" umfaßt die Anbaufrüchte Reis,
  Weizen, Mais, Sojabohnen und Süßkartoffeln. Süßkartoffeln
  wurden dabei im Verhältnis 1:4 (bis 1963) bzw. 1:5 (ab
  1964) statistisch bewertet.
b "Ölpflanzen" umfassen Erdnüsse, Rübsamen (Raps) und Sesam
c Schweine-, Rind- und Lammfleisch

Quelle: Guojia tongjiju (Hrsg.): Zhongguo Tongji Nianjian
1981 (Statistisches Jahrbuch Chinas 1981), Beijing 1982,
S.169

---

1 Vgl. Willy KRAUS, a.a.O., S.244.
2 Vgl. Tabelle II.16.
3 Vgl. Willy KRAUS, a.a.O., S.245.

Die Städte waren zwar nicht mit dem Problem des durch Land-
flucht hervorgerufenen Arbeitskräftezuflusses konfrontiert
- wie dies in vielen anderen Entwicklungsländern, die städtische Industrien aufbauen, der Fall ist. Durch die Errichtung von ländlichen Industriebetrieben sowie durch administrative Maßnahmen konnte grundsätzlich eine Migration frei-
gesetzter Arbeitskräfte vom Land in die Städte verhindert
werden. Durch den Aufbau von vorwiegend kapitalintensiven
Großindustrien in den Städten gelang es aber nicht, den
natürlichen Zuwachs der städtischen Arbeitskräfte in industrielle Arbeitsplätze zu integrieren.[1] Während der Konsolidierungsphase Anfang der 60er Jahre mußte beispielsweise ein
Großteil der während des Großen Sprungs in die städtischen
Industriebetriebe transferierten Arbeitskräfte wieder zurück
in die landwirtschaftlichen Produktionseinheiten geführt
werden, da keine kapazitätserweiternde Integration in der
Industrie erfolgt war.

Während der Kulturrevolution wurden zwischen 1966 und Mitte
der 70er Jahre Millionen Jugendlicher und Intellektueller
aus den Städten aufs Land geschickt, um, wie es ideologisch
begründet wurde, durch "Verbindung von Hand- und Kopfarbeit"
den Sozialismus auf dem Land voranzutreiben. Damit konnte
zwar das Problem des Arbeitskräfteüberangebots in den Städten
zumindest reduziert werden. Da der gleichzeitig realisierte
Kapitaltransfer zum Aufbau der ländlichen Kleinindustrie
nicht ausreichte, um die für die große Zahl zufließender
städtischer Arbeitskräfte notwendigen industriellen Arbeitsplätze zu schaffen, führte diese Stadt-Land-Migration lediglich zu einer Vergrößerung der unter- oder nichtbeschäftigten
Arbeitskräfte auf dem Lande. Eine Eingliederung in den ländlichen Produktionsprozeß war kaum erfolgt. Dies wird nicht
zuletzt daran deutlich, daß es beispielsweise in den Jahren
nach 1978 zu einer drastischen Abwanderung dieser Intellek-
tuellen aus den ländlichen Gebieten in die Städte kam - zwischen 1978 und 1981 stieg die Zahl der Stadtbewohner sprung-

----

1 Vgl. Willy KRAUS, a.a.O., S.459.

haft um rd. 30 Mio. auf 202 Mio. an,[1] - ohne daß es zu Rück-
gängen in der landwirtschaftlichen Produktion kam (im Gegen-
teil: Die nach 1978 eingeleiteten Reformen in der Landwirtschaft führten zu hohen Zuwachsraten der Ernteerträge).

Im nachfolgenden Abschnitt wird untersucht, welche Bedeutung
der Einsatz des Faktors Arbeitskraft für den Ausbau der Kapazitäten in den Energiebereichen hatte. Es sind zwar nur in
begrenztem Umfang originäre Daten verfügbar; für einzelne
Entwicklungsphasen liegen keine offiziellen Angaben vor.
Dennoch lassen sich Grundtendenzen der Entwicklung und bestimmte charakteristische Merkmale aufzeigen.

Tabelle II.17.

Entwicklung der Bevölkerung und der Siedlungsstruktur
1949-1981

Jahr	Gesamt-bevölk.	Städtische Bevölk.		Ländliche Bevölk.	
	Mio.	Mio.	%	Mio.	%
1949	541,67	57,65	10,6	434,02	89,4
1957	646,53	99,49	15,4	547,04	84,6
1960	662,07	130,73	19,7	531,34	80,3
1965	725,38	130,45	18,0	594,93	82,0
1975	924,20	160,30	17,3	763,90	82,7
1978	962,59	172,45	17,9	790,14	82,1
1979	975,42	184,95	19,0	790,47	81,0
1981	1.000,72	201,71	20,2	799,01	79,8

Quelle: Guojia tongjiju (Hrsg.): Zhongguo Tongji Nianjian
1983 (Statistisches Jahrbuch Chinas 1983); Beijing 1983,
S.104 f.

---

1 Vgl. Tabelle II.17.

2.2. Entwicklung des Arbeitskräfteeinsatzes in den energiewirtschaftlichen Bereichen

Die hohe entwicklungspolitische Bedeutung der Energiebereiche spiegelt sich, wie oben aufgezeigt werden konnte, deutlich in dem vergleichweise hohen Kapitaleinsatz wider. Es ist zu erwarten, daß den Energiebereichen auch in der Beschäftigungspolitik eine vergleichsweise große Aufmerksamkeit beigemessen wurde. Da auf dem Land traditionell Überbevölkerung herrschte, bot sich eine extensive Nutzung des Arbeitskräftepotentials an.

Im Kohlebergbau sah man zunächst von einem verstärkten Einsatz von Arbeitskräften ab, da man in der Wiederaufbauphase 1949-1952 im wesentlichen zerstörte oder demontierte Bergbaubetriebe wieder instandsetzte. Bis Ende des Jahres 1952 war die Anzahl der Arbeitskräfte in der Kohleindustrie lediglich um 14 % auf 494.000 angewachsen.[1] Der Ausbau bereits vorhandener Bergwerke und die Errichtung neuer Förderkapazitäten schuf bis Ende der ersten FJP-Periode weitere 175.000 neue Arbeitsplätze und erhöhte die Gesamtzahl der in der Kohleindustrie beschäftigten Arbeitskräfte auf 669.000.[2]

Einen massiven Input von Arbeitskräften bescherte der Kohleindustrie die Politik des Großen Sprungs. Es wurde nicht nur die Zahl der "regulären" Arbeitskräfte im Vergleich zum Vorjahresende (1957) nahezu verdreifacht - auf 1,8 Millionen Beschäftigte; darüber hinaus waren unbezahlte Arbeitskräfte in Masseneinsätzen damit befaßt, Kohle in leicht zugänglichen Lagerstätten als Brennstoff für die kleinen neu errichteten Eisenschmelzereien abzutragen. Emerson schätzt die Zahl der in diesen Masseneinsätzen im Jahr 1958 zeitweilig Beschäftigten auf 10-20 Millionen.[3] Dieser Arbeitskräfteschub bewirkte kurzfristig außerordentlich hohe Steigerungsraten bei der Rohkohleausbringung. Dauerhafte Kapazitätseffekte wurden damit aber nicht erzielt, wie oben bereits dargelegt wurde.[4]

---

1 Vgl. John Philip EMERSON, a.a.O., S.105.
2 ebenda.
3 ebenda
4 Vgl. Abschnitt 1.2.1.

Über den Einsatz von Arbeitskräften in den nachfolgenden
beiden Jahrzehnten liegen keine offiziellen Statistiken
vor. Es ist aber anzunehmen, daß die Kohleindustrie zunächst
aus den oben dargelegten Gründen ebenfalls stark von Kon-
traktionsprozessen betroffen war und daß sich erst Mitte
der 60er Jahre wieder Expansionstendenzen beim Arbeitskräfteeinsatz abzuzeichnen begannen. Jedenfalls lag die Zahl der
im Kohlenbergbau Beschäftigten im Jahr 1965 mit ca. 2,16 Millionen nur wenig höher als Ende des Jahres 1958.[1]

Ein wachsender Input von Arbeitskräften Ende der 60er Jahre/
Anfang der 70er Jahre erfolgte vermutlich vor allem in den
genossenschaftlichen Zechen der Volkskommunen, die im Zuge
des propagierten Aufbaus der "Fünf Kleinindustrien" errichtet
wurden.[2] Über den Umfang der von der lokalen Kohleindustrie
absorbierten Arbeitskräfte liegen zwar keine offiziellen
Statistiken vor. Aus der absoluten und relativen Ausweitung
der Förderleistungen dieser Kleinstbetriebe wird aber deutlich, daß der zahlenmäßige Einsatz von Arbeitskräften beachtlich gewesen sein muß, zumal die genossenschaftlichen Bergbaubetriebe kaum Möglichkeiten der Kapitalakkumulation hatten
und bei Kapazitätserweiterungen wie erwähnt weitgehend auf
Arbeitskräfte angewiesen waren.[3]

---

1 Die Beschäftigtenzahl des Jahres 1965 wurde aus den Angaben des Ministers für Kohleindustrie über den Zuwachs der
  Beschäftigtenzahlen im staatlichen Kohlenbergbau zwischen
  1965 und 1981 errechnet. Vgl. GAO Yangwen: Yikao kexue
  jishu jinbu shixian meitan chanliang fan yifan (Bei
  der Vervierfachung der Kohleförderung muß man sich die
  technischen Fortschritte nutzbar machen), in: Nengyuan,
  Nr. 6, 1983, S.1.
2 Vgl. Kap.I, 4.
3 Der Anteil der regional verwalteten Bergbaubetriebe an der
  gesamten Förderleistung lag in den Jahren 1957 und 1965
  noch bei 28 % und 29 %. Im Jahr 1979 förderten diese von
  Volkskommunen, Kreisen, Sonderdistrikten und Provinzen
  verwalteten Betriebe mit 43,7 % schon fast die Hälfte der
  gesamten Rohkohle. Der Anteil der geförderten Rohkohle aus
  Bergwerken der Volkskommunen erhöhte sich zwischen 1965
  und 1979 von 4,2 % auf 16,7 %. Vgl. Zhongguo Meitan Gongye
  Nianjian 1982, a.a.O., S.25.

Bis 1981 hatte sich die Zahl der in der Kohleindustrie Beschäftigten auf 4,63 Millionen erhöht;[1] davon waren 4 Millionen in staatlichen Bergbaubetrieben beschäftigt, davon
widerum 2,7 Millionen in Bergbaubetrieben, die unmittelbar
der Zentralverwaltung unterstanden.[2] Zwischen 1952 und 1981
hatte sich demnach der Anteil der in der Kohleindustrie
tätigen Arbeitskräfte an allen in der staatlichen Industrie
Beschäftigten von 4 % auf 12 % erhöht.[3]

Daraus wird ersichtlich, daß der Kohlebergbau offenbar eine
wichtige Rolle als "Auffangbecken" für freie Arbeitskräfte
spielte. Während im Zeitraum 1952-1981 der jahresdurchschnittliche Zuwachs der im Industriesektor beschäftigten
Arbeitskräfte (ohne Kohleindustrie) bei 5,3 % lag, betrug
er in der Kohleindustrie immerhin ca. 7,7 %.[4]

Vergleichsweise rasch erhöht wurde bereits in den ersten
Jahren nach der Gründung der Volksrepublik die Zahl der Beschäftigten in der noch kaum entwickelten Erdöl- und Erdgasindustrie, und zwar um 83 % auf 22.000 (1949-1952). Eingesetzt wurden die Arbeitskräfte zunächst im Westen des Landes
zum Wiederaufbau des Ölfeldes Yumen sowie für die Entwicklung der Lagerstätten Karamay und den Aufbau der Raffinerie
Dushanze und ferner für die Restaurierung der Ölschiefer-
raffinerie in Fushun (Nordosten). Bis Ende des Jahres 1957
hatte sich die Beschäftigtenzahl in der Erdölindustrie mehr

---

1 Die Zahlen umfassen die Beschäftigten in allen Kohlebergbaubetrieben ab der Ebene der Kreisverwaltungen. Nicht
  enthalten sind die von Volkskommunen und Brigaden betriebenen Zechen. Vgl. Zhongguo Meitan Gongye Nianjian 1982,
  a.a.O., S.25.
2 Von den Beschäftigten in den staatlichen Bergbaubetrieben
  waren 86 % unmittelbar in der Produktion, 12,6 % im Investbau und der Rest in Forschung, Ausbildung und Verwaltung
  tätig. Vgl. Zhongguo Meitan Gongye Nianjian 1982, a.a.O.,
  S.25.
3 Die Gesamtzahl der in der Industrie Beschäftigten betrug
  im Jahr 1981 34,07 Millionen. Vgl. Zhongguo Tongji Nianjian, 1983, a.a.O., S.128.
4 Eigene Berechnungen anhand der aufgeführten Beschäftigtenzahlen im Kohlenbergbau und der offiziellen Beschäftigungsstatistiken. Vgl. Zhongguo Tongji Nianjian 1983, a.a.O.,
  S.122 ff.

als verdreifacht (auf 67.000). Im Jahr 1958 erfolgte eine
weitere Verdoppelung der Beschäftigtenzahl auf 124.000.[1]
Obgleich die Arbeiter in der Erdölindustrie kaum mit den
notwendigsten Förder- und Raffinerieanlagen und -ausrüstun-
gen ausgestattet waren, lag der Wert des Anlagenvermögens
pro Kopf der Beschäftigten aufgrund des vergleichsweise
hohen Kapitaleinsatzes bereits um ein Mehrfaches höher als
in allen anderen Industriezweigen, ausgenommen dem Elektrizitätsbereich.[2]

Es liegen keine Beschäftigungsstatistiken für die 60er und
70er Jahre vor. Für das Jahr 1981 wird eine Beschäftigtenzahl von 569.000 genannt.[3] Demnach ergibt sich für den Erdöl-
und Erdgasbereich zwischen 1952 eine jahresdurchschnittliche
Zuwachsrate des Arbeitskräfteeinsatzes von 11,9 %. Gemessen
an allen in staatlichen Industriebetrieben beschäftigten
Arbeitskräfte blieb der Anteil der Arbeitskräfte in der
Erdöl- und Erdgasindustrie mit ca. 2 % allerdings verhältnismäßig gering.

Ein - im Vergleich zur Gesamtindustrie - hoher Input des Faktors Arbeit wurde auch in den Ausbau der Elektrizitätsindustrie gelenkt. Während bis Ende des Jahres 1952 nur eine Zunahme der Beschäftigtenzahl (im Vergleich zu 1949) um 18,5 %
auf 64.000 erfolgte, stieg die Zahl der Beschäftigten bis
Ende 1957 um rd. 120 % auf 143.000 und um weitere 76 % im
Jahr 1958 auf 251.000.[4] Eine bedeutende Erhöhung der Beschäftigtenzahl erfolgte im wesentlichen in den Jahren 1956 und
1957, nachdem in einigen der im Jahr 1953 begonnenen größeren Kraftwerke die Stromerzeugung aufgenommen wurde. Trotz
des erheblichen Faktoreinsatzes, sowohl an Kapital als auch
an Arbeitskräften, blieben die Engpässe in der Elektrizitätsversorgung allerdings bestehen. Durch die Industrialisie-
rungskampagne des Jahres 1958 kam es in vielen Betrieben
aus Mangel an verfügbarer Elektrizität zu Unterbeschäftigung

---

1 Vgl. John Philip EMERSON, a.a.O., S.106.
2 ebenda
3 Vgl. Zhongguo Tongji Nianjian 1983, a.a.O., S.128.
4 Vgl. John Philip EMERSON, a.a.O., S.104.

von Produktionskapazitäten. Die Bemühungen, kleine Generator-
stationen in Stadt und Land zu errichten, trugen auch nur
wenig dazu bei, die allgemeine Knappheit an Elektrizität zu
reduzieren.[1]

Bis zum Jahr 1981 war die Gesamtzahl der Beschäftigten in
der Elektrizitätsindustrie auf 916.000 angewachsen.[2] Das
entsprach etwa 3 % aller in der Industrie beschäftigten
Arbeitskräfte. Die jahresdurchschnittliche Zuwachsrate des
Arbeitskräfteeinsatzes zwischen 1952 und 1981 liegt bei
9,6 %.

Zusammenfassend zeigt sich somit, daß sich der hohe Stellenwert der Energiebereiche auch beim Einsatz von Arbeitskräften
widerspiegelt. Der jahresdurchschnittliche Zuwachs der Zahl
der eingesetzten Arbeitskräfte liegt in allen drei Energiebereichen deutlich höher als im Durchschnitt aller Industriezweige. Zwischen 1952 und 1981 stieg der Anteil der in den
Energiebereichen Beschäftigten an allen Beschäftigten in
der staatlichen Industrie von 4,7 % auf ca. 16 %.

Aus den Angaben über den Kapitaleinsatz und den Arbeitskräfteeinsatz läßt sich zumindest näherungsweise die Kapitalausstattung pro Kopf der Beschäftigten in den Energiebereichen ermitteln. Nimmt man die kumulierten Investitionsausgaben für den Investbau im Zeitraum 1953-1981 als Indikator
für die Kapitalausstattung,[3] so zeigt sich, daß in den Bereichen Erdöl/Erdgas und Elektrizität die Kapitalausstattung
mit rd. 59.600 Yuan und 65.700 Yuan pro Kopf der Beschäftigten etwa um das Fünffache höher liegt als dies im Durchschnitt aller Industriezweige (ca. 12.300 Yuan) der Fall ist.

---

1 Vgl. John Philip EMERSON, a.a.O., S. 104 f.
2 Vgl. Zhongguo Tongji Nianjian, 1983, a.a.O., S.128.
3 Aussagefähiger wäre der Vergleich der Nettoanlageinvesti-
  tionen pro Kopf der Beschäftigten. Zum einen sind jedoch
  keine entsprechenden Statistiken verfügbar; zum anderen
  kann davon ausgegangen werden, daß der seit den 50er Jahren
  akkumulierte Kapitalstock Ende der 70er Jahre noch bu-
  chungsmäßig erfaßt war, da die Abschreibungsquote bei ca.
  3 % lag und somit die Abschreibungsdauer für Investbauten
  länger als 30 Jahre betrug.

Für die Kohleindustrie ergibt sich mit einer kumulierten Kapitalausstattung von durchschnittlich 16.000 Yuan pro Beschäftigten ein Wert, der zwar über dem Durchschnitt der Gesamtindustrie liegt, aber wesentlich niedriger als in den anderen Energiebereichen ist.

2.3. Qualifikationsstruktur der Arbeitskräfte

Grenzen für den Industrialisierungsprozeß wurden, wie oben dargelegt, keineswegs durch die Zahl der verfügbaren Arbeitskräfte gesetzt. Arbeitskräfte waren in ausreichendem Umfang vorhanden. In Anbetracht des latenten Arbeitskräfteüberangebots waren entsprechend arbeitsintensive Verfahren bei der Industrialisierung grundsätzlich angebracht. In bestimmten Industriezweigen sind arbeitsintensiven, technologisch vergleichsweise einfachen Verfahren jedoch Grenzen gesetzt. So können beispielsweise oberflächennahe Kohlenflöze mit relativ einfachen Produktionsmitteln abgebaut werden. Mit zunehmender Teufe wachsen in den extraktiven Industriezweigen aber die technischen Anforderungen an die eingesetzten Produktionsfaktoren - sowohl an die verwendeten Anlagen und Ausrüstungen als auch an das Qualifikationsniveau der Arbeitskräfte. Das gilt grundsätzlich für die Exploration und Gewinnung von Kohle, Kohlewasserstoffen und auch für die Stromerzeugung in Einheiten mit großer Leistung. Für die Realisierung eines technischen Fortschritts sind entsprechend auch Ausgaben für Forschung und Ausbildung erforderlich.

Der forcierte Aufbau eines Bildungssystems für breite Bevölkerungsschichten, die Durchführung von Alphabetisierungskampagnen trug in China zwar dazu bei, daß eine grundlegende Bildung Verbreitung fand.[1] Während im Jahr 1953 die Analphabetenquote noch bei 88 % lag,[2] war sie nach Schätzungen der Weltbank bis zu den 70er Jahren auf ca. 30 % zurückgegangen[3]

---

1 Vgl. Willy KRAUS, a.a.O., S.268.
2 ebenda, S.161.
3 Vgl. World Bank (Hrsg.): China: Socialist Economic Development, Vol.III, The Social Sectors, Population, Health, Nutrition and Education, a.a.O., S.135.

- für ein Entwicklungsland mit der Ausdehnung Chinas, den
zahlreichen lokalen Dialekten und unterschiedlichen Sprachen
der Minoritäten zweifelsohne eine beachtliche Leistung.

Die Zahl der qualifizierten Fachkräfte blieb jedoch immer
hinter dem Bedarf zurück. Zwar liegen nur wenig offizielle
Angaben über die Qualifikationsstruktur in den einzelnen
Industriezweigen vor. Der Mangel an Fachkräften behinderte
aber wohl über mehr als drei Jahrzehnte des bisherigen Indu-
strialisierungsprozesses in nahezu allen Industriezweigen
die wirtschaftliche Entwicklung.[1]

Um eine Vorstellung von der Bedeutung zu gewinnen, die der
Ausbildung von Fachkräften in den einzelnen Energiebereichen
zugeordnet wurde, werden - aus Mangel an differenzierten Angaben über die Höhe der Ausgaben für Forschung und Ausbildung
in den untersuchten Bereichen - im folgenden die verfügbaren
Daten über die Anzahl der Fachschulabsolventen als Indikatoren für die Qualifikation von Arbeitskräften zugrunde gelegt. Obgleich die verwendeten Kategorien von Schulen und
das jeweils erworbene Qualifikationsniveau in den verfügbaren Quellen nicht eindeutig sind, lassen sich zumindest
grundlegende Entwicklungstendenzen aufzeigen.

Die Gesamtzahl der zwischen 1949 und 1979 an Fachhochschulen
und Fachmittelschulen für Kohlebergbau ausgebildeten Studenten wird auf 120.000 beziffert. Beim Vergleich der zugänglichen Einzeldaten ist erkennbar, daß der Anteil der ausgebildeten Fachkräfte im Zeitablauf rückläufig ist. Während
sich die Gesamtzahl der Beschäftigten in der Kohleindustrie
zwischen 1957 und 1979 nahezu versiebenfachte, war die Zahl
der an den Fachhochschulen eingeschriebenen Studenten im
Jahr 1979 nur etwa doppelt so groß wie im Jahr 1957 und
lediglich um 14 % höher als im Jahr 1965. Die Zahl der examinierten Fachhochschulabgänger lag 1979 nur um 5 % höher

---

1 Vgl. World Bank (Hrsg.): China: Socialist Economic Development, Vol. III, The Social Sectors, Population, Health,
  Nutrition and Education, a.a.O., S.137 ff.

Tabelle II.18.

Zahl der Studenten und Abgänger von Fachhoch- und Fachmittelschulen für Kohleindustrie in ausgewählten Jahren

	1949	1957	1965	1979
Fachhochschulen				
Studenten	168	6.370	10.735	12.255
Examinierte	–	855	2.798	2.926
Fachmittelschulen				
Studenten	1.230	14.359	13.754	15.977
Examinierte	125	2.987	3.319	3.613

Quelle: Zhongguo meitan gongyebu (Hrsg.): Zhongguo Meitan
Gongye Nianjian 1982 (Jahrbuch der Kohleindustrie Chinas
1982), Beijing 1983, S.275.

als im Jahr 1965. Ähnliche Tendenzen zeigen sich auch bei
den Angaben über Studenten und Absolventen an den Fachmittelschulen (vgl. Tab.II.18).

Der Anteil der Fachkräfte an der Gesamtzahl der Arbeitskräfte
in der Kohleindustrie ging in gleicher Weise zurück. Während
im Jahr 1957 der Anteil der Ingenieure und Techniker (gongcheng jishu renyuan) an den gesamten Arbeitskräften in der
staatlichen Kohleindustrie mit 26.081 Technikern und Ingenieuren noch bei 5,15 % lag, war dieser Anteil bis zum Jahr
1979 auf 1,56 % zurückgegangen.[1] Damit lag in der Kohleindustrie der Anteil der qualifizierten technischen Fachkräfte
an allen Beschäftigten wesentlich niedriger als der Anteil
der Ingenieure und Techniker an den Beschäftigten im Durchschnitt aller Zweige der staatlichen Industrie. Dieser wird
für das Jahr 1981 mit 3,1 % angegeben.[2] Offenbar wurde im
Rahmen der staatlichen Beschäftigungspolitik im Kohlebergbau
der fachlichen Qualifizierung von Arbeitskräften wenig Bedeutung beigemessen.

1 Vgl. Zhongguo Meitan Gongye Nianjian 1982, a.a.O., S.15
2 Vgl. Zhonghua quanguo zonggonghui bangongqing zhence yanjiushi (Autorenkollektiv): Jianguo yilai Zhongguo gongren
   jieji duiwu fazhan bianhua de xixie ziliao (Material über
   die Entwicklung der Arbeiterklasse in China), in: XUE Muqiao (Hrsg.): Zhongguo Jingji Nianjian 1983, a.a.O.,S.I 37.

Über die Qualifikationsstruktur der Arbeitskräfte in den lokal verwalteten Grubenbetrieben liegen keinerlei statistische Angaben vor. Es kann allerdings davon ausgegangen werden, daß in diesen Betrieben zum Betrachtungszeitpunkt kaum Fachkräfte mit qualifizierter technischer Ausbildung tätig waren.

Ein anderes Bild ergibt sich für die Qualifikationsstruktur der Beschäftigten im Erdöl- und Erdgasbereich. Bereits in den 50er Jahren wurden erhebliche Anstrengungen unternommen, um in der noch jungen Erdölindustrie qualifizierte Fachkräfte auszubilden. Unterstützt wurden diese Bestrebungen in den Anfangsjahren von der Sowjetunion.[1] Die Anzahl der bis Ende der 70er Jahre an Fachhoch- und Fachmittelschulen für die Erdölindustrie examinierten Absolventen liegt mit rd. 110.000 – davon 23.000 Hochschulabsolventen – nur wenig unter der entsprechenden Anzahl von Fachschulabsolventen des Kohlebergbaus.[2] Betrachtet man das Zahlenverhältnis zwischen ausgebildeten Fachkräften und den gesamten Arbeitskräften, so fällt dieser Vergleich wesentlich günstiger aus, als in der Kohleindustrie. Bezogen auf die Gesamtzahl der in der Erdölindustrie im Jahr 1979 beschäftigten Arbeitskräfte beträgt der Anteil der bis zu diesem Zeitpunkt examinierten Hochschulabgänger ca. 4 %; zusammen mit den Absolventen der Fachmittelschulen liegt der Anteil der qualifizierten Arbeitskräfte mit ca. 20 % um ein mehrfaches höher als in der Kohleindustrie.

Für den Elektrizitätsbereich liegen keine Angaben über den Ausbildungsstand der Beschäftigten vor. In Anbetracht der Vorrangstellung, die die Elektrizitätserzeugung bei der Kapitalallokation innehatte, kann davon ausgegangen werden, daß hinsichtlich der Qualifizierung von Arbeitskräften Anstrengungen unternommen wurden, um das Ausbildungsniveau der Beschäftigten zu heben.

---

1 Vgl. CHENG Chu-yuan, a.a.O., S.155.
2 Vgl. Shiyou gongyebu diaocha yanjiushi (Autorenkollektiv): Zhongguo shiyou gongye, a.a.O., S.IV. 59.

Eine Beeinträchtigung bei der Allokation der ohnehin knappen qualifizierten Arbeitskräfte erfolgte durch das praktizierte Verfahren der zentral bestimmten Zuteilung von Arbeitskräften. Im allgemeinen wurde die Zuordnung von Arbeitskräften durch die lokalen Arbeitsbüros nur aufgrund genereller Merkmale vorgenommen. Erfordernisse der Betriebe oder individuelle Präferenzen der Arbeitskräfte zu ihrem vorbestimmten Arbeitsplatz kamen kaum zum Tragen.[1] Das führte u.a. dazu, daß die Qualifikation der Arbeitskräfte in den Betrieben häufig nicht den Anforderungen des jeweiligen Arbeitsplatzes angemessen war. Es kann dementsprechend davon ausgegangen werden, daß ein Teil des qualifizierten Arbeitskräftepotentials in veralteten, arbeitsintensiven Betrieben mit vergleichsweise niedriger Arbeitsproduktivität gebunden wurde, so daß das für den technischen Fortschritt vorhandene Innovationspotential einen nur sehr beschränkten Entfaltungsspielraum hatte. Auswirkungen auf die potentiell erreichbare Produktivität waren durch den suboptimalen Arbeitseinsatz unvermeidlich.

Aus den Ausführungen kann somit geschlossen werden, daß die Ausgaben für Ausbildung und Forschung, die entscheidend für die Realisierung eines technischen Fortschritts sind, insbesondere in der Kohleindustrie, relativ gering waren.

3. Zusammenfassende Beurteilung der Aufbauaktivitäten

Betrachtet man zusammenfassend die Aufbauaktivitäten in den Energiebereichen, so zeigt sich, daß diesen Bereichen in den verschiedenen Entwicklungsphasen im Vergleich zu anderen Branchen durchgängig ein hoher Stellenwert beigemessen wurde - sowohl beim Kapital- als auch beim Arbeitseinsatz. Es wird aber auch deutlich, daß von einer langfristig ausgerichteten Gesamtplanung kaum die Rede sein kann. Es scheint vielmehr, daß der Ausbau der Energiebereiche an relativ kurz-

---

1 Vgl. Wolfgang KLENNER: Einzelwirtschaftliche Entscheidung und zentrale Lenkung..., a.a.O., S.26.

Tabelle II.19.

Entwicklung neuer Produktionskapazitäten in den Bereichen
Kohle, Erdöl, Erdgas, Elektrizität
1953-1983

Jahr	Kohle gewinnung (Mio.t)	Erdöl- gewinnung[a] (Mio.t)	Erdgas gewinnung (Mrd.m³)	Generatoren- kapazität zur Elektrizitäts- erzeugung (1000 MW)
1953	9,69	0,09		287
54	10,47	0,23		284
55	13,51	0,08		425
56	11,28	0,45		732
57	18,81	0,47		741
1958	32,57	1,29	0,25	1.796
59	55,45	1,84	0,51	3.222
60	47,72	1,89	0,65	2.485
61	5,94	0,99		919
62	7,52	2,17		216
1963	5,31	2,00	0,20	204
64	9,03	2,12	0,34	703
65	9,58	2,63	0,65	1.246
1966	12,06	4,52	)	1.943
67	0,66	2,20	)	976
68	10,38	2,78	) 2,88	1.171
69	7,61	2,38	)	1.872
70	37,35	15,89	)	2.642
1971	15,40	5,01	1,72	2.061
72	11,39	5,74	1,60	2.997
73	18,35	10,28	2,01	4.001
74	17,02	10,01	2,24	3.685
75	19,05	10,00	2,75	4.688
1976	17,29	8,15	3,20	3.100
77	13,91	7,86	2,70	3.620
78	11,51	10,00	3,20	5.048
79	13,93	8,00	1,83	4.651
80	8,29	5,75	0,88	2.871
1981	13,73	5,19	0,62	2.637
82	8,20	6,37	0,63	2.943
83	18,52	8,11	0,21	4.466

a Einschließlich der durch Modernisierungsmaßnahmen vorhandener Förderausrüstungen geschaffenen Neukapazitäten

Quelle: Guojia tongjiju (Hrsg.): Zhongguo Tongji Nianjian
1984 (Statistisches Jahrbuch Chinas 1984), Beijing 1984,
S.329.

fristigen Eckdaten orientiert war, was entweder einer prag-
matischen Fortschreibung des Vergangenen entsprach oder un-
vermittelten entwicklungsstrategischen Umorientierungen,
nicht aber der konsequenten Umsetzung langfristig ausgerich-
teter Entwicklungsziele. Selbst die Verwirklichung von Planvorgaben über einen Zeitraum von fünf Jahren war eher die
Ausnahme als die Regel. Diese mangelnde Langfristigkeit in
der Energieplanung wird beispielsweise deutlich in den z.T.
erheblichen Fluktuationen des Faktoreneinsatzes in den Energiebereichen und in den entsprechend ausgeprägten Schwankungen der Kapazitätsausweitung oder auch in den Divergenzen
zwischen geplanten und realisierten Größen bergbaulicher
Betriebseinheiten.

Schließlich scheinen auch die Entwicklungsergebnisse innerhalb der einzelnen Energiebereiche zum Betrachtungszeitpunkt
kaum den Anspruch einer umfassenden, an der Realisierung
eines gleichgewichtigen Wachstumspfades orientierten Gesamtplanung gerecht zu werden, wenn man beispielsweise berücksichtigt, daß sich bis Ende der 70er Jahre erhebliche Disproportionen zwischen den Energiegewinnungs- und Energiever-
arbeitungskapazitäten herausgebildet hatten. Im Unterschied
zu den vergleichsweise kapitalintensiv entwickelten Energiebereichen Erdöl, Erdgas und Elektrizität wurde ferner der
Ausbildung eines qualifizierten Arbeitskräftepotentials
in der arbeitsintensiven Kohleindustrie wenig Bedeutung beigemessen, was möglicherweise die Realisierung eines technischen Fortschritts oder gar die Wachstumschancen innerhalb
der Kohleindustrie beeinträchtigte.

DRITTES KAPITEL

LEISTUNGSFÄHIGKEIT DER CHINESISCHEN ENERGIEWIRTSCHAFT

Nachdem ermittelt wurde, in welchem Umfang Kapital und Arbeit
in die einzelnen Energiebereiche gelenkt wurde, soll im
folgenden Kapitel untersucht werden, wie sich das Angebot
von Energieträgern als Ergebnis des Faktoreinsatzes entwickelt hat. Da der Nachweis von Energievorkommen sowohl
Resultat des Faktoreinsatzes als auch Voraussetzung für
die langfristige Sicherstellung eines verfügbaren Energieangebotes ist, wird zunächst untersucht, in welchem Umfang
bis Ende der 70er, Anfang der 80er Jahre neue Energiereserven
exploriert wurden. Anschließend wird ermittelt, welche Pro-
duktionsentwicklungen in den einzelnen Energiebereichen
zu verzeichnen sind. Danach folgt die Analyse relevanter
Wirtschaftlichkeitsaspekte – die Untersuchung der Kosten
der Energiegewinnung sowie der Rolle der Energieträgerpreise
bei der Entwicklung des Energieangebots. Diesem Abschnitt
schließt sich die Untersuchung der Produktivitätsentwicklung
in den Energiebereichen an. Anschließend wird die Leistungsfähigkeit des Transportsektors, der eine wichtige Voraussetzung für die Bereitstellung von Energieträgern ist, ermittelt.

1. Sicherung der Bereitstellung von Energieträgern aus
   binnenländischen Lagerstätten

1.1. Umfang und Verteilung der Energievorkommen

1.1.1. Kohle

Die Bewertung von fossilen Energievorkommen ist von Land
zu Land unterschiedlich. Weltweit einheitliche Kriterien
sind nicht gegeben. Während in der Bundesrepublik Deutschland z.B. die größte Tiefe für nachgewiesene Reserven an
Steinkohle und Anthrazit 1.500 m beträgt, zieht Australien
diese Grenze bei 1.000 m; in Südafrika liegt sie bei 300-

500 m, in den USA bei 305 m. Eine wesentliche Ursache hierfür
sind die Unterschiede in der Kohlequalität. Der Kokskohle-
anteil an den nachgewiesenen Steinkohlereserven beträgt beispielsweise in Australien 74 %, in der Bundesrepublik 60 %,
aber nur 35 % in den USA und lediglich 3 % in Südafrika. Da
Kokskohle einen höheren Marktwert als Kesselkohle hat, kann
Kokskohle auch unter vergleichsweise ungünstigen geologischen
Bedingungen noch wirtschaftlich gewonnen werden. Aus demsel-
ben Grunde liegt die größte Tiefe für nachgewiesene Braun-
kohlereserven in den meisten Ländern deutlich niedriger.
Entsprechende Überlegungen gelten auch für die Flözmächtigkeit. Auch hier gibt es starke Abweichungen. Im steinkohle-
reichen Australien beispielsweise gelten Braunkohlenflöze
erst ab einer Flözmächtigkeit von 15 m als abbauwürdig.[1]

Die in China für die Bewertung von Kohleressourcen zugrunde
gelegten Kriterien wurden von der Sowjetunion übernommen.
Demnach gibt es die vier Kategorien A bis D, wobei nur die
ersten beiden Kategorien A und B die präzisen, d.h. durch
Bohrungen nachgewiesenen, Kohlereserven erfassen. In den
Kategorien C und D werden die aufgrund geophysikalischer
Gegebenheiten vermuteten Reserven subsumiert.

Seit der Gründung der Volksrepublik China wurden zwei grundlegende Schätzungen der geologischen Kohleressourcen durchgeführt - die erste im Jahr 1959, die zweite Ende der 70er
Jahre. Nach den Ergebnissen der jüngsten Untersuchung Ende
der 70er Jahre belaufen sich die geschätzten geologischen
Ressourcen bis zu einer Tiefe von 2.000 m auf 5.000 Mrd.t.[2]
Die mittels geophysikalischer Verfahren bis zu einer Tiefe
von 1.200 m nachgewiesenen Reserven werden mit 600-640 Mrd.t

---

1 Vgl. W. SCHULZ: Die langfristige Kostenentwicklung für
  Steinkohle am Weltmarkt, in: Zeitschrift für Energiewirt-
  schaft, Nr. 1, 1984, S.14 ff.
2 Vgl. ZHAO Longye: Guo neiwai meitan ziyuan - yiji kantan
  yunshu qingkuang fenxi (Die Kohlevorkommen im In- und
  Ausland - Analyse der Transportverhältnisse), in: Gongye
  Jingji Guanli Gongkan, Nr. 7, 1980, abgedr. in: Gongye
  Jingji F 3, Nr. 19, 1980, S.43.

angegeben.[1] Als präzise nachgewiesen und unter den gegebenen
Bedingungen aufschließbar gelten 100-120 Mrd.t. Etwa 500
Mrd.t der nachgewiesenen Reserven sind noch kaum erkundet
(Kategorien C und D). Bei einer Abbaurate von 50 % ergeben
sich demnach gewinnbare Reserven - das entspricht etwa den
"technisch-wirtschaftlichen Reserven" im westlichen Sprachgebrauch - von 50-60 Mrd.t Kohle.[2] In westlichen Quellen
werden die geologischen Ressourcen Chinas mit rd. 1.400
Mrd.t wesentlich niedriger, die technisch-wirtschaftlich
erschließbaren Reserven mit rd. 100 Mrd.t wesentlich höher
angegeben.[3] Nach diesen von der Energiekonferenz veröffentlichten Angaben hat China nach der Sowjetunion und den USA
die drittgrößten Kohlevorkommen der Welt.[4]

Der weitaus überwiegende Teil der Vorkommen sind Steinkohlen
- nach Angaben von Ikonnikov sind es 94,5 % der geologischen
Ressourcen; 5,5 % sind Braunkohle.[5]

---

1 Über den Umfang der nachgewiesenen Reserven liegen unterschiedliche Angaben vor. Zhao Longye beziffert die nachgewiesenen Reserven auf ca. 600 Mrd.t. Vgl. Zhao Longye,
  in: HUANG Tieping: Fujian nengyuan fazhan qianjing de
  tantao (über die Entwicklungsaussichten der Energie in der
  Provinz Fujian), in: Fujianshi Daxuebao, Nr.1, 1982, abgedr. in: Gongye Jingji F 3, Nr. 7, 1982, S.72. LI Wenyan
  gibt 623,6 Mrd.t an (vgl. Tab.III.1.). Der chinesische
  Minister für Kohleindustrie beziffert die nachgewiesenen
  Reserven auf 640 Mrd.t. Vgl. GAO Yangwen: Quanli Kaichuang
  meitan gongye xiandaihua jianshe de xin jumian (Mit aller
  Kraft die neuen Entwicklungperspektiven für die Modernisierung der Kohleindustrie angehen), in: Nengyuan, Nr.2,
  1983, S.3.
2 Vgl. ZHAO Longye, a.a.O., S.50.
3 Vgl. World Energy Conference (Hrsg.): An appraisal of
  World Coal Resources and their future availability, Essen,
  1977, S.7.
4 Nach Ansicht des chinesischen Wirtschaftsgeographen Zhao
  Longye sind die von der Weltenergiekonferenz genannten
  technisch-wirtschaftlichen Reserven zu hoch angegeben,
  da in dieser Bewertung die technisch-wirtschaftlichen Möglichkeiten, vor allem der Stand der technischen Entwicklung im chinesischen Kohlebergbau überschätzt werden. Vgl.
  ZHAO Longye, a.a.O., S.44 f.
5 Ikonnokov geht bei seinen Angaben von geologischen Ressourcen in Höhe von 1.991 Mrd.t aus. Vgl. A.B. IKONNIKOV: Mine-
  ral Resources of China, Geological Society of America, Mi-
  croform, Publication 2, Boulder, 1975, S.94 ff.(S.94-17c).

Tabelle III.1.

Vorkommen und Stellung der Großwirtschaftsräume Chinas hinsichtlich des Energiepotentials

	gesamtes Energie potential- (Mrd.t SKE)	Anteil der einzelnen Räume (%)	Anteil an den Kohle- vorkommen (%)	Anteil an d.Wasser- kraftvor- kommen (%)	Anteil an d. Erdöl- u.Erdgas- vorkommen (%)	Anteil pro Kopf an Energie- potential (SKE, t)
Land insg.	681,0	100	100	100	100	693
Norden	299,0	43,9	64,0	1,7	14,4	2.680
Nordosten	26,1	3,8	3,1	1,8	48,3	293
Osten	41,0	6,0	6,5	4,4	18,2	141
Zentralchina	38,0	5,6	3,7	9,6	2,5	142
Südwesten	194,4	28,6	10,7	70,0	2,5	1.218
Nordwesten	82,5	12,1	12,0	12,5	13,9	1.216

Anmerkung: Verfahren für die Berechnung der Energieressourcen: Für Kohle und Ölschiefer wurden die nachgewiesenen Reserven, für Erdöl und Erdgas die geologischen Ressourcen zugrunde gelegt; die Wasserkraftreserven wurden ausgehend von den theoretischen Reserven berechnet (Gemessen am Kohleverbrauch von Kohlekraftwerken 350 gr/kWh x 100 Jahre); die Brennstoffressourcen wurden in SKE umgerechnet, wobei für Kohle 0,714 t, Erdöl 1,43 t, Erdgas 1,33 t, Ölschiefer 0,143 t berechnet wurden.

Quelle: LI Wenyan: Woguo kuangchan ziyuan yu diqi weizhi de diqu chadao – gongye buju ruogan tiaojian de jingji dili fenxi (Über die bergbaulichen Ressourcen Chinas und deren geographische Verteilung – Wirtschaftsgeographische Analyse der Standortverteilung der Industrie), in: Dili Yanjiu, Nr.1, 1982, abgedruckt in: Gongye Jingji F 3, Nr.8, 1982, S.83 f.

Fast 80 % aller nachgewiesenen Kohlevorkommen befinden sich im Norden, Nordosten und Nordwesten.[1] Der Stand der Explorationstätigkeit ist regional allerdings sehr unterschiedlich. Weitgehend exploriert sind die Regionen im Osten und Nordosten, die Provinzen Liaoning, Jilin, Hebei, Shandong, Jiangsu, ferner die Südprovinzen Zhejiang, Fujian und Guangdong. In diesen Regionen ist der Nachweis neuer bedeutender Kohlefelder - sieht man von der Erkundung in größeren Teufen ab - kaum mehr zu erwarten. In den Südregionen wurden zwar, wie erwähnt, verstärkt seit Ende der 60er Jahre unter erheblichem Faktoreinsatz Explorationen durchgeführt. Der Explorationsaufwand ist im Landessüden aufgrund komplizierterer geophysikalischer Gegebenheiten jedoch wesentlich höher als in den nördlichen Lagerstätten, die erforderliche Explorationszeit im allgemeinen wesentlich länger. So betragen im Landesdurchschnitt die Kosten für Explorationsbohrungen pro Tonne nachgewiesene Kohle 0,1-0,2 Yuan; während es im Norden nur ein Bruchteil dieser Kosten sind, belaufen sich die entsprechenden Kosten in südlichen Lagerstätten auf bis zu 1 Yuan.[2] Entsprechend sind die Südregionen bisher nur zum Teil im Hinblick auf Energiestoffe erkundet.

Im Westen des Landes steht die Explorationstätigkeit erst am Anfang. Über die Hälfte der geschätzten geologischen Ressourcen sind in der Westprovinz Xinjiang und in der Inneren Mongolei konzentriert.[3] In den 50er Jahren wurden in den nordwestlichen Grenzregionen mehrere Kohlefelder nachgewiesen, einige, wie z.B. Shiguaizi oder Zhuozishan wurden für die Brennstoffversorgung lokal angesiedelter Industriebetriebe aufgeschlossen.[4] Seither wurden in diesen Gebieten keine wesentlichen Explorationen mehr durchgeführt.

---

1 Vgl. Tab.III.1.
2 Vgl. ZHAO Longye, a.a.O., S.49.
3 In der Provinz Xinjiang befinden sich die größten Kohlefelder des Landes mit einem Lagerstätteninhalt von bis zu 500 Mrd.t. Vgl. ZHAO Longye a.a.O., S.44.
4 ebenda S.50.

1.1.2. Erdöl, Erdgas

Die Bewertung von Erdöl- und Erdgasreserven ist grundsätzlich
mit einem hohen Unsicherheitsgrad belastet. Bisher ist der
gesicherte Nachweis von Erdöl- und Erdgasvorkommen ausschließlich durch Explorationsbohrungen möglich; nur durch
Bohrungen kann das Volumen von Lagerstätten ermittelt werden.
Schätzungen auf der Basis der geophysikalischen Gegebenheiten, die sich beispielsweise mittels magnetischer oder seis-
mographischer Verfahren durchführen lassen, erlauben nur
Wahrscheinlichkeitsaussagen.

Die geophysikalischen Verhältnisse Chinas weisen auf die
Möglichkeit umfangreicher Kohlenwasserstoffressourcen hin.
Von der Gesamtfläche, 9,6 Millionen Quadratkilometer, bergen
nach bisherigen Ermittlungen 4,2 Millionen qkm (44 %) sedi-
mentäre Ablagerungen, die Kohlenwasserstoffvorkommen enthalten können. Weitere Sedimentbecken mit einer Gesamtausdehnung
von 1 Mio.qkm sind in Offshore-Gebieten.[1] Zehn dieser Sedimentbecken haben eine Ausdehnung von mehr als 100.000 qkm.
Das größte Becken im Nordwesten des Landes, im Süden der
Provinz Xinjiang, erstreckt sich über 560.000 qkm - größer
als die Fläche Frankreichs. Es gibt weitere 40 Becken mit
einer Ausdehnung zwischen 10.000 qkm und 100.000 qkm und
180 Becken mit einer Ausdehnung von weniger als 10.000 qkm.[2]

---

1 Vgl. SAI Feng: Woguo shiyou ziyuan de qianjing yu pucha
  kantan renwu (Über die Aufgabe, Chinas Erdölvorkommen zu
  explorieren), in: Renmin Ribao vom 16.4.1982. Fachleute
  gehen davon aus, daß weltweit ca. 60 % aller Sedimentbecken
  ökonomisch gewinnbare Kohlenwasserstoffvorkommen bergen.
  Die Gesamtfläche der Kohlenwasserstoffhöffigkeitsgebiete
  der Erde hat eine Ausdehnung von 74 Mio.qkm, davon 51 Mio.
  qkm onshore und 23 Mio.qkm offshore. Vgl. E. SCHUBERT:
  Kohlenwasserstoffe, in: Survey of Energy Resources 1980,
  Weltenergiekonferenz, München 1980, S.87.
2 Zur Größe und zum Explorationsgrad der potentiell erdölhöffigen Sedimentbecken Chinas vgl.: AN Zuoxiang: Woguo
  shiyou ziyuan jige wenti (Über einige Probleme der Erdölvorkommen in China), in: Nengyuan, Nr.2, 1981, S.9 ff.

Als zum Großteil exploriert gelten bisher nur das Songliao-Becken im Nordosten - in diesem Becken befindet sich das bedeutendste Fördergebiet des Landes, Daqing - sowie das Sichuan Becken in Zentralchina, das große Erdgasvorkommen aufweist. Riesige Kohlenwasserstoffvorkommen werden vor allem in den noch kaum explorierten Nordwestregionen im Junggar-, Turfan-, Tarim- und Qaidam-Becken vermutet. Die Explorationsarbeiten in diesen Gebieten waren wie erwähnt schon vor der Gründung der Volksrepublik begonnen und während der 50er Jahre mit Unterstützung sowjetischer Experten und Ausrüstungen fortgeführt worden.[1] Berge, Wüste, ungünstige klimatische Bedingungen, die unterentwickelte lokale Infrastruktur sowie die unreichende verkehrsmäßige Anbindung an die industriellen Verbrauchszentren an der Ostküste hatten jedoch die Exploration und Entwicklung dieser Lagerstätten nachhaltig behindert, so daß bisher noch keine konkreten Vorstellungen über gegebene Lagerstättenvolumina bestehen.

Nach offiziellen chinesischen Angaben betragen die hypothetischen Erdölressourcen, die sich aus den geophysikalischen Strukturen schätzen lassen,[2] zwischen 30-60 Mrd.t.[3] Da jedoch die Explorationstätigkeit erst am Anfang steht, ist diese Schätzung - sollte sie sich durch Explorationsbohrungen bestätigen, würde China zu den erdölreichsten Ländern der Welt zählen[4] - mit einem hohen Unsicherheitsfaktor belastet. Ein Vergleich mit den Vereinigten Staaten, die sowohl in bezug auf die Ausdehnung des Landes als auch hinsichtlich der

---

1 Vgl. Kapitel II, 1.2.2.
2 Die hypothetischen Ressourcen wurden auf der Grundlage der Ausdehnung der Mächtigkeit der Sedimente geschätzt. Vgl. AN Zuoxiang, a.a.O., S.9.
3 Vgl. SAI Feng, a.a.O.; Meyerhoff, Willums beziffern die potentiellen Erdölreserven Chinas auf insgesamt 9.507 Mrd. Tonnen, davon 5.398 Mrd.t onshore, 4.110 Mrd.t offshore. Vgl. A.A. MEYERHOFF, J.O. WILLUMS, a.a.O., S.103. Die Exaktheit dieser Angaben ist allerdings sehr fragwürdig, da eine volumetrische Bestimmung von Erdölvorkommen ausschließlich durch Bohrungen ermittelt werden kann. Schätzungen der Ressourcen aufgrund der geophysikalischen Gegebenheiten können korrekterweise entsprechend nur mit einer großen Bandbreite angegeben werden.
4 Die bisher größten in einem Land nachgewiesenen Erdölvorkommen befinden sich mit rd. 22 Mrd.t in Kuweit.

Gesamterstreckung der sedimentären Ablagerungen gewisse Ähnlichkeiten mit China aufweisen,[1] mag den Stand der Explorationstätigkeit in China verdeutlichen. Während in den USA im Zeitraum von 1925-1968 ca. 2,5 Millionen Explorationsbohrungen niedergebracht wurden - das entspricht im Durchschnitt etwa einer Bohrung je 4 qkm - wurden in China im Zeitraum 1907-1978 nur ca. 50.000 Bohrungen vorgenommen, etwa eine Bohrung je 190 qkm.[2]

Die bisher nachgewiesenen Erdölreserven Chinas werden in chinesischen Quellen mit 6,81 Mrd.t angegeben.[3] Bei einem Entölungsgrad der Lagerstätten von 20-30 %[4] wären davon etwa 1,7 bis 2,0 Mrd.t gewinnbare Reserven.[5] Dies würde etwa den Schätzungen der Weltbank entsprechen, wäre aber deutlich niedriger als in zahlreichen anderen westlichen

_____

1 Die kontinentalen Sedimentbecken der USA haben nach chinesischen Angaben eine Ausdehnung von 4,69 qkm, die maritimen Becken bis zu einer Wassertiefe von 200 m von 2,37 Mio.qkm. Zwar ist die Ausdehnung der einzelnen Becken in den USA größer als in China; da die chinesischen Becken jedoch vergleichsweise mächtiger sind, ergibt sich für beide Länder der mit 21 Mio.ckm (China) und ca. 22 Mio.ckm (USA) ein etwa gleich großes Volumen der potentiell kohlenwasserstoffhöffigen Sedimentbecken. Vgl. AN Zuoxiang, a.a.O., S.10 f. Ergänzend sei in diesem Zusammenhang vermerkt, daß mit zunehmender Sedimentmächtigkeit die Wahrscheinlichkeit für Kohlenwasserstoffvorkommen steigt. Vgl. Gerhard BISCHOFF, Werner GOCHT (Hrsg.): Das Energie-Handbuch, Braunschweig, Wiesbaden 1981, S.123.
2 Vgl. AN Zuoxiang, a.a.O., S.10.
3 Vgl. ZHAI Ligong: Qiantan nengyuan xiaofei de chanpin jiegou (Über die Struktur des Energieverbrauchs), in: Jingji Wenti, Nr.6, 1982, S.31. Zu den geophysikalischen Bedingungen der einzelnen Lagerstätten und den jeweiligen Erdölqualitäten. Vgl. LU Wanzhen, ZHANG Shouzeng: Woguo yuanyou zucheng de tedian (Die Besonderheiten der Zusammensetzung chinesischen Rohöls), in: Shiyou Xuebao, Vol.1, Nr.1, 1980, S.92 ff.
4 Lt. Grathwohl lag weltweit der Entölungsgrad der Lagerstätten im Jahr 1976 bei 32 %. Vgl. Manfred GRATHWOHL: Energieversorgung, Ressourcen, Technologie, Perspektiven, Berlin, New York, 1978, S.85.
5 Über den durchschnittlichen Entölungsgrad in chinesischen Lagerstätten liegen keine Angaben vor. Im bedeutendsten Fördergebiet des Landes, in Daqing, wo man seit langem bemüht ist, die Lebensdauer der Lagerstätten durch sekundären Wasserbetrieb zu verlängern, liegt der Entölungsgrad bei ca. 30 %. Vgl. TANG Cengxiong, a.a.O., S.74.

Quellen angegeben wird.[1] Der Anteil Chinas an den weltweit nachgewiesenen Erdölreserven (1983: 91,4 Mrd.)[2] beträgt demnach lediglich ca. 2 %.

Über die Verteilung der nachgewiesenen Erölreserven liegen folgende Angaben vor. Knapp 50 % der gewinnbaren Reserven liegen im Nordosten, jeweils 14 % im Norden und Nordwesten und weitere 18 % im Osten des Landes.[3]

Über die wahrscheinlichen Erdgasvorkommen liegen keine zuverlässigen Angaben vor.[4] Die nachgewiesenen Reserven an ungebundenem Erdgas werden in chinesischen Quellen auf 233,7 Mrd.cbm beziffert,[5] die Grubengasreserven auf 104 Mrd. cbm (bis zu einer Tiefe von 750 m) und 150 Mrd.cbm (bis zu einer Tiefe von 2.000 m).[6]

Die ungebundenen Erdgasreserven befinden sich zum überwiegenden Teil in der Provinz Sichuan. Die Exploration von Erdgaslagerstätten wurde bisher außerhalb Sichuans keine allzu große Aufmerksamkeit beigemessen, was nach Angaben chinesischer Fachleute wesentlich auf eine unzureichende Koordination der für geologische Erkundungen zuständigen Fachministerien (die Ministerien für Erdöl, Kohle und Geologie) zurückzuführen ist. Nach Ansicht beispielsweise des Geologen Guang

---

1 Die Weltbank beziffert die gewinnbaren Erdölvorkommen in China auf 1.811 Mrd.t (vgl. Tab.III.3.). In den Veröffentlichungen westlicher Ölgesellschaften werden die nachgewiesenen Reserven, meist mit 2,7 Mrd.t angegeben, was etwa den insgesamt nachgewiesenen Reserven ohne Berücksichtigung der inzwischen geförderten Rohölmengen entspricht. Vgl. British Petroleum (Hrsg.): BP Statistical Review of World Energy 1982, London 1982, S.2.
2 Vgl. MWV-Mineralöl in Zahlen, Jahresbericht des Mineralölwirtschaftsverbandes, 1982, S. T 59.
3 Vgl. Tabelle III.1.
4 Meyerhoff und Willums beziffern die potentiellen Erdgasressourcen auf 8 - 9.000 Mrd.cbm. Vgl. MEYERHOFF, WILLUMS, a.a.O., S.103.
5 Vgl. LI Wenyan, zit.bei ZHAI Ligong: Qiantan nengyuan xiaofei..., a.a.O., S.31.
6 Vgl. WANG Kehuan, LI Zhi, SUN Qigui: Meitan wasi de kaifa he liyong (Die Erschließung und Nutzung von Grubengas), in: Nengyuan, Nr.2, 1982, S.21.

Shicong sind die unter der Leitung dieser Ministerien entdeckten Gasvorkommen häufig nicht angemessen beachtet worden,
und es wurden keine Gas-in-place-Bestimmungen durchgeführt.[1]

Von Bedeutung sind ferner die Ölschieferreserven des Landes.
Bislang bestehen noch keine konkreten Vorstellungen über
den tatsächlichen Umfang vorhandener Ressourcen. Chinesische
Angaben schwanken zwischen 30 Mrd.t[2] und 400 Mrd. t.[3] Bei
einem technisch extrahierbaren Ölanteil der Schieferöllager-
stätten von 5 % ergäbe sich demnach ein gewinnbarer Ölinhalt
von 1,5-20 Mrd. Tonnen.[4] Bisher nachgewiesene Vorkommen befinden sich überwiegend im Nordosten (Liaoning, Heilongjiang), in der Provinz Hebei und in der Südprovinz Guangdong
(Maoming, Hainan).[5]

1.1.3. Wasserkraft

Ein riesiges Energiepotential stellt die regenerierbare
Energiequelle Wasserkraft in China dar. Die Wasserkraftreserven betragen, gemessen an der jährlichen Wasserdurchlauf-
menge, 680.000 MW. Damit hat China die größten Wasserkraftreserven der Welt. Etwa 370.000 MW gelten als technisch für
die Stromerzeugung nutzbar. Das entpricht einer erzeugbaren
Strommenge von jährlich ca. 1.900 Mrd.kWh oder umgerechnet
etwa 700 Mio.t SKE.[6]

---

1 Vgl. GUANG Shicong auf einer Konferenz über die Exploration
  und Nutzung von Erdgasvorkommen in Beijing 1982: Jiakuai
  tianranqi kantan kaifa zuotanhui fayan xuandeng (Zusammenfassung der Vorträge anläßlich der über die Forcierung der
  Exploration und Erschließung von Erdgas), in: Tianranqi
  Gongye, Nr.2, 1982, S.2.ff.
2 Vgl. XU Shoubo: Nengyuan jisju jingjixue, a.a.O., S.82.
3 Aufzeichnungen des Verf. von Gesprächen mit Mitarbeitern
  des chinesischen Ministerium für Erdölindustrie, Mai 1982.
4 Die Extraktionsrate bei den gegenwärtig in China angewendeten Verfahren liegt bei 3-7 %. Vgl. BAO Hanchen, JIN
  Fanan, ZHU Yajie, a.a.O., S.174.
5 Vgl. World Bank (Hrsg.): China: Socialist Economic Development, Vol.II, a.a.O., S.232.
6 Vgl. SHEN Xinxiang, GUO Zhongxing: Shuidian zai woguo
  nengyuan zhong de diwei (Die Stellung der Wasserkraft in
  Chinas Energiesystem), in: Nengyuan, Nr.2, 1981, S.2.

Tabelle III.2.

Die Nutzung der Wasserkraftreserven in ausgewählten Ländern (1975)

	insges. install. Generatoren- kapazität (Mio.kW)	Anteil der Wasserkraft- werke %	Primärelek- trizität aus Wasserkraft (Mio.kWh)	technisch erschließbare Wasserkraftreserven		Anteil der bis- her erschlosse- nen Wasser- kraftreserven (%)	durchschn. jährl. Lauf- zeit Wasser- kraftwerke (Stunden)
				Generatoren- kapazität (Mio.kW)	jährl. Strom- produktion (Mrd.kWh)		
USA	66,28	13	303,2	186,70	701,5	43	4574,5
Sowjetunion	40,52	19	126,0	269,00	1095,0	12	3109,6
Kanada	37,25	62	202,4	94,50	535,2	38	5433,6
Japan	24,86	22	85,9	49,60	130,0	66	3455,4
Frankreich	17,57	36	59,9	21,00	63,0	95	3409,2
Italien	17,00	39	42,1	19,20	50,6	83	2476,5
Norwegen	16,93	99	77,5	29,60	121,0	64	4577,7
Brasilien	16,19	83	72,0	50,00	817,0	9	4477,2
Schweden	12,72	55	57,7	20,10	100,3	58	4536,2
Spanien	11,96	49	28,8	29,22	67,5	43	2408,0
Schweiz	10,36	80	31,3	11,00	32,0	98	3021,2
Indien	8,44	38	33,2	70,00	280,0	12	3933,6
Österreich	6,08	61	23,7	15,60	44,1	54	3898,0
Westdeutschland	5,57	7	17,1		21,8	78	3070,0
Jugoslawien	4,80	53	19,3	16,96	63,6	30	4020,8
Mexiko	4,12	37	15,1	20,30	99,4	15	3665,0
Neuseeland	3,47	71	16,9	9,99	55,2	31	4870,3
Rumänien	2,63	23	8,7	8,03	24,1	36	3308,0
Ägypten	2,45	83	6,8	3,80	15,0	45	2775,5
England	2,45	3	4,9				2000,0
Korea (N)	2,40	60	17,0				7083,3
China (einschließlich Taiwan)	15,41	27	48,5	350,00-400,00		3,9-4,4	3147,3

Quelle: JIANG YING: Guanyu Woguo shuineng ziyuan kaifa liyong chengdu de wenti (Über den Grad der Nutzung der chinesischen Wasserkraftreserven), in: Shuili Fadian, Nr.2, 1980, S.7.

Die Verteilung der erschließbaren Wasserkraftreserven geht
aus Tab.III.1. hervor. Danach befinden sich 70 % der Reserven im Südwesten und weitere 10 % in Zentralchina. Von den
technisch erschließbaren Wasserkraftreserven waren bis Anfang
der 80er Jahre erst ca. 5 % durch Wasserkraftwerke für die
Elektrizitätserzeugung erschlossen[1] - sehr wenig im Vergleich
zu anderen Ländern.[2]

1.1.4. Sonstige Energieressourcen

Weitere Energiequellen wie Kernkraft oder andere regenerierbare Energiequellen wie Gezeiten-, Wind-, Sonnenenergie und
Geothermik spielten bisher in der Energieversorgung des Landes noch keine Rolle; allerdings wird, wie erwähnt, bereits
mit kleinen Anlagen zur Energiekonversion experimentiert.
Bei einigen dieser Primärenergieträger wurden die Explorationsaktivitäten offenbar vergleichsweise intensiv betrieben,
wie die zum Teil relativ konkreten verfügbaren Angaben über
die technisch nutzbaren Reserven verdeutlichen.

Über den Umfang der Vorkommen an uranhaltigen Erzen liegen
zwar keine eindeutigen offiziellen Angaben vor. Der Vorsitzende des Komitees für Wissenschaft und Technologie des
Ministeriums für Nuklearindustrie, Jiang Shengjie, bezeichne-
te die bislang nachgewiesenen Uranreserven als ausreichend,
um Druckwasserreaktoren von insgesamt 15.000 MW - das entspricht etwa der eineinhalbfachen im Jahr 1981 in der Bundesrepublik Deutschland installierten Kernkraftkapazität oder
fast einem Viertel der gesamten in China im Jahr 1979 errichteten Generatorenkapazität - über den Zeitraum von 30 Jahren

---

1 Vgl. JIANG Ying: Guanyu Woguo shuineng ziyuan kaifa liyong
  chengdu de wenti (Über den Grad der Nutzung der chinesischen Wasserkraftreserven), in: Shuili Fadian, Nr.2,
  1980, S.6.
2 Vgl. Tab.III.2.

versorgen zu können.[1] Das würde bedeuten, daß Chinas Uranvorkommen ebenfalls zu den größten Vorkommen der Welt zählen,
zumal davon ausgegangen werden kann, daß bis zum Betrachtungszeitpunkt nur ein Teil der potentiell uranerzhöffigen
geologischen Formationen erforscht wurde.[2]

Das technisch erschließbare Gezeitenpotential Chinas wird
auf 275,16 Mrd.kwh beziffert (etwa 101 Mio.t SKE).[3] Das ent-
spricht etwa der gesamten Stromerzeugung im Jahr 1979. Das
Potential ist allerdings sehr ungleich an der Küste verteilt.
Ca. 80 % sind in den beiden Küstenprovinzen Zhejiang und
Fujian konzentriert.[4]

Über das technisch erschließbare Windpotential liegen keine
Daten vor. Das gesamte Windpotential wird mit 4×10^{10} t SKE
angegeben.[5] Davon ist jedoch nur ein Bruchteil technisch
erschließbar.[6] Das Windpotential konzentriert sich auf wenige
Regionen, in denen der Wind in einer für eine Konversion
erforderlich hohen Intensität und Dauer auftritt, vor allem

1 Vgl. JIANG Shengjie, zit.bei WEI Yanan: Jianshe hedianzhan
   kaifa xin nengyuan (Der Aufbau von Kernkraftwerken zur
   Erschließung neuer Energiequellen), in: Renmin Ribao vom
   14.10.1982.
2 Ein 1.000 MW Leichtwasserreaktor benötigt für eine Be-
   triebdauer von 30 Jahren ca. 5.400 t angereichertes Uran.
   Entsprechend sind für 15.000 MW installierte Leistung rd.
   80.000 t Brennstoff erforderlich; diese Größenordnung entspricht etwa westlichen Schätzungen, die Chinas Vorkommen
   an Uranerzen auf bis zu 3 Mio.t beziffern. Vgl. W.P.GEDDES:
   The Uranium and Nuclear Industries in China, in: Resources
   Policy, Dec. 1983, S.244; E. CHIN: China, in: Mining Annual
   Review, 1982, S.389.
3 Vgl. ZHU Chengxiang: Woguo de chaoxi dongli ziyuan, in:
   Xin Nengyuan (Die Gezeitenenergieressourcen Chinas), Nr.3,
   1981, S.71.
4 Vgl. Kurt WIESEGART: Gezeitenkraftwerke in der VR China,
   in: Energie - Wasser - Luft, Nr.7/8, 1984, S.162 ff.
5 Vgl. SUN Mingpei: Jiakuai kaifa Woguo de fengneng ziyuan
   (Beschleunigt die Windenergie in China erschließen), in:
   Nengyan, Nr.6, 1982, S.42 f.
6 Zu den die technische Nutzung der Windenergie einschränken-
   den Bedingungen, Vgl. M. MELISS: Regenerative Energiequellen, in: Brennstoff-Wärme-Kraft, Nr.4, 1977, S.139;
   Walter MOOG: Betriebliches Energie-Handbuch, Ludwigshafen,
   1983, S.307.

in den Gebieten des Nordens und in den östlichen Küstengebieten.[1]

Auf chinesischem Territorium gibt es ferner umfangreiche
Vorkommen an erschließbaren Geothermen – heiße Quellen, Fuma-
rolen oder Mofetten. Das gesamte geothermische Potential
Chinas entspricht einem Wärmewert von $3,57 \times 10^{16}$ t SKE (geschätzt bis zu einer Tiefe von 10.000 m)[2]. Entdeckt wurden
bisher rd. 2.500 Wärmequellen, die natürlich zutage treten
oder durch Bohrungen aufgeschlossen wurden. Der Energiegehalt der entdeckten Quellen entpricht einem Wärmewert von
etwa 200 Mrd.t SKE.[3] Ca. 61 % der Quellen sind in den fünf
Südregionen Tibet, Yunnan, Sichuan, Fujian und Guangdong
konzentriert. Selbst wenn ein Bruchteil dieser Quellen nutzbar ist, so stellen die Geothermen eine nahezu unerschöpf-
liche Energiereserve dar.

Für die Deckung des Energiebedarfs, vorwiegend der ländlichen Bevölkerung, hat der Waldbestand eine wesentliche
Bedeutung. Der Wärmewert des wachsenden Waldbestandes entpricht jährlich etwa 120 Mio.t SKE.[4]

---

1 Zur regionalen Verteilung der Windenergie vgl. XU Shoubo:
  Nengyuan jishu jingjixue, a.a.O., S.30.
2 Vgl. CAI Yihan: Woguo fazhan direneng de jingji xiaoyi
  (Über die Wirtschaftlichkeit der Erschließung von Chinas
  geothermischer Energie), in: Nengyuan, Nr.2, 1982, S.12.
  Nach westlichen Bewertungskriterien wird im allgemeinen
  als technisch erschließbarer Bereich eine Tiefe von maximal
  5.000 m berücksichtigt. Vgl. A.J. ELLIS: Geothermal Systems
  and Power Development, in: American Scientist, Vol.63,
  1975, Sept.-Oct., S.510 ff.; G. LÜTTIG: Die Erdwärme und
  ihre voraussichtliche Rolle bei der Energiedeckung der
  Zukunft, in: Brennstoff-Wärme-Kraft, Nr.7, 1978, S.275.
3 Vgl. ZHI Luchuan: Woguo de dire ziyuan he Jing Tian diqu
  de kaifa liyong xianzhuang (Die geothermische Energie
  Chinas und deren Nutzung im Raum Beijing-Tianjin), in:
  Nengyuan, Nr.2, 1983, S.14.
4 Vgl. HUANG Heyu: Woguo xinchai nengyuan de xianzhuang yu
  fazhan (Situation und Entwicklungsmöglichkeiten der Nutzung
  des Energieträgers Brennholz in China), in: Nengyuan, Nr.2,
  S.40.

Als weitere regenerative Brennstoffe fallen jährlich ca. 460 Mio.t Stroh sowie menschliche und tierische Abfälle (bezogen auf das Jahr 1979) an, mit einem Energiegehalt von ca. 270 Mio.t SKE.[1]

Schließlich stellt die Nutzung der direkten Sonnenstrahlen ein erhebliches Energiepotential dar. Die direkte Sonneneinstrahlung ist in China aufgrund der geographischen Lage groß. Etwa 20 Regionen des Landes haben eine jährliche Sonneneinstrahlung von mehr als 200 kw/qm. Die größte Sonneneinstrahlung mit 220-240 kw/qm erfahren die landesinneren Regionen Tibet, Guizhou, Yunnan und Qinghai.[2]

Von den aufgeführten sonstigen Energieressourcen sind meist nur ein Bruchteil nach wirtschaftlichen Kriterien nutzbar. Die wirtschaftliche Erschließbarkeit variiert mit der regionalen Verteilung der Energievorkommen, mit den Kosten substitutiver Energieträger, mit dem Stand der technischen Entwicklung, mit der Energiedichte einzelner Energieträger oder mit der Außenwirtschaftsstrategie des einzelnen Landes. In den nachfolgenden Kapiteln IV und V wird untersucht werden, welche Bedeutung diese Energieträger für die Energieversorgung haben.

1.2. Gesamtbeurteilung der Ressourcensituation

Zusammenfassend betrachtet, stellt sich die Situation der nachgewiesenen Reserven an kommerziellen Energieträgern - ohne Uranvorkommen und sonstigen energetischen Ressourcen -

---

1 Für die Bemessung des Volumens wurde die geschätzte Menge organischer Stoffe zugrunde gelegt, die als Brennmaterial genutzt wurde. Vgl. WU Zhonghua: Cong nengyuan kexue jishu kan jiejue nengyuan weiji de chulu (Lösungsmöglichkeiten für die Energiekrise aus der Sicht der Techno-Ökonomie der Energie), in: Hongqi, Nr.17, 1980, S.31. Auf die Nutzung von Biogas, das ein Umwandlungsprodukt von Biomasse (pflanzliche, tierische und menschliche Abfälle) ist, wird in Kapitel IV eingegangen.
2 Zur regionalen Verteilung der Sonneneinstrahlung vgl. CHEN Baowen, LIN Shulou: Woguo qing tian taiyang zong fushe ziyuan fenbu (Die regionale Verteilung der Sonneneinstrahlung in China), in: Nengyuan, Nr.4, 1983, S.38 f.

wie folgt dar: Die gesamten nachgewiesenen Energiereserven des Landes haben ein Volumen von 500-600 Mrd.t SKE. Der mit Abstand wichtigste Energieträger ist mit einem Anteil von 70-83 % die Kohle. Die nutzbaren Wasserkraftreserven betragen bei einer üblicherweise zugrunde gelegten Lebensdauer der Wasserreservoirs von 100 Jahren ca. 81.200 Mrd.t SKE - etwa 16-29 % der gesamten Energiereserven. Den geringsten Anteil an den Energievorkommen nehmen mit 0,6-1,5 % die Erdöl- und Erdgasreserven ein.[1]

In absoluten Größenkategorien betrachtet ist China zwar hinter der UdSSR und den USA das an Energievorkommen drittreichste Land der Erde. Bezogen auf die pro Kopf der Bevölkerung verfügbaren Ressourcen ergeben sich aber wesentlich ungünstigere Relationen. Die gesamten Energiereserven pro Kopf der Bevölkerung betragen in China mit 500-600 Tonnen SKE nur etwa die Hälfte der Pro-Kopf-Reserven der UdSSR und etwa ein Zehntel jener der USA.[2] Es geht ferner aus Tabelle III.1. hervor, daß die regionale Verteilung der energetischen Ressourcen gemessen an der Siedlungsstruktur sehr ungünstig ist. Die Kohlevorkommen sind zwar weit gestreut, die bedeutendsten Lagerstätten sind aber im dünnbesiedelten, klimatisch unwirtlichen Norden konzentriert. Die Wasserkraftreserven befinden sich in den nahezu unbewohnten südwestlichen Bergregionen - rd. 2.000 km von den Bedarfszentren an der Ostküste entfernt. Die nachgewiesenen Kohlenwasserstoffvorkommen sind zwar überwiegend in Lagerstätten im Nordosten und Osten und liegen somit durchaus verkehrsgünstig zu den östlichen Industriegebieten. Gemessen an den gesamten Energiereserven sind diese Vorkommen aber vergleichsweise unbedeutend. Die Exploration und die Erschließung der hypothetischen großen Erdölressourcen im Nordwesten werden gegenwärtig durch die fehlende Infrastruktur behindert.

---

1 Vgl. Tabelle III.3.
2 Vgl. GONG Guangyu: Woguo nengyuan de xianzhuang he weilai (Zur Situation und zukünftigen Entwicklung der Energie in China), in: Xinhua Shudian (Hrsg.): Gongyuan 2000 nian de Zhongguo, Beijing 1984, S.34.

Tabelle III.3.

Nachgewiesene Energiereserven Chinas

Kategorie	Energieträger	Berechnungen[a] I	II
Volumen[b]	Kohle (Mrd.t)	623,58	609,7
	Erdöl (Mrd.t)	6,81	1,811
	Erdgas (Mrd.m³)	233,7	131,5
	Wasserkraft (Mrd.kWh)	5.922,18	1.923,3
in Mrd.t SKE	insgesamt	633,49	500,2
	darunter:		
	Kohle	445,24	416,1
	Erdöl)	10,29	2,72
	Erdgas		0,175
	Wasserkraft	177,96	81,2
Anteil der einzelnen Energieträger a.d. gesamten Reserven (%)	Kohle	69,6	83,2
	Erdöl)	1,5	0,6
	Erdgas		
	Wasserkraft	28,5	16,2
Zugrunde gelegte Konversionsfaktoren:	Kohle kg/kg	0,714	0,714[c] 0,476[d]
	Erdöl kg/kg	1,43	1,5
1,33	Erdgas kg/m³		1,33
	Wasserkraft gr/kWh	300	422
	Lebensdauer der Wasserkraftreserven (Jahre)	100	100

a I Berechnung von LI Wenyan, Akademie der Sozialwissenschaften, Abteilung für geologische Forschung; II Berechnungen der Weltbank.
b Die Zahlenangaben von LI Wenyan beziehen sich auf nachgewiesene Mengen. Die Zahlenangaben der Weltbank hingegen beziehen sich nur bei Kohle auf nachgewiesene Mengen; bei den anderen Energieträgern beziehen sie sich auf gewinnbare Reserven.
c Steinkohle.
d Braunkohle

Quelle: ZHAI Ligong: Qiantan nengyuan xiaofei de chanpin jiegou (Über die Struktur des Energieverbrauchs), in: Jingji Wenti Nr.6, 1982, S.31.

2. Bereitstellung von Energieträgern

Der Verlauf der Produktionsentwicklung in den Energiebereichen und der Entwicklungsstand zum Betrachtungszeitpunkt
sind das Ergebnis des vorausgegangenen Faktoreinsatzes und
der verfolgten entwicklungspolitischen Konzeption. Im folgenden Abschnitt wird untersucht, wie sich die Gewinnung von
Energieträgern entwickelt hat und welche Ursachen für die
Stagnation der Brennstoffgewinnung Ende der 70er Jahre ausschlaggebend sind.

2.1. Gewinnung und Umwandlung von Primärenergie[1]

2.1.1. Kohle

Die Rohkohleausbringung hat sich zwischen 1952 und 1979 nahezu verzehnfacht - von 66 Mio.t auf 635 Mio. Tonnen. Etwa
95 % der geförderten Rohkohle sind Steinkohlen (darunter
ca. 20 % anthrazitische Steinkohle), der Rest Braunkohle.[2]
Rund 95 % der Fördermenge wird im Tiefbau, die restlichen 5 %
im Tagebau gewonnen.[3]

Die im Betrachtungszeitraum jahresdurchschnittlich erzielte
Zuwachsrate beträgt knapp 9 %. Auffallend ist der diskonti-
nuierliche Verlauf der Ausbringungsmengen: Hohen Zuwachsraten
folgen in einzelnen Jahren eine Stagnation oder gar ein
Rückgang der Ausbringungsmenge.[4]

Zum Teil lassen sich die Schwankungen und Rückgänge der
Fördermengen aus den Fluktuationen des Faktoreinsatzes her-
leiten; dies gilt sicherlich für den drastischen Rückgang
der Fördermenge Anfang der 60er Jahre, der im wesentlichen

---

1 Unter "Umwandlung von Primärenergie" wird in der vorliegenden Arbeit ausschließlich die Umwandlung von Brennstoffen
  in den Sekundärenergieträger Elektrizität behandelt.
2 Vgl. Kurt WIESEGART: Der Kohlenbergbau in der Provinz
  Shanxi, in: Glückauf, Nr.8, 1984, S.486.
3 Vgl. Zhongguo Meitan Gongye Nianjian 1982, a.a.O., S.18.
4 Vgl. Tab.III.4.

Tabelle III.4.

Rohkohlefördermengen 1949-1983

Jahr	Förder- menge (Mio.t)	Zuwachs gegenüber dem Vorjahr (%)
1949	32	
50	43	34,4
51	53	23,3
52	66	24,5
1953	70	6,1
54	84	20,0
55	98	16,7
56	110	12,2
57	131	19,1
1958	270	106,1
59	369	36,7
60	397	7,6
61	278	-30,0
62	220	-20,9
1963	217	- 1,4
64	215	- 0,9
65	232	7,9
1966	252	8,6
67	206	-18,3
68	220	6,4
69	266	20,9
70	354	33,1
1971	392	10,7
72	410	4,6
73	417	1,7
74	413	1,0
75	482	16,7
1976	483	0,2
77	550	13,9
78	618	12,4
79	635	2,8
80	620	- 2,4
1981	622	0,3
82	666	7,1
83	715	7,4

Quelle: Guojia tongjiju (Hrsg.):
Zhongguo Tongji Nianjian 1984
(Statistisches Jahrbuch Chinas 1984),
Beijing 1984, S.225; eigene
Berechnungen.

bedingt war, sowohl durch die erheblichen Kürzungen der
Finanzmittelzuweisungen im Zuge der Haushaltskonsolidierung
als auch durch den notwendig gewordenen Rücktransfer von
Arbeitskräften in die landwirtschaftlichen Produktionseinheiten.[1] Es sind aber auch weitere Ursachen ausschlaggebend
- vor allem für die Ende der 70er Jahre beginnende mehrjährige Stagnation der Ausbringung.

Ein wesentlicher Grund ist die innerhalb des Kohlebereichs
verfolgte Entwicklungsstrategie, die in allen Entwicklungsphasen vorrangig auf eine Steigerung der Fördermengen ab-
zielte und dabei die Sicherstellung einer dauerhaften Produktionsentwicklung vernachlässigte. Dies wird deutlich bei
der Untersuchung einiger Strukturmerkmale innerhalb des
Kohlebereichs.

Beim Vergleich der Entwicklung des Aufbaus neuer Förderkapazitäten und der Ausbringungsmengen zeigt sich, daß der
Aufbau neuer Förderkapazitäten, d.h. die Errichtung neuer
Bergwerke, das Abteufen von Förderschächten, der Stollenvortrieb etc., deutlich hinter der Entwicklung der Fördermengen zurückblieb. Während in den ersten beiden FJP-Perioden
nach Angaben des Kohleministeriums die Förderkapazitäten um
insgesamt 213 Mio.t erweitert wurden - jahresdurchschnittlich also um ca. 21 Mio.t - und das Verhältnis von Kapazitätszuwachs und Zuwachs der Förderleistung zugunsten der
Kapazitätsausweitung war, reduzierte sich der Kapazitätszuwachs während der vierten und fünften FJP-Periode auf insgesamt 149 Mio.t oder jahresdurchschnittlich ca. 15 Mio.t.[2]
Der gegenüber früheren Planperioden wesentlich erhöhte Kapitaleinsatz während der fünften FJP-Periode[3] wurde in den
Jahren 1976-1978 offenbar überwiegend für eine Steigerung
der Ausbringungsmenge genutzt: die während der fünften FJP-
Periode errichteten neuen Förderkapazitäten werden im Jahres-

---

1 Vgl. Kap.II.2.
2 Vgl. WU Peiru: Meitan zai Woguo nengyuan jiegou zhong de
  diwei he zuoyong (Die Bedeutung und Nutzung der Kohle in
  Chinas Energiestruktur), in: Nengyuan, Nr.1, 1981, S.15 f.
3 Vgl. Kap.II.1.

durchschnitt auf 14 Mio.t beziffert;[1] in den Jahren 1977 und
1978 wurde die Fördermenge gegenüber dem Vorjahr jedoch um
jeweils mehr als 50 Mio.t gesteigert.

Tabelle III.5.

Förderkapazität und Förderleistung der größen
Bergbaureviere des Landes
(1979)

Revier	(Provinz)	Anzahl d. Zechen- betriebe – projek- tierte Produk- tionskapazität Mio.t/a	tatsäch- liche För- menge Mio.t/a
Datong	(Shanxi)	15-15,0	24,1
Kailuan	(Hebei)	8-13,8	21,6
Fengfeng	(Hebei)	13- 7,7	11,3
Yangyuan	(Shanxi)	10- 7,7	11,2
Fuxin	(Liaoning)	26-10,9	13,5
Fushun	(Liaoning	4- 8,7	10,0
Jixi	(Heilongjiang)	30- 9,0	12,9
Hegang	(Heilongjiang)	12- 7,7	12,0
Xuzhou	(Jiangsu)	16- 7,3	12,9
Huaibei	(Anhui)	11- 7,7	13,2
Pingdingshan	(Henan)	14-10,5	13,9

Quelle: Zhongguo meitan gongyebu (Hrsg.): Zhongguo Meitan
Gongye Nianjian 1982 (Jahrbuch der Kohleindustrie Chinas
1982), Beijing 1983, S.6.

Während sich im Zeitraum von 1950-1978 die Ausweitung der
Förderkapazitäten und der Zuwachs der Fördermengen im Verhältnis von 1 : 1,3 und somit ohnehin deutlich unter Vernachlässigung des Aufbaus neuer Förderkapazitäten entwickelten,
war diese Relation in den Jahren 1976-1978 mit 1 : 3,2 noch
ungünstiger.[2]

Der Grund für diese Entwicklung war, daß die technischen
Förderkapazitäten der Kohlereviere auf jährlich ca. 300 Arbeitstage zu je 14 Betriebsstunden ausgelegt sind, während

1 Vgl. WU Peiru: Meitan zai Woguo nengyuan jiegou zhong de
  diwei he zuoyong (Die Bedeutung und Nutzung der Kohle in
  Chinas Energiestruktur), in: Nengyuan, Nr.1, 1981, S.15 f.
2 ebenda.

die tatsächliche Betriebszeit zunehmend verlängert wurde –
in vielen Betrieben auf bis zu 360 Tagen pro Jahr und bis
zu 18 Stunden pro Tag[1] – so daß die Fördermengen deutlich
über den projektierten Förderkapazitäten lagen. Das Versäumnis, Förderkapazitäten der realisierten Förderleistung entsprechend zu errichten, trug demnach wesentlich dazu bei,
daß Ende der 70er Jahre trotz erhöhtem Kapitaleinsatz keine
Produktionsausweitung mehr möglich war und die Förderzahlen
stagnierten. Tabelle III.5. zeigt die überhöhte Kapazitäts-
auslastung in den bedeutendsten Kohlerevieren.

Der Mechanisierungsgrad ist im chinesischen Kohlebergbau
sehr niedrig. Während in anderen kohlefördernden Ländern wie
England, Polen oder Westdeutschland Kohle zu über 90 % mechanisch gewonnen wird, wird in China im Jahr 1980 nur 17 %
der gesamten Förderkohle mit mechanischem Verfahren abgebaut.[2] Im größten Teil der Zechen wurde die Kohle noch mit
manuellen Verfahren hereingewonnen, mit Holzkarren unter
Tage transportiert, für die Grubenbewetterung werden noch
Holzkastengebläse eingesetzt.[3]

Der vergleichsweise geringe Anteil der mit mechanischen Verfahren gewonnenen Kohle ist nicht nur durch einen Mangel an
entsprechenden Anlagen und Ausrüstungen bedingt. Offenbar
kann ein wesentlicher Teil der vorhandenen Anlagen und Ausrüstungen nicht eingesetzt werden. Vollmechanische Abbau-
und Förderanlagen waren beispielsweise im Jahr 1980 nur zu
50 % beschäftigt; Vortriebs- und Abbaumaschinen in teil-

1 Aufzeichnungen des Verfassers von Gesprächen im chinesischen Kohleministerium im Mai 1982.
2 Die mit mechanischen Ausrüstungen ausgestatteten Bergwerke
  unterstehen fast ausschließlich zentralen Verwaltungsbe-
  hörden. Bezogen auf die Ausbringungsmenge der von Zentralbehörden verwalteteten Kohlebergwerke (1979: 356 Mio.t)
  werden 37 % der Kohle mechanisch abgebaut, davon 22 % teil-
  mechanisch, 13 % vollmechanisch und 2 % hydromechanisch
  Vgl. Zhongguo Jingji Nianjian 1981, a.a.O., S.IV, 60 ff.
3 Vgl. Kurt WIESEGART: Der Kohlebergbau in der Provinz Shanxi, a.a.O., S.488 f.

mechanisierten Streben hatten einen Nutzungsgrad von nur
55 %.[1] Ursachen dieser niedrigen Auslastungsrate sind u.a.
die unzureichende Wartung der technischen Anlagen, lange
Umzugszeiten der Anlagen von einem ausgekohlten Streb in
einen neuen Streb, mangelhafte Ersatzteilversorgung sowie
last not least ein Mangel an ausgebildeten Technikern und
Ingenieuren.[2]

Tabelle III.6.

Veränderungen der Anteile der Verwaltungsebenen
an den Kohlefördermengen
(v.H.)

	1949	1957	1965	1979
Land, insgesamt	100	100	100	100
Zentral verwaltete Bergwerke	72,6	72,2	70,9	56,3
Regional verwaltete Bergwerke	27,4	27,8	29,1	43,7
darunter verwaltet von:				
Provinzen	)23,0	)22,9	11,0	11,0
Sonderdistrikten	)	)	5,9	7,1
Kreisen			8,1	8,9
Volkskommunen	4,4	5,0	4,2	16,7

Quelle: Zhongguo meitan gongyebu (Hrsg.): Zhongguo Meitan
Gongye Nianjian 1982 (Jahrbuch der Kohleindustrie Chinas
1982), Beijing 1983, S.10.

---

1 Vgl. Kurt WIESEGART: Der Kohlebergbau in der Provinz
  Shanxi, a.a.O., S.490.
2 Vgl. WANG Maolin: Dui congcai jingji xiaoyi de chubu pouxi
  (Vorläufige Analyse der Wirtschaftlichkeit des vollmecha-
  nisierten Abbaus), in: Jingji Wenti, Nr.7, 1982, S.22 ff.

Der Abbaugewinnungsgrad[1] entspricht im Landesdurchschnitt
mit 0,5 etwa jenem anderer Ländern.[2] In den mittelgroßen
und großen unter zentraler Verwaltung stehenden Bergwerken
liegt der Abbaugewinnungsgrad seit Ende der 50er Jahre bei
0,8.[3,4] In den kleinen dezentral verwalteten Grubenbetrieben
liegt der Abbaugewinnungsgrad, bedingt durch unzureichende
Erkundungen der Lagerstättenverhältnisse vor Aufschluß der
Vorkommen oder auch durch einen Mangel an Fachkräften z.T.
unter 0,2;[5] demnach gehen bis zu 80 % der in diesen Lagerstätten vorhandenen geologischen Brennstoffvorkommen als
Abbauverluste verloren.

Als Folge der überwiegend an hohen Zuwachsraten der Fördermengen ausgerichteten Entwicklungsstrategie war, wie oben
erwähnt,[6] die Errichtung von Aufbereitungsanlagen vernachlässigt worden. Der Aufbereitungsprozeß, bei dem Verunreini-
gungen wie Gestein oder Ballaststoffe wie Schwefel und Nitro-
gen von der Kohle getrennt werden, dient der Verbesserung
der Kohle auf ein für unterschiedliche Qualitätsansprüche
der Verbraucher angemessenen Standart. In westlichen Statistiken wird beispielsweise die Kohleförderung meist in Mengen
aufbereiteter Kohle angegeben. In China blieb zwischen 1965
und 1979 der Anteil der aufbereiteten Kohle an der gesamten
Förderkohle nahezu unverändert bei ca. 18 %.

---

1 Unter Abbaugewinnungsgrad wird das Verhältnis von herein-
  gewonnener Kohle zu der in der abgebauten Lagerstätte geo-
  logisch vorhandenen Kohle verstanden.
2 Der Abbaugewinnungsgrad liegt in Südafrika bei 0,4, in den
  USA bei 0,5, in Australien und Indien bei 0,6, in der Sowjetunion bei 0,8. Vgl. Weltenergiekonferenz (Hrsg.): Survey
  of Energy Resources 1980, 11. Weltenergiekonferenz, München 1980, S.58.
3 State Statistical Bureau (Hrsg.): Ten Great Years, a.a.O.,
  S.108.
4 Vgl. JIA Yueqian, a.a.O., S.12.
5 Vgl. SONG Tao, ZHU Xuenin: Zai Shanxi nengyuan jidi jianshe
  zhong zijue yunyong bianzhengfa, in: ZHOU Jianren, LU
  Jiaxi, CHENG Fangwu, MAO Yisheng, GAO Shiqi (Hrsg.): Ziran
  bianzhengfa lunwenji (Über die Dialektik der Natur),
  Beijing, 1983, S.500. Extrem nachlässig sind in diesen
  kleinen Gruben auch die Sicherheitsvorkehrungen, von denen
  man "besser gar nicht reden sollte", wie es die genannten
  Autoren formulieren.
6 Vgl. Kap.II.1.2.

Tabelle III.7.

Fördermengen der einzelnen Regionen
(in zentral verwalteten Kohlebergwerken)
1950 und 1979
(Mio.t)

	1950	1979
Land, insgesamt	30,18	357,77
Norden		
Beijing	0,43	6,65
Hebei	6,1	44,07
Shanxi	1,93	61,40
Neimeng	0,34	8,07
Nordosten		
Liaoning	7,27	40,75
Jilin	2,46	15,30
Heilongjiang	4,89	36,70
Osten		
Jiangsu	1,05	12,85
Shanghai	-	1,07
Zhejiang	-	1,59[a]
Anhui	1,51	22,77
Jiangxi	0,22	6,42
Shandong	2,27	26,67
Zentralchina		
Henan	0,81	34,57
Hunan	0,14	3,45
Südwesten		
Guizhou	0,00	6,38
Nordwesten		
Sha'anxi	0,12	12,31
Ningxia	-	8,27
Xinjiang	-	14,86

a für das Jahr 1978.

Quellen: Zhongguo meitan gongyebu (Hrsg.): Zhongguo Meitan
Gongye Nianjian 1982 (Jahrbuch der Kohleindustrie Chinas
1982), Beijing 1983, S.5 f.; für die Provinz Zhejiang vgl.
DING Kun, LI Zaiqing, LIN Jun: Yao jianchi jianshe Jiangnan
meikuang de fangzhen (Den Aufschluß von Kohlebergwerken südlich des Changjiang beschleunigen), in: Renmin Ribao vom
28.8.1979.

Tabelle III.8.

Rohkohleförderung der Provinzen, Städte und autonomen
Regionen, in zentral verwalteten und dezentral verwalteten
Kohlebergwerken 1981
(Mio.t)

	ins-gesamt	%	zen-tral	%	dezen-tral	%
Gesamtproduktion	621,6	100	335,1	100	286,6	100
Beijing	7,9	1	6,0	2	1,9	1
Hebei	52,3	8	38,4	12	13,9	5
Shanxi	132,5	21	67,6	20	64,9	23
Neimeng	21,8	4	14,8	4	7,0	2
Liaoning	33,7	5	28,9	9	4,8	2
Jilin	18,1	3	12,4	4	5,7	2
Heilongjiang	41,7	7	33,3	10	8,4	3
Shanghai	1,7	0	1,7	1	–	–
Jiangsu	15,7	3	11,5	3	4,2	2
Zhejiang	1,3	0	–	–	1,3	1
Anhui	23,8	4	21,9	7	1,9	1
Fujian	4,2	1	–	–	4,2	1
Jiangxi	15,5	3	6,1	2	9,5	3
Shandong	41,3	7	23,8	7	17,5	6
Henan	58,3	9	32,9	10	25,4	9
Hubei	4,3	1	–	–	4,3	2
Hunan	19,9	3	3,3	1	16,7	6
Guangdong	7,2	1	–	–	7,2	3
Guangxi	5,6	1	–	–	5,6	2
Sichuan	39,4	6	–	–	39,4	14
Guizhou	14,2	2	–	–	8,3	3
Yunnan	11,9	2	–	–	11,9	4
Xizeng (Tibet)	0,0	0	–	–	–	–
Sha'anxi	18,5	3	11,6	4	6,8	2
Gansu	7,9	1	4,4	1	3,5	1
Qinghai	1,9	0	–	–	1,9	1
Ningxia	9,5	2	7,8	2	1,8	1
Xinjiang	11,4	2	3,0	1	8,4	3

Anmerkung: Produktionszahlen wurden hinter der ersten Komma-
stelle, Prozentzahlen auf ganze Zahlen auf- bzw. abgerundet.

Quelle: Zhongguo meitan gongyebu (Hrsg.): Zhongguo Meitan
Gongye Nianjian 1982 (Jahrbuch der Kohleindustrie Chinas
1982, Beijing 1983, S.17.

Entsprechend gering sind die Qualitäten der verfügbaren Kohlesorten. Der Aschegehalt der im Handel befindlichen Kohle lag im Jahr 1980 im Durchschnitt bei 25 %;[1] Kohle aus zahlreichen Bergwerken vor allem aus den südlichen Lagerstätten hatte einen Ascheanteil bis zu 45 %.[2] Lediglich der Aschegehalt der aufbereiteten Reinkohle (qingmei huifen) entsprach mit ca. 10 % westlichem Qualitätsstandart. Der Schwefelgehalt chinesischer Kohle schwankt je nach Lagerstätte zwischen 0,5 % und 5 %, liegt in den meisten Lagerstätten aber höher als 1 %.[3] Durch den zunehmenden Abbau der Kohle in kleinen Grubenbetrieben aber auch durch die Mechanisierung des Kohleabbaus hat sich die Qualität der gewonnenen Kohle in den vergangenen beiden Jahrzehnten in einzelnen Regionen erheblich verringert.[4]

Der niedrige Anteil der aufbereiteten Kohle an der gesamten geförderten Kohle bedingt nicht nur, daß das Angebot an Kohlesorten und unterschiedlichen Qualitätsstufen gering und den Erfordernissen verschiedener Nachfrager nicht angemessen ist.[5] Hinzu kommt, daß hochwertige Kohle mangels Aufbereitung nur zu vergleichsweise niedrigwertigen Zwecken wie z.B. zur Beheizung von Kesseln in Industriebetrieben oder in Kraftwerken verwendet werden kann. Beispielsweise sind etwa die Hälfte der gesamten Rohförderkohle hochwertige verkokungsfähige Steinkohlen. Lediglich ein Viertel dieser abgebauten Kokskohle, die sich als Grundstoff für die Stahlerzeugung oder auch als hochwertiges Exportgut nutzen ließe, wird je-

---

1 Vgl. LUO Hui: Jiangxi nengyuan jingji wenti chutan (Über die Energiewirtschaft der Provinz Jiangxi), in: Jiangxi Shiyuan Xuebao, Nr.4, 1982, abgedr.in: Gongye Jingji, F3, Nr.20, 1982, S.61 f.
2 Der Aschegehalt der in den staatlichen Büros für Materialzuteilung als Handelskohle zulässigen Kohlequalitäten geht bis zu 44,5 %. Vgl. Shiyou Gongyebu (Hrsg.): Shiyou gongye changyong cailiao shouce (Handbuch der Erdölindustrie), Beijing 1981, S.75 f.
3 Zum Vergleich: In der Bundesrepublik Deutschland liegt nach Angaben des Deutschen Steinkohleverbandes der Schwefelgehalt der zur Befeuerung von Industriekesseln eingesetzten Steinkohlen bei max. 1-1,1 %.
4 Vgl. LUO Hui, a.a.O., S.61.
5 Vgl. ZHU Yinren: Meitan ziyuan heli yu youxiao liyong wenti de tantao (Über die geeignete und effiziente Nutzung von Chinas Kohleressourcen), in: Meitan Kexue Jishu, Nr.5, 1981, S.4 f.

doch qualitätsgemäß verwendet. Der überwiegende Teil kann nur
unaufbereitet als gewöhnlicher Brennstoff eingesetzt werden.[1]

2.1.2. Erdöl und Erdgas

Bei der Förderung von Erdöl und Erdgas konnten seit den
50er Jahren sehr hohe jährliche Zuwachsraten erzielt werden.
Zwischen 1952 und 1979 errechnet sich eine jahresdurchschnittliche Zuwachsrate für die Erdölförderung von 22 %,
für die Erdgasgewinnung sogar von 32 %.

Ein Rückgang der hohen Zuwachsraten zeichnete sich ab Mitte
der 70er Jahre ab. Im Jahr 1979 begann die Erdölgewinnung zu
stagnieren und wurde in den Folgejahren sogar rückläufig.[2]
Die Entwicklung der Fördermengen in den bedeutendsten Erdöl-
feldern ist für den Zeitraum 1977-1980 in Tabelle III.10.
widergegeben. Offenbar hatten sich ähnlich wie im Bereich
der festen fossilen Brennstoffe auch im Bereich der Kohlenwasserstoffe bis Ende der 70er Jahre Engpässe herausgebildet,
die - unterstellt man zunächst einmal, daß keine "Marktsätti-
gung" sondern ein anhaltend wachsender Bedarf gegeben war -
die weitere Ausweitung der Fördermengen behinderten.

Der entscheidende Grund für die Stagnation der Fördermengen
ist allem Anschein nach die über einen längeren Zeitraum
erfolgte Konzentration der Entwicklungsanstrengungen auf
hohe Zuwachsraten der Fördermengen in bekannten Lagerstätten,
während die Erkundung neuer Kohlenwasserstoffvorkommen zur
Sicherstellung einer dauerhaften Stabilisierung und Ausweitung der Fördermengen vernachlässigt wurde.

Diese These läßt sich anhand einiger Daten belegen. Beispielsweise wurden noch während der zweiten FJP-Periode fast
50 % der gesamten in den Erdöl- und Erdgasbereich gelenkten

---

1 Vgl. YANG Dinghe: Dui zhiding gongye yong mei biaozhun de
  jijian kanfa (Über die Festlegung von Kohleverbrauchskenn-
  ziffern für die Industrie), in: Meitan Kexue Jishu, Nr.1,
  1981, S.19 f.
2 Vgl. Tab.III.9.

Tabelle III.9.

Rohölförderung 1949-1983

Jahr	Produktion (Mio.t)	Produktionszu- wachs gegenüb. d. Vorjahr (%)
1949	0,12	
50	0,20	66,7
51	0,31	55,0
52	0,44	41,9
1953	0,62	40,9
54	0,79	27,4
55	0,97	22,8
56	1,16	19,6
57	1,46	25,9
1958	2,26	54,8
59	3,73	65,0
60	5,20	39,4
61	5,31	2,1
62	5,75	8,3
1963	6,48	12,7
64	8,48	30,9
65	11,31	33,4
1966	14,55	28,6
67	13,88	-4,6
68	15,99	15,2
69	21,74	40,0
70	30,65	41,0
1971	39,41	28,6
72	45,67	15,9
73	53,61	17,4
74	64,85	21,0
75	77,06	18,8
1976	87,16	13,1
77	93,64	7,4
78	104,05	11,1
79	106,15	2,0
80	105,95	-1,9
1981	101,22	-4,5
82	102,12	1,0
83	106,07	3,9

Quelle: Guojia tongjiju (Hrsg.):
Zhongguo Tongji Nianjian 1984
(Statistisches Jahrbuch Chinas 1984),
Beijing 1984, S.225; eigene Berechnungen.

Tabelle III.10.

Entwicklung der Rohölförderung
in den wichtigsten Fördergebieten 1977-1980
(Mio.t)[a]

	1977	1978	1979	1980
Nordosten	54,9	56,0	57,4	58,6
Daqing	50,3	50,4	50,8	51,5[b]
Liaohe u.a.	4,6	5,7	6,6	7,1
Norden	15,6	20,4	20,4	19,1
Renqiu	12,3	17,2	17,3	16,0
Dagang	3,2	3,0	2,9	2,9
Sonstige	0,1	0,2	0,2	0,2
Osten	17,7	19,7	19,2	17,9
Shengli	17,5	19,5	18,9	17,6
Sonstige	0,1	0,3	0,3	0,3
Zentralchina	1,3	2,8	3,4	4,2
Nordwesten	4,2	4,9	5,7	6,1
Karamay	o.A.	o.A.	o.A.	3,9
Südwesten	0,1	1,1	0,1	0,1
Gesamtfördermenge	93,6	104,1	106,2	105,9

a   Die in den verwendeten Quellen angegebenen Stellen
    hinter dem Komma wurden bis zur ersten Stelle hinter
    dem Komma auf- bzw. abgerundet. Durch diese Auf- und
    Abrundungen treten Abweichungen in den Zwischensummen
    und in der Gesamtsumme auf.

b   Die Fördermenge des Feldes Liaohe betrug im Jahr 1980
    5,1 Mio.t.

Quelle: World Bank Publications: China: Socialist Economic
Development, Vol. II, the Economic Sectors – Agriculture,
Industry, Energy, Transport, and External Trade and
Finance, Washington D.C. 1983, Table 3.1., S.224. Eine
differenzierte Auflistung der Erdölfelder mit geschätzten
Fördermengen für das Jahr 1980 findet sich in: Petroleum
Economist, Petroconsultants (Hrsg.): Special Report on
China, in: Petroleum Economist, November 1981, S.483.

Finanzmittel für die Exploration von Kohlenwasserstoffvorkommen ausgegeben. Während im Zeitraum zwischen 1949 und 1957
Explorationsbohrungen mit einer Gesamtlänge von 0,8 Mio.m
niedergebracht wurden, waren es in der zweiten FJP-Periode
2,7 Mio.m. Als Ergebnis dieser forcierten Erkundungsaktivitä-
ten konnten umfangreiche Kohlenwasserstoffvorkommen entdeckt
werden[1] - u.a. wurde das noch heute bedeutendste Erdölgebiet
Daqing entdeckt. In den 70er Jahren konzentrierte man sich
auf die Erschließung der bis dahin nachgewiesenen Vorkommen
in den relativ leicht zugänglichen Regionen und reduzierte
die für die Erkundung neuer erdölhöffiger Formationen getätigten Ausgaben auf 38 % der Gesamtaufwendungen. Zwar entsprach die Gesamtsumme dieser Ausgaben für die Exploration
von Kohlenwasserstoffen einem Mehrfachen jenes Betrages, der
während der zweiten FJP-Periode zu Explorationszwecken ausgegeben worden war; es konnten in diesem Zeitraum aber kaum
wesentlich mehr Erdölreserven nachgewiesen werden, als während der zweiten FJP-Periode.[2]

Der Stand der Fördertechnologie verhinderte gleichzeitig eine
verstärkte Ausbeutung der aufgeschlossenen Lagerstätten. Es
gibt zwar aus chinesischen Maschinenbaubetrieben Explora-
tions- und Bohrausrüstungen, die mit westlicher Spitzentech-
nologie durchaus vergleichbar sind. Beispielsweise wurden von
chinesischen Bohrteams in Offshore-Gebieten mit Geräten aus
chinesischer Herstellung Bohrtiefen von über 7.000 m erreicht.[3] Allerdings sind moderne Ausrüstungen - einschließlich der aus westlichen Industrieländern in der zweiten
Hälfte der 70er Jahre importierten Ausrüstungen und Technologien[4] - noch kaum verbreitet. Sie sind überwiegend in
jüngeren Feldern wie z.B. in Renqiu oder in den wenigen Off-
shore-Feldern eingesetzt.[5]

---

1 Vgl. SUN Shanqing, a.a.O., S.273.
2 ebenda
3 Vgl. Kurt WIESEGART: Erdöl und Gas in der Volksrepublik
  China, in: Energiewirtschaftliche Tagesfragen, Nr.4, 1984,
  S.272.
4 Vgl. World Bank (Hrsg.): China: Socialist Economic Development, Vol.II, a.a.O., S.228 f.
5 Der erste für offshore-Bohrungen in China hergestellte
  Halbtaucher wurde Mitte des Jahres 1984 in Shanghai fertig-
  gestellt. Die Operationstiefe beträgt 35-200 m. Vgl. XNA,
  No.12941, 20.6.1984.

Im Vergleich zum westlichen Standard sind die meisten der
in China eingesetzten Bohr- und Förderausrüstungen veraltet
und, wie an späterer Stelle aufgezeigt werden wird, wenig
produktiv. Der größte Teil der Anlagen und Ausrüstungen
wurde in China hergestellt, meist nach Modellen sowjetischer
Modelle aus den 50er Jahren.[1] In den wichtigen Fördergebieten, wie z.B. in Daqing, waren Ende der 70er Jahre mit den
vorhandenen Ausrüstungen die physikalischen Grenzen für eine
Steigerung der Ausbringungsmengen erreicht.[2] Neue bedeutende
Felder, die eine weitere Steigerung der Fördermengen ermöglicht hätten, waren nicht erkundet worden.

In einem späteren Abschnitt des Kapitels wird mit der Untersuchung der statischen Reichweite der nachgewiesenen Reserven[3] die oben formulierte These zu belegen versucht.

Die meisten Rohöle aus chinesischen Lagerstätten haben einen
hohen Paraffingehalt mit einem hohen Siedepunkt und geringen
Anteil an Leichtfraktionen.[4] Diese Eigenschaften erschweren
die Förderung, den Transport des Rohöls und ebenso die Rohölverarbeitung, da das Verhältnis von Rückständen zu Produkten bei der einfachen Destillation hoch ist und deshalb zur
Weiterverarbeitung der Rückstände technisch aufwendigere
Krackverfahren notwendig sind.[5]

---

1 Vgl. World Bank (Hrsg.): China: Socialist Economic Development, Vol.II, a.a.O., S.228 f.
2 Mittels sekundärem Wassertrieb wird im Fördergebiet Daqing
  der Lagerstättendruck erhöht, um den Entölungsgrad zu stei-
  gern. Durch zunehmende Wassereinbrüche erhöhte sich der
  Wasseranteil bei der Förderung von 10 % in den 60er Jahren
  auf ca. 55 % Ende der 70er Jahre, so daß wegen der entsprechenden Verringerung der geförderten Rohölmenge eine
  Stabilisierung des Fördervolumens zunehmend erschwert
  wurde. Vgl. TANG Cengxiong, a.a.O., S.73 ff.
3 Unter "statischer Reichweite" wird in diesem Zusammenhang
  im allgemeinen die Lebensdauer von Reserven bei einer
  unterstellten stabilen Anbringungsmenge verstanden.
4 Vgl. Library of Congress (Hrsg.): China's Offshore Oil Development and the Energy Security of the Pacific Rim, Hearing before the Special Subcommittee on Energy and Commerce,
  House of Representatives, 89th Congress, Second Session,
  Feb. 28, 1984, Serial No.98-101, June 13, 1984, S.10.
5 Zur Struktur der chinesischen Erdölerzeugnisse vgl. Petroleum Economist, Petroconsultants (Hrsg.): Special Report on
  China, in: Petroleum Economist, Hongkong, No.1981, S.480.

Die Förderung von Erdgas, die im Zeitraum zwischen 1953 und 1979 von 8 Mio.cbm auf 14,5 Mrd.cbm gesteigert worden war, wurde nach 1979 ebenfalls rückläufig.[1] Bedingt war der Rückgang in erster Linie durch den Rückgang der Erdölförderung, da über die Hälfte des gewonnenen Erdgas (1979: 7,5 Mrd. cbm) Begleitgas ist, das bei der Erdölgewinnung freigesetzt wird. Ungebundenes Erdgas wurde nahezu ausschließlich in der Südwestprovinz Sichuan gefördert (1979: 6,5 Mrd.cbm).[2]

Im Vergleich zur geförderten Erdölmenge ist die Erdgasgewinnung in China gering. Während beispielsweise in der UdSSR oder den USA das Förderverhältnis von Erdöl und Erdgas 1,4 : 1 bzw. 1,2 : 1 beträgt (1982), ist das Verhältnis in China 8 : 1.[3] Unter geologischen Gesichtspunkten wäre es nach Ansicht von Experten naheliegend, daß auch in China das Erdgasfördervolumen gemessen am Erdölfördervolumen größer ist. Dieser Ansicht ist beispielsweise der chinesische Geologe Guang Shizong, der die Ursachen für die verhältnismäßig geringe Erdgasförderung in China nicht im geophysikalischen Bereich sieht, sondern vorwiegend im entwicklungspolitischen und administrativen System. Vor allem sei dem Erdgas als Energieträger bis Ende der 70er Jahre noch keine wesentliche Bedeutung beigemessen und entsprechend seien kaum gezielt Erdgasvorkommen exploriert worden. Zweitens werde die Entdeckung von Erdgaslagerstätten in Tiefen unterhalb von 2000 m - ein Bereich, der vorwiegend unter der Regie des Ministeriums für Geologie erkundet wird - mangels Koordination der Ministerien häufig nicht an die zuständigen Fachministerien weitergeleitet, so daß gezielte Explorationen zur Ökonomie entdeckter Lagerstätten eingeleitet werden könnten. Schließlich werde drittens ein Großteil des auftretenden Begleitgases bei der Erdöl- und Kohleförderung nicht genutzt.[4]

---

1 Vgl. Tabelle III.11.
2 Vgl. SUN Shanqing, a.a.O., S.274
3 Deutsche Shell AG (Hrsg.): Mineralöl und Erdgas 1983, in: Shell Briefing Service, Mai 1984, S.4., S.10; eigene Berechnungen.
4 Vgl. GUANG Shicong, a.a.O., S.2.

Tabelle III.11.

Erdgasförderung 1949-1983

Jahr	Produktion (Mio.t)	Produktionszu- wachs gegenüb. d. Vorjahr (%)
1949	7	
50	7	0
51	3	-57,1
52	8	166,7
1953	11	37,5
54	15	36,4
55	17	13,3
56	26	52,9
57	70	169,2
1958	110	57,1
59	290	163,6
60	1.040	258,6
61	1.470	41,3
62	1.210	-17,7
1963	1.020	-15,7
64	1.060	3,9
65	1.100	3,6
1966	1.340	21,8
67	1.460	9,0
68	1.400	-4,1
69	1.960	40,0
70	2.870	46,4
1971	3.740	30,3
72	4.840	29,4
73	5.980	23,6
74	7.530	25,9
75	8.850	17,5
1976	10.100	14,1
77	12.120	20,0
78	13.730	13,3
79	14.510	5,7
80	14.270	-1,7
1981	12.740	-10,7
82	11.930	- 6,4
83	12.210	2,3

Quelle: Guojia tongjiju (Hrsg.): Zhongguo Tongji Nianjian 1984 (Statistisches Jahr- buch Chinas 1984), Beijing 1984, S.225; eigene Berechnungen.

2.1.3. Elektrizität

Die hohe Priorität, die der Elektrifizierung des Landes bei
der Allokation von Finanzmitteln beigemessen wurde, führte
zu vergleichsweise hohen jahresdurchschnittlichen Zuwachsraten in der Elektrizitätserzeugung. Sie stieg von 7 Mrd.kWh
(1952) auf 282 Mrd.kWh (1979), was einer jahresdurchschnittlichen Zuwachsrate von fast 15 % entspricht. Zum Vergleich:
Nach Berechnungen der Weltbank betrug die entsprechende
Zuwachsrate im Durchschnitt aller Entwicklungsländer im
Zeitraum 1950-1978 etwa 10 %.[1]

Hohe Zuwachsraten sind vor allem Ende der 50er Jahre zu verzeichnen, nachdem die Stromerzeugung in den Anfang der 50er
Jahre in Angriff genommen Kraftwerken aufgenommen werden
konnte. Unterbrechungen der hohen jährlichen Produktionszu-
wächse gab es Anfang der 60er Jahre, im wesentlichen bedingt
durch die Reduzierung der Stromerzeugung in Wärmekraftwerken,
die wegen des Rückgangs der Kohleförderung nicht mehr mit
Brennstoffen versorgt werden konnten. In der zweiten Hälfte
der 70er Jahre finden die zunehmenden Probleme bei der Bereitstellung von Brennstoffen ebenfalls in den abnehmenden
Zuwachsraten der Elektrizitätserzeugung ihren Ausdruck.[2]

Der Anteil der Wärmekraftwerke[3] an der gesamten Stromerzeugung lag im Betrachtungszeitraum bei 75-85 %. Die Stromerzeugung in Wasserkraftwerken, die einen Anteil von ca. 30 % an
den gesamten Kraftwerkskapazitäten haben, schwankt um 20 %.

Auffallend ist die hohe Betriebsdauer der Wärmekraftwerke.
Sie lag Ende der 70er Jahre bei 6.000 Stunden pro Jahr (1978:
6.018 h, 1979: 5.956 h). Sie erzeugten pro Kilowatt installierte Leistung über 5.000 Kilowattstunden Strom (1979:

---

1 Vgl. World Bank (Hrsg.): Energy in the Developing Countries, Washington, D.C., August 1980, S.6.
2 Vgl. Kap.II.1.
3 Im Jahr 1979 wurden von den Wärmekraftwerken ca. 33.000 MW
  mit Kohle, 10.760 MW mit Öl beheizt. Vgl. World Bank
  (Hrsg.): China: Socialist Economic Development, Vol.II,
  a.a.O., S.237.

Tabelle III.12.

Stromerzeugung 1949-1983 (insgesamt);
aus Wärme- und Wasserkraftwerken

Jahr	gesamte Stromerzeugung Mrd.kWh	Produktionszuwachs gegenüber dem Vorjahr (%)	aus Wärmekraftwerken Mrd. kWh	aus Wasserkraftwerken Mrd.kWh	Anteil der Wasser-Kraft (%)
1949	4,3	–	3,6	0,7	16,3
50	4,6	7,0	3,8	0,8	17,4
51	5,7	23,9	4,8	0,9	15,8
52	7,3	28,1	6,0	1,3	17,8
1953	9,2	26,0	7,7	1,5	16,3
54	11,0	19,6	8,8	2,2	20,0
55	12,3	11,8	9,9	2,4	19,5
56	16,6	35,0	13,1	3,5	21,1
57	19,3	16,3	14,5	4,8	24,9
1958	27,5	42,5	23,4	4,1	14,9
59	42,3	53,8	37,9	4,4	10,4
60	59,4	40,4	52,0	7,4	8,0
61	48,0	-19,2	40,6	7,4	15,4
62	45,8	- 4,6	36,8	9,0	19,7
1963	49,0	7,0	40,3	8,7	17,8
64	56,0	14,3	45,4	10,6	18,9
65	67,6	20,7	57,2	10,4	15,4
1966	82,5	22,0	69,9	12,6	15,3
67	77,4	- 6,2	64,3	13,1	16,9
68	71,6	- 7,5	60,1	11,5	16,1
69	94,0	31,3	78,0	16,0	17,0
70	115,9	23,3	95,4	20,5	17,7
1971	138,4	19,4	113,3	25,1	18,1
72	152,4	10,1	123,6	28,8	18,9
73	166,8	9,5	127,9	38,9	23,3
74	168,8	1,2	127,7	41,4	24,5
75	195,8	16,0	148,2	47,6	24,3
1976	203,1	3,7	157,5	45,6	22,5
77	223,4	10,0	175,8	47,6	21,3
78	256,6	14,9	212,0	44,6	17,4
79	282,0	9,9	231,9	50,1	17,8
80	300,6	6,6	242,4	58,2	19,4
1981	309,3	2,9	243,8	65,5	21,2
82	327,7	5,9	253,4	74,4	22,7
83	351,4	7,2	265,0	86,4	24,6

Quelle: Guojia tongjiju (Hrsg.): Zhongguo Tongji Nianjian 1984 (Statistisches Jahrbuch Chinas 1984), Beijing 1984, S.225; eigene Berechnungen.

5280 kWh, 1980: 5.500 kWh). Diese im Vergleich zu anderen
Ländern in Indien und in den USA beträgt die erzeugte Strommenge pro Kilowatt installierte Leistung und Jahr ca. 3.900
kWh - hohe Leistung der Kraftwerke zeugt nach Meinung von
Experten der Weltbank von der Zuverlässigkeit und der guten
Wartung chinesischer Kraftwerke.[1] Die langen jährlichen
Betriebszeiten machen darüberhinaus aber auch erkennbar,
daß die installierten Kraftwerkskapazitäten im wesentlichen
im Grund- und Mittellastbetrieb beschäftigt werden[2] und
daß entsprechend kaum Reservekapazitäten für Spitzenlastzeiten verfügbar sein können.

Der Mangel an verfügbaren Reservekapazitäten für den Betrieb
in Spitzenlastzeiten wird durch folgenden Vergleich deutlich:
In Frankreich und Italien stellen die für den Betrieb in
Spitzenlastzeiten oder bei Änderungen der Stromfrequenzen
einsetzbaren Wasserkraftwerke mit ca. 40-54 % einen vergleichbar hohen Anteil an den gesamten Kraftwerkskapazitäten
wie in China. Während aber in Frankreich und Italien für die
Erzeugung von 1 Mrd.kWh jeweils ca. 2.800-2.900 MW an installierter Kraftwerkskapazität verfügbar sind, sind es in China
nur 1.900 MW.[3]

2.2. Struktur des Energieträgerangebots

Bei einer zusammenfassenden Betrachtung der Struktur des
Primärenergieangebots zeigt sich, daß die Bedeutung der
Kohle Ende der 70er Jahre als Primärenergieträger im Vergleich zu den 50er Jahren relativ zwar zurückgegangen ist -
von 97 % (1952) auf ca. 70 % (1979). Der Anteil des Erdöls
ist im gleichen Zeitraum von 1 % auf 24 % gestiegen. Kohle
ist aber weiterhin mit Abstand der wichtigste Energieträger.

---

1 Vgl. World Bank (Hrsg.): China: Socialist Economic Development, Vol.II, a.a.O., S.238.
2 Vgl. LI Rui: Bixu youxian fazhan shuidian (Wasserkraft muß
   vorrangig entwickelt werden), in: Renmin Ribao vom
   6.3.1980.
3 Vgl. SUN Shanqing, a.a.O., S.274 f.

Tabelle III.13.

Energiegewinnung in China 1949-1983 und Struktur der Energieträger

Jahr	gesamte Energieproduktion (in Mio.t SKE)[a]	Produktions zugwachs gegenüber dem Vorjahr (%)	Anteil an der gesamten Energieproduktion (%)			
			Kohle	Erdöl	Erdgas	Wasserkraft
1949	23,74	–	96,3	0,7		3,0
50	31,74	33,7	96,8	0,9		2,3
51	39,03	23,0	97,0	1,1		1,9
52	48,71	24,8	96,7	1,3		2,0
1953	51,92	6,6	96,3	1,7		2,0
54	62,62	20,6	95,8	1,8		2,4
55	72,95	16,5	95,9	1,9		2,2
56	82,42	13,0	95,3	2,0		2,7
57	98,61	19,6	94,9	2,1	0,1	2,9
1958	198,45	101,2	97,1	1,6	0,1	1,2
59	271,61	36,9	97,0	2,0	0,1	0,9
60	296,37	9,1	95,6	2,5	0,5	1,4
61	212,24	-28,4	93,5	3,6	0,9	2,0
62	171,85	-19,0	91,4	4,8	0,9	2,9
1963	170,09	- 1,0	91,1	5,4	0,8	2,7
64	172,32	1,3	89,1	7,0	0,8	3,1
65	188,24	9,2	88,0	8,6	0,8	2,6
1966	208,33	10,7	86,4	10,0	0,8	2,8
67	174,94	-16,0	84,1	11,3	1,1	3,5
68	187,15	7,0	83,9	12,2	1,0	2,9
69	231,04	23,5	82,2	13,5	1,1	3,2
70	309,90	34,1	81,6	14,1	1,2	3,1
1971	352,89	13,9	79,3	16,0	1,4	3,3
72	377,85	7,1	77,5	17,3	1,7	3,5
73	400,13	5,9	74,4	19,2	2,0	4,4
74	416,26	4,0	70,8	22,3	2,4	4,5
75	487,54	17,1	70,6	22,6	2,4	4,4
1976	503,40	3,3	68,5	24,7	2,7	4,1
77	563,96	12,0	69,6	23,7	2,9	3,8
78	627,70	11,3	70,3	23,7	2,9	3,1
79	645,62	2,9	70,2	23,5	3,0	3,3
80	637,21	- 1,3	69,4	23,8	3,0	3,8
1981	632,23	- 0,8	70,2	22,9	2,7	4,2
82	667,72	5,6	71,2	21,9	2,4	4,5
83	712,63	6,7	71,6	21,3	2,3	4,8

a Die aufgelisteten Brennstoffe wurden entsprechend ihrem Wärmewert in SKE
(7000 kcal/kg) umgerechnet. Dabei wurden folgende Konversionsfaktoren zugrunde gelegt: 1 kg Kohle   (5000 kcal) = 0,714 kg SKE
1 kg Rohöl (10000 kcal) = 1,43 kg SKE
1 m³ Erdgas (9310 kcal) = 1,33 kg SKE
Primärelektrizität wurde entsprechend dem äquivalenten Verbrauch von Steinkohleeinheiten in Wärmekraftwerken pro kWh im jeweiligen Jahr umgerechnet.

Quelle: Guojia tonjiju (Hrsg.): Zhongguo Tongji Nianjian 1984
(Statistisches Jahrbuch Chinas 1984), Beijing 1984, S.230

Der Anteil der Wasserkraft an der gesamten Primärenergiegewinnung hat sich im gleichen Zeitraum von ca. 2 % auf 4 %
verdoppelt.[1]

Im internationalen Vergleich ist der Zuwachs der Primärenergiegewinnung beachtlich. Während die Primärenergieerzeugung
weltweit zwischen 1950 und 1980 etwa um das Dreieinhalbfache
zugenommen hat, entsprach der Zuwachs in China im gleichen
Zeitraum dem zwanzigfachen Volumen. Die beiden bedeutendsten
primärenergieerzeugenden Länder der Welt - die USA und die
UdSSR - haben in diesem Zeitraum die Primärenergiegewinnung
verdoppelt, von 1,2 Mrd.t SKE auf 2,1 Mrd.t SKE bzw. versie-
benfacht, von 0,3 auf 2,0 Mrd.t SKE. China ist inzwischen
hinter den USA und der UdSSR der drittgrößte Produzent an
kommerzieller Primärenergie. Der Anteil Chinas an der weltweiten Gewinnung kommerzieller Primärenergie stieg von 1 %
auf ca. 7 %.

Tabelle III.14.

Primärenergewinnung der Welt und der VR China
in ausgewählten Jahren[a] (Mio.t SKE)

	1950	1965	1970	1975	1980
Welt	2717	5660	7041	8076	9292
VR China	32	188	310	488	637
Anteil VR China %	1,2	3,3	4,4	6,0	6,9

a einschl. Kohle, Erdöl, Erdgas, Primärelektrizität

Quellen: Für die Zeile "Welt" (1950, 1965): Joel DARMSTADTER
with Perry TEITELBAUM and Jaroslav G. POLACH: Energy in the
World Economy - A Statistical Review of Trends in Output,
Trade and Consumption since 1925, Baltimore, London 1971,
S.821; (1970, 1975, 1980): United Nations (Hrsg.): 1981 Year-
book of World Energy Statistics, UN New York, 1983, S.2 f.
Für die VR China vgl. Tab.III.13; eigene Berechnungen.

---

1 Vgl. Tab.III.13.

2.3. Entwicklung der Reservekapazitäten

Die Sicherung einer auf Autarkie bedachten langfristigen
Energieversorgung setzt ein möglichst stabiles Verhältnis
von nachgewiesenen Energiereserven und Fördervolumen voraus.
Die Vernachlässigung der Exploration von Energievorkommen
zugunsten einer vorrangig auf Steigerung der Fördermengen
ausgerichteten Energiepolitik mag zwar kurzfristig Erfolge
zeitigen, die sich in hohen Zuwachsraten bei der Energiegewinnung widerspiegeln. Langfristig gewährleistet diese
Politik aber keine Sicherung der Energieversorgung, sondern
birgt die Gefahr, daß trotz vorhandener geologischer Energieressourcen Engpässe bei der Versorgung auftreten, die die
gesamtwirtschaftliche Entwicklung behindern oder gar den
Import von Energieträgern erforderlich machen. Im folgenden
wird untersucht, ob in der chinesischen Energiepolitik der
Sicherstellung einer langfristigen Energieversorgung Rechnung
getragen wurde.

Als Indikator für die Sicherung der zukünftigen Brennstoffversorgung wird meist die statische Reichweite oder Lebensdauer von Brennstoffvorkommen – das ist das Verhältnis von
nachgewiesenen Reserven zur Jahresfördermenge – verwendet.
Da bei dieser Kennzahl jedoch nur die physikalische Existenz
und der technische Nachweis der Reserven sowie das Vorhanden-
sein von Förderkapazitäten, nicht aber die tatsächliche
Verfügbarkeit des Rohstoffs berücksichtigt wird, ist dieser
Indikator nur als Hilfswert zu betrachten.

Die nachgewiesenen Kohlereserven Chinas betrugen Anfang der
50er Jahre ca. 300 Mrd. Tonnen.[1] Bezogen auf die Rohkohleausbringung des Jahres 1952 ergibt sich eine statische Reichweite der Reserven von 4.500 Jahren. Bis Anfang der 80er Jahren hatten sich die nachgewiesenen Reserven auf 640 Mrd.t.,
die Fördermenge auf rd. 700 Mio.t erhöht. Die Reichweite der
Reserven hatte sich auf ca. 900 Jahre verringert. Diese Ent-

---

1 Vgl. Kap.I.2.

wicklung ist – folgt man den Angaben chinesischer Autoren – wesentlich ungünstiger verlaufen als z.B. in der UdSSR oder den USA. Während sich in China die jahresdurchschnittlichen Zuwachsraten der Fördermenge zu entsprechenden Zuwachsraten der nachgewiesenen Reserven im Verhältnis von 1 : 0,32 entwickelten, wird für die UdSSR ein Verhältnis dieser Wachstumsraten von 1 : 1,56 (1951-1971), für die USA von 1 : 1,39 (1968-1974) genannt.[1]

Tabelle III.15.

Statische Reichweite der nachgewiesenen Kohlereserven bei unterschiedlichen jahresdurchschnittlichen Zuwachsraten des Fördervolumens

Nachgewiesene Reserven Mio. t. SKE	Kohleförderung i.J.1979 Mio.t SKE	Lebensdauer der Vorkommen bei unterschiedlichen Zuwachsraten der Kohleförderung			
		0 %	3,5 %	5 %	7 %
220.000	450	489	180	127	92

Quelle: Die Zusammenstellung der Tabelle wurde angelehnt an die Angaben bei SHEN Xinxiang, GUO Zhongxin: Shuidian zai Woguo nengyuan zhong de diwei (Die Bedeutung von Wasserkraft unter Chinas Energieträgern), in: Nengyuan, Nr.2, 1981, S.3.

Die Auswirkungen vernachlässigter Explorationstätigkeiten liegen auf der Hand. Ausgehend von den in Jahre 1979 nachgewiesenen Kohlereserven in Höhe von etwa 600 Mrd. Tonnen ergeben sich unter Berücksichtung einer Abbaugewinnungsrate von 50 %[2] und zu erwartenden Zuwachsraten des Fördervolumens erheblich kürzere Zeithorizonte für die zu erwartende Verfügbarkeit der Brennstoffe: Bei einer prognostizierten jahresdurchschnittlichen Zuwachsrate der Fördermenge von beispielsweise 7 % wären es lediglich noch 92 Jahre. Tabelle III.15. gibt die statische Reichweite der nachgewiesenen Kohlevorkommen bei unterschiedlichen Zuwachsraten der Fördermengen (auf der Basis von Steinkohleeinheiten) wieder.

---

1 Vgl. ZHAO Longye, a.a.O., S.49.
2 Vgl. Abschn.2.1.1.

Wesentlich ungünstiger noch als im Kohlebereich stellt sich die Perspektive für die zukünftige Erdöl- und Erdgasgewinnung dar. Während die statische Reichweite der Erdölreserven im Jahre 1966 noch etwa 71 Jahre betrug, hatte sie sich entsprechend der hohen Förderzuwächse bei gleichzeitig unterproportionalem Zuwachs des Nachweises neuer Kohlenstoff-wasserstoffvorkommen bis 1980 auf 15 Jahre verringert. Diese Entwicklung steht in drastischem Gegensatz zur weltweiten Entwicklung der statischen Lebensdauer der Erdölreserven: Im Jahr 1960 betrug die Lebensdauer der weltweit nachgewiesenen Erdölvorkommen 38 Jahre und im Jahre 1975 immerhin noch 33 Jahre - konnte also annähernd stabil gehalten werden.[1] Bei Beibehaltung einer Erdölförderung von ca. 100 Mio.t p.a. sind demnach die bisher erkundeten Erdöllagerstätten in China etwa Mitte der 90er Jahre erschöpft. Um ein Fördervolumen von 100 Mio.t langfristig aufrecht erhalten zu können, müßte der Nachweis von neuen Erdölvorkommen jährlich etwa 300-400 Mio.t betragen.[2]

Über den Entwicklungsverlauf von nachgewiesenen Erdgasreserven zum Fördervolumen in den vergangenen Jahrzehnten liegen keine Angaben vor. Ausgehend von den als nachgewiesen geltenden Erdgasreserven (ca. 234 Mrd.cbm) werden diese bei einem Fördervolumen von rd. 15 Mrd.cbm p.a. ebenfalls in den 90er Jahren erschöpft sein. Da zum Betrachtungszeitpunkt über die Hälfte des geförderten Erdgases in Erdöllagerstätten gebundenes Begleitgas war, wird die zukünftige Verfügbarkeit dieses Energieträgers im wesentlichen von der Exploration und Erschließung weiterer Erdölfelder abhängen.

---

1 Vgl. Esso AG (Hrsg.): Informationsprogramm, Nr.4, Hamburg 1980. Legt man die von der Bundesanstalt für Geowissenschaften und Rohstoffe, Hannover, für das Jahr 1975 als nachgewiesen angegebenen Erdölreserven mit 98 Mrd.t - die Esso AG beziffert diese auf 89,6 Mrd.t - zugrunde, so ergibt sich für das Jahr 1975 ein Verhältnis der Reserven zum Fördervolumen von 36 : 1. Vgl. Manfred GRATHWOHL: Energieversorgung..., a.a.O., S.74.
2 Vgl. SUN Shanqing, a.a.O., S.273.

Grundsätzlich anders als bei fossilen Energieträgern ist die
Situation bei regenerativen Energiequellen. Die Lebensdauer
regenerativer Energiequellen gilt als unbegrenzt. Bei einer
eingehenden Untersuchung der Nutzung von Wasserkraftreserven
- bislang die einzige regenerative Energiequelle, deren
Nutzung als Energieträger in China von statistischer Bedeutung ist - zeigt sich aber, daß durchaus Probleme bestehen,
die, wenn sie nicht gelöst werden, die Nutzungsmöglichkeiten
der regenerativen Wasserkraft erheblich beschränken.

Durch zunehmende Verschlammung werden in zahlreichen Staubecken Chinas in erheblichem Umfang die Speicherkapazitäten
der Becken und somit Kapazität und Nutzungsdauer der Kraftwerke reduziert. Während Ende der 70er Jahre neue Staubecken
mit einem Gesamtvolumen von durchschnittlich ca. 260 Mio.cbm
errichtet wurden, gingen durch Sedimentation jährlich durchschnittlich etwa 80 Mio.cbm Speicherkapazität verloren.[1]
Nach einer im Jahr 1978 durchgeführten Erhebung bei 33 großen
und mittelgroßen Staubecken war in 16 Becken die Sedimentation so weit fortgeschritten, daß die Speicherkapazität um
50 % reduziert war. Einzelnen der an den Staubecken befindlichen Kraftwerken verbleibt gemäß den Untersuchungsergeb-
nissen eine Lebensdauer von nicht mehr als 13 Jahren.[2] Demnach kann die langfristige Nutzung der mittels Kraftwerken
erschlossenen Wasserkraftreserven nur durch entsprechende
- bisher offenbar unzulänglich durchgeführte - Wartungsarbei-
ten sichergestellt werden.

Zusammenfassend ist somit festzustellen, daß die von der
chinesischen Führung im Zeitablauf verfolgten Entwicklungsstrategien keineswegs einer langfristigen Sicherstellung des

---

1 Berücksichtigt sind in dieser Erhebung nur Staubecken mit
  einem Speichergehalt von mehr als 1 Mio.cbm. Vgl. QIAN
  Ning, DAI Dingzhong: Wuguo heliu ningsha wenti jiqi yanjiu
  jinzhan (Neue Forschungsergebnisse über die Schlammführung
  von Chinas Flüssen), in: Shuili Shuidian Jishu, Nr.2, 1980,
  S.19.
2 Vgl. SUN Shanqing, a.a.O., S.275. Als Strategie zur Ver-
  hinderung der Verschlammung der Staubecken sieht der Autor
  als einzige Möglichkeit die Durchführung eines landesweit
  durchgeführten Aufforstungsprogramms.

Energieangebotes dienten. Bei allen kommerziellen Energieträgern war man stattdessen überwiegend um die kurzfristige
Erzielung hoher Zuwachsraten bei der Energiegewinnung bemüht;
komplementäre, für eine langfristige Sicherung der Energieversorgung notwendige Maßnahmen wurden hingegen vernachlässigt.

2.4. Entwicklung des Selbstversorgungsgrades

Während bereits in den 50er Jahren die Kohlenfördermengen
ausreichten, um neben dem Binnenmarkt auch ausländische
Märkte zu beliefern, mußten Rohöl und vor allem Erdölerzeugnisse noch über einen längeren Zeitraum, und zwar in größeren
Mengen, importiert werden. Zwischen 1950 und 1963 wurden
etwa 24 Mio.t Erdöl, davon ca. 20 Mio.t Erzeugnisse (vorwiegend Treibstoffe, Benzin und Dieselöl) importiert. Bis
1958 waren die gesamten Importmengen mit 2,5 Mio. noch höher
als die inländische Rohölförderung; erst ab 1959 kehrte sich
das Verhältnis um. Die Importmengen stiegen aber noch bis
auf über 3 Mio.t (1959-1961) an und gingen erst ab 1962 zurück.[1] Hauptlieferant für Rohöl und Erdölerzeugnisse war die
UdSSR. Kleinere Mengen von Erdölerzeugnissen wurden aus den
osteuropäischen Ländern Polen, Rumänien, Jugoslawien und
Albanien bezogen.[2] Ab Mitte der 60er Jahre war China in
der Erdölversorgung im wesentlichen autark; die Importe beschränkten sich in der Folgezeit auf wenige Erdölprodukte
wie Benzin, Diesel oder Schmierstoffe, die im Inland aus
Mangel an Verarbeitungs- und/oder Transportkapazitäten nicht
in ausreichendem Umfang bereitgestellt werden konnten. Anfang
der 80er Jahre beliefen sich die jährlichen Erdölimporte auf
wenige hunderttausend Tonnen Erzeugnisse, die Kohlenimporte
ca. 2 Mio.t.[3]

---

1 Vgl. CHENG Chu-yuan: China's Petroleum Industry, a.a.O.,
   S.159.
2 Vgl. Kim WOODWARD: The International Energy Policies of the
   People's Republic of China, Vol.2, Ann Arbor, Michigan
   1976, Microfilm-xerography, 1980, Ann Arbor, Michigan,
   S.575.
3 Vgl. Zhongguo Tongji Nianjian 1984, a.a.O., S.393.

3. Energiekosten und Energiepreise

Im nachfolgenden Abschnitt wird untersucht, welche Bedeutung den Kosten der Energiegewinnung beigemessen wurde und welche Entwicklungstendenzen im Betrachtungszeitraum zu verzeichnen sind. Es folgt die Untersuchung der Energiepreise und der Rolle, die die Verkaufspreise bei der Gewinnung von Energieträgern spielten.

3.1. Kosten der Energiegewinnung

Produktionskosten setzen sich grundsätzlich aus den Abschreibungen auf Anlagen,[1] den sachlichen[2] und personellen[3] Betriebskosten zusammen. In den extraktiven Industriezweigen sind abweichend von den Zweigen der Verarbeitungsindustrie zusätzliche Kostenfaktoren gegeben, die die Kostenhöhe beeinflussen: Beispielsweise Explorationskosten, Lagerkosten, Kosten für den Ausbau des Transportsystems; ferner geographisch und klimatisch beeinflußte Kostenfaktoren oder Kosten, die durch die Energiequalität bedingt sind (z.B. Aufbereitungsanlagen).[4]

Prinzipiell gilt für die extraktiven Industriezweige, daß die Kosten - anders als in der verarbeitenden Industrie - im Zeitablauf pro Fördereinheit steigen. Der bergbauliche Nachweis von Energiereserven ist in der Regel ebenso mit steigenden Kosten verbunden, wie die Gewinnung von Energie-

---

1 In China wurde bisher überwiegend eine zeitabhängige lineare Abschreibung auf den Anschaffungswert angewandt. Die für die Staatsbetriebe verbindlich festgelegten Abschreibungssätze, die auf einer normativen Nutzungsdauer der Produktionsmittel beruhen, waren wie oben erwähnt mit 3,3 % außerordentlich niedrig. Vgl. LIANG Wenlin, TIAN Jianghai: Yingdang zhubu tigao zhejiulü (Die Abschreibungssätze müssen erhöht werden), in: Renmin Ribao vom 15.10.1979.
2 Vgl. Hierzu zählen u.a. Rohstoffe, Betriebsstoffe und sonstige Materialien, die direkt oder indirekt in den Produktionsprozeß eingehen.
3 Zu den personellen Betriebskosten zählen in China nur die Löhne; Aufwendungen für betriebliche Sozialleistungen sind in den Bruttogewinnen enthalten.
4 Vgl. Werner GUMPEL: Energiepolitik in der Sowjetunion, Köln 1970, S.110 f.

trägern, da meist zunächst die relativ leicht zugänglichen
Lagerstätten exploriert und aufgeschlossen werden;[1] die
Kosten steigen, wenn in größeren Teufen und/oder in abgelegenen Gebieten mit unterentwickelter Infrastruktur erkundet
werden muß oder auch, wenn die Exploration von Erdöl- und
Erdgasvorkommen von den leichter zu explorierenden und erschließbaren Onshore-Lagerstätten zu den Offshore-Lager-
stätten übergeht.

Tabelle III.16

Entwicklung der durchschnittlichen Förderkosten
pro Tonne Kohle
(Yuan)

Jahr	1952	1957	1960	1965	1970	1973	1975	1978	1979
Yuan	9,77	10,90	9,17	15,77	13,47	14,51	15,86	16,12	17,78

Quelle: ZHAI Ligong: guanyu meitan jiage de jige wenti (Über
Preisprobleme bei Kohle), in: Jingji Wenti Ziliao, Nr.2,
1981, S.11.

Die Förderkosten für Kohle gehen aus Tabelle III.16 hervor.
Sie betrugen Ende der 70er Jahre pro Tonne im Landesdurchschnitt ca. 18 Yuan. Zwischen 1949 und 1980 stiegen die
Kosten jahresdurchschnittlich um 3,5 %, im Zeitraum 1971-1980
betrug der jahresdurchschnittliche Zuwachs ca. 4,5 %.[2] Die

1 Da im Bergbau naturgemäß die Erfolgsrate bei Explorationen
  sinkt, steigen entsprechend die Explorationskosten pro
  Tonne ausbringbarer Rohstoffreserven. Vgl. C.-W. Sames:
  Die Zukunft der Metalle, Frankfurt 1974, S.45 f.
2 LU Qikang konkretisiert die Entwicklung der einzelnen
  Kosteneinflußfaktoren im Tiefbau am Beispiel des Bergbaureviers Fengfeng (Hebei). Entscheidenden Einfluß hatte die
  zunehmende Abbautiefe. Während im Jahr 1958 der Abbau in
  einer Teufe von durchschnittlich 148 m erfolgte, lag im
  Jahr 1980 die durchschnittliche Abbautiefe bei 308 m. Entsprechend nahmen die Transportentfernungen unter Tage zu,
  die Maßnahmen für Entwässerung, Bewetterung u.a. wurden
  aufwendiger. Vgl. LU Qikang: Guanyu meitan shengchan
  chengben yu chuchang jiage wenti de tantao (Über die
  Selbstkosten bei der Kohlegewinnung und die Abnahmepreise),
  in: Jiage Lilun yu Shijian, Nr.1, 1982, abgedr. in: Gongye
  Jingji F3, Nr.2, 1982, S.80. Die tiefstgelegenen Förder-
  strecken im chinesischen Kohlebergbau hatten Anfang der
  80er Jahre bereits eine Teufe von 1.000 m erreicht - im
  nordöstlichen Bergbaurevier Kailuan. Vgl. ZHAO Longye,
  a.a.O., S. 48.

regionalen Unterschiede in den Förderkosten sind erheblich. Während sie in der Nordprovinz Shanxi etwa 14 Yuan pro Tonne betragen, liegen sie in südlichen Bergbaurevieren fast doppelt so hoch.[1]

Tabelle III.17.

Förderkosten pro Tonne Kohle in ausgewählten Bergbaurevieren[a] im Jahr 1980 (Yuan)

Provinz	Revier	Yuan/t
Shanxi	Datong[b]	14,23
	Yangquan[c]	14,53
Hunan	Lianshao[b]	26,25
Zhejiang	Zhangguang[b]	23,92
Guangxi	Heshan[b]	15,62
Guangdong	Honggong[c]	19,03
Fujian	Shaowu[c]	23,00
Jiangxi	Pingxiang[c]	21,50
Hubei	Huangshikuang[c]	26,17

a Bei der Auswahl der Bergbaureviere wurde darauf geachtet, daß die in diesen Revieren geförderten Kohlen etwa gleiche Qualitäten (gemessen am Heizwert) aufweisen, um eine Vergleichbarkeit der Förderkosten zu ermöglichen. Der Heizwert der Kohlen liegt zwischen 5.000 und 6.300 kcal/kg (Ausnahme: Kohle aus dem Revier Heshan hat nur einen Heizwert von 4.000 kcal/kg).
b Steinkohle
c Anthrazit

Quelle: ZHANG Siping: Shilun Jiangnan diqu meitan ziyuan kaifa liyong de jingji xiaoguo (Über die Wirtschaftlichkeit der Erschließung und Nutzung der Kohlevorkommen südlich des Changjiang), in: Nengyuan, Nr.5, 1981, S.5 ff.

---

1 Vgl. Tab.III.17.

Die Gewinnungskosten pro Tonne Erdöl werden für das Jahr 1979 mit 40,28 Yuan angegeben.[1] Folgt man chinesischen Angaben, so sind die Kosten pro Tonne Erdöl seit den 50er Jahren rückläufig. Sie waren im Jahr 1975 um ca. 65 % niedriger als im Jahr 1957.[2] Die Produktionskosten bei der Herstellung von synthetischem Öl aus Ölschiefer liegen um ein Mehrfaches höher. Pro Tonne Schieferöl werden sie auf 150 Yuan (im nordöstlichen Berbaurevier Fushun) und auf 265 Yuan (im südlichen Bergbaurevier Maoming) beziffert.[3]

Die Kosten für die Stromerzeugung variieren je nach Art der Konversionsanlagen und der umgewandelten Primärenergieträger. Wie aus Tabelle III.18. hervorgeht, sind die Investitionskosten pro installierte Leistungseinheit in Kraftwerken, die von regenerativen Energieträgern betrieben werden, höher als bei fossil gefeuerten Kraftwerken,[4] die Betriebskosten der mit Wasserkraft betriebenen Stromerzeugungsanlagen betragen jedoch nur einen Bruchteil der Betriebskosten kohlegefeuerter Wärmekraftwerke. In den Pilotanlagen für die Nutzung anderer regenerativer Energiequellen fallen im Vergleich zu Kohlekraftwerken erheblich höhere Betriebskosten an.

Die skizzierte Kostensituation gibt jedoch nur bedingt ein Bild der "realen" Kosten wieder. Zum einen ist den verfügbaren Quellen nicht zu entnehmen, welche Kostenkomponenten in den Investitions- und Stückkostenberechnungen berücksichtigt sind. Insofern ist ein Vergleich der Gewinnungskosten beispielsweise von Kohle oder Erdöl mit den Gewinnungskosten in anderen Ländern kaum möglich. Zum anderen kann davon ausgegangen werden, daß mangels entsprechender Anreize wenn überhaupt dann nur in suboptimalem Ausmaß kostendämpfende Maßnahmen ergriffen wurden.

---

1 Vgl. ZHAI Ligong: Guanyu meitan jiage..., a.a.O., S.16.
2 ebenda.
3 Vgl. BAO Hanchen, JIN Fanan, ZHU Yajie: The prospects of the application of new techniques in the utilization of coal and oil shale in China, in: S.W.Yuan (Hrsg.): Energy, Resources and Environment, New York, Oxford, Toronto, Sydney, Paris, Frankfurt 1982, S.173.
5 Über die Höhe der Selbstkosten in ölgefeuerten Kraftwerken liegen keine Angaben vor.

Tabelle III.18.

Durchschnittliche Investitions- und Betriebskosten der Konversionsanlagen

| | Durchschnittliche | |
	Investitionskosten[a] (Yuan/kW)	Betriebskosten (Yuan/kWh)
Kohlegefeuerte Großkraftwerke	500	0,03
Wasserkraftwerke	855	0,003-0,007
Pilotanlagen		
Gezeitenkraftwerke	2.000-4.000	0,08
Windkraftwerke	2.000-2.700	0,07-0,10
Erdwärmekraftwerke	1.460	0,05

a Die Investitionskosten pro kW beziehen sich nur jeweils auf Kosten für die Errichtung des Kraftwerks.

Quellen: Kohle- und Wasserkraftwerke: SHEN Xinxiang, GUO Zhongxin: Suidian zai Woguo nengyuan zhong de diwei (Die Rolle der Wasserkraftreserven in Chinas Energiesystem), in: Nengyuan, Nr.2, 1981, S.4. Gezeitenkraftwerke: GUO Gengfa, LIU Bairong: Jiangxia chaoxi shiyan dianzhan de yunxing tiaodu guanli (Über die Betriebsbedingungen des Pilot-Gezeitenkraftwerkes Jiangxia), in: Xin Nengyuan, Nr.3, 1984, S.39 f.

Es ist beispielsweise nicht erkennbar, ob in den Abschreibungen auf das Anlagenkapital die Aufwendungen für vorbereitende Tätigkeiten, wie z.B. die Exploration der jeweiligen Lagerstätten in den Produktionskosten einkalkuliert sind. Zu vermuten ist, daß die Explorationskosten zum Großteil direkt über den Staatshaushalt abgeschrieben werden und nicht in die Stückkostenkalkulation eingehen. Da die Explorationskosten vor allem im Kohlenwasserstoffbereich meist einen erheblichen Anteil an den Gesamtkosten ausmachen,[1] würden

---

1 Vgl. Kap.III.2.1.2.; in westlichen Ölförderstaaten schlagen die Explorationskosten mit 30-50 % der gesamten Investitionskosten zu Buche. Vgl. M.A. ADELMAN: The World Petroleum Market, Baltimore, London 1972, S.25.

in diesem Fall die ausgewiesenen Produktionskosten nicht
die tatsächlichen Kosten widerspiegeln.

Der Anstieg der Investitionskosten pro Leistungseinheit z.B.
im Kohlebergbau oder bei Kraftwerken ist ferner nicht ausschließlich bedingt durch geographische, geophysikalische
oder klimatische Faktoren. Wesentlich zur Kostensteigerung
trugen bei - und das ist bemerkenswert in einem Wirtschaftssystem, das beansprucht, durch Planung eine optimale Koordination der Produktionsfaktoren und somit die gesellschaft-
lich-ökonomisch sinnvollsten Resultate zu erzielen - zahlreiche Fehlplanungen und mangelhafte Koordination bei der
Planumsetzung.[1]

Eine Untersuchung der planungs- und koordinationsbedingten
kostensteigernden Einflußfaktoren führte Qian Zhengying am
Beispiel von Wasserkraftwerken durch. Qian nennt im wesentlichen vier Gründe für die Verdoppelung der Investitionskosten pro installierter Leistungseinheit bei Wasserkraftwerken zwischen den 50er und den 70er Jahren:[2]

- gestiegener Material- und Arbeitskräfteeinsatz,

- abnehmende Qualität der eingesetzten Ausrüstungen und
  Materialien,

- Verlängerung der Bauzeiten,

- gestiegene Verwaltungskosten.

---

1 Vgl. LUO Hui: Jiangxi nengyuan jingji wenti de chutan (Über
  die Energiewirtschaft der Provinz Jiangxi), in: Jiangxi
  Shiyuan Xuebao Nr.4, 1982, abgedr. in: Gongye Jingji F3,
  Nr.20 1982, S.63 f. CHEN Jie, JI Kesheng: Kuangjing jianshe
  zhide Zhuyi de jige wenti (Wichtige Fragen beim Aufbau von
  Kohlebergwerken), in: Caizheng, Nr.4, 1981, S.22 f.
2 Zwischen der zweiten FJP-Periode und der fünften FJP-Periode haben sich die Baukosten von Wasserkraftwerken pro
  Kilowatt installierte Leistung von 743 Yuan auf 1.500 Yuan
  erhöht. Ein wesentlich Anstieg in der Kostenprogression
  erfolgte zwischen der vierten und fünften FJP-Periode von
  rd. 1000 Yuan/kW auf 1.500 Yuan(kW. Vgl. Qian Zhengying:
  Nuli yong shao touzi jianshe jiao duo dianzhan (Mit relativ
  wenig Kapital relativ viele Kraftwerke errichten), in:
  Jingji Ribao vom 21.4.1984.

Wegen unzureichender Koordination der Bautätigkeiten hat
nach Angaben von Qian sowohl die Materialintensität der
Bauten als auch der Arbeitskräfteeinsatz zugenommen; bei-
spielsweise sei der Anteil der Materialkosten an den Gesamtkosten von 7 % auf 10 % gestiegen. Die Arbeitsleistung sei
zurückgegangen; im internationalen Vergleich sei sie niedrig:
Während in dem Kraftwerksprojekt Itaipu[1] jährlich ca. 2,7
Mio.cbm Damm errichtet wurden, waren es in dem Ende der 70er
Jahre begonnenen größten Wasserkraftwerk des Landes, Gezhouba, mit einem vergleichbaren Faktoreinsatz nur 2,0 Mio.cbm.
Die Qualität der eingesetzten Produktionsfaktoren, wie z.B.
Planierraupen, Stahlbetonplatten, Betonverschalungen, Zement
oder auch der Arbeitskräfte sei zurückgegangen, so daß z.B.
eine höhere Materialintensität notwendig wurde und sich die
Bauzeiten verlängerten. Während die Bauzeiten für die Fertigstellung vergleichbarer großer Wasserkraftprojekte in den
50er Jahren 3-4 Jahre betrugen, erstrecken sich die entsprechenden Bauzeiten während der 60er und 70er Jahre auf 9-12
Jahre. Zur Verlängerung der Bauzeiten trugen ferner zeitwei-
liger Kapitalmangel oder auch ausbleibende Materialzuliefe-
rungen bei. Da bei auftretenden Verzögerungen Kapital und
Arbeitskräfte vor Ort gebunden waren und finanziert werden
mußten, stiegen entsprechend die Investitionskosten pro
Leistungseinheit.

Schließlich wurden gestiegene Kosten durch einen größeren
Verwaltungsapparat verursacht - nicht zuletzt durch die ge-
wachsene Zahl von zahlreichen "Koordinationskonferenzen"
beteiligter Verwaltungseinheiten in landschaftlich reizvollen
Gebieten.[2]

Durch unzureichende Planung und Koordination bedingte Kostensteigerungen waren gleichermaßen in den anderen Energiebereichen gegeben. In der Literatur werden zahlreiche Beispiele
genannt. Kosten-Nutzen-Analysen beim Aufschluß von Energie-

---

1 Das Wasserkraftwerk Itaipu im Dreiländereck Brasilien,
  Paraguay und Bolivien war Ende der 70er, Anfang der 80er
  Jahre mit einer konzipierten Kapazität von 10.700 MW das
  größte Wasserkraftwerk der Welt.
2 Vgl. QIAN Zhengying, a.a.O.

lagerstätten, bei der Errichtung von Kraftwerken oder auch dem Betrieb von Bergbauunternehmen oder Kraftwerken waren offenbar nicht oder zumindest von untergeordneter Bedeutung. Da erforderliche Finanzmittel für Anlageinvestitionen sowie ein wesentlicher Teil der betrieblichen Umlaufmittel zentral zugeteilt wurden, betriebliche Gewinne an die zuständigen Finanzbehörden abgeführt, entstandene Verluste aus dem Haushalt subventioniert wurden,[1] wurde eine wirtschaftliche Rechnungslegung der Betriebe vernachlässigt.[2] Es kann entsprechend davon ausgegangen werden, daß neben naturbedingten kostensteigernden Einflußfaktoren die mangelnde Berücksichtigung des Wirtschaftlichkeitsprinzips erheblich zur Kostenprogression bei der Gewinnung und Umwandlung von Energie beitrug.

3.2. Erzeugerpreise

Während sich in marktwirschaftlich orientierten Gesellschaftssystemen die Güterpreise im allgemeinen auf dem Markt als Ergebnis von Angebot und Nachfrage bilden, bestimmt sich im Sozialismus gemäß der geltenden Arbeitswertlehre der Marktwert einer Ware nach der in ihm enthaltenen gesellschaftlich notwendigen Arbeit - zumindest im Prinzip.[3] Während Preise und damit verbundene Gewinne und Gewinnerwartungen in Marktwirtschaften maßgeblich sind für die sektorspezifischen Investitionen, die Angebotsstruktur sowie Volumen und Grundelemente der Nachfragestruktur, werden in der sozialistischen Wirtschaft wie erwähnt die Hauptrichtung der Entwicklung, insbesondere die Struktur des Produktionsapparates und die grundlegenden Produktionsbedingungen in den Sektoren für einen Zeitraum von mehreren Jahren vom Plan bestimmt, der die wirtschaftspolitischen Präferenzen widerspiegelt.

Es gibt in der Literatur über sozialistische Wirtschaftstheorie unterschiedliche Konzepte zur Anwendung der Preise

---

1 Vgl. Kap. I.3.
2 Vgl. XUE Muqiao: Sozialismus in China, a.a.O., S.197 ff.
3 Vgl. Karl MARX: Das Kapital, Bd.III, Berlin 1964, S.840 ff.

als Instrument der planmäßigen Einwirkung auf die Wirtschaft und deren korrekte Bestimmung. Gemeinsam ist den meisten Konzepten, daß sich in den Industriegüterpreisen die Produktionsbedingungen widerspiegeln sollen. Die Relationen der verschiedenen Industriegüterpreise zueinander sollen prinzipiell die Relationen der gesellschaftlich notwendigen Aufwendungen je Einheit eines Produkts zum Ausdruck bringen. Bei dieser kostendeterminierenden Preisbildung müssen die Güterpreise ständig an Änderungen der Kosten angepaßt werden (Tâtonnement), damit die Preise dauerhaft die richtigen Wertrelationen widerspiegeln. Sofern Preisanpassungen versäumt werden, kommt es zu Preisverzerrungen.[1] Falls mit der administrativen Festlegung der Preise bestimmte wirtschaftliche und gesellschaftliche Ziele verfolgt werden, die eine Abweichung vom Wert rechtfertigen, sollen die Erzeugerpreise auch nach den Vorstellungen chinesischer Ökonomen, zumindest über den Selbstkosten liegen.[2] Liegen sie unterhalb ihres Wertes, entstehen den Betrieben Verluste; liegen sie oberhalb ihres Wertes, entstehen überhöhte Gewinne.

In Chinas Kohleindustrie waren die in den 50er Jahren festgelegten Abnahmepreise, die den Bergbauunternehmen von den staatlichen Handelsgesellschaften gezahlt wurden, Kostenpreise unter Berücksichtigung einer gewissen Gewinnspanne. Die durchschnittlichen Selbstkosten lagen z.B. Ende der 50er Jahre bei 9 - 10 Yuan pro Tonne, die gezahlten Abnahmepreise bei 12 Yuan pro Tonne.

In den 60er und 70er Jahren traten erhebliche Kostensteigerungen im Bergbau auf,[3] die aber offenbar nicht von ent-

---

1 In Marktwirtschaften sind Preisverzerrungen im Unterschied zum kostendeterminierten Preisbildungsmodell sozialistischer Wirtschaften dann gegeben, wenn die Preise von Gütern und Leistungen wie auch von Kapital und Arbeit deren Knappheitsverhältnisse unzutreffend widerspiegeln. Zu den Problemen der Preisfindung in Planwirtschaften vgl. Herbert GIERSCH: Allgemeine Wirtschaftspolitik, Band I, Grundlagen, Wiesbaden 1961, S.111 ff, 160 ff, 176 ff.
2 Vgl. XUE Muqiao: Sozialismus in China, a.a.O., S.134 ff. Wolfgang KLENNER: Ordnungsprinzipien..., a.a.O., S.315.
3 Vgl. Abschnitt 3.1.

Tabelle III.19.

Erzeugerpreise für verschiedene Energieträger
(1980; Yuan)

Rohkohle	t	22
Rohöl	t	100
Elektrizität[a]	1000 kWh	66
Erdgas	1000 m^3	70
Anthrazit (fein)	t	30
Aufbereitete Kohle	t	44
Metallurg. Kohle	t	57
Koks	t	65
Benzin	t	500
Diesel	t	300

a Die Preise für Elektrizität sind regional ver-
schieden. In der vorliegenden Tabelle wurde der
Strompreis in Shanghai zugrunde gelegt.

Quelle: XU Shoubo: Nengyuan jishu jingjixue
(Techno-Ökonomie der Energie), Changsha 1981,
S.519.

sprechenden Anpassungen der Abnahmepreise begleitet wurden.
Bis Ende der 70er Jahre hatten sich die durchschnittlichen
Selbstkosten pro Tonne Förderkohle verdoppelt; die den Bergbauunternehmen gezahlten Preise waren Mitte der 60er Jahre -
auf ca. 18 Yuan pro Tonne angehoben worden und bis 1978
unverändert geblieben.

Die jüngste Veränderung der Erzeugerpreise erfolgte im Jahr
1979 durch Anhebung der Preise auf 22 Y/t.[1] Da die Erzeugerpreise an die Qualität der Kohle - als Qualitätskriterium
wird die Höhe des Aschegehalts zugrunde gelegt - gebunden
sind und die Qualität der ausgebrachten Kohle in den vorausgegangenen zwei Jahrzehnte abgenommen hatte, lagen die nach

1 Vgl. ZHAI Ligong: Guanyu meitan jiage..., a.a.O., S.14.

der Preisanhebung im Jahr 1979 gezahlten Abnahmepreise pro
Tonne Förderkohle jedoch kaum höher als Mitte der 60er Jahre.
Tabelle III.20. zeigt die Entwicklung der Erzeugerpreise in
Abhängigkeit von der ausgebrachten Kohlequalität am Beispiel
eines der bedeutendsten Kohlereviere des Landes.

Tabelle III.20.

Entwicklung der durchschnittlichen Erzeugerpreise
für Rohkohle von 1966-1980 entsprechend der ausgebrachten
Kohlequalitäten am Beispiel des Bergbaureviers
Fengfeng (Hubei)

Jahr	Asche-Anteil %	Erzeugerpreis Yuan/t
1966	24,43	17,58
1971	28,08	15,63
1975	30,80	14,23
1978	30,41	14,91
1980	30,20	19,33

Quelle: LU Qikang: Guanyu meitan shengchan chengben yu chuchang jiage wenti de tantao (Über die Kosten der Kohlegewinnung und die Erzeugerpreise), in: Jiage Lilun yu Shijian,
Nr.1, 1982, abgedruckt in: Gongye Jingji F 3, Nr.2, 1982,
S.81.

Verschiedene Autoren weisen ferner darauf hin, daß die festgelegten Preise für unterschiedliche Kohlesorten und -quali-
täten - den Preisdifferenzierungen liegen 15 Güteklassifika-
tionen zugrunde - den Qualitätsdifferenzen nicht angemessen
sind. Die Spanne zwischen hochwertigen Steinkohlen mit geringem Gehalt an Asche und Ballaststoffen und niedrigwertigen
Kohlesorten sei zu klein.[1]

Aufgrund der unzureichen Anpassung der Abnahmepreise an
die Kostenentwicklung wurde die Kosten-Preis-Relation im

---

1 Vgl. ZHU Yinren: Meitan ziyuan heli yu youxiao liyong wenti
  de tantao (Über die angemessene und effiziente Nutzung der
  Kohleressourcen), in: Meitan Kexue Jishu, Nr.5, 1981,
  S.6 f.; YANG Jinhe: Dui zhiding gongye yong mei biaozhun
  de ji dian kanfa (Einige Ansichten zu den Kohleverbrauchs-
  richtwerten der Industrie), in: Meitan Kexue Jishu, Nr.1,
  1981, S.20 f.

Kohlebergbau zunehmend ungünstiger. Die Preise garantierten immer weniger eine Kostendeckung. Trotz der Erhöhung der Abnahmepreise im Jahr 1979 wiesen im Jahr 1980 54,3% der zentral verwalteten Kohlebergbauunternehmen Verluste aus.[1]

Eine Preispolitik, die nicht von einem kostendeterminierten Ansatz ausging, sondern eine bestimmte Lenkungsfunktion erfüllen sollte, wurde offenbar bei der administrativen Festlegung der Erzeugerpreise für Erdöl verfolgt. Während noch in den 50er Jahren die Abnahmepreise für Rohöl in etwa Kostenpreise waren, wurden die Erzeugerpreise Mitte der 60er Jahre deutlich über den Selbstkosten der Förderbetriebe festgesetzt, wohl um einen Anreiz zur Gewinnung des Rohstoffs zu schaffen. Während die Selbstkosten bei der Erdölförderung rückläufig waren, blieben die Erzeugerpreise seit Mitte der 60er Jahre unverändert bei 100 Yuan pro Tonne Rohöl und somit erheblich höher als die Selbstkosten.[2]

Die unzureichenden bzw. die ausbleibenden Anpassungen der Preise an geänderte Kostenrelationen führten dazu, daß die festgelegten Güterpreise mittlerweile keineswegs mehr ein Ausdruck der Wertrelation sind, wie dies von den meisten der sozialistischen Wirtschaftstheoretiker gefordert wird.

Eine Erfassung des Ausmaßes der Preisverzerrungen bei den Energieträgern ist nicht ohne weiteres möglich, nicht zuletzt deshalb, weil die Gesamtheit der Güterpreise und somit z.B. auch die Preise der als Vorleistungen in den einzelnen Energiebereichen eingehenden Güter ebenfalls nicht kostengerecht oder gar Gleichgewichtspreise sind.[3]

1 Vgl. LU Qikang, a.a.O., S.81.
2 Als unangemessen gelten auch die Preisdifferenzen zwischen verschiedenen Erdölerzeugnissen. Diese entsprechen z.B. nach Ansicht von Tong Yihao nicht den Relationen, in denen die Selbstkosten der einzelnen Produkte zueinander stehen. Die falschen Preisrelationen würden z.T. die Herstellung bestimmter hochwertiger Erzeugnisse oder eine weitergehende Verarbeitung von Rückstandsölen und somit eine bessere Nutzung der in Verarbeitungsbetrieben durchgesetzten Rohölmenge beeinträchtigen. Vgl. TONG Yihao: Guanyu yonghao yiyi dun......., a.a.O., S.3.
3 Vgl. XUE Muqiao, a.a.O., S.134 ff.

Tabelle III.21.

Kapitalrentabilität (I)
und selbstkostenbezogene Rentabilität (II)[a]
in ausgewählten Industriezweigen (1978)

	Industr. insges.	Erdöl	Elektr.	Tex- til	Leicht- industr.	Masch.- bau	Eisen Stahl	Kohle
I	16	70	19	37	24	12	9	0,3
II	24	73	69	18	21	25	17	0,7

a Die in der verwendeten Quelle aufgeführten Rentabilitätszahlen sind - abweichend von den in westlichen Statistiken üblichen Rentabilitätszahlen - mit
dem Faktor 100 multipliziert. Die Kategorie "selbstkostenbezogene Rentabilität" (chengben lirunlü) ist definiert als (Gewinn/Selbstkosten) x 100. Sie
ist demnach vergleichbar mit der im westlichen Sprachgebrauch üblichen Kategorie "Umsatzrentabilität".

Quelle: Lu Qikang: Guanyu meitan shengchan chengben yu chuchang jiage wenti de
tantao (Über die Kosten der Kohlegewinnung und die Erzeugerpreise), in: Jiage
Lilun yu Shijian, Nr.1, 1982, abgedruckt in: Gongye Jingji F 3, Nr.2, 1982,
S.83.

Tabelle III.22.

Durchschnittsrentabilitäten in den Energiebereichen
1962-1979

Jahr	Durchschnittl. selbstkosten- bezogene Renta- bilität aller Industrie- branchen	d a r u n t e r			Durchschnittl. Kapitalrenta- bilität aller Industrie- branchen	d a r u n t e r		
		Kohle	Erdöl	Elektri- zität		Kohle	Erdöl	Elektri- zität
1962					8,5	-6	22,1	19,8
1974					13,4	-2	75,6	19,0
1975					14,1	0,1	77,5	17,1
1976					11,4	-1,9	70,8	17,4
1977					12,9	-1,1	74,4	17,9
1978	24	0,7	73	69	15,5	0,3	70,2	18,8
1979					17,2	5,5	60,0	18,0

Quelle: ZHAI Ligong: Guanyu meitan jiage de jige wenti (Über die Kohlepreise), in:
Jingji Wenti Zilao, Nr.2, 1981, S.15.

Tendenziell läßt sich das Ausmaß der Preisverzerrungen, das
Ende der 70er Jahre gegeben war, erkennen, wenn man als Indikator für die Preisverzerrungen die Bruttogewinne der einzelnen Energiebereiche verwendet. Wie aus Tabelle III.21.
hervorgeht, betrug im Jahr 1978 die selbstkostenbezogene Rentabilität[1] in der Kohleindustrie nur einen Bruchteil der
durchschnittlichen selbstkostenbezogene Rentabilität aller
Industriezweige. In der Erdöl- und der Elektrizitätsindustrie
lag hingegen die Rentabilität um das Dreifache höher als im
Durchschnitt aller Industriezweige und nahezu um den Faktor
100 höher als in der Kohleindustrie. Die in Tabelle III.23.
aufgeführte Gegenüberstellung von Brennstoffqualität (nach
dem Wärmewert), Selbstkosten und Gewinnspanne gibt ebenfalls
einen Eindruck von den zwischen der Kohle- und Erdölindustrie gegebenen Preisverzerrungen. Aus der gleichen Tabelle
geht zudem hervor, daß die Kohleindustrie im Vergleich zur
Erdölindustrie auch steuerpolitisch benachteiligt war: Während in der Erdölindustrie eine Umsatzsteuer in Höhe von 5 %
in Ansatz gebracht wurde, waren es in der Kohleindustrie 8 %.
Tabelle III.24. gibt einen Überblick über die Entwicklung von
Selbstkosten und Erzeugerpreisen für alle drei der in der
vorliegenden Arbeit untersuchten Energieträger zwischen 1952
und 1979 sowie die von Zhai Ligong vorgeschlagenen "richtigen" Preise für Energieträger.

Tabelle III.23

Vergleich des Wärmewertes und der Preise von Kohle und Erdöl
(1979)

	Wärme-wert (kcal/t)	SKE	Selbst-kosten (Y/t)	Umsatz-steuer (%)	geltende Preise (Y/t)	Gewinn (Y/t)
Kohle	5.000	0,714	17,78	8	22,1	2,55
Erdöl	10.000	1,428	40,28	5	100	54,72
Relation	1 : 2	1 : 2	1 : 2,27	1,6 : 1	1 : 4,5	1 : 21,46

Quelle: ZHAI Ligong: Guanyu meitan jiage de jiege wenti (Über die
Kohlepreise), in: Jingji Wenti Ziliao, Nr.2, 1981, S.16.

1 Vgl. Anm. a Tabelle III.21.
174

Da die einzelnen energiewirtschaftlichen Unternehmen bis
Ende der 70er Jahre - sieht man von einzelnen Entwicklungsphasen ab - nicht unmittelbar von erzielten Gewinnen und den
Verlusten betroffen waren - Gewinne wurden meist fast vollständig abgeführt, Verluste wurden durch Dotationen aus dem
Haushalt finanziert - waren aus einzelwirtschaftlicher Sicht
die Betriebe von "falschen" Preisen nicht direkt berührt.
Den Preisen kam im wesentlichen nur eine Verrechnungsfunktion
zu. Insofern fand beispielsweise durch die niedrigen Kohlen-
preise nur eine Verlagerung des geschaffenen Mehrwertes in
andere Sektoren und Branchen statt, vor allem hin zu den end-
verbrauchenden Unternehmen, die billige Kohle einsetzten. Je
bedeutender dabei der Kostenträger Kohle in der Gesamtkosten-
struktur des kohleverbrauchenden Sektors oder Industrie-
zweiges war, desto größer war der Effekt der Wertschöpfungs-
verlagerung. Das erklärt z.B. auch die überdurchschnittlichen
hohen Gewinne der Elektrizitätsindustrie, die als bedeutenden
Kostenträger[1] Kohle ausweist.

Da die Preise unter Umständen aber die Wahl der Handlungs-
alternativen staatlicher Planungsinstanzen beeinflußen,
können falsche Preise zu Entscheidungen führen, die volks-
wirtschaftlich nachteilig sind.[2] Bei einer Gegenüberstellung
sowohl der Investitionskosten für die Errichtung einer Tonne
Förderkapazität als auch der Selbstkosten von Kohle und
Erdöl (bezogen auf 1 Tonne SKE) fällt der Kostenvergleich
jeweils zugunsten von Kohle aus.[3] Die Aussagefähigkeit dieses
Vergleichs ist zweifellos beschränkt, da in die Kosten die
Preisverzerrungen z.B. auch der industriellen Vorleistungen
eingehen; er erlaubt aber zumindest die Vermutung, daß der
hohe Faktoreinsatz, der über drei Jahrzehnte in den Erdölbereich gelenkt wurde, bei Zugrundelegung von Kosten-Nutzen-
Kriterien auf der Basis von Knappheitspreisrelationen möglicherweise nicht gerechtfertigt ist.

---

1 Vgl. YANG Dinghe, a.a.O., S.20
2 Vgl. Wolfgang KLENNER: Einzelwirtschaftliche Entscheidung..., a.a.O., S.58.
3 Zu den Investitionskosten pro Tonne Förderkapazität in SKE
  vgl. Kap II.1.2.2.; zu den Selbstkosten pro Tonne SKE vgl.
  Tab.III.24.

Tabelle III.24

Gegenüberstellung der Erzeugerpreise und Produktionspreise von Kohle, Erdöl und Strom[a]

(Yuan/t; Yuan/1000 kW)

Jahr	Selbstkosten			Erzeugerpreise			Produktionspreis[b]			Differenz von Erzeugerpreis und Produktionspreis		
	Kohle	Erdöl	Strom	Kohle	Erdöl	Strom	Kohle	Erdöl	Strom	Kohle	Erdöl	Strom
1952	9,77	14,73	37,65	11,46			19,14			-7,68		
1957	10,9	45,07	28,36	12,05	49,96	100			65,08			+34,92
1960	9,17	33,70	26,43	14,97					65,4			+34,60
1962	17,28	52,75	32,22	18					49,9			+50,1
1965	15,77	57,50	28,65	18	100	83		128	61,43		-28	+21,57
1970	13,47	26,90	28,26	18	100	83	24,45	62	60,15	-6,45	+38	+22,85
1971	13,60	22,30	30,62	18	100	83	23,68	51,77	58,96	-5,68	+48,23	+24,04
1972	14,08	22,20	29,12	18	100	83	23,25	49,74	55,43	-5,25	+51,26	+27,57
1973	14,51	24,40	31,39	18	100	83	25,07	51,03	57,35	-7,07	+49,97	+25,65
1974	17,14	26,36	32,31	18	100	83	26,42	46,95	54,26	-8,42	+53,05	+28,74
1975	15,86	28,12	32,84	18	100	83	24,05	49,04	54,9	-6,05	+50,94	+28,1
1976	16,70	31,18	32,79	18	100	83	24,03	49	51,5	-6,03	+51	+31,5
1977	16,61	32,90	32,40	18	100	83		52,5	53,13		+47,5	+29,87
1978	16,12	35,81	31,55	18	100	83	26,22	58,9	54,95	-8,22	+41,1	+28,05
1979	17,78	40,28	32,03	22,1	100	83	28,54	69,38	58,79	-6,44	+30,62	+24,21

a Stromabnahmepreise sind regional unterschiedlich; in der vorliegenden Tabelle wurde der Abnahmepreis im Gebiet von Taiyuan zugunde gelegt.

b berechnet auf der Basis der durchschnittlichen Kapital-Profit-Rate der Industrie

Quelle: ZHAI Ligong: Guanyu meitan jiage de jige wenti (Über die Kohlepreise), in: Jingji Wenti Ziliao, Nr.2, 1981, S.11.

Problematisch sind falsche Preise ferner im Hinblick auf den Energieverbrauch. Niedrige Energiepreise sind zumindest kein Stimulator zur Reduzierung des Energieverbrauchs und damit der Produktionskosten. Darauf wird in Kapitel IV ausführlicher einzugehen sein.

4. Produktivitätsentwicklung in den Energiebereichen

Wachstum und Entwicklung einer Volkswirtschaft sowie der einzelnen Wirtschaftssektoren werden nicht nur bestimmt von der Austattung mit produktiven Faktoren, sondern auch von deren wirtschaftlicher Nutzung. In diesem Abschnitt wird untersucht, wie die Effizienz des Faktoreinsatzes in den Energiebereichen zu beurteilen ist. Dazu sind einige einschränkende Vorbemerkungen notwendig.

Wegen der Komplexität der Einflußfaktoren ist die Erfassung der Produktivität von Wirtschaftssektoren oder Branchen grundsätzlich schwierig.[1] Im Falle Chinas kommt hinzu, daß mangels verfügbarer differenzierter Daten die Arbeitsproduktivität nur als sektorspezifischer Bruttoproduktionswert (d.h. Umsatz einschließlich Vorleistungen) je Beschäftigten nicht aber die sektorspezifischen Brutto- oder Nettowertschöpfung (die monetär bewertete tatsächliche Arbeitsleistung) je Beschäftigten gemessen werden kann; ferner erfolgt die Bewertung auf der Basis der verzerrten Faktorpreisrelationen. Wenn der Output einzelner Branchen überbewertet ist, ergeben sich entsprechend höhere Produktivitäten. Preisliche Unterbewertungen resultieren dagegen in vergleichsweise niedrigen Produktivitätskennziffern. Vergleiche mit anderen Ländern sind deshalb kaum möglich. Auch technische Produktivitätskennziffern können lediglich Orientierungsdaten darstellen, da für eine hinlänglich exakte Ermittlung der technischen Arbeitsproduktivität (materieller Output je Beschäftigten) die Beschäftigtenstatistik zu wenig differenziert ist, um den mengen- und zeitmäßigen Einsatz des Faktors Arbeit hinreichend genau zu quantifizieren.

---

1 Vgl. Klaus ROSE: Produktivität, in: Handwörterbuch der Sozialwirtschaften, Achter Band, Göttingen 1964, S.164 ff.

177

Dennoch ist es sinnvoll, Produktivitätskennziffern für die Energiebereiche Chinas zu ermitteln, zumindest um vorhandene Entwicklungstendenzen zu erfassen.

Wichtige, in jüngster Zeit von westlichen Ökonomen durchgeführten Untersuchungen über die Produktivitätsentwicklung seit den 50er Jahren kommen zu dem Ergebnis, daß zwischen Ende der 50er Jahre und Ende der 70er Jahre eine bemerkenswert langsame Entwicklung der Produktivität in der chinesischen Industrie insgesamt zu verzeichnen ist. Zwischen 1957 und 1981 wurde kaum eine Verdoppelung des Bruttoproduktionswertes pro Kopf der Beschäftigten erreicht. Die jahresdurchschnittlichen Zuwachsraten des preisbereinigten Bruttoproduktionswertes pro Kopf der Beschäftigten sind bis auf wenige Jahre niedrig, in mehreren Jahren sogar negativ.[1] Die langsame Entwicklung der Produktivität wird auch von gegenwärtig führenden chinesischen Ökonomen konstatiert.[2]

Tabelle III.25.

Bruttoproduktionswert der Beschäftigten in der
staatlichen Industrie (1952-1981)

	z.Preisen 1970 (Yuan)	Index (1952 = 100)	Jahresdurchschnittliche Zuwachsrate
1952	4,167	100.0	–
1957	6,337	152.1	8.7
1962	4,798	115.1	-5.4
1965	8,943	214.6	23.1
1970	10,132	243.1	2.5
1975	9,994	239.8	-0.3
1976	9,134	219.2	-8.6
1977	9,873	236.9	8.1
1978	11,085	266.0	12.3
1979	11,790	282.9	6.4
1980	12,031	288.7	2.0
1981	11,815[a]	283.5	-1.8

a Der Bruttoproduktionswert pro Kopf der Beschäftigten des Jahres 1981 zu Preisen von 1980 beträgt 11,863 Yuan.

Quellen: 1970-1977 sowie jahresdurchschnittliche Zuwachsraten: Robert Michael FIELD: Slow Growth of Labor Productivity in Chinese Industry 1970-1977 in: The China Quarterly, No.96, Dec.1983, S.641; übrige Jahre: Guojia tongjiju (Hrsg.): Zhongguo Tongji Nianjian 1981, Beijing 1982, S.265.

---

1 Vgl. Tab.III.25.
2 Vgl. XUE Muqiao: Sozialismus in China..., a.a.O., S.167 ff.

Tabelle III.26

Geschätzter Produktionswert pro Kopf der Beschäftigten in ausgewählten Industriezweigen 1952-1981 (zu Preisen von 1970, Yuan)

	1952	1957	1965	1978	1980	1981
Industrie insgesamt	5,106	7,225	9,461	11,085	12,031	11,815
darunter:						
Metallurgie	5,055	10,525	15,323	11,809	13,527	12,679
Elektrizität	6,491	10,146	16,156	25,056	22,584	21,823
Kohle	2,456	3,703	2,429	2,721	2,581	2,473
Erdöl	8,457	14,791	26,866	52,794	49,057	43,991
Chemie	2,633	6,100	13,196	14,544	17,179	17,235
Maschinenbau	2,188	4,365	6,288	8,839	9,086	8,318
Baumaterial	1,382	2,373	4,333	4,535	4,942	4,717
Holz	5,153	5,080	4,941	4,107	4,238	4,153
Nahrungsmittel	12,425	17,606	20,191	19,656	21,400	21,893
Textilien	8,301	9,505	14,104	17,325	19,602	19,832

Quelle: Robert Michael FIELD: Slow Growth of Labour Productivity in Chinese Industry, 1952-1981, in: The China Quarterly, No. 96, Dec.1983, S.649. Field ermittelt für die Jahre 1952, 1957 und 1965 von den in offiziellen chinesischen Statistiken abweichende Bruttoproduktionswerte pro Kopf der Beschäftigten in der Gesamtindustrie (Vgl. Tabelle III.25). Da sich Fields Berechnungen der branchenspezifischen Bruttoproduktionswerte auf die von ihm geschätzten Bruttoproduktionswerte der Gesamtindustrie beziehen, wurden in der Tabelle Fields Schätzungen beibehalten.

Während nach Ansicht des Anfangs der 80er Jahre wohl bedeutendsten chinesischen Ökonomen Xue Muqiao die Ursachen für den geringen Produktivitätszuwachs vor allem in den wirtschaftlichen Fehlentwicklungen der Phasen des Großen Sprungs, der Kulturrevolution und des "Kampfes gegen die Viererbande" (1976) begründet sind, gehen westliche Ökonomen wie beispielsweise die bedeutenden Chinaforscher Field oder Ishikawa davon aus, daß diese extremen Entwicklungsphasen überlagert von einer insgesamt langsamen Entwicklung der Produktivität sind, die sich nur von grundlegenden Schwächen des Wirtschaftssystems her erklären lassen.

Field nennt als wesentliche Gründe für die langsame Entwicklung der Arbeitsproduktivität in der Industrie insgesamt deren schwerindustrielle Ausrichtung, die ineffiziente Nutzung des Anlagekapitals, den Rückgang des Realeinkommens der Beschäftigten (und die dadurch ausgelöste Abnahme der Arbeitsmotivation) sowie den rapiden Zuwachs des Einsatzes von Arbeitskräften Anfang der 70er Jahre.[1] Ishikawa, der von einem Ansatz zur Erfassung der Kapitalproduktivität ausgeht, sieht den Produktivitätsrückgang vorwiegend durch System- und Planungsmängel verursacht.[2]

Welche Produktivitätsentwicklung läßt sich nun für die einzelnen Energiebereiche ableiten? In der von Field durchgeführten Schätzung der branchenspezifischen Bruttoproduktionswerte pro Kopf der Beschäftigten in den staatlichen Industriebetrieben zeigt sich, daß in der Kohleindustrie zwischen Ende der 50er Jahre und 1981 kein Zuwachs dieses Wertes zu

---

1 Vgl. Robert M. FIELD: Slow Growth of Labour Productivity in Chinese Industry 1952-1981, in: The China Quarterly, No.96, Dec.1983, S.647 ff.
2 Die von Ishikawa im einzelnen aufgeführten Gründe betreffen im wesentlichen mangelnde Abgrenzungen der Kompetenzen von Entscheidungsinstanzen sowohl in vertikaler als auch horizontaler Richtung und die dadurch verursachte unzureichende Koordination bei der Planabstimmung und Planrealisierung sowie ineffiziente Anlageinvestitionen, die vor allem im Rahmen des Aufbaus der "Fünf Kleinindustrien" erfolgten. Vgl. Shigeru ISHIKAWA: China's Economic Growth since 1949 - An Assessment, in: The China Quarterly, No.94, June 1983, S.259 ff.

verzeichnen ist. Lediglich in den 50er Jahren stieg der
Bruttoproduktionswert an. Während der BPW pro Kopf der Beschäftigten in den staatlichen Kohlebergbaubetrieben im Jahr
1952 noch etwa die Hälfte des durchschnittlichen Bruttoproduktionswertes pro Kopf aller in der Industrie Beschäftigten
betrug, war der Bruttoproduktionswert der Angestellten und
Arbeiter der Kohleindustrie bis 1981 auf etwa ein Fünftel
des Bruttoproduktionswertes pro Kopf der Beschäftigten in
den staatlichen Industriebetrieben zurückgegangen. Der BPW
pro Kopf der Beschäftigten in der Erdölindustrie lag hingegen
etwa um den Faktor 18, jener der Elektrizitätsindustrie
um den Faktor 9 höher. Lediglich in der Holzindustrie, die
pro Kopf der Beschäftigten etwa einen doppelten so hohen
Bruttoproduktionswert ausweist wie die Kohleindustrie, ist
ebenfalls eine Stagnation der Kennziffer zu verzeichnen.[1]
Diese von Field geschätzten Entwicklungstendenzen werden
durch die vom Statistischen Büro der Volksrepublik Chinas
veröffentlichten Indexzahlen bestätigt.[2]

Tabelle III.27.

Indexzahlen des Bruttoproduktionswertes pro Kopf
der Beschäftigten in staatlichen Industriebetrieben nach
Industriezweigen (in ausgewählten Jahren 1952-1981)

	1952	1957	1965	1978	1981
Industrie insgesamt	100,0	152,1	214,6	266,0	283,5
darunter:					
Metallurgie	100,0	208,2	303,1	233,6	250,8
Elektrizität	100,0	156,3	248,9	386,0	336,2
Kohle	100,0	150,8	98,9	110,8	100,7
Erdöl	100,0	174,9	317,7	624,3	520,2
Chemie	100,0	231,7	501,2	552,4	654,6
Maschinenbau	100,0	199,5	287,4	404,0	380,2
Baumaterial	100,0	171,7	313,5	328,1	341,3
Holz	100,0	98,6	95,9	79,7	80,6
Nahrungsmittel	100,0	141,7	162,5	158,2	176,2
Textilien	100,0	144,5	169,9	208,7	238,9
Papier	100,0	174,5	209,1	155,4	142,3

Quelle: Guojia tongjiju (Hrsg.): Zhongguo Tongji Nianjian
1981 (Statistisches Jahrbuch der VR China 1981), Beijing
1982, S.270.

---

1 Vgl. Tabelle III.26.
2 Vgl. Tabelle III.27.

Ausgehend von den Produktionswerten pro Kopf der Beschäftigten und den Angaben über die Anzahl der Beschäftigten in den Energiebereichen[1] lassen sich die in den jeweiligen Energiebereichen erwirtschafteten Bruttoproduktionswerte ermitteln. Demnach beträgt der im Jahr 1980 mit ca. 4 Mio. Beschäftigten im staatlichen Kohlebergbau erwirtschaftete Bruttoproduktionswert mit ca. 10 Mrd.Yuan weniger als die Hälfte des Bruttoproduktionswertes der Erdölindustrie (ca. 25 Mrd.Yuan) und die Hälfte des Bruttoproduktionswertes der Elektrizitätsindustrie mit jeweils nur 0,6 Mio. und 0,9 Mio. Beschäftigten respektive. Eine bessere Aussagefähigkeit wäre zweifellos beim Vergleich der Nettoproduktionswerte und der Erfassung der branchenspezifischen Wertschöpfungsbeiträge gegeben. Mangels statistischer Daten ist dies allerdings nicht möglich. Der Anteil der Vorleistungen am BPW in der Erdöl- und Elektrizitätsindustrie ist aufgrund der vergleichsweise hohen Kapitalausstattung dieser Industriezweige zwar wesentlich höher als in der Kohleindustrie. Die in der Tabelle III.21. angegebenen Rentabilitätsziffern lassen aber vermuten, daß die branchenspezifischen Wertschöpfungen nicht in wesentlich anderen Relationen zueinander stehen, als die ermittelten Bruttoproduktionswerte.

Der Zuwachs des Anlagekapitals in der Kohleindustrie hatte seit den 50er Jahren offensichtlich nicht zu einer Steigerung der Arbeitsproduktivität geführt. Auch nicht durch den im Vergleich zu anderen Industriezweigen relativ bedeutenden Import von Anlagen und Ausrüstungen[2] konnte die Produktivität der Faktoren in der Kohleindustrie erhöht werden, wohl auch deshalb, weil die importierte Technik nicht kapazitätserweiternd in die gegebene Produktionsstruktur integriert werden konnte.[3]

Somit wäre die Steigerung der Fördermengen des wichtigsten Energieträgers, Kohle, nahezu ausschließlich auf eine Erhöhung des Faktoreinsatzes Arbeit zurückzuführen, nicht aber auf eine Steigerung der Arbeitsproduktivität. Diese Vermutung

---

1 Vgl. Kap.II.2.
2 Vgl. Tabelle II.5.
3 Vgl. Abschn.2.1.

Tabelle III.28

Zahl der Industriebetriebe und Bruttoproduktionswert
der Energiebereiche 1977-1979

	Zahl der Industriebetriebe			Bruttoproduktionswert in Mio.Yuan zu Preisen von 1970		
	1977	1978	1979	1977	1978	1979
Insgesamt	322.723	348.447	355.013	372.828	423.075	459.070
Elektrizität	7.386	8.262	8.923	14.135	16.142	17.672
Kohlegewinnung und Aufbereitung	8.887	9.389	8.865	10.312	11.685	11.808
Kohlengewinnung	8.549	9.160	8.805	10.191	11.001	11.624
Erdölförderung und Verarbeitung	209	250	307	22.680	23.329	24.957
Erdöl- und Erdgasförderung	21	21	21	8.394	9.480	9.803

Quelle: World Bank (Hrsg.): China: Socialist Economic Development, Vol.I The Economy,
Statistical System, and Basic Data, Washington D.C. 1983, S.378.

bestätigt sich beim Vergleich der Zuwachsraten der Beschäftigtenzahlen und der Entwicklung der Förderzahlen oder auch
der technischen Produktivitätskennziffern: Der jahresdurchschnittliche Zuwachs der Arbeitskräfte in der Kohleindustrie
liegt im Zeitraum 1952-1981 mit 7,7 % nur etwa einen Prozent-
punkt unterhalb der jahresdurchschnittlichen Zuwachsrate der
Fördermengen im gleichen Zeitraum. Im Vergleich zu anderen
bedeutenden kohlefördernden Ländern schneidet China bei
diesen statistischen Größen sehr ungünstig ab. Im Zeitraum
zwischen 1950 und 1980 stieg beispielsweise die Kohlefördermenge in den USA um 50 % bei einem gleichzeitigen Rückgang
der Beschäftigtenzahl um 45 %; in der Bundesrepublik Deutschland stieg die Fördermenge um 6,4 % bei einem Rückgang der
Arbeitskräfte um 64 %. In anderen planwirtschaftlich gelenkten Systemen sind ebenfalls Produktivitätszuwächse zu verzeichnen, wenn sie auch geringer sind als in westlichen Industrieländern. Im Betrachtungszeitraum nahm bespielsweise die
Kohleförderung in der Sowjetunion um 174 % zu, die Zahl der
Beschäftigten stieg um 41 %; in Polen ist ein Förderzuwachs
von 178 % bei einem Arbeitskräftezuwachs von 49 % zu verzeichnen.[1]

Bei der Untersuchung der technischen Produktivitäten, die
sich wegen des eliminierten Einflusses verzerrter Administra-
tionspreise auch zum Leistungsvergleich mit anderen Ländern
anbieten, sind insbesondere in der Kohleindustrie ebenfalls
geringe (technische) Produktivitätskennziffern gegeben. Während in den bedeutenden kohlefördernden Ländern die Förderleistung pro Mann und Schicht bei 3 - 5 Tonnen liegt, ist sie
in China seit drei Jahrzehnten nahezu unverändert bei 0,8 -
0,9 Tonnen. Ähnlich ungünstig fallen die Leistungsvergleiche
beim Aufschluß von Bergwerken (dem Stollenvortrieb) aus.[2]

---

1 Vgl. GAO Yangwen (Minister der Chinesischen Kohleindustrie): Yikao kexue jishu jinbu shixian meitan changliang
  fan yifan (Bei der Vervierfachung der Kohlefördermenge
  muß man auf den wissenschaftlich-technischen Fortschritt
  bauen), in: Nengyuan, Nr.6, 1983, S.1. Auf die Probleme
  beim Vergleich technischer Produktivitätskennziffern wurde
  einleitend zu diesem Abschnitt hingewiesen.
2 ebenda, S.2.

Deutlich bessere Fortschritte des materiellen Outputs pro
Beschäftigten sind zwar in den kapitalintensiveren Industriezweigen Erdöl und Elektrizität gegeben. In der Erdölindustrie
hat sich die Förderleistung pro Beschäftigten zwischen 1952
und 1980 nahezu verzehnfacht, in der Elektrizitätsindustrie
etwa verdreifacht.[1] (Vgl. Tab.III.29). Im internationalen
Vergleich ist die Leistungsfähigkeit der Beschäftigten z.B.
in der Erdölindustrie aber ebenfalls gering. Die Leistungsfähigkeit von chinesischen Explorationsteams, die hier als
Vergleichsmaßstab Verwendung finden kann,[2] beträgt beispielsweise im Erdölfördergebiet Daqing mit jährlich von 20 Bohrteams niedergebrachten 50 Explorationsbohrungen gemessen an
der gesamten Bohrlänge nur etwa ein Achtel bis zu einem Fünftel dessen, was westliche Teams mit modernen Ausrüstungen
zu leisten in der Lage sind.

Aus den obigen Ausführungen ist zu schließen, daß ein auch
nur annähernd westlichem Standard vergleichbarer technischer
Fortschritt nicht realisiert wurde. Der Kapitalkoeffizient
ist in der chinesischen Industrie sehr hoch und hatte in den
70er Jahren in einzelnen Branchen eher steigende Tendenz.

---

1 Vgl. World Bank Publications: China: Socialist Economic
  Development, Vol.II, a.a.O., S.226.
2 Die Förderleistung läßt sich international kaum vergleichen. Sie ist in erster Linie von den geophysikalischen
  Bedingungen der Öllagerstätten und erst in zweiter Linie
  von den Produktionsfaktoren abhängig. Die Förderleistung
  schwankt in westlichen Ländern pro Bohrloch und Tag zwischen durchschnittlich 2,3 Tonnen z.B. in den USA und 340 -
  1425 t am Persischen Golf. Vgl. G. BISCHOFF, W. GOCHT,
  a.a.O., S.22. Im nordostchinesischen Ölfeld Liaohe wird
  die jährliche durchschnittliche Förderleistung pro Bohrloch mit 3.925 Tonnen angegeben. Das entspricht einer
  Tagesleistung von ca. 11 Tonnen. Vgl. XNA, No. 12971 vom
  20.7.1984. Einzelne hochproduktive Fördersonden im ost-
  chinesischen Ölfeld Shengli erbringen eine Tagesleistung
  bis zu 1000 Tonnen, vgl. XNA, No. 12954 vom 3.7.1984. Im
  bedeutendsten Fördergebiet Daqing sind nach chinesischen
  Angaben ca. 7000 Förderbohrungen in Betrieb; demnach ergäbe
  sich bei einer Gesamtausbringung von rd. 50 Mio.t./a eine
  durchschnittliche Tagesleistung pro Förderbohrung von ca.
  20 t. Vgl. Gesprächsnotizen des Verfassers bei einem Besuch
  des Ölfeldes Daqing im Mai 1983.

Tabelle III.29.

Entwicklung der technischen Arbeitsproduktivität
in den Energiebereichen
- Output pro Jahr und Kopf der Beschäftigten -

	1952	1957	1980	1981	1982
Kohleindustrie[a] (t)	134	196	159	155	163
Erdölindustrie (t)	20	22	206	178	171
Elektrizitäts-industrie (1000 kW)	114	135	350	338	336

a In der Gesamtzahl der zugrunde gelegten Beschäftigtenzahl sind auch die Arbeiter und Angestellten der Koke-
reibetriebe enthalten. Da sich deren Anteil lediglich
auf ca. 1 % aller Beschäftigten in der staatlichen Koh-
lenindustrie beläuft, wurde auf eine Ausgliederung
dieser Zahl bei der Berechnung verzichtet.

Quelle: Eigene Berechnungen aus den Beschäftigungsstatistiken
in: Zhongguo Tongji Nianjian 1983, a.a.O., S.128 und Zhongguo
Meitan Gongye Nianjian 1982, a.a.O., S.25 sowie den Tabellen
III.4., III.9. und·III.12.

Er ist offenbar außerordentlich hoch in der Kohleindustrie
- was u.a. ein weiterer Erklärungsansatz dafür wäre, daß
trotz der im Vergleich zu anderen Industriezweigen hohen,
wenn auch relativ abnehmenden Investitionen, gegen Ende
der 70er Jahre die Grenzen einer weiteren Produktionssteige-
rung erreicht waren.

5. Leistungsfähigkeit des Transportsektors

Die Bereitstellung von Energieträgern für die Verbraucher
erfordert in der Regel den Aufbau von Transportkapazitäten.
Ein überregionales Transportsystem ist vor allem von Bedeutung in einem Lande, das, wie China, regional sehr ungleich
verteilte Rohstoffvorkommen aufweist und in dem die Standorte
der Verbrauchszentren nicht mit denen der Rohstofflagerstätten übereinstimmen. In den Industrieländern war der Ausbau des Transportsektors (insbesondere des Eisenbahnwesens)

eine der wichtigsten Voraussetzungen für die Einleitung des industriellen take-offs. Durch den Bau von Eisenbahnlinien wurden die Transportkosten verringert, neue Rohstoffgebiete konnten aufgeschlossen, neue Absatzgebiete erschlossen werden.[1] Der Eisenbahnbau förderte ferner wesentlich die Entstehung einer modernen Kohle-, Eisen- und Maschinenbauindustrie.[2]

Die Anstrengungen, die in China zum Ausbau des Transportsektors unternommen wurden, führten dazu, daß das Streckennetz der terrestrischen Verkehrsträger in wesentlichem Umfang ausgedehnt wurde. Die Eisenbahnstrecken wurden von rd. 22.000 km (1949) auf ca. 50.000 km (1980) - das entspricht dem fünftlängsten Streckennetz der Welt - das Straßennetz von 80.000 km auf 890.000 km[3] - davon befestigt mit Asphalt, Zement oder Schotter ca. 700.000 km[4] erweitert; knapp 9.000 km Pipelines wurden für den Kohlenwasserstofftransport verlegt. Durch den Ausbau dieser Verkehrslinien wurden entlegene Regionen an den Kernraum angeschlossen, und es konnten neue Industriegebiete im Hinterland aufgebaut werden. Die technischen Leistungen, die, bedingt durch die geographischen Gegebenheiten, erbracht werden mußten, lassen sich erahnen, wenn man beispielsweise einen Vergleich mit der Bundesrepublik Deutschland anstellt: Seit 1952 wurden in China für die ca. 31.000 km neuverlegter Eisenbahnstrecken rd. 4.000 Tunnel mit einer Gesamtlänge von 1.800 km gebaut;[5] die Deutsche Bundesbahn hatte auf ihrem 28.500 km langen Streckennetz lediglich 539 Tunnelbauten mit einer Gesamtlänge von 208 km zu errichten.[6]

---

1 Sombart weist ausdrücklich auf die "marktbildende Kraft" der Verkehrsadern hin. Vgl. Werner SOMBART: Der moderne Kapitalismus, 3. Band: Das Wirtschaftsleben im Zeitalter des Hochkapitalismus, 1. Halbband, München und Leipzig 1927, S.292 ff.
2 Vgl. W.W. ROSTOW: The Process of Economic Growth, Oxford, 2.Aufl.1960, S.302 ff; B.R.MITCHEL: Eisenbahnbau und Wirtschaftswachstum im Vereinigten Königreich, in: R. Braun u.a. (Hrsg.): Industrielle Revolution, Köln, Berlin 1972, S.356 ff.
3 Vgl. Zhongguo Tongji Nianjian 1984, a.a.O., S.273.
4 Vgl. XNA, No.12983 vom 17.6.1984.
5 Vgl. Paul KALINOWSKI: China baut sein Eisenbahnnetz aus, in: VDI-Nachrichten, Nr. 47, 20.11.1981, S.24.
6 Vgl. Pressedienst der Hauptverwaltung der Deutschen Bundesbahn (Hrsg.): Zahlen von der Deutschen Bundesbahn, Ausgabe 1983, S.5.

Tabelle III.30.

Entwicklung der Verkehrsstrecken 1949-1981
(in km)

Verkehrsträger	1949	1952	1981	Zunahme 1981:1952 %
Eisenbahn				
zentral verwaltet	21.800	22.900	50.181	219
lokal verwaltet			3.725	
Öffentl. Straßen	80.768	126.675	897.462	709
Binnenschiffahrt	73.615	95.025	108.665	
Rohrleitungen			9.731	
Binnenländ. Luftverkehr		13.123	201.978	1.539

Quelle: WANG Derong, GUO Yun: Zhongguo jiaotong yunshu
fazhan zhanlüe (Über entwicklungstechnische Fragen des Ver-
kehrs- und Transportwesens in China), in: LIU Guogang,
LIANG Wensen (Hrsg.): Zhongguo jingji fazhan zhanlüe wenti
yanjiu, Shanghai 1984, S.200.

Wie stellte sich nun die Situation im Transportwesen Ende
der 70er Jahre im Hinblick auf den Transport von Energieträger dar? In Anbetracht der langen Ausreifungszeiten,
die bei Investitionen in den Transportsektor gegeben sind,
ist eine langfristige Planung unumgänglich. Von Interesse
ist deshalb in dem hier untersuchten Zusammenhang die Frage, ob der Ausbau dieses Sektors und die resultierende Verfügbarkeit von Transportträgern zum Betrachtungszeitpunkt
das Ergebnis eines langfristig ausgerichteten Planungskon-
zepts ist, das an dem Ausgleich des regional divergierenden
Güterangebots- und -bedarfs - insbesondere von Energierohstoffen - orientiert war.

Tabelle III.31.

Dichte des Streckennetzes der Eisenbahn in wichtigen Industrieregionen Chinas (1980)

Region	Streckendichte (km/100 km²)
Liaoning	2,42
darunter:	
Liaonings Industrieraum	5,00
Hebei (incl. Beijing, Tianjin)	1,67
darunter:	
Industrieraum Beijing, Tianjin, Tanshan)	3,78
Shanxi	1,31
Jiangsu (incl. Shanghai)	0,90
Sichuan	0,49
Anhui	0,83
China insgesamt	0,51

Quelle: ZHANG Wenchang: Gongye jidi jiaotong yunshu buju wenti (Über die Verteilung der Verkehrs- und Transportwege und der Industriebasen), in: Jiaotong Yunshun Jingji F 4, Nr. 7, 1981, S.7.

Vorweggestellt sei eine kurze Bestandsaufnahme wichtiger Strukturmerkmale des Transportsektors Ende der 70er Jahre. Der wichtigste Verkehrsträger für den überregionalen Güteraustausch war Ende der 70er Jahre die Eisenbahn mit einem Anteil von ca. 50 % am gesamten Gütertransportaufkommen (vgl. Tab.III.32.). Der Eisenbahntransport ist in China, wie erwähnt,[1] vor allem von Bedeutung für den Gütertransfer in Nord-Süd-Richtung. Die vergleichsweise geringe Streckendichte[2] macht eine hohe Auslastung der vorhandenen Kapazitä-

---

1 Vgl. Kap.I.
2 Da Ende des Jahres 1979 nur ca. 8.000 km der Strecken doppelspurig verlegt waren, war die gesamte Gleislänge mit 58.000 km kürzer als jene der Bundesrepublik Deutschland mit rd. 65.000 km. Vgl. Pressedienst der Hauptverwaltung der Deutschen Bundesbahn, Ausgabe 1983, S.5. Demnach ergibt sich statistisch eine durchschnittliche Gleislänge pro 100 km² von knapp 0,6 km in China und 26,2 km in der Bundesrepublik Deutschland. Die gesamte Gleislänge entspricht etwa einem Fünftel der flächenmäßig vergleichbar großen Vereinigten Staaten.

ten erforderlich, wie die im internationalen Vergleich hohe Frachtdichte verdeutlicht.[1] Die Traktionsmaschinen wurden zu knapp 80 % noch mit Dampf betrieben (vgl. Tab.III.34.),[2] die Gesamtlänge elektrifizierter Strecken betrug lediglich ca. 1000 km (1979).

Tabelle III.32.

Transportleistungen der binnenländischen Verkehrsträger
(Gütertransporte, 1979)

Verkehrsträger	Beförderte Güter				Durchschnittliche Transportlänge km
	Mio.t	%	Mrd.t km	%	
Gütertransporte insgesamt	2.480	100	1.090	100	321
darunter: Eisenbahn	1.120	45	560	52	513
Straßen	816	32	27	2	33
Schiffahrt darunter:	432	17	456	42	o.A.
Küstenschiffe	43	2	317	29	1.560
Rohrleitungen	113	5	48	4	421
Luftfracht	0	0	0	0	o.A.

Quelle: Für die Spalten unter "Beförderte Güter": Zhongguo Tongji Nianjian 1984 (Statistisches Jahrbuch Chinas 1984), Beijing 1984, S.281, 285; eigene Berechnungen. Für die Spalte "Durchschnittliche Transportlänge": ZHOU Mingjing: Cong Jiaotong yunshu jiegou shilun Woguo neihe hangyun xiandaihua de daolu (Die Modernisierung der Binnenschiffahrtswege im Rahmen der Verkehrs- und Transportstruktur Chinas), in: Zonghe Yunshu, Nr.3, 1980, abgedruckt in: Jiaotong Yunshu Jingji F 4, Nr.2, 1981, S.58.

---

1 Vgl. Tabelle III.33.
2 Die Gesamtzahl der Lokomotiven in China entspricht etwa der Zahl der Lokomotiven der Deutschen Bundesbahn (1982: 8977 einschließlich Kleinlokomotiven und Triebwagen). Vgl. Pressedienst der Hauptverwaltung der Deutschen Bundesbahn, a.a.O., S.6.

Tabelle III.33.

Druchschnittliche Frachdichte pro Schienen-
kilometer in ausgewählten Ländern
(1979)

	Mio.t/km
UdSSR	24,7
VR China	10,9
USA	7,7
Rumänien	6,8
Indien	4,5
Polen	4,2
Brasilien	1,0

Quelle: World Bank (Hrsg.): China: Socialist Economic Development, Vol.II, The Economic Sectors - Agriculture, Industry, Energy, Transport, and External Trade and Finance,
Washington D.C. 1983, S.287.

Der Anteil der Binnen- und Küstenschiffe am gesamten Gütertransportvolumen betrug 42 %. Gegenüber 1952 hat sich dieser
Anteil - vor allem durch die Erweiterung der Küstentransport-
kapazitäten - etwa verdoppelt.

Die Gesamtstrecke der öffentlichen Straßen wurde während
des Betrachtungszeitraums zwar um etwa den Faktor 10 verlängert. Die Gesamtlänge der befestigten Straßen ist mit
700.000 km aber kaum doppelt so lang wie jene der Bundesrepublik Deutschland. Es gibt ferner kein landesweit zusammenhängendes Straßensystem. Der Straßentransport wird überwiegend für den Nahverkehr genutzt, wie die durchschnittliche
Transportlänge von 33 km pro Frachttonne verdeutlicht (vgl.
Tab.III.32).

Über die verlegten Rohrleitungen wurden im Jahr 1981 ca. 65 %
der Kohlewasserstoffe befördert (1971: 23 %).[1] Ca. 5.600 km

---

1 Weitere 26 % der Kohlenwasserstoffe werden per Tanker, ca.
  8 % per Eisenbahn befördert. Vgl. SONG Ming: Chinas Pipeline wächst, in: Oel, Zeitschrift für die Mineralölwirtschaft, Oktober 1982, S.274.

der Trassen dienten dem Rohöldurchsatz, 600 km dem Durchsatz
von Erdölprodukten und 3.400 km dem Durchsatz von Erdgas.[1]
Es gibt kein landesweit zusammenhängendes Pipelinenetz. Ein
größeres Rohrleistungssystem war im Nordosten lokalisiert,
gespeist aus dem Fördergebiet Daqing, ein weiteres bei den
östlichen Förderzentren Shengli, Dagang und Renqiu.[2]

Der Luftverkehr ist für den Gütertransport statistisch unbedeutend.

Tabelle III.34.

Anzahl der Lokomotiven nach Antriebsart und Verfügbarkeit
(1979)

	Anzahl	verfügbar in %
Dampflokomotiven	7800	93
Diesellokomotiven	2000	84
Elektrolokomotiven	200	95

Quelle: World Bank (Hrsg.): China: Socialist Development,
Vol.II, The Economic Sectors - Agriculture, Industry, Energy,
Transport, and External Trade and Finance, Washington D.C.
1983, S.342.

Ende der 70er Jahre galt der Transportsektor als einer der
entscheidendsten Wachstumsbarrieren. Zwar wurden ohnehin
bereits 40 % der gesamten Transportkapazitäten der Eisenbahn

---

1 Vgl. SONG Ming, a.a.O., S.274. Verglichen mit der Strecken-
  länge des Pipeline-Netzes der USA von rd. 600.000 km und
  jenem der Sowjetunion mit rd. 150.000 km ist die Gesamtlänge des chinesischen Rohrleitungssystems noch sehr be-
  scheiden. Vgl. A.F.G. SCANLAN: Die künftige Rolle von Öl
  und Erdgas in der UdSSR, in: Energiewirtschaftliche Tagesfragen, Nr.7, 1983, S.466
2 Vgl. SONG Ming, a.a.O., S.274.

durch Kohletransporte gebunden;[1] dennoch verblieben Ende der
70er, Anfang der 80er Jahre jährlich 20-30 Mio.Tonnen Kohle
auf Halde, während in anderen Landesteilen Produktionskapazitäten mangels verfügbarer Energieträger nicht ausgelastet
waren.[2]

Verschiedene Sachverhalte sprechen dafür, daß nicht nur die
geographischen Bedingungen in diesem ausgedehnten Land für
die Engpässe bei Gütertransport maßgeblich waren, sondern daß
wie erwähnt, Unzulänglichkeiten im Planungs- und Leitungs-
system einen bedarfsgemäßen Ausbau der Verkehrswege behinderten. Es scheint, daß weder eine langfristige, auf gleichgewichtige regionale Entwicklung bedachte Planung beim Ausbau
der Transportkapazitäten durchgängig gegeben war, noch daß
die vorhandenen Transportkapazitäten optimal - im Sinne
eines ökonomischen Einsatzes knapper Produktionsfaktoren
- genutzt wurden.

Die naheliegende Frage, ob die insgesamt während des Betrachtungszeitraums in den Transportsektor gelenkten Investitionsmittel ausreichend waren, ist kaum zu beantworten. Es gibt

---

1 Die Kapazitäten der in Nord-Süd-Richtung verlaufenden fünf
  Hauptstrecken Beijing-Guangzhou, Beijing-Shenyang, Beijing-
  Shanghai, Long-Hai und Ha'rbin-Dalian werden zu 50-70 %,
  Strecken in Kohleregionen wie Shanxi zu 80 % mit Kohle-
  transporten gebunden. Vgl. YANG Jun: Mei de zhuanhua he
  zonghe leyong de tantao (Über die Umwandlung von Kohle und
  deren umfassende Nutzung), in: Hongqi, Nr.11, 1983, S.40.
  Der hohe Anteil der Transporte von Energieträgern am gesamten Gütertransportvolumen geht entsprechend zu Lasten der
  für andere Gütertransporte verfügbaren Kapazitäten. Beispielsweise hat der Transport von landwirtschaftlichen Erzeugnissen einen Anteil von weniger als 5 % am gesamten Gütertransportaufkommen. In den Vereinigten Staaten oder in
  Indien nimmt dagegen der Transport verderblicher Nahrungsmittel einen Anteil von 15-20 % am gesamten Gütertransportaufkommen ein. Der geringe Anteil von landwirtschaftlichen Erzeugnissen der Ernährungswirtschaft ist ein
  Ausdruck der auf regionale wirtschaftliche Autarkie bedachten Entwicklungspolitik Chinas. Vgl. World Bank (Hrsg.):
  China: Socialist Economic Development, Annex F, The
  Transport Sector, a.a.O., S.345.
2 Vgl. GAO Yangwen: Quanli kaichuang meitan gongye xiandaihua
  jianshe de xin jumian (Perspektiven einer mit aller Kraft
  modernisierten Kohleindustrie), in: Nengyuan, Nr.2, 1983,
  S.1.

keine allgemein gültigen Kriterien für die Höhe des in verschiedenen Industrialisierungsphasen eines Landes notwendigen Anteils des in den Transportsektor zu lenkenden monetä-
ren Faktoreinsatzes an den Gesamtinvestitionen. Die in China
im Zeitraum 1949-1980 in den Transportsektor gelenkten Investbaumittel hatten einen Anteil von ca. 17 % an den gesamten staatlichen Mitteln für Investbauinvestitionen. Dieser
Anteil liegt etwa im mittleren Bereich der für den Ausbau des
Transportsektors in anderen Ländern anteilig investierten
Mitteln an den Gesamtinvestitionen, wie eine Querschnitts-
analyse von 45 Ländern mit unterschiedlichem Pro-Kopf-Einkommen (einschließlich planwirtschaftlich geführter Länder)
zeigt.[1] Insofern kann zumindest davon ausgegangen werden,
daß der Faktoreinsatz im Vergleich zu anderen Ländern nicht
unterdurchschnittlich war und daher nicht die alleinige
Ursache für die gegebene Engpaßsituation sein kann.

Chinesische Verkehrswirtschaftler wie z.B. Zhang Wenchang[2]
oder Li Wenyan[3] nennen im wesentlichen zwei maßgebliche
Gründe für den Mangel an Transportkapazitäten: Aufgrund unzureichender langfristiger Planung der zuständigen Behörden
sei dem Transportsektor keine "Vorreiterrolle" zugeordnet
worden - wie dies beispielsweise in der Anfangsphase der
Industrialisierung der Industrieländer der Fall war - so daß
dem durch die zunehmende Industrialisierung wachsenden Güteraufkommen nicht rechtzeitig ausreichende Transportkapazitäten
verfügbar waren; ferner seien die Produktionsfaktoren in
bestimmten Entwicklungsphasen überwiegend in den Ausbau
regionaler Transportsysteme gelenkt worden - zulasten des
Aufbaus überregionaler Transportsysteme.

Während in den 50er Jahren der Transportsektor noch Reservekapazitäten in einer Größenordnung von ca. 20 % auswies, die
bei Schwankungen in dem zu transportierenden Güteraufkommen
das Entstehen von Transportengpässen verhinderten, wurde das

---

1 Vgl. World Bank (Hrsg.): China: Socialist Economic Development, Vol.II, a.a.O., S.285.
2 Vgl. ZHANG Wenchang: Gongye jidi jiaotong yunshu...,a.a.O.,
   S.10. ff.
3 LI Wenyan: Woguo kuangchan ziyuan..., a.a.O., S.27 ff.

Transportwesen seit Ende der 50er Jahren zunehmend zum Engpaß. Einerseits wurden regionaler und struktureller Wandel
beim Aufbau neuer Verkehrswege nicht ausreichend berücksichtigt, so daß in zunehmendem Maße transportbedingte regionale
Versorgungsengpässe entstanden. Andererseits kam es innerhalb
des Transportsektors zu erheblichen Fehllenkungen von Produktionsfaktoren, die die Engpässe noch verschärften.

Die für den Transportsektor unzureichend antizipierte industrielle Entwicklung läßt sich anschaulich am Strukturwandel
der industrialisierten Nordostregion verdeutlichen. Auf der
Basis regionaler Brennstoff- und Eisenerzvorkommen war im
Nordosten während der 30er Jahre ein bedeutendes Industrie-
gebiet mit den schwerindustriellen Branchen Kohlebergbau,
Ölschiefergewinnung und -verarbeitung, Eisenerzbergbau, Eisen
und Stahl und Maschinenbau entstanden. Im Verlaufe der 60er
und 70er Jahre erschöpften sich die dortigen Kohle- und Erzvorkommen, so daß sie für die Rohstoffversorgung der angesie-
delten Industriebetriebe nicht mehr ausreichten. Der Nordosten wurde zunehmend zu einem Verarbeitungszentrum der
Schwerindustrie. Rohstoffe mußten in wachsendem Umfang aus
anderen Landesteilen herbeigeführt werden. Beispielsweise
betrug im Kohle- und Ölschiefergebiet Fushun (Provinz Liaoning) im Jahr 1957 das Verhätlnis von ausgehenden und eingehenden Gütern 3 : 1; bis zum Jahr 1978 hatte sich dieses
Verhältnis wegen der zunehmend notwendig gewordenen Rohstoff-
importe aus anderen Regionen weitgehend ausgeglichen.[1] Da die
zuständigen Planungsbehörden diesen regionalen Wandel nicht
rechtzeitig durch den Aufbau entsprechend notwendig werden-
der Transportkapazitäten antizipierten, konnten Ende der 70er
Jahre 20-30 % der industriellen Produktionskapazitäten im
Nordosten aus Mangel an verfügbarer Energie nicht beschäftigt
werden.[2]

Eine durch Fehllenkung von Produktionsfaktoren bedingte Vergeudung von Ressourcen innerhalb des Transportsystems zeigt

1 ZHANG Wenchang, a.a.O., S.10.
2 Vgl. GAO Yangwen: Quanli kaichuang meitan..., a.a.O., S.1.

sich am folgenden Beispiel: Bei der Erschließung des Erdöl-
gebiets Daqing wurde für den Rohöltransport eine rd. 400 km
lange Bahntrasse von Ranghulu nach Tongliao gebaut; kaum war
die Trasse in Betrieb, wurde auf der gleichen Strecke eine
Rohrleitung verlegt, die den Öltransport übernahm. Die Bahntrasse wurde daraufhin stillgelegt. Ein Teil der zuvor ebenfalls neu geschaffenen Transportkapazitäten in der Küsten-
schiffahrt blieb gleichfalls unbeschäftigt. Zhang Wenchang
weist bei diesem Beispiel darauf hin, daß - abgesehen von
den Fehlinvestitionen - keine Wirtschaftlichkeitsberechnungen
berücksichtigt worden seien, da sonst der kostengünstigere
Tankertransport beibehalten worden wäre.[1]

Tabelle III.35.

Transportkosten nach Verkehrsträgern 1978
(Yuan/1000 tkm)

Küstenschiffe	3,35-3,60
Binnenschiffe[a]	7,56
Eisenbahn	8,99[b]

a Zugrunde gelegt wurden die durchschnittlichen Transportkosten auf dem Changjiang
(Yangtse); b Zugrunde gelegte Abschreibungsquote: 3 %.

Quelle: WANG Derong, YANG Zhanhzui: Fahui shuiyun youshi -
jiakuai shuiyun fazhan (Die Schiffstransportkapazitäten beschleunigt entwickeln), in: Zonghe Yunshu, Nr.2, 1980, abgedruckt in: Jiaotong Yunshu Jingji F 4, Nr.1, 1981, S.58.

Schließlich wurde, wie erwähnt, dem Ausbau überregionaler
Transportstrecken eine untergeordnete Bedeutung zugemessen,
obgleich in Anbetracht der ungleichen Verteilung der bergbaulichen Rohstoffe insgesamt[2] und der energetischen Rohstoffe insbesondere der Aufbau von überregionalen Verkehrswegen für die Industrialisierung des Landes erforderlich gewesen wäre. Stattdessen wurde in einzelnen Phasen der regio-

---

1 Nach Berechnungen von Zhang Wenchang beträgt der Transport
  des Rohöls per Tanker lediglich ein Fünftel der Kosten des
  Pipelinetransports, Vgl. ZHANG Wenchang, a.a.O., S.12.
2 Vgl. Kap. I.1.2.

nalen Selbstversorgung Priorität beigemessen. Interregionale
Arbeitsteilung und Kooperation waren ein untergeordnetes ent-
wicklungspolitisches Ziel, mit der Folge, daß die zuständigen
Ministerien den Ausbau überregionaler Verkehrswege erheblich
vernachlässigten.[1] Als seit der zweiten Hälfte der 60er Jahre
die Produktionsfaktoren im Kohlebereich vor allem zum Aufschluß von Kohlevorkommen in den Südprovinzen eingesetzt wurden,[2] wurde gleichzeitig der Faktoreneinsatz für den Aufbau
von überregionalen Verkehrsstrecken in Nord-Süd-Richtung reduziert. Etwa 70 % der im Betrachtungszeitraum in den Transportsektor gelenkten Finanzmittel dienten dem Aufbau lokaler
Verkehrssysteme.[3] Da aber entgegen den Erwartungen die südlichen Bergwerke den Brennstoffbedarf der lokalen Nachfrager
nicht decken konnten, mußte weiterhin und zwar in zunehmendem
Maße Kohle aus dem Norden herbeigeführt werden, so daß Ende
der 70er Jahre die Eisenbahnlinien in Nord-Süd-Richtung mit
bis zu 70 % ihrer Kapazitäten mit der Beförderung von Kohle
gebunden waren.

Sofern eine arbeitsteilige Produktion erfolgte, verhinderten
nicht selten Unzulänglichkeiten bei der intersektoralen und
intrasektoralen Koordination die optimale Nutzung vorhandener
Transportträger. In der Fachliteratur finden sich zahlreiche
Hinweise, die den verschwenderischen Umgang mit knappen
Transportkapazitäten verdeutlichen. Beispielsweise führen Lu
und Kolb aus, wie durch die arbeitsteilige Produktion zweier
Stahlwerke in erheblichem Umfang Transportkapazitäten gebunden wurden: Ein Teil des Rohstahls aus den Stahlwerken Anshan
(Nordost-Provinz Liaoning) und Shijingsha (bei Peking) wurde
in den Stahlwerken Panchihua und Dacheng (beide Südwestprovinz Sichuan) sowie im Werk Baoshan (Shanghai) weiterverarbeitet. Die entstandenen Halbfabrikate wurden zur Herstellung der Endprodukte wieder zurück nach Anshan und Peking
transportiert. Die Transportentfernung nach Sichuan und zurück beträgt 7000 km. Die im Jahr 1978 im Rahmen dieser Kooperation transportierten Güter hatten einen Volumen von

---

1 Vgl. XUE Muqiao: Sozialismus in China, a.a.O., S.184.
2 Vgl. Kap.II. 1.2.1.
3 Vgl. ZHANG Wenchang, a.a.O., S.10.

0,63 Mio. Tonnen. Durch den aufwendigen Transport kam es fast zur Verdoppelung der Herstellungskosten pro Tonne Stahl.[1]

Tabelle III.36.

Transfer von Kohle der zentralverwalteten Zechen
in/aus anderen(n) Landesregionen (1981)
- in Mio.t -

	Einfuhr	Ausfuhr	Netto-Transfer Einfuhr (-) Ausfuhr (+)
Überregionaler Kohletransfer insg.	143,6	143,6	
Beijing	12,4	2,6	-9,7
Tianjin	9,1	-	-9,1
Hebei	9,6	11,9	+2,3
Shanxi	-	69,3	+69,3
Innere Mongolei	3,9	5,8	+1,9
Liaoning	19,9	0,9	-19,0
Jilin	4,9	0,5	-4,4
Heilongjiang	1,5	8,7	+7,2
Shanghai	14,2	-	-14,2
Jiangsu	11,0	2,4	-8,6
Zhejiang	7,3	-	-7,3
Anhui	3,0	6,8	+3,8
Fujian	1,9	-	-1,9
Jiangxi	1,7	0,7	-1,0
Shandong	5,0	6,1	+1,2
Henan	3,1	13,7	+10,6
Hubei	11,8	-	-11,8
Hunan	3,7	0,9	-2,8
Guangdong	4,5	-	-4,5
Guangxi	1,9	-	-1,9
Sichuan	1,3	-	-1,3
Guizhou	-	2,3	+2,3

Quelle: Zhongguo meitan gongyebu (Hrsg.): Zhongguo Meitan Gongye Jianjian 1982 (Jahrbuch der Kohleindustrie Chinas 1982), Beijing 1983, S.24.

Transportkapazitäten wurden ebenfalls in beachtlichem Umfang durch die Beförderung unbrauchbaren Gesteins gebunden, das in der nicht aufbereiteten (Roh-)Kohle enthalten ist. Bei einem Kohletransportvolumen von über 400 Mio.Tonnen (1980) - davon ca. 150 Mio.Tonnen über regionale Grenzen hinweg -

---

1 Vgl. LU Dadao, Albert KOLB: Zur territorialen Struktur der Industrie in China, in: Geographische Zeitschrift, Nr.4, 1982, S.278 f.

vgl. Tabelle III.36. – betrug die Menge des transportierten wertlosen Gesteins bei einem Konversionsfaktor von 0,714 (aufbereitete Kohle zu Rohkohle) schätzungsweise 100 Mio. Tonnen.[1] Das entsprach fast 10 % des gesamten Frachtvolumens der Eisenbahn im gleichen Jahr.

Tabelle III.37.

Dichte des öffentlichen Straßennetzes
in ausgewählten Regionen[a] (km/100 km²)

Region	Dichte der öffentlichen Straßen		
	insges.	befestigt	bei Nässe befahrbar
Liaoning	21,1	4,0	10,6
Shen-Fu-An-Ben-Liao-Gebiet[b]	23,5	4,7	12,2
Beijing	37,6	29,5	26,8
Tianjin	30,5	19,5	19,5
Shanghai	31,8	15,6	31,8
Jiangsu	16,8	5,4	14,2
Shanxi	20,2	3,9	6,9
Sichuan	13,4	1,9	10,6
China	8,9	2,5	5,8

a Die Angaben für Liaoning beziehen sich auf das Jahr 1978,
  die anderen Angaben auf das Jahr 1977.
b Es handelt sich hierbei um die Städte Shenyang, Fushun,
  Anshan, Benxi, Liaoyang.

Quelle: ZHANG Wenchang: Gongye jidi jiatong yunshu buju wenti (Über die Verteilung der Verkehrs- und Transportwege und der Industriebasen), in: Dili Xuebao, Nr.2, 1981, abgedr. in: Jiatong Yunshu Jingji F4, Nr.7, S.13.

1 Da ein Teil der Kohle in aufbereiteter Form befördert wird,
  ist nur eine grobe Schätzung möglich.

Eine Statistik der Staatlichen Wirtschaftskommission veranschaulicht eine der wesentlichen Ursachen für die suboptimale Nutzung oder anders formuliert: Die Vergeudung vorhandener Transportkapazitäten. Kostenaspekte spielten bei der Nutzung vorhandener Transportträger keine oder zumindest keine wesentliche Rolle. Der Straßentransport ist im Nahverkehrsbereich im Vergleich zum Eisenbahntransport kostengünstiger bei Entfernungen bis zu 150 Kilometer bei der Beförderung von Stückgut und bis zu 50 Kilometer bei der Beförderung von Schüttgut. Bei größeren Entfernungen ist der Transport per Eisenbahn kostengünstiger. Wegen schlechter Koordination der zuständigen Fachabteilungen waren die Gütertransportkapazitäten der Eisenbahn beispielsweise im Jahr 1979 mit rd. 14 % ihres gesamten Gütertransportaufkommens mit Kurzstreckentransporten (Entfernung unter 50 km) gebunden - in Regionen wie z.B.: Liaoning, Beijing oder Tianjin waren es trotz vergleichsweise gut ausgebauter Straßennetze sogar ca. 20 %.[1]

6. Zusammenfassende Beurteilung der Leistungsfähigkeit der chinesischen Energiewirtschaft

Der hohe Faktoreinsatz in den einzelnen Energiebereichen über einen Zeitraum von rd. drei Jahrzehnten führte zu beachtlichen Erfolgen - allerdings nur bei der Erzielung hoher Zuwachsraten der Energiegewinnung. Grob vernachlässigt wurden beispielsweise nicht nur Maßnahmen zur Verbesserung der Qualität der geförderten fossilen Energieträger, sondern vor allem auch Maßnahmen zur langfristigen Sicherung der Bereitstellung von Energieträgern aus binnenländischen Lagerstätten mit der Folge, daß Ende der 70er Jahre innerhalb der einzelnen Energiebereiche erhebliche disproportionale Entwicklungen ein weiteres Wachstum behinderten.

---

1 Zitiert nach ZHANG Wenchang, a.a.O., S.10. Wang Derong und Guo Yun errechneten, daß ca. ein Viertel der Gütertransporte der Eisenbahn über eine Strecke von weniger als 100 km befördert wird. Vgl. WANG Derong, GUO Jun: Zhongguo yunshu fazhan zhanlüe wenti (Über strategische Fragen des Verkehrs- und Transportwesens in China), in: LIU Guogang, LIANG Wensen (Hrsg.), a.a.O., S.203.

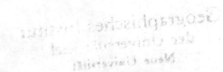

Das entwicklungspolitische Ziel, Autarkie bei der Energieversorgung des ganzen Landes und möglichst weitgehende Selbstversorgung einzelner Regionen, bestimmte den Faktoreinsatz;
Kosten-Ertrags-Analysen waren - sofern sie überhaupt durchgeführt wurden - von nachgeordneter Bedeutung.

Das Versäumnis, die administrativ festgelegten Güterpreise
an Kostenveränderungen anzupassen, führte zu Preisverzerrungen, die u.a. die Kohleindustrie zum bodenlosen Faß staatlicher Subventionen bzw. zur Quelle fälschlich überhöht aus-
gewiesener Gewinne kohleverbrauchender Industriezweige ver-
urteilte. Die vergleichsweise kapitalintensiven Industriezweige Erdöl und Elektrizität stellten aufgrund hoher Administrativpreise weit überdurchschnittlich hohe Beiträge zur
Wertschöpfung.

Wegen der verzerrten Faktorpreise lassen sich keine aussage-
fähigen Produktivitätskennziffern ermitteln. Unzweifelhaft
ist jedoch, daß im Verlaufe des Betrachtungszeitraums in
der chinesischen Industrie insgesamt und insbesondere in
der Kohleindustrie nur ein geringer technischer Fortschritt
realisiert werden konnte und der Kapitalkoeffizient sehr
hoch ist.

Es scheint, daß der zentrale Planungs- und Lenkungsapparat
mit der Verwirklichung eines gleichgewichtigen Wachstums
überfordert war und daß es in erheblichem Umfang zur Fehllenkung von Produktionsfaktoren kam. Das gilt auch für den
Transportsektor, der nicht zuletzt aufgrund verfolgter ent-
wicklungspolitischer Ziele immer weniger den Anforderungen
des wachsenden überregionalen Transportaufkommens gerecht
werden konnte.

VIERTES KAPITEL

ENERGIEVERBRAUCH UND GESAMTWIRTSCHAFTLICHE ENTWICKLUNG

Ende der 70er Jahre betrug die Unterdeckung des Brennstoff-
bedarfs nach Angaben des Ministers für Kohleindustrie jährlich etwa 20 - 30 Mio.Tonnen Kohle.[1] Der Vorsitzende der
Atomenergiekommission bezifferte die Unterdeckung des Elek-
trizitätsbedarfs auf 40 - 50 Mrd.kWh.[2] Die allein durch den
Elektrizitätsmangel bedingten Produktionsausfälle der Industrie werden mit 70 Mrd.Yuan p.a. angegeben - das entspricht
ca. 10 % des Bruttoproduktionswertes der Industrie im Jahre
1980.[3]

Da es in der vorliegenden Arbeit um die Untersuchung der
Frage geht, ob es der chinesischen Führung mittels zentraler
Planungs- und Lenkungsmechanismen gelungen ist, eine gleichgewichtige Entwicklung von Energieangebot und Energienachfrage herbeizuführen, wird im vierten Kapitel dieser Frage
von der Seite des Energieverbrauchs aus nachgegangen. Im
dritten Kapitel war dargelegt worden, daß auf der Seite des
Energieangebots z.T. erhebliche Entwicklungsverzögerungen
zu verzeichnen sind. Da Angebotsentwicklungen, die zu Beeinträchtigungen bei der Energieversorgung, d.h. zu einer Unterdeckung des Energiebedarfs führen, nur in Relation zum Nach-
fragevolumen und der Nachfragestruktur zu bewerten sind,
wird in den nachfolgenden Abschnitten untersucht, welche Entwicklungsmerkmale quantitativer und qualitativer Art auf
der Energieverbrauchsseite zum Betrachtungszeitpunkt maß-
gebend für die Disproprotion von Energieangebot und Energienachfrage waren. Untersucht werden die wichtigsten Einflußfaktoren für die Höhe und Struktur des Energieverbrauchs.

---

1 Vgl. GAO Yangwen: Quanli kaichuang meitan...,
  a.a.O., S.1.
2 Vgl. JIANG Shengjie: Entwicklung von Chinas Kernenergie-
  industrie, in: Beijing Rundschau, No. 25, 1984, S.18.
3 ebenda.

Im marktwirtschaftlichen System sind bei funktionierendem
Wettbewerb Ungleichgewichte zwischen Angebot und Nachfrage
temporärer Art und bewirken automatische - wenn auch zeitlich verzögerte - Anpassungen und somit z.B. bei Angebotsver-
knappungen ein Gleichgewicht auf (preislich) höherer Ebene,
bzw. bei einem Angebotsüberhang auf einem niedrigeren Preisniveau. Verknappungen des Energieangebot lösen ferner gleichzeitig Substitutionsprozesse aus, sei es in Form einer Substitution durch andere Energieträger oder andere Produktionsfaktoren, wie z.B. Investitionen zur Energieeinsparung oder
auch ein Konsumverzicht. Da in der VR China der Preismecha-
nismus zur Herstellung eines Gleichgewichtes von Energieangebot und Energienachfrage nicht wirksam war, ist zu untersuchen, ob und falls ja welche Mechanismen wirksam waren, um
Angebotsengpässen durch Substitutionsmaßnahmen zu begegnen.

1. Wirtschaftswachstum und Energieverbrauch

Bis zu Beginn der 70er Jahre schien nahezu unumstritten anerkannt, daß Energieverbrauch und Sozialprodukt eines Landes
miteinander korreliert sind - sei es, daß ein bestimmtes
Wachstum des Sozialprodukts einen bestimmten Zuwachs des
Energieverbrauchs voraussetzt oder auch, daß die Höhe des
Pro-Kopf-Volkseinkommens mit der Höhe des Pro-Kopf-Energie-
verbrauchs korreliert. Der im Anschluß an die weltweiten
Energiepreiserhöhungen in den Jahren 1973 und 1979 zu ver-
zeichnende Rückgang der Zuwachsraten des Energieverbrauchs
im Vergleich zu den Zuwachsraten des Sozialprodukts vieler
Länder sowie die Variationsbreite des Pro-Kopf-Energiever-
brauchs in Ländern mit vergleichbarem Pro-Kopf-Einkommen
haben jedoch offensichtlich werden lassen, daß sowohl die
Aussagefähigkeit der ersten Maßgröße, das Verhältnis von
Energieverbrauchszuwachs zum Wachstum des Sozialprodukts
(oder auch: der Elastizitätskoeffizient als jahresdurchschnittliche Änderungsrate des Energieverbrauchs bezogen
auf die jahresdurchschnittliche Änderungsrate des Brutto-
sozialprodukts oder Bruttoinlandprodukts; im folgenden:

Elastizitätskoeffizient des Energieverbrauchs) als auch der zweiten Maßgröße, der Energieintensität des Sozialprodukts, bei internationalen Vergleichen zumindest mit Vorbehalt zu betrachten sind. Es wurde deutlich, daß eine bestimmte Korrelation zwischen Energieverbrauch und Wirtschaftswachstum oder der Höhe des Pro-Kopf-Einkommens nicht eindeutig gegeben ist.

Der Elastizitätskoeffizient des Energieverbrauchs ist ein Quotient aus hochaggregierten, gesamtwirtschaftlichen Größen, der lediglich Auskunft über Wachstum des Energieverbrauchs im Vergleich zum Sozialprodukt eines bestimmten Landes geben kann. Es sind aber z.B. keine eindeutigen Aussagen darüber möglich, ob der Energieverbrauch eines Landes im Vergleich zu anderen Ländern hoch oder niedrig ist. Eine in dieser Weise qualifizierende Aussage kann nur getroffen werden, wenn weitere spezifische Landesbedingungen, die sowohl die Wachstumsraten des Sozialprodukts als auch die Zuwachsraten des Energieverbrauchs beeinflussen, wie z.B. die Wirtschaftsstruktur, die gesamtwirtschaftliche Energienutzungsrate oder die Regionalstruktur des Energieverbrauchs, berücksichtigt werden.

1.1. Grundsätzliche Probleme bei internationalen Vergleichen
     des Energieverbrauchs in bezug auf das Wirtschafts-
     wachstum

Ländervergleichende Untersuchungen sind grundsätzlich mit Problemen verbunden, die eine vorsichtige Bewertung der Aussageergebnisse - sofern die Probleme nicht eleminierbar sind - ratsam machen. Die beim Vergleich von Sozialproduktdaten von Ländern gegebenen Probleme sind hinlänglich bekannt. Bei Vergleichen z.B. des Bruttoinlandprodukts auf der Basis von laufenden Wechselkursen gegenüber einer Vergleichswährung (meist US-Dollar) wird die Höhe des Bruttoinlandprodukts des jeweils untersuchten Landes wesentlich von der Höhe des gegebenen Außenbeitrages bestimmt. Vergleiche des "realen Sozialprodukts", d.h. auf der Basis von Kaufkraftparitäten – die letztlich ebenfalls nur, wenn auch bessere, Näherungswerte darstellen[1] – würden die durch den unterschiedlichen Außenbeitrag von Ländern bedingte Verzerrung eliminieren; da die Berechnungen aber entsprechend aufwendig sind, werden sie selten durchgeführt.[2]

Für die hier untersuchte VR China kommt als zusätzliche, die Vergleichbarkeit einschränkende, Bedingung hinzu, daß von der westlichen volkswirtschaftlichen Gesamtrechnung abweichende gesamtwirtschaftliche Indikatoren zugrunde liegen. Das chinesische Volkseinkommen erfaßt, wie oben erwähnt, entsprechend dem marxistischen Volkseinkommenskonzept nur Bruttogrößen und läßt wegen seiner Ausrichtung auf die materielle Produktion einen erheblichen Teil der Dienstleistungsbereiche unberücksichtigt. Da zudem keine Knappheitspreise gegeben sind, ist das chinesische Volkseinkommen weder inhaltlich noch vom Umfang gesehen mit dem westlichen Nettosozialprodukt zu vergleichen.[3] Als maßgeblicher Indikator für wirtschaftliches Wachstum wird der Bruttoproduktionswert betrachtet, der nur

---

1 Die Zugrundlegung von Kaufkraftparitäten hat folgenden Effekt: Das reale Sozialprodukt der Länder wird beim Vergleich auf US-Dollar-Basis relativ zum Sozialprodukt der USA angehoben, und zwar umso mehr, je niedriger das Pro-Kopf-Einkommen der Länder im Vergleich zu den USA sind. In einer z.B. von Darmstadter et al. durchgeführten Untersuchung ergaben sich nur geringfügige Abweichungen der Kaufkraftparitäten von den offiziellen Wechselkursen der Länder Kanada und Schweden im Vergleich zu den USA. Dagegen traten beachtliche Abweichungen auf bei Ländern wie Italien, England und Japan, deren nominelles Pro-Kopf-Einkommen bedeutend niedriger als jenes der USA ist. Das reale Sozialprodukt dieser Länder lag in der zitierten Untersuchung etwa 20 % höher als jenes nach den geltenden Wechselkursen ermittelte Sozialprodukt. Vgl. Joel DARMSTADTER, Joy DUNKERLEY, Jack ALTERMAN: How Industrial Societies use Energy - A comparative Analysis, Baltimore, London 1977, S.
2 Auch die Weltbank legt bei internationalen Vergleichen der Sozialprodukte verschiedener Länder die Wechselkurse als Umrechnungsfaktor zugrunde. Vgl. World Bank (Hrsg.): World Development Report 1983, S.228.
3 Es gibt daneben noch eine Reihe weiterer Abweichungen bei den verwendeten Indikatoren und den Berechnungsverfahren. Zur Berechnung des Nationaleinkommens vgl. Shigeru ISHIKAWA: National Income and Capital Formation in Mainland China, an Examination of Official Statistics, Tokyo 1965, S.6 ff.

für die Sektoren Industrie und Landwirtschaft in der Wirtschaftsstatistik veröffentlicht wird. Dieser umfaßt wie
erwähnt sowohl Wertschöpfung als auch Vorleistungen.

Beim Vergleich des Energieverbrauchs verschiedener Länder
sind ebenfalls bewertungsbedingte Verzerrungen gegeben, die
die Aussagekraft von Vergleichsergebnissen einschränken: Es
handelt sich vor allem um die Bewertung der Primärelektrizität und die Vernachlässigung des Verbrauchs nichtkommerzieller Energieträger. Bei der zum Zwecke der Vergleichbarkeit
verschiedener Energieträger vorgenommenen Umrechnung auf den
in der vorliegenden Arbeit ebenfalls gewählten gemeinsamen
Nenner Steinkohleeinheiten (SKE) wird Primärelektrizität z.B.
aus Wasserkraft statistisch im allgemeinen entsprechend dem
Wärmewert bewertet, der für die Produktion von einer Kilowattstunde erforderlich ist. Je nach Bedeutung der Primärelektrizität in der Energiebilanz eines Landes können jedoch
wegen des unterschiedlichen energetischen Wirkungsgrades
von Wasserkraft- und von thermischen Kraftwerken durch die
Umrechnung auf den Wärmewert erhebliche Verfälschungseffekte
entstehen.[1] Ferner werden nichtkommerzielle Energieträger
im allgemeinen bei der Bewertung von Energieverbrauch und
Wirtschaftswachstum nicht berücksichtigt, da sie - fast ausschließlich in ländlichen Haushalten zu konsumtiven Zwecken
verbraucht - nicht unmittelbar mit der Höhe des Sozialprodukts in bezug stehen. Während in Industrieländern in allen
Sektoren, einschließlich den konsumtiven, im wesentlichen
kommerzielle Energieträger verbraucht werden, werden aber
in Entwicklungsländern kommerzielle Energieträger überwiegend

---

1 Primärelektrizität ist die mittels Wasser-, Kernkraft oder
  der Geothermik erzeugte Elektrizität. Bei der Umrechnung
  von Primärelektrizität in Steinkohleeinheiten (SKE) wird
  bei internationalen Vergleichen meist eine fiktive ther-
  mische Effizienz von 34 % der Primärenergieträgerkonversion
  unterstellt. Vgl. World Bank (Hrsg.): Weltentwicklungsbericht 1983, Washington, D.C., 1983, S.233. Da der technische Wirkungsgrad von Wasserkraftwerken tatsächlich aber
  höher ist - er liegt bei 80 - 90 % - wird der reale Verbrauch der Primärelektrizität und damit der gesamten Elektrizität eines Landes statistisch unterbewertet. Das ist
  vor allem dann bedeutsam, wenn der Anteil der Primärelektrizität der vergleichenen Länder unterschiedlich hoch ist.

in den Sektoren Industrie, Transport und Verkehr verbraucht.
Haushalte verbrauchen fast ausschließlich nichtkommerzielle
Energieträger, bzw., sie sind fast ausschließlich auf nicht-
kommerzielle Energieträger angewiesen.[1]

Wegen der grundsätzlich unterschiedlichen volkswirtschaftlichen Indikatoren und auch der aufgezeigten Bewertungspro-
bleme ist die Vergleichbarkeit der in diesem Abschnitt für
China ermittelten Daten mit anderen Ländern begrenzt. Es
soll jedoch nicht darauf verzichtet werden, die Ergebnisse
der ländervergleichenden Untersuchungen zusammenzufassen,
bevor der in China gegebene Elastizitätskoeffizient des
Energieverbrauchs und die Energieintensität des Sozialprodukts ermittelt wird.

1.2. Wirtschaftswachstum, Einkommen und Energieverbrauch
     im internationalen Vergleich

Zur Ermittlung des Zusammenhangs von Energieverbrauch und
Wachstum des Sozialprodukts fand in zahlreichen Untersuchungen der Elastizitätsbegriff Verwendung. In ländervergleichenden Langzeituntersuchungen der Elastizität des Primärenergieverbrauchs bezogen auf das Sozialprodukt[2] (im folgenden:
Elastizitätskoeffizient des Primärenergieverbrauchs) sowie

---

1 Nach Darmstadter et al. ist eine statistische Fehlerquelle
  ferner in der Vernachlässigung der Nutzung von Abwärme
  und Fernwärme zu sehen. Die Vernachlässigung führt statistisch zu einem reduzierten Energiekonsum bei jenen
  Ländern, in denen z.B. Abwärme bereits in bestimmtem Umfang genutzt wird. Zwar bleibt dadurch der Primärenergieverbrauch unbeeinflußt. Vergleichsprobleme tauchen aber
  bei der sektoralen Analyse des Energieverbrauchs auf.
  Vgl. J. DARMSTADTER et al., a.a.O., S.17.
2 Der Elastizitätsbegriff wird in der vorliegenden Arbeit
  dort beibehalten, wo er in zitierten Untersuchungen verwendet wird. Ansonsten wird als Indikator für den fiktiven
  Zusammenhang von Energieverbrauch und Wirtschaftswachstum
  der Begriff "Energieverbrauchskoeffizient" verwendet, und
  zwar deshalb, weil der eigentliche ökonomische Sinn der
  Elastizität bei den hier untersuchten Kategorien bisher
  nicht erwiesen werden konnte. Der Energieverbrauchskoeffizient ist so zu interpretieren, daß Δ Energieverbrauch
  lediglich auf Δ BSP (BIP) bezogen wird, ohne daß gefragt
  ist, inwieweit Δ Energieverbrauch dem BSP zuzurechnen ist.

der Elastizität des Elektrizitätsverbrauchs bezogen auf
das Sozialprodukt (im folgenden: Elastizitätskoeffizient
des Elektrizitätsverbrauchs) haben sich in den Untersuchungen, die vor den Auswirkungen der ersten drastischen Ölpreis-
erhöhung (1973/74) durchgeführt wurden, jeweils voneinander
abweichende Elastizitätskoeffizienten für die Ländergruppen
Industrieländer und Entwicklungsländer abgezeichnet. In
der hier als beispielhaft für ähnliche Analysen zitierten
Untersuchung[1] wurde beispielsweise im Betrachtungszeitraum
1960-1974 für Industrieländer ein Elastizitätskoeffizient
des Primärenergieverbrauchs von 1 und ein Elastizitätskoeffizient des Elektrizitätsverbrauchs von 1,5 (jeweils bezogen
auf das Bruttoinlandprodukt) ermittelt. Für Entwicklungsländer zeigten sich höhere Elastizitätskoeffizienten und zwar
1,25 für den Primärenergieverbrauch und 1,75 für den Elektrizitätsverbrauch.

Spätestens die weltweiten Energiepreiserhöhungen haben verdeutlicht, daß Elastizitätskoeffizienten weder eine zuver-
lässige Vergleichsbasis darstellen, noch daß ihnen eine
prognostische Bedeutung für die zukünftige Entwicklung des
Energieverbrauchs eines Landes beizumessen ist. Zum einen
treten erhebliche Schwankungen der Elastizitätskoeffizienten

---

1 Axel D. NEU: Entkoppelung von Wirtschaftswachstum und Energieverbrauch - eine Strategie der Energiepolitik, Kieler
  Diskussionsbeiträge Nr.52, Kiel, Februar 1978, S.11 ff.
  Ähnliche Energieverbrauchskoeffizienten wurden in anderen
  Untersuchungen ermittelt. Für europäische Industrieländer
  vgl. Klaus BRENDOW: Energieverbrauchsprognosen internatio-
  naler Organisationen für Westeuropa. Eine Exaktheitsana-
  lyse, in Statistische Hefte, Köln, N.F. Jg. 10 (1969),
  S.66 ff; Norbert SANDERS: Die Grenzen der mittel- und lang-
  fristigen Prognosen des Energieverbrauchs, in: Glückauf,
  Bd.108 (1972), S.1147-1160. Zum Zusammenhang zwischen
  Wachstum des Sozialprodukts und Zuwachs des Energiever-
  brauchs in Entwicklungsländern vgl. World Bank (Hrsg.):
  Energy in the Developing Countries, Washington, D.C.,
  August 1980, S.1. f. Einen Überblick über Energiever-
  brauchsprognosen für Entwicklungsländer geben Philip F.
  PALMEDO, Robert NATHANS, Edward BEARDSWORTH und Samuel
  HALE, Jr.: Energy Needs, Uses and Resources in Developing
  Countries, Brookhaven National Laboratory (Hrsg.), March
  1978, S.26 ff.

auf. In der Bundesrepublik Deutschland schwankte beispielsweise der Elastizitätskoeffizient des Primärenergieverbrauchs
zwischen 1950 und 1975 in Fünfjahresintervallen zwischen
0,37 und 1,04.[1] Zum anderen sind die Elastizitätskoeffizienten nach 1973 erheblich kleiner als zuvor - sowohl bei Industrieländern als auch bei Entwicklungsländern, was verdeutlicht, daß die "Elastizität" erheblich vom Preis der Energieträger beeinflußt wird.

Die Anwendung des Elastizitätsbegriffs zur Erfassung des
Zusammenhangs der hier untersuchten gesamtwirtschaftlichen
Größen ist insofern fragwürdig. Der Koeffizient ist nur
eine ex post ermittelte statistische Maßgröße, nicht aber
eine Zurechnungsgröße. Meyer-Abich folgert: "Es gibt dementsprechend noch keine auch nur halbwegs akzeptierte Theorie
des Zusammenhangs von Energieeinsatz und wirtschaftlichem
Ertrag. Insbesondere ist bisher kein stringenter Zusammenhang
zwischen Energieumsatz und Sozialprodukt theoretisch nachgewiesen."[2]

Eine weitere häufig verwendete Maßgröße, die Energieintensität des Sozialprodukts, ist als Grundlage des Länderver-
gleichs wenig ergiebiger - sowohl was den Primärenergieverbrauch betrifft als auch den Elektrizitätsverbrauch. In einer
ländervergleichenden Untersuchung ermittelte Neu, daß sich
bei einem gewählten Sample von 44 Ländern im Jahr 1974 sowohl
eine Zunahme des Energieverbrauchs als auch eine Abnahme des
Energieverbrauchs (bei Primärenergie und Elektrizität) bei
steigender Einkommenshöhe pro Kopf der Bevölkerung mit gleichem Bestimmtheitsmaß nachweisen lassen.[3]

---

1 Vgl. Jochen LEGLER: Der Zusammenhang zwischen Energieverbrauch, Wirtschaftswachstum und Beschäftigung, in: Blätter
  für deutsche und internationale Politik, Nr. 3, 1977,
  S.270 ff.
2 Vgl. Klaus M. MEYER-ABICH: Energie, Energieeinsparung als
  neue Energiequelle, München, Wien 1979, S.32.
3 Vgl. Axel NEU, a.a.O., S.16 ff. In diesem Falle wäre im
  übrigen der Zusammenhang beider Größen vollständig ent-
  koppelt, ebenda S.18.

Erhebliche Unterschiede im Energieverbrauch von Ländern mit
nahezu gleichem Pro-Kopf-Einkommen weisen darauf hin, daß
nationale Besonderheiten einen wesentlichen Einfluß auf die
Höhe des Energieverbrauchs haben. So haben die Länder Kanada
und die USA bei etwa gleich hohem Sozialprodukt pro Kopf
einen fast oder mehr als doppelt so hohen Primärenergieverbrauch pro Kopf als die Industrieländer Westeuropas. Unter
den westeuropäischen Ländern braucht Luxemburg mit seiner
grundstoffintensiven Wirtschaftsstruktur fünfmal mehr Primärenergie zur Erzeugung einer Einheit des Sozialprodukts als
die Schweiz.[1] In den zentral gelenkten Wirtschaftssystemen
wie in der DDR, der CSSR, UdSSR und in Polen wird das Sozialprodukt wesentlich energieintensiver als in den meisten westlichen Industrieländern[2] erstellt. Beim Stromverbrauch pro
Kopf liegen beispielsweise die USA und Kanada ähnlich wie
beim Primärenergieverbrauch und Elektrizitätsverbrauch etwa
doppelt so hoch wie die westeuropäischen Länder (ausgenommen
Norwegen und Schweden). Der Stromverbrauch in Schweden lag
im Untersuchungsjahr mit knapp 10.000 kwh etwa doppelt so
hoch wie jener der Bundesrepublik (ca. 5.000 kWh) oder Bel-
giens (4.500 kWh) mit etwa vergleichbarem Pro-Kopf-Einkommen.
Den absolut höchsten Pro-Kopf-Verbrauch weist Norwegen mit
rd. 17.800 kWh auf.[3]

Aus vergleichenden Untersuchungen zwischen Industrieländern
und Entwicklungsländern ist zu entnehmen, daß wesentliche
Unterschiede im Energieverbrauch pro Kopf der Bevölkerung
zwischen Industrie- und Entwicklungsländern - etwa im Verhältnis von 10 : 1 - nicht ohne weiteres darauf schließen
lassen, daß die Energieintensität des Sozialprodukts in
Entwicklungsländern gering ist. Beim Einkommensvergleich
auf der Basis offizieller Wechselkurse war die Energieintensität Ende der 70er Jahre in den Industrieländern mit etwa

1 Vgl. Florentin KRAUSE, Hartmut BOSSEL, Karl-Friedrich
  MÜLLER-REISSMAN: Energie-Wende, Wachstum und Wohlstand
  ohne Erdöl und Uran, Frankfurt 1980, S.120.
2 Vgl. World Bank (Hrsg.): World Development Report 1981,
  Washington, D.C. 1981, S.134 f., 146 f.
3 Vgl. Axel NEU, a.a.O., S.19.

1.700 t SKE pro Sozialprodukteinheit im Durchschnitt sogar
geringer als in den Entwicklungsländern (ca. 2.200 t SKE).
Auf der Basis der realen Sozialproduktdaten ist hingegen
die Energieintensität in Entwicklungsländern mit 1.300 t
SKE geringer als in den Industrieländern (1.800 SKE).[1] Auch
sektoral zeigen sich keine eindeutigen Unterschiede.[2]

Aus den angeführten Querschnittsvergleichen ist demnach folgendes zu schließen: Zwar sind Wirtschaftswachstum und Einkommenshöhe Faktoren, die die Höhe des Energieverbrauchs beeinflußen. Eine eindeutige funktionale Beziehung dieser ag-
gregierten Größen konnte bisher aber nicht nachgewiesen
werden. Die Schwankungen der Energiekoeffizienten im Zeitablauf sowie die bestehenden Unterschiede zwischen Ländern mit
vergleichbaren Pro-Kopf-Einkommen weisen darauf hin, daß die
Höhe des Energieverbrauchs von weiteren Faktoren bestimmt
wird.

1.3. Wirtschaftswachstum, Einkommen und Energie-
     verbrauch in der VR China

Die oben genannten Einschränkungen[3] mindern zwar die Vergleichbarkeit von Wirtschaftswachstum, Einkommen und Energieverbrauch verschiedener Länder, insbesondere dann, wenn Länder miteinander zu vergleichen sind, die, wie die VR China
in der Statistik abweichende volkswirtschaftliche Indikatoren
verwenden; in der vorliegenden Arbeit kommt es jedoch zunächst einmal darauf an, Wirtschaftswachstum, Einkommenshöhe
und die Höhe des Energieverbrauchs für die VR China sowie
weitere, die Höhe des Energieverbrauchs bedingende Faktoren
zu erfassen.

---

1 Vgl. J. DUNKERLEY: Comparative Analysis of the Energy Sectors of Industrialized and Developing Countries, Washington
  1979 (mimeo) zit. in: Lutz Hoffmann: Derzeitige Situation
  und spezielle Probleme im Energieverbrauch der Entwicklungsländer, in: Beihefte der Konjunkturpolitik, Energiewirtschaft und gesamtwirtschaftliche Entwicklung - internationale und nationale Aspekte, H.28, 1981, S.112.
2 ebenda.
3 Vgl. Abschnitte 1.1., 1.2.

In der öffentlichen Presse der VR China waren die Energiepreissteigerungen auf dem Weltmarkt im Jahr 1973 und die
vorübergehenden weltweiten Verknappungstendenzen beim Angebot
von Energieträgern lediglich als Problem kapitalistischer
Wirtschaftsordnungen apostrophiert worden.[1] Der Anfang der
70er Jahre erfolgte Aufschwung der Erdölförderung in China
ließ die damals maßgeblichen Wirtschaftspolitiker in eine
Zukunft blicken, die nicht nur ein ausreichendes Angebot an
Energie für die inländische Versorgung versprach, sondern
darüber hinaus auch wachsende Deviseneinnahmen aus Erdölexporten.

Erst nachdem Ende der 70er Jahre die Kapazitätsgrenzen der
Produktionsausweitung in den inländischen energiegewinnenden
und -umwandelnden Bereichen erreicht waren, sah man sich –
wie ein halbes Jahrzehnt zuvor im erdölimportabhängigen
Westen durch Preiserhöhungen induziert – veranlaßt, die Aufmerksamkeit der Seite des Energieverbrauchs zuzuwenden. In
den zahlreichen seither veröffentlichten Untersuchungen
orientierte man sich an den im Westen angewandten Kategorien
des Elastizitätskoeffizienten und der Energieintensität des
Sozialprodukts und ging schließlich der Frage nach, welche
Faktoren die Höhe des Energieverbrauchs in China beeinflussen.

Gemessen am Pro-Kopf-Einkommen ist die VR China unbestritten
ein Entwicklungsland. Der Energieverbrauch entspricht ebenfalls dem von Entwicklungsländern: Der Verbrauch an kommerzieller Primärenergie pro Kopf der Bevölkerung betrug im
Jahr 1980 618 kg SKE. Er war damit etwa dreimal höher als
jener Indiens, lag aber deutlich unterhalb des Pro-Kopf-Ver-
brauchs beispielsweise der Länder Brasilien und Argentinien;
er entsprach aber lediglich etwa einem Zehntel des Pro-Kopf--
Verbrauchs der westeuropäischen Industrieländer.[2] Charakte-
ristisch ist ebenfalls der hohe Verbrauch an nichtkommer-

---

1 Vgl. TJIU Pe-tjiang: Die "Energiekrise" und die Rauferei
  um die Energievorkommen, in:Peking Rundschau, Nr.39, 1973,
  S.13 f.
2 Vgl. World Bank (Hrsg.): World Development Report 1981,
  a.a.O., S.146 f.

ziellen Energieträgern. Der Verbrauch an kommerzieller Energie deckt nur etwa zwei Drittel des gesamten Energiebedarfs. Ein Drittel wird noch mit traditionellen Energieträgern wie Feuerholz, Holzkohle, tierischen und landwirtschaftlichen Abfällen gedeckt.[1,2]

Tabelle IV.1.

Verbrauch kommerzieller Energie pro Kopf nach Ländergruppen und ausgewählten Ländern 1960, 1980 in Tonnen SKE

	1960	1980
Länder mit niedrigen Einkommen	0,22	0,37
Indien	0,11	0,21
VR China	0,34	0,62
Länder mit mittleren Einkommen	0,46	0,99
Brasilien	0,39	1,10
Argentinien	1,18	2,16
Marktwirtschaftl. Industrieländer	4,54	7,50
Großbritannien	4,75	5,36
Frankreich	2,86	5,37
Bundesrepublik Deutschland	3,86	6,05
Vereinigte Staaten	8,41	11,63
Kanada	7,56	13,15
Osteuropäische Staatsländer	2,88	6,22
Sowjetunion	2,90	6,42

Quelle: Weltbank (Hrsg.): Weltentwicklungsbericht 1983, Washington D.C., 1983, S.188 f.

---

1 Nichtkommerzielle Energieträger nehmen in verschiedenen Regionen der Welt folgende Anteile am Gesamtenergieverbrauch ein: Westafrika 80 %, Zentral- und Ostafrika 77 %, Südasien 51 %, Südamerika 24 %, in zentralgeplanten Entwicklungsländern 22 %, vgl. J.R. FRISCH: Third World Energy Horizons 2000-2020, A Regional Apporach to Consumption and Supply Sources, paper presented at the World Energy Conference, München 1980. Zit. in: L. Hoffmann: Derzeitige Situation..., a.a.O., S.108.
2 Weitere Angaben zum Verbrauch nichtkommerzieller Energieträger vgl. Abschnitt 2.

Tabelle IV.2.

Energieverbrauch, kombinierter Bruttoproduktionswert für Industrie und Landwirtschaft und Energieverbrauch pro Einheit des Bruttoproduktionswertes[a] in ausgewählten Jahren

Jahr	Energie-verbrauch (Mio.t SKE)[b]	Bruttoproduktionswert für Industrie und Land-wirtschaft (Mrd.Yuan)		Energiever-brauch pro 10.000 Yuan (zu Preisen von 1970;t)[b]	Anteile der Landwirtschaft, Leicht- und Schwerindustrie am Bruttoproduktionswert (%)		
		zu laufen-den Preisen	zu Preisen von 1970		Landwirt-schaft	Leicht-industr.	Schwer-industr.
1949	23	46,6	41,2	5,58	70,0	22,1	7,9
1950	32 (193)	57,5	50,8	6,30 (37,99)	66,8	23,5	9,7
1952	45	81,0	73,0	6,16	56,9	27,8	15,3
1955	70 (244)	110,9	97,5	7,18 (25,03)	51,8	28,5	19,7
1957	96	124,1	122,6	7,83	43,3	31,2	25,5
1960	302 (476)	209,0	204,0	14,80 (23,33)	21,8	26,1	52,1
1962	165	150,4	124,4	13,05	38,8	28,9	32,3
1965	189 (394)	223,4	196,0	9,64 (20,10)	37,3	32,3	30,4
1970	292 (530)	313,8	309,9	9,42 (17,10)	33,7	30,6	35,7
1975	453 (718)	446,7	450,4	10,06 (15,94)	30,1	30,8	39,1
1977	521 (791)	497,8	506,7	10,28 (15,61)	28,1	31,6	40,3
1978	569 (844)	563,1	569,0	10,00 (14,83)	27,8	31,1	41,1
1979	586 (886)	637,9	617,5	9,49 (14,35)	29,7	30,7	39,6
1980	603	707,7	661,9	9,11	30,8	32,6	36,6
1981	603	758,0	691,9	8,59	32,5	34,7	32,8
1982	619	629,1	o.A.	o.A.	33,6	33,4	33,0

a Die Sektoren Transport, Handel u.a. werden in China nicht als wertbildend dem Bruttoproduktionswert zugerechnet. Der BPW aus Landwirtschaft und Industrie wird anstelle des in der westlichen volkswirtschaftlichen Gesamtrechnung üblichen BPW als Indikator für Wirtschaftswachstum verwendet.
b Die Werte in Klammern umfassen den Verbrauch kommerzieller und nichtkommerzieller Energieträger.

Anmerkung: In den Jahren 1975, 1977 und 1978 weichen die Angaben von Wang Jiacheng zum Energieverbrauch geringfügig von den in späteren Jahren veröffentlichten amtlichen Angaben in den statistischen Jahrbüchern ab. Die Größenordnung der Abweichungen beträgt 0,1 - 0,3 %.

Quellen: 1949-1978: WANG Jiacheng: Cong Woguo nengyuan de xiaofei goucheng kan jieneng quianli he tujing (Über die Perspektiven der Energieeinsparung in Anbetracht von Chinas Energieverbrauchsstruktur), in: Gongye Jingji Guanli Congkan, Nr.3, 1982, S.2. 1979-1982: Guojia tongjiju (Hrsg.): Zhongguo Tongji Nianjian 1983 (Statistisches Jahrbuch Chinas 1983), Beijing 1983, S.16, 250. Eigene Berechnungen.

Zwischen 1950 und 1979 hat sich der Verbrauch an kommerzieller Energie zwar etwa um den Faktor 18 erhöht; der Verbrauch an nichtkommerzieller Energie hat sich aber dennoch nahezu verdoppelt, von ca. 160 Mio. Tonnen auf 300 Mio. Tonnen.[1]

Betrachtet man zunächst den Zuwachs des kommerziellen Energieverbrauchs in China, so zeigt sich, daß die jahresdurchschnittliche Zuwachsrate mit 10 % (1952 - 1979) vergleichsweise hoch ist. Die jahresdurchschnittliche Zuwachsrate des Energieverbrauchs von Entwicklungsländern liegt lediglich bei ca. 7 % (1960 - 1978).[2]

Tabelle IV.3.

Entwicklung des Energieverbrauchs und des Bruttoproduktionswertes (BPW) von Industrie und Landwirtschaft

Zeitraum	Jahresdurchschnittl. Zuwachs		Energie- verbrauchs- koeffizient I/II
	I des Energie- verbrauchs	II des BPW vom Industrie u. Landwirtsch.	
1949-1979	11,4	9,1	1,25
1952-1979	10,0	7,9	1,27
1979-1982	1,8	9,1	0,20

Eigene Berechnungen nach den Angaben aus Tabelle IV.2.

Nach den Angaben in der Tabelle IV.2. errechnet sich für den Zeitraum 1952-1979 ein Primärenergieverbrauchskoeffizient bezogen auf den Bruttoproduktionswert von Industrie und Landwirtschaft[3] in Höhe von 1,27 - was rein statistisch etwa dem durchschnittlichen Energieverbrauchskoeffizient der Entwicklungsländer entspricht - und für den Elektrizitätsverbrauch läßt sich ein Verbrauchskoeffizient von 1,86

1 Vgl. Tabelle IV.2.
2 Vgl. Lutz HOFFMANN: Derzeitige Situation..., a.a.O., S.109.
3 Der Bruttoproduktionswert wurde in der chinesischen Wirtschaftsstatistik während des Betrachtungszeitraums als der maßgebliche Wachstumsindikator betrachtet. Vgl. Abschn.1.1.

ermitteln – deutlich höher als der entsprechende Koeffizient
im Durchschnitt der Entwicklungsländer.[1]

Tabelle IV.4.

Wachstum des Energieverbrauchs und des Bruttoproduktionswertes (BPW) der Industrie in einzelnen Entwicklungsphasen[a]

| Zeitraum | Jahresdurchschnittl. Zuwachs | | Energie-verbrauchs-koeffizient |
	I des Energie verbrauchs	II des industri-ellen BPW	I/II
1. FJP-Periode	18,6	18	1,03
2. FJP-Periode	11,4	3,8	3,00
Konsolidie-rungsphase	4,5	17,9	0,25
3. FJP-Periode	9,1	11,7	0,78
4. FJP-Periode	9,1	9,1	1,0
5. FJP-Periode	7,9	9,5	0,83
1953–1978	10,7	11,3	0,95

a ZHU Yaoming legt bei seinen Berechnungen die jahresdurchschnittlichen Zuwachsraten des Energieverbrauchs und die
jahresdurchschnittlichen Zuwachsraten des industriellen
BPW zugrunde.

Quelle: ZHU Yaoming: Dui nengyuan xiaohao jisuan fangfa de
yixie yijian (Über die Brechnungsmethoden für den Energieverbrauchskoeffizienten), in: Nengyuan, Nr.1, 1981, S.17.

Ebenso wie in westlichen Untersuchungen der entsprechenden
Kennziffer bereits nachgewiesen,[2] sind auch in China erhebliche Schwankungen des Koeffizienten in verschiedenen zeitlichen Perioden zu verzeichnen. Zhu Yaoming errechnete, daß
sich im Zeitraum 1953–1978 die Schwankungen des Energieverbrauchskoeffizienten bezogen auf den industriellen Bruttoproduktionswert in einer Bandbreite zwischen 0,25 und 3,0
bewegen.[3] Insofern kann auch im Falle Chinas zumindest be-

---

1 Die Berechnung der durchschnittlichen Zuwachsraten von
  Bruttoproduktionswert und Energieverbrauch wurde nach der
  Formel $x = \sqrt[n]{\frac{a}{a_o}}$ n vorgenommen, wobei a/o den Wert des Basis-
  jahres a/n den Wert des Endjahres und n die
  Zahl der Jahre repräsentiert.
2 Vgl. Abschnitt 1.2.
3 Vgl. Tabelle IV.4.

stätigt werden, daß der praktische Aussagewert des auf diese
Weise ermittelten Koeffizienten gering ist, da aus einem
hohen Energieverbrauchszuwachs ebensowenig auf einen hohen
Produktionswertzuwachs geschlossen werden kann, wie dies um-
gekehrt der Fall ist, solange nicht jene entscheidenden Faktoren theoretisch und methodisch erfaßt sind, die den Koeffizienten beeinflussen.[1]

Die Energieintensität der Wirtschaftsleistung Chinas war im
Jahr 1978 gemessen am Bruttoproduktionswert im Vergleich zu
westlichen Industrieländern[2] mit 25 Tonnen SKE pro 10.000
US-Dollar des erwirtschafteten Bruttoproduktionswertes hoch
(offizieller Umrechnungskurs: 1 US-Dollar = 1,65 RMB). Sie
lag damit nach Berechnungen von Wang Jiacheng mehr als doppelt so hoch, wie z.B. in den USA, in England und in der
Sowjetunion und mehr als dreimal höher als in Japan, Frankreich und der Bundesrepublik Deutschland.[3] Einer Untersuchung
von Xu Shoubo zufolge war die Energieintensität des chinesischen Bruttoproduktionswertes und des Volkseinkommens mehr
als doppelt so hoch wie die Energieintensität der entsprechenden gesamtwirtschaftlichen Indikatoren Indiens.[4]

Bemerkenswert ist die Entwicklung der Energieintensität des
Bruttoproduktionswertes. Wie aus Tabelle IV.2. zu ersehen
ist, wurde der Bruttoproduktionswert zwischen Anfang der 50er

---

1 Vgl. ZHU Yaoming: Dui nengyuan xiaohao xishu jis uan fanfga
   de yixie yijian (Über die Berechnungsmethoden für den Energieverbrauchskoeffizienten), in: Nengyuan, Nr.1, 1981,
   S.18 f.
2 Auf die Problematik des Vergleichs wurde in Abschnitt 1.1.
   hingewiesen.
3 Vgl. WANG Jiacheng: Cong Wuguo nengyuan xiaofei goucheng
   kan jieneng de qianli he tujing (Über die Perspektiven der
   Energieeinsparung in Anbetracht von Chinas Energieverbrauchsstruktur), in: Gongye Jingji Guanli Congkan, Nr.3,
   1981, S.3. Wang Jiacheng legte bei dem Ländervergleich
   die offiziellen Wechselkurse zugrunde.
4 Die Abweichung des von Xu Shoubo ermittelten Energieverbrauchs pro 10.000 US-Dollar des erwirtschafteten Bruttoproduktionswertes (Vgl. Tabelle IV.4.) zu den Angaben bei
   Wang Jiacheng (vgl. Text) ließe sich anhand der verfügbaren
   Quellen nicht erklären. Es ist zu vermuten, daß unterschiedliche Umrechnungskurse (US-Dollar/Renminbi) zugrunde
   liegen.

und Ende der 70er Jahre mit wachsendem Energieeinsatz pro Rechnungseinheit erstellt. Es ist anzunehmen, daß für die Zunahme der Energieintensität verschiedene Gründe ausschlaggebend waren. Da es bislang keinen methodischen Ansatz gibt, der eine Gewichtung jener Faktoren ermöglicht, die die Höhe der Energieintensität beeinflussen, werden in den folgenden Abschnitten die wichtigsten Strukturmerkmale des Energieverbrauchs untersucht, um - soweit möglich - auf der Basis von Vergleichsdaten mit anderen Ländern die maßgeblichen Ursachen für den vergleichsweise hohen Energieverbrauch Chinas ableiten zu können.

Tabelle IV.5.
    Vergleich des Volkseinkommens, des Bruttoinlandprodukts und des Energieverbrauchs der Länder VR China und Indien (1978)

	VR China[a]	Indien
Volkseinkommen insges. (Mrd. US $)	193,7	110,5
Volkseinkommen pro Kopf (US $)	202	173
Bruttoinlandsprodukt (BIP) insges. (Mrd. US $)	206,4	117,6
B I P pro Kopf (US $)	215	184
Energieverbrauch (Mio.t. SKE, kommerzielle Energieträger	567,6	127,0
Energieverbrauch pro Kopf (einschl. traditionelle Energie; t SKE)	0,87	0,43
Energieverbrauch pro Kopf (kommerzielle Energie, t SKE)	0,59	0,20
Energieverbrauch (kommerziell)		
pro 10.000 US $ des Volkseinkommens (t SKE)	29,3	11,5
pro 10.000 US $ des B I P (t SKE)	27,5	10,8

a In der volkswirtschaftlichen Gesamtrechnung Chinas wurde bis Anfang der 80er Jahre der Dienstleistungssektor nicht erfaßt (vgl. Kap.II.4.1.). Den hier von Xu Shoubo verwendeten volkswirtschaftlichen Kategorien liegen Schätzungen des Autors zugrunde. Das materielle Volkseinkommen wird auf 182,7 Mrd. US-$ beziffert. Die auffallend geringe Differenz zwischen Volkseinkommen und Bruttoinlandprodukt konnte anhand der Angaben von Xu Shoubo nicht geklärt werden.

Quelle: XU Shoubo: Lun guangyi jieneng (Über Energieeinsparungen), Changsha, 1982, S.132 ff.

2. Strukturmerkmale des Energieverbrauchs und gesamtwirtschaftliche Energienutzung

2.1. Sektorale Energieverbrauchsstruktur und sektorale Energieintensität

Eine wichtige Bestimmungsgröße für die Höhe des Energieverbrauchs eines Landes ist dessen Wirtschaftsstruktur. Länder mit hohem Anteil energieintensiver Produktionszweige am Sozialprodukt weisen im allgemeinen eine vergleichsweise höhere Energieintensität des Sozialprodukts auf, als Länder, deren Sozialprodukt überwiegend von weniger energieintensiven Sektoren erwirtschaftet wird.[1] Da Wirtschaftswachstum in Entwicklungsländern in der Regel auch mit einem Wandel der Wirtschaftstruktur verbunden ist, ist im Falle Chinas zu erwarten, daß sich der Wandel der Wirtschaftsstruktur auch in Veränderungen der Energieverbrauchsstruktur niederschlug.

Tabelle IV.6.

Strukturwandel des erwirtschafteten Volkseinkommens 1949–1982
(laufende Preise)

Jahr	Volks-einkommen Mrd.Yuan	Landwirt-schaft	Indu-strie	Bau-wesen	Trans-port	Handel	Druchschnittl. Pro-Kopf-Ein-kommen (Yuan)
1949	35,8	68,4	12,6	0,3	3,3	15,4	66
1952	58,9	57,7	19,5	3,6	4,3	14,9	104
1957	90,8	46,8	28,3	5,0	4,3	15,6	142
1965	138,7	46,2	36,4	3,8	4,2	9,4	194
1970	192,6	41,3	40,1	4,1	3,8	10,7	235
1975	250,3	39,4	44,5	4,5	3,8	7,8	273
1979	335,0	39,3	45,9	3,9	3,6	7,3	346
1980	368,8	39,8	45,8	4,6	3,2	6,6	376
1981	394,0	42,1	43,3	4,4	3,1	7,1	396
1982	424,7	44,6	42,2	4,6	3,1	5,5	421

In der Kopfzeile: "Anteile der Sektoren in %" spannt über Landwirtschaft, Industrie, Bauwesen, Transport, Handel.

Quelle: Guojia tongjiju (Hrsg.): Zhongguo Tongji Nianjian 1983 (Statistisches Jahrbuch der VR China 1983), Beijing 1983, S.22 ff.

---

1 Es wurde in Abschnitt 1.2. darauf hingewiesen, daß beispielsweise Luxemburg mit seiner energieintensiven Grundstoffindustrie etwa fünfmal mehr Primärenergie zur Erzeugung einer Einheit des Sozialprodukts benötigt, als die Schweiz. Vgl. Florentin KRAUSE, Hartmut BOSSEL, Karl-Friedrich REISSMANN, a.a.O., S.120.

Die bedeutende Rolle, die der Industrie und insbesondere der
Schwerindustrie seit den 50er Jahren im Rahmen der Entwicklungspolitik und entsprechend bei der Faktorallokation zugewiesen wurde, bewirkte grundlegende Veränderungen der Wirtschaftsstruktur. Der Wandel vollzog sich im Verlaufe von
drei Jahrzehnten von einer überwiegend agrarwirtschaftlich
bestimmten Wirtschaftsstruktur hin zu einer Struktur, in der
der Anteil der Industrie am Volkseinkommen Ende der 70er
Jahre bei 40 - 45 % lag (vgl. Tabelle IV.6.). Innerhalb des
Industriesektors stieg der Anteil der Schwerindustrie am gesamten Bruttoproduktionswert der Industrie von 36 % im Jahr
1952 auf 57 % im Jahr 1978.[1] In einzelnen Jahren wie z.B. im
Jahr 1960 lag er sogar bei 66 % - bedingt durch die Politik
während des Großen Sprungs, die durch hohen Einsatz von Kapital und Arbeit die Entwicklung vorwiegend der Grundstoffindustrien forcierte.[2] Die führende wachstumspolitische Rolle,
die innerhalb der Schwerindustrie den Branchen Eisen und
Stahl sowie Maschinenbau beigemessen wurde,[3] führte dazu,
daß der Anteil der Maschinenbauindustrie am Produktionswert
der Industrie insgesamt im Jahr 1975 mit ca. 31 % nur wenig
niedriger war, als im vergleichsweise hochindustrialisierten
Japan (36 %). In anderen Ländern wie beispielsweise Indien
oder der Republik Korea lagen die entsprechenden Anteile
bei jeweils 20 %, in den Philippinen bei 12 % (1976)[4].

Industrie

Der hohe Anteil der energieintensiven schwerindustriellen
Branchen am Volkseinkommen setzt ein ebenfalls hohen Anteil der Schwerindustrie am gesamten Energieverbrauch voraus.
Von den im Jahr 1979 nach Abzug der Exporte, Lagermengen sowie Lager-, Transport- und Verarbeitungsverluste gesamten
Primärenergieverbrauch in China in Höhe von 550 Mio. Tonnen
wurde der überwiegende Teil, 70 % von der Industrie ver-

---

1 Vgl. Zhongguo Tongji Nianjian 1983, a.a.O. S.20.
2 Vgl. Kap.I.4.3.
3 Vgl. Kap.II.1.1.
4 Vgl. Shigeru ISHIKAWA: China's Economic Growth since 1949,
  a.a.O., S.246.

Tabelle IV.7.

Veränderung des sektoralen Energieverbrauchs
1949-1978

	1949	1953	1957	1958	1978
Industrie	4,1	13,3	19,8	43,0	65,1
Verkehr	1,2	3,0	3,6	3,7	7,9
Sonstige[a]	94,7	83,7	76,6	53,3	27

a enthält Landwirtschaft, Haushalte u.a. energieverbrau-
   brauchende Sektoren sowie Energieverluste.

Quelle: Nengyuan yu gongye, guomin jingji jiegou (Energie,
Industrie und Wirtschaftsstruktur), in LI Rui (Hrsg.):
Zhongguo gongye bumen jiegou, Beijing 1983, S.142.

braucht.[1] Allein die Schwerindustrie benötigte mit 59 %
über die Hälfte der gesamten umgesetzten kommerziellen Primärenergie.[2] Der im Vergleich zu anderen Entwicklungsländern
hohe Anteil der Industrie am Primärenergieverbrauch ist aus
Tabelle IV.8. zu ersehen.

Daß der hohe Anteil der Schwerindustrie am Energieverbrauch
auch wertmäßig wesentlich zur hohen Energieintensität des
erwirtschafteten Bruttoproduktionswertes von Industrie und
Landwirtschaft beitrug, wird daran deutlich, daß der Energieverbrauch der Schwerindustrie für die Erstellung eines
Bruttoproduktionswertes von 10.000 Yuan etwa um 50 % über dem
entsprechenden Durchschnittswert der Industrie insgesamt lag
oder fast fünfmal höher war, als in der Leichtindustrie.[3]

---

1 Der Analyse der Energieverbrauchsstruktur Chinas liegt
  eine Untersuchung von Wang Jiacheng, Mitglied des Energie-
  forschungsinstituts der chinesischen Akademie für Wissenschaften zugrunde. Nach Angaben von Wang Jiacheng war die
  Untersuchung bis 1982 der erste Versuch von wissenschaftlicher Seite, Chinas Energiesystem quantitativ zu erfassen.
  Vgl. Eigene Aufzeichnungen eines Gesprächs mit Wang Jiacheng im April 1982.
2 Vgl. WANG Jiacheng, a.a.O., S.2.
3 Vgl. Tabelle IV.9.

Tabelle IV.8.

Sektorale Energieverbrauchsstruktur in der VR China
und in ausgewählten Regionen (Entwicklungsländer)

	VR China (1979)	Ost- asien	Süd- asien	Südl. Afrika	Latein- amerika
Industrie	69,4	52	57	42	43
Transport	5,7	30	28	46	29
Landwirtschaft	4,9 ⎫				
Haushalte	17,2 ⎬	18	15	12	18
Sonstige	2,8 ⎭				

Quellen: für China: WANG Jiacheng: Cong Woguo nengyuan de xiaofei goucheng kan keneng de qianli he tujing (Über die Perspektiven der Energieeinsparung in Anbetracht von Chinas Energiestruktur), in: Gongye Jingji Guanli Congkan, Nr.3, 1981, S.2 ff.; für die anderen Regionen: Lutz HOFFMANN: Energy Economic Issues and Prospects in the Developing Countries, Institute of Economics, University of Aarhus, NOTAT 1980-85, S.11.

Deutlicher noch tritt der Einfluß der Wirtschaftsstruktur auf die gesamtwirtschaftliche Energieintensität zum Vorschein, wenn die Auswirkungen des dualistischen Industrialisierungskonzepts auf den Energieverbrauch berücksichtigt werden. Der Aufbau industrieller Kleinbetriebe in einzelnen Entwicklungsphasen mag zwar einen grundlegenden Beitrag zur Industrialisierung der ländlichen Gebiete geleistet haben.[1] Im Jahre 1979 erwirtschafteten die Kleinbetriebe über die Hälfte (56 %) des gesamten industriellen Bruttoproduktionswertes.[2] Diese Betriebe fertigten aber sehr energieintensiv. Der Energieeinsatz pro Einheit des erstellten Bruttoproduktionswertes war um ein Mehrfaches höher als in den anderen Betrieben, wie sich Tabelle IV.10. entnehmen läßt.

1 Vgl. Wolfgang KLENNER: Ordnungsprinzipien..., a.a.O., S.330 f.
2 Die Anteile der Groß- und Mittelbetriebe lagen bei 19 % und 25 % respektive. Vgl. WANG Jiacheng, a.a.O., S.6.

Tabelle IV.9.

Energieintensität der Schwerindustrie
und Leichtindustrie
(1979)

	Energie-verbrauch (Mio.t.SKE)	B P W (Mrd.Yuan)	Energieverbrauch pro 10.000 Yuan BPW(t.SKE)
Industrie darunter:	382	459	8,3
Schwerindustrie	326	261	12,5
Eisen, Stahl			19,0
Chemie			13,5
Baustoffe			14,6
Leichtindustrie	56	198	2,8

Quelle: WANG Jiacheng: Cong Woguo nengyuan de xiaofei gou-cheng kan jiening de qianli he tujing (Über die Perspektiven der Energieeinsparung in Anbetracht von Chinas Energiever-brauchsstruktur), in: Gongye Jingji Guanli Congkan, Nr.3, 1981, S.2 f., eigene Berechnungen.

Tabelle IV.10.

Energieintensität der industriellen Kleinbetriebe
(t.SKE pro 10.000 Yuan BPW)

Industrie insgesamt	8,3
Schwerindustrie darunter:	12,5
Kleinbetriebe	58,5
Leichtindustrie darunter:	2,8
Kleinbetriebe	6,0

Quelle: WANG Jiacheng: Cong Woguo nengyuan de xiaofei gou-cheng kan jiening de qianli he tujing (Über die Perspektiven der Energieeinsparung in Anbetracht von Chinas Energiever-brauchsstruktur), in: Gongye Jingji Guanli Congkan, Nr.3, 1981, S.2 f., eigene Berechnungen.

Landwirtschaft

Die Landwirtschaft verbrauchte im Jahr 1979 lediglich 5 %
(27 Mio.t SKE) der insgesamt umgesetzten Primärenergie (ohne
Privathaushalte). Sie trug somit insgesamt zumindest statistisch wenig zur hohen Energieintensität bei: Pro 10.000
Yuan erstellten Bruttoproduktionswert verbrauchte sie mit
1,7 t SKE nur etwa ein Fünftel der in der Industrie umgesetzten Energie pro Einheit BPW (Bruttoproduktionswert der Landwirtschaft im Jahr 1979: 158,4 Mrd.Yuan).[1]

Daß in der Landwirtschaft, die in China nach wie vor eine
wichtige Grundlage für die Ernährung der Bevölkerung ist,
eine erhebliche Unterdeckung des Bedarfs an kommerziellen
Energieträgern gegeben ist, wird aus den nachfolgenden Zahlen
erkennbar. Im Jahr 1979 waren noch etwa 50 % der landwirtschaftlichen Brigaden ohne Stromversorgung. Die im Erntejahr 1979/80 in den lanwirtschaftlichen Produktionseinheiten
vorhandenen Antriebsmaschinen[2] konnten wegen Kraftstoffman-
gels durchschnittlich nur etwa 40 - 50 Tage pro Jahr beschäftigt werden. Wegen Energiemangels konnten ferner u.a. Anlagen
zum Trocknen von Getreide nicht ausreichend versorgt werden,
so daß sich die Fäulnisverluste im Erntejahr 1979/80 auf
ca. 5 Mio.t Getreide - das entsprach fast der Hälfte der
Getreideimporte Chinas im Jahr 1979[3] - beliefen.[4]

Transport und Verkehr

Der Anteil des Sektors Transport und Verkehr am Energieverbrauch war mit 6 % verhältnismäßig gering.[5] Der wichtigste
Energieträger war Kohle mit ca. 60 % der innerhalb dieses

---

1 Vgl. WANG Jiacheng, a.a.O., S.8.
2 Vgl. XU Junzhang: Nongcun nengyuan xianzhuang (Zur Energie
  in der Landwirtschaft), in HU Qiaomu (Hrsg.): Zhongguo
  Baike Nianjian 1981 (Almanach Chinas 1981), Shanghai 1981,
  S.378.
3 Vgl. Zhongguo Tongji Nianjian 1983, a.a.O., S.438.
4 Vgl. XU Junzhang, a.a.O., S.378.
5 Vgl. WANG Jiacheng, a.a.O., S.7.; Vgl. Tabelle IV.8.

Sektors umgesetzten Energie - bedingt vor allem durch die dominierende Bedeutung des Dampfantriebs im Eisenbahn- und Schiffsverkehr.

Private Haushalte

Die Bevölkerungszahl, die zusammen mit klimatisch bedingten Heizgewohnheiten die Höhe des Energieverbrauchs eines Landes beeinflußt, ist im Falle Chinas vor allem von Bedeutung für die Höhe des gesamten Energieverbrauchs (einschließlich nichtkommerzieller Energieträger). Die Privaten Haushalte sind in China nach der Industrie mit 95 Mio.t SKE (ca. 17 % des Gesamtverbrauchs kommerzieller Energie) zwar der zweit- bedeutendste Konsument kommerzieller Energieträger. Der Pro- Kopf-Verbrauch der Privaten Haushalte an kommerzieller Ener- gie betrug im Jahr 1979 aber lediglich 98 kg SKE; zusammen mit dem Verbrauch an nichtkommerziellen Energieträgern - insgesamt fast 300 Mio.t. SKE[1] - ergibt sich ein Pro-Kopf- Verbrauch von rd. 400 kg SKE p.a., was gerade zur Subsistenz- sicherung reicht.[2] Die ländlichen Haushalte waren im Durch- schnitt drei bis vier Monate im Jahr mit Brennmaterial unter- versorgt.

Die Unterdeckung der Energienachfrage der Haushalte bewirkt kurzfristig eine Verringerung des Arbeitskräftepotentials - jährlich gehen pro Haushalt ca. 20 - 30 Arbeitstage durch

---

1 Der Verbrauch nichtkommerzieller Energieträger setzt sich wie folgt zusammen: Stroh: 458 Mio.t; menschlicher und tierischer Dung: 153 Mio.t; Brennholz: 28 Mio.t. Der Heiz- wert entspricht insgesamt 290 Mio.t SKE. Vgl. WU Zhonghua: Cong nengyuan kexue jishu kan jiejue nenguyan weiji de chulu (Der Ausweg aus der Energiekrise aus der Sicht der Energetik), in: Hongqi, Nr.17, 1980, S.31.
2 Nach Berechnungen des Brookhaven National Laboratory liegt der zur Subsistenzsicherung (Sicherung des physischen Existenzminimums an Nahrung und Schutz vor klimatischen Einwirkungen) notwendige Energiesatz zwischen 300 und 400 kg SKE pro Kopf und Jahr. Die zur Befriedigung der Grundbedürfnisse incl. Gesundheitspflege und Bildung er- forderliche Energiemenge wird auf 1.200 - 1.400 kg SKE pro Kopf und Jahr beziffert. Vgl. PALMEDO et al., a.a.O., S.79 f.

Tabelle IV.11.

Waldfläche pro Kopf der Bevölkerung
in ausgewählten Entwicklungsländern

Land	Bevölkerung Mitte 1978 Mio.	Waldfläche (ha/p.Kopf)
China	958	0.1
Indien	635	0.1
Indonesien	140	0.8
Brasilien	115	3.1
Bangladesh	85	0.2
Pakistan	77	0.9
Nigeria	68	0.5
Mexiko	67	0.6
Vietnam	49	0.2
Philippinen	46	0.3
Thailand	45	0.6
Türkei	42	0.2
Ägypten	40	0.0
Südkorea	37	0.2
Iran	35	0.3
Burma	32	1.4
Äthiopien	30	0.3
Zaire	27	4.8
Kolumbien	26	2.7

Quelle: SMIL, Vaclav: "Of Trees and Straws", in: AUER, Peter
(Hrsg.): Energy in the Developing Nations, New York, Oxford,
Toronto, Sidney, Paris, Frankfurt 1981, S.130.

die Suche nach Brennmaterial verloren; langfristig führt
sie zur Verringerung der agrarwirtschaftlichen Nutzfläche
durch zunehmende Bodenerosion, hervorgerufen durch unkontrol-
lierte Abholzung und eine resultierende Verringerung der
ohnehin geringen Waldfläche[1] und damit der Wasserspeicher-
fähigkeit der Böden.[2]

---

1 Vgl. Tabelle IV.11.
2 Vgl. RONG Donggu: Nengyuan yu guomin jingji de guanxi,
  (Der Zusammenhang von Energieverbrauch und Volkswirtschaft)
  in: Jingji Yanjiu, Nr.6, 1980, S.49 f.

Die Nutzung von Biogas[1] zur Versorgung vorwiegend ländlicher Haushalte mit Energie ist in China im Vergleich zu anderen Ländern zwar bereits weit verbreitet. Im Jahr 1982 gab es insgesamt 6,5 Millionen Biogasanlagen.[2] Der Anteil des Biogases am gesamten Energieverbrauch ist allerdings gering, und es besteht offenbar noch eine Reihe technischer Probleme, die die Nutzungsmöglichkeiten einschränken.[3]

---

1 Biogas oder auch Deponiegas genannt, ist das Produkt eines Prozesses, der durch Fermentierung organischer Materialien (pflanzliche, tierische und menschliche Abfälle) unter Luftabschluß und Wärmezufuhr entsteht. Das durch den Fäulnisprozeß entstehende Gas hat einen hohen Anteil an Methan und einen Heizwert von 5.300 - 5.800 kcal./cm. Die vergorenen Feststoffe stellen einen hochwertigen organischen Dünger dar. Nach chinesischen Angaben wurde Biogas in China bereits in den 30er Jahren genutzt. Vgl. HUANG Zhijie, ZHANG Zhengmin: Fazhan zhaoqi shi jiejue nongcun nengyuan de da shi (Die Entwicklung der Biogasnutzung ist die große Lösung zur Energieversorgung der Landwirtschaft), in: Hongqi, Nr.21, 1980, S.39 ff.
2 YUAN Guangru: Zhongguo nengyuan gongye gaikuang (Die Situation der Energieindustrie Chinas), in: Zhongguo Jingji Nianjian 1982, a.a.O., S.V. 97.
3 Wegen unzureichender Wartung der Anlagen sind nur ca. 60 % der errichteten Anlagen betriebsbereit. Vgl. HUANG Zhijie, ZHANG Zhengming, a.a.O., S.39 f. Smil errechnete, daß bei rd. 7 Millionen Faulgruben ein Heizwert von max. 2,2 Mio. t SKE erreicht werden könne. Vgl. Vaclav SMIL: China's Energy Consumption and Economic Growth, Vortrag, gehalten in Hongkong anläßlich der "Second Petroleum Energy News Conference on Hongkong and the Energy Development of Southern China" am 16./17. März 1981, unveröffentlichtes Vortragsmanuskript, S.6. Bei demnach ca. 3,6 Mio. betriebsfähigen Biogasanlagen beträgt entsprechend die Energieausbeute 1,3 Mio.t SKE oder 0,4 % des Gesamtverbrauchs an nichtkommerziellen Energieträgern.

Tabelle IV.12.   Energieverbrauch nach Sektoren und Energieträgern (1979)[a]
                                      - Mio.t SKE -

Sektor	Roh-Kohle	Koks[b]	Erdöl	Erdgas	Elektrizität aus Wasser-kraft	Elektrizität aus Wärme-kraft	Energie insg. absolute Menge	Energie insg. Anteile	%
Gesamte Produktion an Primärenergieträgern	453,77		151,79	19,29	21,09		645,94		
Gesamter Energieverbrauch[c]	291,69 (442,28)	65,57	101,97 (127,97)	19,29	21,09	110,92	610,63	100	
Energieverluste darunter: Umwandlungsverluste	17,89 Aufbereitung 17,89	11,52 Verkokung 7,82	7,62 Raffinerie 2,20	0,40		23,14 Stromerzeugung: 13,33	60,57 / 41,29	9,9 / 6,8	
Energieverbrauch	273,80 (424,39)	54,15	94,25	18,89		108,87	550,06	90,1	100
1. Industrie	167,97 (318,56)	53,40	58,40 (84,40)	15,96		86,17	381,90		69,4
a) Schwerindustrie	138,73 (289,32)	52,60	48,63 (74,63)	15,03		71,27	326,26		59,3
Kohleindustrie	16,91		0,03			7,71	24,05		4,4
Erdölindustrie	0,35		11,65	3,99		3,96	19,95		3,6
Elektrizitätsindustrie	(84,92)		(26,00)			8,17	8,17		1,5
Kokereiindustrie	(65,67)	4,80					4,80		0,9
Metallurgische Industrie	14,97	34,53	7,39	1,60		19,49	77,98		14,2
Maschinenbauindustrie	13,27	2,31	2,70			8,25	26,53		4,8
Chemieindustrie	27,84	9,37	12,40	5,85		20,33	75,79		13,8
Bauindustrie	18,18	0,21	2,02			3,96	24,37		4,4
andere schwerindustrielle Bereiche	47,21	1,38	12,44	3,59			64,62		11,7
b) Leichtindustrie	29,24	0,80	0,97	0,93		14,90	55,64		10,1
2. Verkehr und Transport	16,63	0,14	12,05			0,55	31,37		5,7
3. Landwirtschaft	2,51	0,04	13,86			10,27	26,68		4,9
4. Private Haushalte	75,68	4,48	5,85	2,93		9,77	94,71		17,2
darunter ländl. Haushalte	28,56		1,27			8,41	33,24		6,0
5. Sonstige	9,01	0,09	4,19			2,11	15,40		2,8

Anmerkungen:
a Folgende Konversionsfaktoren wurden zugrunde gelegt: 1 kg Rohkohle: 0,714 kg SKE; 1 kg Koks (6750 kcal): 0,946 kg SKE; Teer (9000 kcal): 1,286 kg SKE; Benzole u.a. chemische Erzeugnisse (10.000 kcal): 1,43 kg SKE; 1 cbm Kokereigas (4200 kcal): 0,6 kg SKE; 1 kg Erdöl: 1,43 kg SKE; 1 cbm Erdgas: 1,33 kg SKE; 1 kWh Elektrizität entsprach i.J. 1979 421 g SKE.
b Einschließlich Kokereiprodukten.
c Die Werte in Klammern enthalten den Gesamtverbrauch des jeweiligen Energieträgers, d.h. einschließlich der in Sekundärenergieträger (z.B. Koks oder Elektrizität aus Wärmekraft) umgewandelten Energie.

Quelle: WANG Jiacheng; Cong Woguo nengyuan de xiaofei goucheng kan jieneng de tianli he tujing (über die Perspektiven der Energieeinsparung in Anbetracht von Chinas Energieverbrauchsstruktur), in: Gongye Jingji Guanli Congkan, Nr.3, 1981, S.6.

Tabelle IV.13. Energieproduktion und Energieverbrauch Chinas im Jahre 1979

	Rohkohle (Mio.t)	Koks (Mio.t)	Petrolkoks (Mio.t)	Kokereigas (Mio.m³)	Chemische Erzeugnisse (Mio.t)	Rohöl	Heiz- und Dieselkraftstoff	Mineralölprodukte	Sonstige Produkte	Gesamt	Erdgas (Mio.m³)	Wasserkraft	Wärmekraft
		Kokereierzeugnisse [b]					**Erdölprodukte (Mio.t) [c]**					**Stromerzeugung (Mrd.kWh) [d]**	
Primärenergieproduktion	635,53					106,15					14,5	50,1	231,8
Sekundärenergieproduktion (Primärenergieeinsatz)		45,82	1,84 (2,43)	16,6 (22,0)	0,91 (3,62)		39,72	35,19	8,39	106,15			
I. Energieverluste	25,05	3,78	0,59	5,4	2,71	2,71	1,54		1,08	5,33	0,3		23,3
II. Energieverbrauch der Sektoren	594,37												
1. Industrie	446,15	42,04	1,84	16,6	0,91	5,09	39,37	32,39	7,31	84,16	14,3		258,6
a) Schwerindustrie	405,20	41,77	1,84	15,8	0,91	2,28	38,43	11,20	7,11	59,02	12,0		204,7
Kohleindustrie	23,68	40,94	1,84	15,8	0,91	2,28	34,31	8,96	6,64	52,19	11,3		169,3
Erdölindustrie	0,49						0,02			0,02	3,0		16,9
Elektrizitätsindustrie	118,93					2,28	2,65	1,11	2,11	8,15	3,0		9,4
Kokereiindustrie	91,97	31,15		8,0			18,18			18,18			19,4
Metallindustrie	20,97	2,40		7,5			5,17			5,17	1,2		46,3
Maschinenbauindustrie	18,58	6,49					1,89			1,89			19,6
Chemieindustrie	38,99	0,22	1,27	0,3	0,91		4,14		4,53	8,67	4,4		48,3
Bauindustrie	25,46	0,68					1,41			1,41			9,4
Sonstige	66,13		0,57				0,85	7,85		8,70	2,7		
b) Leichtindustrie	40,95	0,83					4,12	2,24	0,47	6,83	0,7		35,4
2. Verkehr und Transport	26,09	0,14					0,78	7,65		8,43			1,3
3. Landwirtschaft	3,51	0,04					0,04	9,65		9,69			24,4
4. Haushalte	106,00			0,8				3,89	0,20	4,09	2,2		23,2
darunter ländl. Haushalte	40,00							0,89		0,89			8,1
5. Sonstige	12,62	0,09				2,81	0,12			2,93			5,0
III. Exporte, Entwicklungshilfe [a]	2,56					13,45	0,35	2,38		16,18			
IV. Veränderung der Lagerbestände	+13,55					+0,06	+0,42			+0,48			

Anmerkungen:
- Sekundärenergieproduktion – Kokereierzeugnisse: Rohkohleverbrauch: 91,97 Mio.t
- Sekundärenergieproduktion – Erdölprodukte: Rohölverarbeitung: 73,52 / als Brennstoff verwendetes Rohöl: 11,32
- Sekundärenergieproduktion – Stromerzeugung: Rohkohleverbr.: 118.92 Mio.t / Rohölverbrauch: 18,18 Mio.t

Fortsetzung siehe Seite – 223a –

Fortsetzung zu Tabelle IV.13.

Anmerkungen:

a   Im Jahr 1979 betrugen die Kohleexporte 4,71 Mio.t, die
    Importe 2,15 Mio.t.

b   Im Jahr 1979 erzeugte China 45,82 Mio.t Koks aus 91,97
    Mio.t verkokungsfähiger Rohkohle. Gemessen am Wärmewert
    in SKE hätten 21,50 Mio.t Kokereinebenprodukte, darunter:
    2,43 Mio.t Petrolkoks, 22 Mrd.m^3 Kokereigas, 6,62 Mio.t
    Teer u.a. chemische Produkte gewonnen werden müssen. Tat-
    sächlich aber wurden nur 1,84 Mio.t Petrolkoks, 16,6
    Mrd.m^3 Kokereigas und 0,91 Mio.t Teer u.a. chemische
    Produkte gewonnen. Alles andere waren Verluste.

c   Im Jahre 1979 produzierte China 106,15 Mio.t Rohöl. In
    den Erdölraffinerien, petrochemischen Fabriken und Chemie-
    fabriken wurden 73,52 Mio.t Rohöl verarbeitet und zwar
    28,16 Mio.t Brennstoff, 35,43 Mio.t zu Erdölprodukten,
    8,39 Mio.t zu Raffineriegas, Leichtöl u.a. Produkten.
    Die Verarbeitungsverluste betrugen 1,54 Mio.t (Anm. das
    entspricht 2,1 % des verarbeiteten Rohöls). Auf die in
    der Tabelle unter Heiz- und Dieselkraftstoff aufgeführten
    39,72 Mio.t entfallen 11,32 Mio.t Rohöl, 2,4 Mio.t Die-
    sel; von den Mineralölprodukten (35,19 Mio.t) wurden
    die als Brennstoff verwendeten 2,4 Mio.t Dieselöl sub-
    trahiert; unter "sonstige Produkte" sind 1,94 Mio.t
    Leichtöl, 3,39 Mio.t Raffineriegas und 3,06 Mio.t weitere
    Erzeugnisse zusammengefaßt.

d   Im Jahre 1979 erzeugte China 281,9 Mrd.kWh Strom. Im Wär-
    mekraftwerken wurden 231,8 Mrd.kWh erzeugt; dabei wurden
    118,93 Mio.t Kohle und 18,18 Mio.t Öl verbraucht, das ent-
    spricht 110,92 Mio.t SKE. Der durchschnittl. Primärener-
    gieverbrauch betrug damit 478,5 g SKE/kWh. Bei einem sta-
    tistisch erfaßten Brennstoffverbrauch der Stromerzeugung
    von 421 g SKE/kWh ergibt sich ein Verlust von insgesamt
    13,33 Mio.t SKE.

Quelle: WANG Jiacheng: Cong Woguo nengyuan de xiaofei goucheng kan jieneng de tianli he tujing (Über die Perspektiven
der Energieeinsparung in Anbetracht von Chinas Energieverbrauchsstruktur), in: Gongye Jingji Guanli Congkan, Nr.3,
1981, S.7.

2.2. Produktspezifische Energieintensität

Zur Eliminierung der Preis- und Bewertungsproblematik, die die ökonomische Kennziffer der "sektoralen Energieintensität" direkt beeinflußt, bietet sich die Untersuchung des produktspezifischen Energieverbrauchs oder der technischen Energieproduktivität an. Die Erfassung technischer Kennziffern ermöglicht einen objektiveren Vergleich mit entsprechenden Daten anderer Länder und führt möglicherweise zu einem weiteren Erklärungsansatz für die gegebene hohe Energieintensität.

Der wichtigste Ansatzpunkt zur Untersuchung der technischen Energieproduktivität ist zweifellos die Industrie als bedeutendster energieverbrauchender Sektor. Aus chinesischen Untersuchungen ist zu entnehmen, daß die pro Einheit in Industrieerzeugnissen eingehende Energiemenge wesentlich höher ist, als in vergleichbaren westlichen Produkten. Bemerkenswert ist zudem, daß sich bis Ende der 70er Jahre eher ein Trend zu mehr als zu weniger Energieverbrauch pro Produkteinheit abzuzeichnen scheint - ganz im Gegensatz zu den Entwicklungstendenzen in westlichen Ländern.

Es gibt zahlreiche Beispiele für den vergleichsweise hohen Energieverbrauch. In Grundstoffindustrien wie z.B. in Kokereibetrieben wurde im Durchschnitt pro Tonne Koks 30 - 40 % mehr Energie eingesetzt als in westlichen Betrieben;[1] bei der Erdölraffinierung lag der Energieverbrauch in den einzelnen Verarbeitungsstufen um bis zu 50 % höher als in westlichen Raffinerien;[2] während moderne westliche Wärmekraft-

---

1 Vgl. FAN Chongda: Jiaohua gongye de jieneng (Energieeinsparung in der Kokereiindustrie), in: Nengyuan, Nr.4, 1981, S.23 f.
2 Eine Gegenüberstellung der Energieverbrauchsraten in den Großraffinerien bei Beijing, Tianjin und Tanshan, vgl. RONG Bo: Jing Tian Tan diqu lianyou gongye de nenghao fenxi he fazhan zhong de wenti (Analyse des Energieverbrauchs der Raffinerieindustrie in Beijing, Tianjin und Tanshan und Entwicklungsprobleme), in: Nengyuan, Nr.4, 1983, S.6 f. Weitere Angaben zur Energieproduktivität der chinesischen Raffineriebetriebe vgl. TONG Yihao: Guanyu yonghao yiyi dun shiyou de tantao (Über die angemessene Nutzung von 100 Mio. Tonnen Erdöl), in: Nengyuan Nr.3, 1983, S.1 f.

werke für die Erzeugung von einer Kilowattstunde ca. 0,34 kg SKE benötigten, verheizten chinesische Kraftwerke im Landesdurchschnitt etwa 0,45 kg SKE (1977)[1]. Selbst in relativ entwickelten Industriezentren, wie in Shanghai, ist der produktspezifische Energieverbrauch hoch.[2]

Tabelle IV.14.

Durchschnittlicher produktspezifischer Energieverbrauch in Japan, der VR China und Shanghai[a]

Erzeugnis	Einheit	Japan	VR China	Shanghai
Strom (Wärmekraftwerk	gr/kWh	330	450	370
Synthet. Ammoniak	t SKE/ t Ammoniak	1,20	2,80	1,70
Zement	kg SKE/ t Sinter	120	195	218
Raffinerieöl	kg Heizöl/ t Rohöl	18	33	22

a In der chinesischen Quelle ist kein Bezugsjahr angegeben. Soweit aus dem Text hervorgeht, beziehen sich die Verbrauchsdaten auf das Jahr 1978 oder 1979.

Quelle: o.V.: Neng fou cengchan bu ceng neng? Ceng chan you jie neng? (Produktionswachstum ohne steigenden Energieverbrauch? Produktionswachstum trotz Energieeinsparungen?) in: Shijie Jingji Dabao vom 8.3.1983.

Eine sehr niedrige Energieproduktivität ist bei den Kleinbetrieben zu verzeichnen. Der produktspezifische Energieverbrauch lag bei den kleinen Eisen- und Stahlhütten, Kunstdüngerfabriken, Zementfabriken und Kraftwerken pro Produkteinheit z.T. um das Drei- bis Vierfache höher als in westlichen Betrieben. Beispielsweise verbrauchten kleine Wärmekraftwerke für die Erzeugung einer Kilowattstunde bis zu

---

1 Zhongguo Tongji Nianjian 1983, a.a.O., S.249.
2 Vgl. Tabelle IV.14.

1 kg SKE.[1] Der durchschnittliche Kohleverbrauch pro Tonne
Ammoniak lag in den kleinen Kunstdüngerfabriken des Landes
im Jahr 1979 mit durchschnittlich 3,73 t SKE etwa dreimal
höher.[2] In kleinen Schwelkokereien gingen aufgrund der einfachen technischen Ausstattung zusätzlich Kokereinebenpro-
dukte, wie z.B. Methangas, verloren.

Tabelle IV.15.

Vergleich des niedrigsten durchschnittlichen Energieverbrauchs bei ausgewählten Gütern in der Vergangenheit (I)
und im Jahr 1977 (II)

	I	(Jahr)	II
Koksverbrauch pro t Roheisen (kg/t)	603	(1965)	682
Gesamter Energieverbrauch pro t Stahl (t SKE)	o.A.		2,87
Stromverbrauch pro t Alumi-nium (Elektrolyse; kWh)	15.723	(1966)	16.879
Kohleverbrauch in der Strom-erzeugung (gr SKE/kWh; in Kraftwerken ab 6 MW Leistung)	442	(1966)	446
Stromverbrauch pro t syn-thet. Ammoniak (kWh; Be-triebe mittlerer Größe)	1.567	(1966)	1.603
Kohleverbrauch pro t Sinter (kg SKE)	215,1	(1973)	214,4
Gesamter Stromverbrauch pro t Zement (kWh)	91,2	(1970)	98,3
Kohleverbrauch pro tkm in dampfbetriebenen Zug-maschinen (kg SKE)	118,4	(1973)	122,2

Quelle: LIN Senmu, ZHOU Shulian, QI Mingchen: Zhongguo She-
huizhugi xiandaihua jianshe 1977-1980 (5) - Zhongguo de
gongye yu jiaotong (Die Modernisierung beim Aufbau des
Sozialismus in China 1977-1980, (Teil 5) - Industrie und
Verkehr in China), Beijing 1982, S.29.

---

1 Vgl. JIANG Zhenzhong: Dianwang shixing tongyi jingji tiaodu
  jieyue meitan (Einheitliche wirtschaftliche Regeln bei den
  Elektrizitätserzeugungseinheiten zur Kohleeinsparung an-
  wenden), in: Nengyuan, Nr.3, 1983, S.25.
2 Vgl. ZHU Yinren: Meitan ziyuan heli yu youxiao liyong wenti
  de tantao (Über die angemessene und effiziente Nutzung der
  Kohleressourcen), in: Meitan Kexue Jishu, Nr.5, 1981, S.5.

Während in Industrieländern der Energieeinsatz pro Produkteinheit in den vergangenen Jahren reduziert wurde, ist in
China bei zahlreichen Erzeugnissen eher eine gegenläufige
Tendenz zu verzeichnen. Beispielsweise zeigen in der Bundesrepublik Deutschland die Inputkoeffizienten der energieintensiven Industriezweige Eisen und NE-Metalle im Zeitraum zwischen 1960 und 1975 eine Verringerung von 0,8 auf 0,6, d.h.
eine Reduzierung des Energieverbrauchs pro Erzeugniseinheit
um 25 %.[1] In China lag dagegen der produktspezifische Energieverbrauch Ende der 70er Jahre bei einzelnen Erzeugnissen
im Landesdurchschnitt deutlich höher als in den 60er Jahren.[2]

Mehrere Gründe sind für den hohen produktspezifischen Energieverbrauch in der chinesischen Industrie ausschlaggebend.
Eine wesentliche Ursache ist die Überalterung der energieverbrauchenden Anlagen und Ausrüstungen.[3] Die meisten Anlagen
und Ausrüstungen haben einen niedrigen energetischen Wirkungsgrad.[4] Der weitaus größte Teil der fossilen Energieträger - über 90 % - wird in Wärme umgewandelt. Nur ein geringer Teil wird direkt in mechanische Energie umgewandelt
oder geht als Rohmaterial zur Weiterverarbeitung in die chemische Industrie. Der Wirkungsgrad der ca. 200.000 Dampferzeuger in der Industrie, in denen die Energieumwandlung
erfolgt, ist mit durchschnittlich 55 % sehr niedrig.[5] Demnach

---

1 Vgl. Gerhard FRIEDE: Substitutionsansatz zur Schätzung
  alternativer Möglichkeiten der wirtschaftlichen Entwicklung, in H. MATTHÖFER (Hrsg.): Energiebedarf und Energiebedarfsforschung, Argumente in der Energiediskussion, Bd.2,
  Villingen, Schwenningen 1977, S.63 ff.
2 Vgl. Tabelle IV.15.
3 In einem der bedeutendsten Eisen- und Stahlwerke des Landes, dem Eisenkombinat Shoudu bei Peking sind noch Kessel
  aus der Zeit der Jahrhundertwende in Betrieb. Vgl. SUN
  Yefang: Industrie: Der Weg zur technischen Umgestaltung,
  in: Beijing Rundschau, Nr.9, 1983, S.24.
4 Der energetische Wirkungsgrad einer Anlage ergibt sich aus
  dem Verhältnis der abgeführten (z.B. Strom) zur aufgewendeten (z.B. Kohle) Energie. Die quantitative Differenz entspricht den Energieverlusten. Der Wirkungsgrad ist immer
  kleiner als Eins.
5 Vgl. HUANG Yicheng, GAN Liequan: Jizhong gongre, redian
  jiehe luohu bianxin gaizao de zui hao xingshi (Die Nutzung
  der Industriewärme und die Kraftwärme - Kopplung als beste
  Lösung der Modernisierung der Dampferzeuger), in: Nengyuan,
  Nr.6, 1982, S.1.

Tabelle IV.16.

Vergleich der technischen Wirkungsgrade energieverbrauchender
Anlagen in der VR China und in Industrieländern

	VR China	Industrie-länder
Wärmekraftwerke	29	35-40
Industriekessel (große Einheiten)	56-60	80
Industriekessel (kleine Einheiten)	20-30	50-60
Haushaltsöfen	15-20	50-60
Traktionsmaschinen[a]	6-8	20-25

a in China handelt es sich um den Wirkungsgrad von Dampfmaschinen, in Industrieländern um Motoren mit Innenverbrennung oder Elektromotoren.

Quelle: LI Rui (Hrsg.): Zhongguo gongye bumen jiegou (Die
Industriestruktur Chinas), Beijing 1983, S.146.

geht fast die Hälfte der eingesetzten Energie im Umwandlungs-
prozeß verloren. Verglichen mit industriellen Dampferzeugern
in westlichen Ländern ist der Wirkungsgrad um mindestens 20 %
niedriger;[1] das entspricht - ausgehend von der in China in
Wärme umgewandelten Primärenergie - einem Energieverbrauch
von etwa 30 Mio.t SKE pro Jahr. Die Dampfkessel sind zumeist
veraltet. Etwa 20 % des erzeugten Dampfes wird in Kesseln
gewonnen, die schon in den 20er oder 30er Jahre gebaut wurden.[2] Da die Kessel zum überwiegenden Teil mit Kohle bestückt
werden und die bei der chemischen Umwandlung fester Brennstoffe erreichbare Nutzenergie geringer ist als bei Kohlenwasserstoffen, wurde der Energieverbrauch entsprechend durch
die Art der eingesetzten Energieträger beeinflußt.[3] Hinzu
kommt noch, daß der überwiegende Teil der Industriekessel

---

1 Vgl. Tabelle IV.16.
2 Vgl. HUANG Kailiang: Bixu jiasu gongye guolu bianxin gaizao
  gongzuo (Die Modernisierung der Industriekessel muß beschleunigt werden), in: Nengyuan Nr.3, 1982, S.4. Vergleichsweise niedrige energetische Wirkungsgrade sind auch
  bei neueren Anlagen chinesischer Herstellung gegeben, da
  diese häufig den in den 50er Jahren aus der Sowjetunion
  eingeführten Anlagen nachgebaut wurden. Vgl. Ebenda.
3 Tabelle IV.17. zeigt, daß der Verbrauch an festen Brennstoffen in China vergleichsweise hoch ist.

mit (unaufbereiteter) Rohkohle bestückt werden muß,[1] was nicht nur den Wirkungsgrad verringert - und damit den produktspezifischen Energieverbrauch erhöht - sondern auch zu einem rascheren Verschleiß der Anlagen führt.

Tabelle IV.17.

Struktur des Energieverbrauchs in der VR China im Vergleich zu anderen Ländern[a] (%)

	Erd-öl	Erd-gas	Kohle	Primärelektrizität Wasser-kraft	Kern-kraft
VR China	22	3	71	4	0
Japan	75	3	15	5	2
BRD	49	13	35	1	2
USA	43	29	31	5	2
Entwicklungsländer[b,c]	55	13	16	11	1
Weltdurchschnitt	44	18	30	6	2

a Die Angaben für Entwicklungsländer beziehen sich auf das Jahr 1980; die anderen Angaben auf 1979;
b ohne VR China;
c Die Anteile der Energieträger am Verbrauch kommerzieller Energieträger in Entwicklungsländern summieren sich nur auf 96. Der Rest wird durch andere, in der Tabelle nicht aufgeführte Energieträger gedeckt.

Quelle: Für Entwicklungsländer: Arbeitsgemeinschaft deutscher wirtschaftswissenschaftlicher Forschungsinstitute e.V. (Hrsg.): Hearing 82, S.32; sonstige Angaben: LI Rui (Hrsg.): Zhongguo gongye bumen jiegou (Die Industriestruktur Chinas), Beijing 1983, S.141.

Auch bei vergleichsweise neuen industriellen Ausrüstungen ist der energetische Wirkungsgrad oft kaum höher als bei alten Ausrüstungen.[2] Die Ersatz - oder Erweiterungsinve-

---

1 Von der gesamten Rohförderkohle wurde zum Betrachtungszeitpunkt nur etwa ein Sechstel aufbereitet, vgl. Kap.III, 2.1.1.
2 Vgl. RONG Bo, a.a.O., S.7.

stitionen wurden häufig in Form von Kopien der vorhandenen alten Maschinen vorgenommen, ohne daß ein technischer Fortschritt im Sinne eines höheren energetischen Wirkungsgrades realisiert wurde.

Zu einem hohen produktspezifischen Energieverbrauch im weiteren Sinne trägt ferner die niedrige Produktqualität sowie die Materialintensität der Industrieerzeugnisse bei. In der Industriestadt Shanghai, in der die Produktqualität lokaler Fabriken im Vergleich zu den Produktqualitäten aus anderen Industriestandorten hoch ist, beträgt z.B. die Ausschußquote für Stahlerzeugnisse ca. 20 %. Bei Fertigerzeugnissen der Branchen Maschinenbau oder Elektroindustrie sind beispielsweise Ausschußquoten von 30 %, bei landwirtschaflichen Maschinen bis zu 50 % zu verzeichnen.[1] Auf den durch die hohe Materialintensität vieler Industrieerzeugnisse verursachten hohen "indirekten" Energieverbrauch weisen zahlreiche chinesische Untersuchungen hin.[2]

Die (technische) Energieproduktivität ist auch in anderen Sektoren wie z.B. Private Haushalte sowie Transport und Verkehr gering. Chinas Private Haushalte verbrauchen jährlich ca. 100 Mio.t Kohle, hauptsächlich zum Kochen oder zur Raumerwärmung. Der Wirkungsgrad der verwendeten Öfen lag mit 10-20 % wesentlich unter jenen der Industrieländer benutzten Gas- oder Elektroherde. Eine Versorgung der Bevölkerung mit Stadtgas oder eine zentrale Wärmeversorgung, die eine bessere Energieausnutzung und somit einen geringeren Energieverbrauch

---

1 Vgl. YAO Xitang, JIN Xingren: Shanghai jieneng jingji xiaoguo wenti de tantao (Über die Wirtschaftlichkeit der Energieeinsparungen in Shanghai), in: Renmin Ribao vom 20.9.1982
2 Vgl. XU Shoubo, WU Jiapei: Jiaqiang nengyuan kaifa dali jieyue nenghao (Verstärkt Energie erschließen, mit aller Kraft Energie einsparen), in: Renmin Ribao vom 21.1.1983. YANG Jun: Mei de zhuanhua he zonghe liyong de tantao (Über die Umwandlung von Kohle und deren umfassenden Nutzung), in: Hongqi, Nr.11, 1983, S.41. OU Yangquan, LI Shihun: Jiakuai fazhan meizhi chengshi meiqi (Verstärkt die Stadtgasnutzung verbreiten), in: Meitan Kexue Jishu, Nr.1, 1982, S.8 ff. und 20.

bei gleichem Ergebnis ermöglichen würden, ist bislang kaum verbreitet. Anfang der 80er Jahre wurden ca. 18 % der städtischen Bewohner mit Stadtgas versorgt, das entspricht lediglich 4 % der Gesamtbevölkerung.[1] Eine zentrale Wärmeversorgung gibt es in China bisher nur in wenigen Städten in den Regionen Nordosten, Nordwesten und Huaibei. Nach Statistiken von 1978 gab es lediglich 15 Städte (von insgesamt 589 Städten), in denen Anlagen für zentrale Wärmeversorgung installiert waren.[2]

Im Transportbereich - mit der Eisenbahn als wichtigsten Verkehrsträger - erfolgt die Umwandlung der Brennstoffe in mechanische Energie zum Großteil in Dampfmaschinen. Im Eisenbahntransport haben Dampflokomotiven einen Anteil von ca. 80 % an allen Traktionsmaschinen. Da Dampflokomotiven im Vergleich zu Motoren mit Innenverbrennung wesentlich geringere Energieproduktivitäten pro Leistungseinheit haben - der energetische Wirkungsgrad betrug in China zum Betrachtungszeitpunkt lediglich 6-8 %[3] - ist der Energieumsatz gemessen an der erstellten Leistung vergleichsweise hoch: Der Energieeinsatz ist bei Dampfloks fast doppelt so hoch wie bei Dieselloks.[4]

Neben dem technischen Rückstand der energieumwandelnden und energieverbrauchenden Ausrüstungen war auch eine unzureichende Wartung der Anlagen und Ausrüstungen ursächlich für den hohen Energieverbrauch. Dies geht z.B. aus Angaben über den Zustand des rollenden Materials hervor. Nach chinesischen Untersuchungen war im Jahr 1979 der Zustand von ca. 70 % aller Güterwaggons der Eisenbahn ungenügend.[5] Einer Erhebung

---

1 Die über zentrale Wärmeversorgung beheizte Fläche betrug im Jahr 1978 22,52 Mio.qm. Eine vergleichsweise hohe Verbreitungsrate zentraler Wärmeversorgung (6,45 Mio.qm) hat die Hauptstadt Beijing mit ca. 9 % der Gesamtfläche. Vgl. LI Yuan: Jiji fazhan chengshi jizhong gongre (Beschleunigt industrielle Abwärme in den Städten nutzen), in: Chengxiang Jianshe, Nr.12, 1982, S.33 ff.
2 ebenda.
3 Vgl. Tabelle IV.16.
4 Vgl. WANG Jiacheng, a.a.O., S.7.
5 Vgl. DUAN Hui: Meitan yunshu sunhao jingren (Verblüffende Verluste beim Transport der Kohle), in: Renmin Ribao vom 14.9.1981.

des Kohleministeriums zufolge waren ca. 30 % aller Waggons,
die zum Untersuchungszeitpunkt in 72 der zentralverwalteten
Kohlebergwerke einfuhren, ernsthaft beschädigt, 41 % entsprachen darüberhinaus nicht dem erforderlichen Standard. Die
Folge unzureichender Wartung des Transportmaterials war
eine Transportverlustrate in Höhe von 3 %; das entspricht
bei einem jährlichen Kohleumschlag von fast 500 Mio.t einem
Schwund von etwa 15 Mio.t.[1]

2.3. Industrielle Standortverteilung und regionale Energieverbrauchsstruktur

Eine weitere Einflußgröße auf die Höhe des Energieverbrauchs
eines Landes ist seine industrielle Standortstruktur. Bei
der Wahl der Standorte von rohstoffintensiven Industriezweigen ist die Entfernung und die verkehrsmäßige Anbindung zu
bzw. an die Rohstofflagerstätten im allgemeinen ein wichtiges
Entscheidungskriterium. Da der Transport von Rohstoffen
meist kostenintensiver ist als der Transport von Halb- und
Fertigprodukten, werden rohstoffintensive Industriezweige
häufig nahe bei Rohstoffbasen angesiedelt. Sind die Lagerstätten von Brennstoffen und nichtenergetischen Rohstoffen
nicht am gleichen Ort - wie z.B. Kokskohle- und Eisenerz-
lagerstätten für die Eisen- und Stahlindustrie - muß bei der
Standortwahl die kostenoptimale Lage ermittelt werden. Mit
wachsender Entfernung zwischen Rohstoffgewinnungsstätten
und Verbrauchszentren steigt der Energieverbrauch, der für
die Beförderung der Rohstoffe erforderlich ist.

In den heutigen Industrieländern war die Verteilung der Roh-
und/oder Brennstofflagerstätten zusammen mit den vorhandenen
Transportwegen von entscheidender Bedeutung für die Ansiedlung schwerindustrieller Zentren - sei es im Ruhrgebiet, in
Mittelengland, im Großraum Pittsburgh (Pennsylvania) in den

---

1 Wenn die Kohle während des Transportes noch verladen werden
   muß, z.B. von der Eisenbahn auf Schiffe, so ist die Ver-
   lustrate noch wesentlich höher. Auf einzelnen Transportstrecken wurden Verlustquoten bis zu 20 % registriert.
   Vgl. DUAN Hui, a.a.O.

USA oder auch im Ural-Kusnez-Kombinat in der Sowjetunion.
Es stellt sich die Frage, ob die Ansiedlung von energieintensiven Industriezweigen in der VR China unter rohstoffpoli-
tischen Gesichtspunkten erfolgte.

Nimmt man den Bruttoproduktionswert der Industrie als Indi-
kator für die Standortverteilung der Industrie, so war dieser
Anfang der 80er Jahre wie folgt:[1] Ca. 67 % des BPW der Indu-
strie wurden in den Großwirtschaftsräumen Norden (14 %),
Nordosten (16 %) und Osten (37 %) erstellt. Die industriell
bedeutendsten Städte und Provinzen waren fast ausnahmslos
an der Küste konzentriert: Shanghai (Anteil am BPW 11 %),
Jiangsu (9 %), Liaoning (9 %), Shandong (7 %), Sichuan (im
Landesinnern 5 %), Guangdong (5 %), Heilongjiang (5 %),
Beijing (4 %), Hebei (4 %) und Tianjin (4 %).[2]

Beim Vergleich der Daten des Bruttoproduktionswertes der
Industrie der landesinneren Regionen aus den 50er Jahren
mit den Angaben Anfang der 80er Jahre wird deutlich, daß in
den landesinneren Regionen zwar wesentliche Fortschritte in
der industriellen Entwicklung zu verzeichnen sind.[3] Es waren
bedeutende Industriestandorte, wie z.B. die Städte Wuhan,
Datong, Taiyuan, Baotou oder Lanzhou errichtet worden. Die
Stellung der Küstenregionen blieb indes weiterhin domini-
rend. An der Regionalstruktur der Industrie haben sich in
Hinblick auf die Dominanz der östlichen Regionen im Vergleich
zu den 50er Jahren nur geringfügige Änderungen ergeben. Die
Anteile der einzelnen Städte und Provinzen am Bruttoproduktionswert der Industrie haben sich allerdings zugunsten des
Großraumes Osten verschoben - von ca. 27% (1957) auf 37 %
(1982). Der Anteil des Nordostens am Bruttoproduktionswert

---

1 Da die Anteile der einzelnen Regionen am erwirtschafteten
  Bruttoproduktionswert der Industrie für die Zeit Ende der
  70er Jahre nicht in den offiziellen Statistiken ausgewiesen
  sind, wurden die Werte des Jahres 1982 zugrunde gelegt.
2 Vgl. Zhongguo Tongji Nianjian 1983, a.a.O., S.234.
3 Einen Überblick über die regionale industrielle Entwicklung
  von 1945 - 1979. Vgl. Masaru KANEKO: Regional Population
  and Production, in: China Newsletter, No.34, Sept.-Oct.
  1981, Tab.12, S.18.

der Industrie ist von ca. 19 % auf 16 % im gleichen Zeitraum
zurückgegangen.

Wesentliche Veränderungen der Regionalverteilung der Industrie zeigen sich bei den einzelnen Industriebranchen. Während sich zur Zeit der Gründung der Volksrepublik die schwerindustriellen Industriezweige überwiegend in den brennstoff-
und eisenerzreichen Regionen des Nordostens konzentrierten,
waren bis Anfang der 80er Jahre wesentliche Produktionszen-
tren der Schwerindustrie in den Regionen an der Ostküste
angesiedelt worden. In den sechs Provinzen[1] und der Stadt
Shanghai des Großraumes Osten befanden sich z.B. 29 % der
metallurgischen, 28 % der Elektrizitäts-, jeweils 39 % der
chemischen und der Maschinenbau- und 38 % der Baustoffindustrie.[2] Außer für die Baustoffindustrie war innerhalb dieses
Raumes das Stadtgebiet Shanghai das bedeutendste Zentrum
für die aufgeführten Industriezweige.

Betrachtet man die industrielle Standortverteilung unter dem
Aspekt der Energieversorgung, so wird deutlich, daß die
Industriestandorte z.T. sehr ungünstig angesiedelt wurden.
Während der Norden in der Lage ist, sich selbst mit Energie
zu versorgen und darüber hinaus noch in andere Regionen "ex-
portieren" kann, sind die vergleichsweise industrialisierten
Räume Osten, Nordosten sowie Zentralchina bedeutende Netto-
"importeure" von Energieträgern. Vor allem die industriell
relativ entwickelten und dicht bevölkerten Küstengebiete
im Osten und Südosten des Landes, die einen vergleichsweise
großen Anteil am Bruttoproduktionswert der Industrie erwirtschaften, haben nur einen vergleichsweise geringen Anteil an
der gesamten Brennstofförderung: Die elf Provinzen und Städte
Liaoning, Hebei, Shandong, Jiangsu, Zhejiang, Fujian, Guangdong, Guangxi, Beijing, Shanghai und Tianjin erwirtschafteten
im Jahr 1979 60,6 % des industriellen BPW (Bevölkerungsanteil
41 %) der Anteil an der Kohleförderung betrug 30,5 %, der Anteil am Kohleverbrauch hingegen 42,2 %.[3]

1 Vgl. Tabelle I.11.
2 Zhongguo Tongji Nianjian 1983, a.a.O., S.235.
3 Vgl. LI Dazheng: Jiaqiang meitan kaifa - zaoying sihua
  (Verstärkt Kohle erschließend - entsprechend dem Bedarf
  der Vier Moderniesierungen), in: Nengyuan, Nr.2, 1981, S.7.

Tabelle IV.18

Situation der Großwirtschaftsräume hinsichtlich der Kohlereserven,
der Kohleförderung, des Kohleverbrauchs und dem
Bruttoproduktionswert (BPW) der Industrie

Gebiet	Anteil an den Kohle- reserven (%)	Kohle- produk- tion (Mio.t)	Anteil (%)	Kohle- ver- brauch (Mio.t)	Anteil (%)	Nettoaus- fuhr (+) Nettoein- fuhr (-) (Mio.t)	Anteil am gesamten BPW der Industrie (%)
Norden	60,2	198,23	31,19	147,30	23,84	+ 38,42	16,3
Osten	6,9	109,58	17,24	128,65	20,82	- 20,95	36,2
Zentralchina	3,7	105,40	16,58	113,78	18,41	- 10,71	17,4
Nordosten	8,7	104,60	16,46	116,71	18,89	- 11,19	17,1
Südwesten	11,3	68,32	10,75	65,88	10,66	+ 1,45	7,6
Nordwesten	9,2	49,41	7,78	45,62	7,38	+ 3,35	5,4
Gesamt	100,0	635,54	100,00	617,94	100,00	+ 0,27	100,0

Quelle: LI Dazheng: Jiaqiang meitan kaifa - zaoying sihua xuyao (Verstärkt Kohle erschließen - dem Bedarf der Vier Modernisierungen gerecht werden), in Nengyuan, Nr.2,
1981, S.7.

Es kann in Anbetracht dieser Daten davon ausgegangen werden,
daß bei der regionalen Strukturpolitik seit den 50er Jahren
die lokale Verfügbarkeit von Energierohstoffen nur eine
untergeordnete Rolle spielte.[1] Dies wird noch augenschein-
licher, wenn man die Ergebnisse der Regionalpolitik hinsichtlich der Ansiedlung von schwerindustriellen Branchen betrachtet.

Während "energiearme" Städte wie Beijing oder Shanghai Anfang
der 50er Jahre überwiegend Zentren für Leichtindustrie waren,
haben sich diese Städte unter zentraler Planung und Lenkung
zu Standorten für energieintensive schwerindustrielle Produktion gewandelt. Die Stadt Shanghai, die nahezu sämtliche

---

1 Es ist zu vermuten, daß auch die Lagerstätten anderer Rohstoffe kein vorrangiges Kriterium für die Ansiedlung von
  Industriezentren waren. So waren beispielsweise die beiden
  Provinzen Shanxi und Anhui, die relativ umfassende Vorkommen an verschiedenen bergbaulichen Rohstoffen aufwiesen
  - vgl. Tabelle I.1. - Ende der 70er Jahre industriell
  vergleichsweise wenig entwickelt.

industrielle Rohstoffe aus dem Landesinneren beziehen muß, erstellte im Jahr 1982 ca. 10 % des Bruttoproduktionswertes der gesamten Schwerindustrie oder etwa jeweils ein Sechstel des Bruttoproduktionswertes der Industriezweige Metallurgie und Maschinenbau.[1] Mehr als 50 % der gesamten in Shanghai verbrauchten Energie benötigten allein die Branchen Metallurgie und Chemie.[2] In den Städten Shanghai, Nanjing und Hangzhou sind ferner ca. 14 % der gesamten Stromerzeugungskapazität und 12 % der Kokereikapazität des Landes konzentriert.[3] Auf die durch Brennstofftransporte verursachte hohe Bindung von Transportkapazitäten wurde bereits hingewiesen. Allein für die Energieversorgung der Stadt Shanghai mußten beispielsweise im Jahr 1979 auf dem Landweg rd. 15 Mio. Tonnnen Kohle herbeigeführt werden.[4]

Es ist nicht Ziel der vorliegenden Arbeit, im einzelnen die Ursachen für die tendenziell weiterhin bestehende hohe regionale Konzentration auf die "traditionellen" Industriestandorte - entgegen zu Anfang der 50er Jahre formulierten Entwicklungszielen - sowie die unter Energieversorgungsgesichtspunkten zunehmend ungünstiger werdende Industrieansiedelung zu untersuchen. Möglicherweise erleichterte die regionale Konzentration die zentrale Planung, da komplexe zwischenbetriebliche Verflechtungen nur beschränkt auf wenige Regionen erfaßt werden mußten.[5] Einfluß hatte vermutlich auch die hohe Bevölkerungsdichte in den Ostregionen und deren vergleichsweise große Zahl an qualifizierten Arbeitskräften. Unter energiepolitischen - und vermutlich auch unter kostenpolitischen - Gesichtspunkten wäre wahrscheinlich eine brennstofforientierte Ansiedelung der schwerindustriellen Produktionszweige sinnvoller gewesen.

---

1 Vgl. Zhongguo Tongji Nianjian 1983, a.a.O., S. 234 ff.
2 Vgl. YAO Xitang, JIN Xingren: Shanghai jieneng jingji xiaoguo wenti de tantao (Über die Wirtschaftlichkeit von Energieeinsparungen in Shanghai), in: Renmin Ribao vom 20.9.1982.
3 Vgl. LU Dadao, Alber KOLB, a.a.O., S.278.
4 Vgl. LI Dazheng, a.a.O., S.7.
5 Vgl. Wolfgang Klenner: Ordnungsprinzipien..., a.a.O., S.86.

Tabelle IV.19.   Sektorspezifische und gesamtwirtschaftliche Energienutzung in den einzelnen Phasen des Energieflusses nach Energieträgern (1979)

Energieträger	Ges.Energieverbrauch (Mio.t SKE)	Verarbeitung und Umwandlung — Verarbeitungsmenge (Mio.t)	Verlustmenge (Mio.t)	Nutzungsgrad (%)	Transport und Lagerung — Gesamtmenge (Mio.t)	Verlustmenge (Mio.t)	Nutzungsgrad (%)
Kohle	442,28	Aufbereit. 81,45	17,89	78	Koks 44,17	3,65	92
		Verkokung 65,67	7,87	88			
		Stromerzeug. 84,92	10,19	88	Stromübertrag. 118,68	9,81	92
Primärstrom	21,09	Stromerzeugung 26,00	3,14	88			
Erdöl	127,97	Raffinierung 105,13	Rohöl 2,20 Raffineriegas 1,54	96	Rohöl 151,79	3,88	97
Erdgas	19,29					0,40	98
Insgesamt	610,63		42,83	93		567,80 / 17,74	97

Verbrauch — Sektor (Zweig)	Energieverbrauch (Mio.t)	Anteil am Verbrauch (%)	Wirkungsgrad bei Endenergieverbr.	Nutzungsrate [a]
1. Industrie Metall-,Chemie-, Maschinenbauind.	132,23	24,1	40	9,64
Bauindustrie u. andere Zweige	163,50	29,7	30	8,91
2. Elektrizität	108,87	19,8	25	4,95
3. Verkehr	30,82	5,6	20	1,12
4. Haushalte	84,94	15,4	25	3,85
5. Landwirtschaft u.a.	29,70	5,4	20	1,08
	550,06	100		29,55

a Anteil am Verbrauch multipliziert mit dem Wirkungsgrad beim Endenergieverbrauch.

Quelle: WANG Jiacheng: Cong Woguo nengyuan de xiaofei goucheng kan jieneng de tianli he tujing (Über die Perspektiven der Energieeinsparung in Anbetracht von Chinas Energieverbrauchsstruktur), in: Gongye Jingji Guanli Gongkan, Nr.3, 1981, S.5.

2.4. Gesamtwirtschaftliche Energienutzungsrate

Eine Vorstellung vom Stand der gesamtwirtschaftlichen energetischen Nutzung der als Produktionsmittel eingesetzten
Energieträger läßt sich von der Energienutzungsrate gewinnen.
Diese ist ein Indikator für die Effizienz der Energieverwen-
dung eines Landes. Je geringer die Energienutzungsrate oder
die Nutzenergie[1] einer Volkswirtschaft ist, desto höher ist
die für ein bestimmtes zu erzielendes Ergebnis einzusetzende
Energiemenge.

Der Energiewirtschaftler Wang Jiacheng ermittelte für China
eine gesamtwirtschaftliche Energienutzungsrate von knapp
30 %. Demnach wurden ca. 70 % oder rd. 400 Mio.Tonnen SKE
des Gesamtumsatzes an kommerzieller Primärenergie (1979)
energetisch nicht genutzt, bzw. waren Verluste. Zum Vergleich: In Industrieländern liegt die gesamtwirtschaftliche
Energienutzungsrate bei 40 - 57 %.[2]

Tabelle IV.20.

Vergleich der Energienutzungsrate in der VR China und in Industrieländern

	VR China	Japan	USA	England
Gesamtnutzungsrate	30	57	51	40
Industrie	35	78	77	67
Stromerzeugung	24	30	30	27
Verkehr	15	25	25	20
Haushalte	25	80	30	70

Quelle: LI Rui (Hrsg.): Zhongguo gongye bumen jiegou (Die
Struktur der Industriezweige in China), Beijing 1983, S.146.

---

1 Nutzenergie ist die Energie, die nach Einsatz der Endener-
  gieträger im Heizkessel, am Elektromotor, im Fahrzeug usw.
  als genutzte Energie am Heizkörper im Zimmer, an der An-
  triebswelle des Motors etc. ankommt.
2 Vgl. Tabelle IV.20.

Eine geringe Nutzung bzw. hohe Verluste der Energieträger
sind in allen Phasen des Energieflusses gegeben: Bei der
Energieumwandlung, dem Energietransport und schließlich dem
Energieverbrauch.[1]

3. Allokation von Energieträgern

Die hohe Energieintensität des chinesischen Sozialprodukts
läßt sich sicherlich nicht ausschließlich auf die in Abschnitt 2 aufgeführten Faktoren zurückführen. Dies wird
nicht zuletzt daran deutlich, daß selbst in modernsten chinesischen Industriebetrieben die Energieintensität der Erzeugnisse wesentlich höher lag als in vergleichbaren westlichen
Produktionsstätten.[2] Es soll deshalb gesondert das Allokationssystem für die Produktionsmittel untersucht werden.
Da in marktwirtschaftlich orientierten Ländern i.a. die
Preise von Energieträgern maßgeblich sind für einen möglichst
rationellen Einsatz oder für die Substitution einzelner
Energieträger durch andere Energieträger oder auch durch
Kapital in Form moderner energieeffizienter Anlagen, wird
im folgenden analysiert, welche Allokationsmechanismen in
China wirksam waren und welchen "Beitrag" sie zur Energie-
intensität des Sozialprodukts leisteten.

3.1. Das materiell-technische Zuteilungssystem

Die Allokation der Ressourcen erfolgte wie erwähnt nicht
über den Markt, sondern gemäß der festgelegten Plandaten.[3]
Für die Warenzirkulation gab es in China während des Betrach-
tungszeitraumes im wesentlichen drei Kanäle:[3]
- Das Versorgungssystem für Produktionsmittel (Investitions-
  güter, Roh-, Hilfs- und Betriebsstoffe) regelt den Aus-
  tausch von Produktionsgütern zwischen den staatseigenen
  Produktions- und "Aufbaueinheiten".[5]

---

1 Vgl. Tabelle IV.19.
2 Vgl. TONG Yihao, a.a.O., S.2.
3 Vgl. Kapitel I.3.2.
4 Vgl. XUE Muqiao: Sozialismus in China, a.a.O., S.112.
5 "Aufbaueinheiten" sind spezielle Organe, die für die Planung, Durchführung und Kontrolle neuer Projekte zuständig
  sind. Vgl. Wolfgang KLENNER: Ordnungsprinzipien..., a.a.O.,
  S.178.

- Das staatliche Handelssystem bewerkstelligt die Versorgung
  der Bevölkerung mit Konsumgütern.
- Das System der Versorgungs- und Vermarktungsgenossenschaf-
  ten hat die Aufgabe, landwirtschaftliche Produkte aufzu-
  kaufen und abzusetzen sowie Industriegüter, einschließlich
  der Produktionsmittel für die Landwirtschaft, zu verkaufen.

Die Produktionsmittel sind seit den 50er Jahren wiederum in
drei Kategorien unterteilt:[1]
- In Kategorie I sind Produktionsmittel, die von größter
  Bedeutung für den Wirtschaftsaufbau und die Versorgung der
  Bevölkerung sind wie Kohle, Walzstahl, Dieselmotoren,
  Brennholz. Sie werden einheitlich von der Staatlichen
  Planungskommission verteilt.
- In Kategorie II sind Güter, die nur in wenigen Regionen
  erzeugt, aber im ganzen Land benötigt werden wie Rohre,
  Reifen, Gummi, Baumwollstoffe. Die Verteilung dieser Güter
  erfolgt über die Ministerien der Zentralregierung und
  deren Verkaufsabteilungen.
- In Kategorie III sind Güter, die auf regionaler Ebene er-
  zeugt und verbraucht werden. Die Verteilung erfolgt über
  die regionalen Verwaltungseinheiten auf Provinzebene.[2]

Die staatliche Zuteilung der Produktionsmittel einschließlich der Rohstoffe, Brennstoffe und Halbfabrikate wurde nach
den in den Planungstabellen zur materiell-technischen Versorgung für die jeweilige Planperiode festgelegten Angaben
vorgenommen. In diesen Planungstabellen sind die Güterbewe-
gungen zwischen Lieferanten und Abnehmern nach Art, Menge
und Norm sowie Lieferzeit und -ort spezifiziert.[3] Staatliche
Behörden leiten die ihnen unterstellten Handelsunternehmen
(einschließlich der für die Versorgung mit Produktionsmitteln
zuständigen Einheiten) und koordinieren die Beschaffung der

---

1 Vgl. Wolfgang KLENNER: Ordnungsprinzipien..., a.a.O., S.180
2 Während der 50er Jahre durften Güter der Kategorie III
  auch frei gehandelt werden. Vgl. XUE Muqiao: Sozialismus
  in China, a.a.O., S.114.
3 Vgl. Wolfgang KLENNER: Ordnungsprinzipien..., a.a.O., S.180

Produktionsmittel sowie Produktion und Absatz.[1] Auf diese
Weise soll der Ausgleich zwischen Angebot und Nachfrage
sichergestellt werden.

Das in den 50er Jahren geschaffene Zuteilungssystem für Produktionsmittel galt im wesentlichen während des gesamten in
dieser Arbeit bisher behandelten Betrachtungszeitraums, d.h.
bis Ende der 70er Jahre. Gemäß diesem System wurden für
die Produktionsgüter der Kategorie I von der Planungskommission Verteilungspläne ausgearbeitet. Die Verteilungspläne
wurden für die jeweiligen Fachabteilungen aufgeschlüsselt
und von diesen wurden branchenspezifische Produktions- und
Versorgungspläne entsprechend den von den zentralen Ministerien und Regionen gemeldeten Prioritäten ausgearbeitet. Auf
jährlich stattfindenden Konferenzen für Warenbestellungen
orderten die einzelnen Ministerien und Hauptabteilungen der
Provinzen die benötigten Güter. Danach wurden die Güter produziert und geliefert. Ergänzend gab es eigene Beschaffungs-
und Absatzorgane der Ministerien und der Regionen, die unabhängig voneinander für die Beschaffung und den Absatz von
Produktionsmitteln zuständig waren.

Bereits Ende der 50er Jahre zeigte sich, daß dieses vertikal
ausgerichtete System nicht den Anforderungen gerecht werden
konnte und nicht in der Lage war, Produktion und Absatz optimal zu koordinieren. Zu Beginn der 60er Jahre wurde das Allokationssystem vorübergehend in der Weise reformiert, daß
dem Markt ein größerer Einfluß auf die Regulierung von Angebot und Nachfrage eingeräumt wurde. Ende der 60er Jahre
kehrte man aber aufgrund innenpolitischer Entwicklungen
wieder zum alten System zurück.[2]

---

1 Vgl. XUE Muqiao: Sozialismus in China, a.a.O., S.112.
2 Abweichend vom hier dargestellten Allokationssystem für
   materielle Güter wurde in der ersten Hälfte der 60er Jahre
   ein Zuteilungssystem praktiziert, das zwar zentral geplant
   und gelenkt war, aber insgesamt eine vereinfachte bürokra-
   tische Struktur aufwies und dadurch flexibler war. Wesentlicher Vorteil dieses Systems war eine Koordination von
   Produktionsmittelbeschaffung und -absatz, die enger am
   Markt orientiert war. Vgl. XUE Muqiao, a.a.O., S.115 f.

Für die Energieträger - Produktionsmittel der Kategorie I -
galten grundsätzlich strenge Zuteilungsprinzipien, wobei es
jedoch gewisse Unterschiede im Allokationssystem bei den
einzelnen Energieträgern gab.[1] Erdöl und Erdölerzeugnisse
wurden von den zentralen Regierungsorganen zugeteilt: Über
die jeweiligen Ministerien oder Provinzregierungen. Die in
den Zuteilungsplänen festgelegten Mengen wurden von den
Ministerien an die unter ihrer Verwaltung stehenden Einheiten
und von den Provinzregierungen an deren untergeordnete Einheit zugeteilt.

Elektrizität wurde von den staatlichen Institutionen verschiedener Ebenen, die das jeweilige Stromnetz verwalteten,
zugeteilt; eine Ausnahme bildeten jene Stromverbraucher, die
ihre eigene Elektrizität erzeugten, wie z.B. ländliche Einheiten. Die Zuteilungsgrenzen wurden von der Leistungsfähigkeit der jeweiligen Elektrizitätsnetze gesteckt.

Das administrative Allokationssystem für Kohle war abhängig
von der jeweils zuständigen Körperschaft, die die Unternehmen
verwalteten. Zuteilungsquoten für zentral verwaltete Unternehmen wurden von den jeweils zuständigen Ministerien in
Abstimmung mit dem Staatlichen Hauptmaterialamt und der
Staatlichen Planungskommission festgelegt. Die Zuteilungsquoten für lokal verwaltete Unternehmen wurden von den Gebietskörperschaften und deren Fachbüros festgelegt. Die
Kohle aus zentral verwalteten Bergwerken wurden den von
zentralen Organen gelenkten Unternehmen und den Gebietskörperschaften - von letzteren weiter an die untergeordneten
Verwaltungseinheiten - zugeteilt. Die Kohle aus lokal verwalteten (staatlichen) Bergwerken wurde an lokal verwaltete
Unternehmen zugeteilt, deren Bedarf nicht mit den Brennstoff-
zuteilungen aus zentral verwalteten Bergwerken gedeckt werden
konnte.

---

1 Vgl. World Bank (Hrsg.): China: Long-Term Issues and Options, Annex C: Energy, Washington 1985, S.70 f.

Da es sich bei Energieträgern um vergleichsweise homogene
Produktionsmittel mit einer überschaubaren Zahl von variierenden Qualitäten handelte, waren zwar prinzipiell günstige
Bedingungen gegeben, um im Sinne des zentralisierten Wirtschaftssystems ex ante ein Gleichgewicht zwischen Angebot und
Nachfrage plangemäß herzustellen. Dennoch war dieses Alloka-
tionsverfahren aber offenbar nicht in der Lage, Angebot und
Nachfrage zu harmonisieren. Die zuständigen Behörden waren
sowohl damit überfordert, eine angemessene Mengenzuteilung,
die einerseits einen störungsfreien Produktionsprozeß als
auch andererseits das Horten von Produktionsmitteln verhinderte, zu gewährleisten; noch waren sie in der Lage, die
von den Verbrauchern benötigten Energieträgerqualitäten
verfügbar zu machen.

Es war bereits darauf hingewiesen worden, daß in nahezu allen
Wirtschaftssektoren eine Unterdeckung der Energienachfrage
gegeben war. Es kann aber wohl mit einiger Wahrscheinlichkeit
davon ausgegangen werden, daß dieser Mangel zu wesentlichen
Teilen "statistischer" Natur war, da gleichzeitig zahlreiche
Betriebe Energieträger horteten. Dieses Verhalten wird als
charakteristisches Merkmal von Beschaffungsorganen der Branchen und Regionen geschildert, die durch Horten auf Vorrat
eventuelle Lieferausfälle zu kompensieren suchten.[1]

Zahlreiche Hinweise in chinesischen Untersuchungen zeigen
ferner, daß qualitative Kriterien bei der Zuteilung von
Energieträgern eine untergeordnete Rolle spielten.[2] Dies

---

1 Das Ausmaß, das das Horten von Produktionsmitteln annahm,
  wird beispielsweise daran deutlich, daß die auf Lager ge-
  haltenen Stahlerzeugnisse Anfang der 80er Jahre ein Volumen
  von ca. 20 Mio. Tonnen Stahl - über siebzig Prozent des
  jährlichen Produktionsvolumens an Stahlerzeugnissen -
  hatten, während gleichzeitig ein großer ungedeckter Bedarf
  an Stahlerzeugnissen bestand. Vgl. GAO Xiangzhu: Lun wujia
  gaige (Über die Preisreform), Beijing 1982, S.27.
2 Die untergeordnete Bedeutung von Qualitätskriterien galt
  selbst für die differenzierende Abstimmung von Angebot und
  Nachfrage auf den Konferenzen für Warenbestellungen. Vgl.
  YANG Jinhe: Dui gongye yong mei biaozhun de ji jian kanfa
  (Über die Festlegung von Richtwerten für den Kohleverbrauch
  in der Industrie), In: Meitan Kexue Jishu, Nr.1, 1981, S.20

wäre insofern für die Höhe des Energieverbrauchs von Bedeutung, als nicht jeder Energieträger für jeden Verwendungs-
zweck geeignet ist und nicht jeder Energieträger ohne weiteres substituiert werden kann. Selbst bei "gleichen" Energieträgern wie "Kohle" oder wie "Erdöl" sind die jeweils quali-
tativen Unterschiede verschiedener Kohle- oder Erdölsorten
hinsichtlich der chemischen Zusammensetzung von wesentlicher
Bedeutung für den Verbraucher bzw. für den jeweiligen Ver-
wendungszweck. Der Einsatz ungeeigneter Energieträger erhöht
den produktspezifischen Energieverbrauch und stellt gesamtwirtschaftlich eine Vergeudung von Energie dar - wenn z.B.
hochwertige Energieträger in vergleichsweise einfachen Um-
wandlungsprozessen verbraucht werden.

Die seitens der Administrationsorgane erfolgte Unterbewertung
der variierenden Qualitäten von Energieträgern zeigte verschiedene Konzequenzen. Zum einen wurde nicht ausreichend
dafür Sorge getragen, daß hinreichend differenzierte Energiequalitäten verfügbar waren. Die Einteilung beispielsweise
der Steinkohle in 15 Handelsklassen[1] reichte nach Angaben
von Experten nicht aus, um den differenzierten Bedarf verschiedener Energienachfrager gerecht zu werden.[2] Zum anderen
wurden auch die verfügbaren Qualitäten oft nicht angemessen
zugeteilt. Qualitativ hochwertige Kohlen, die beispielsweise
zur Verkokung geeignet waren, wurden zum Teil als Kesselkohle in Kraftwerken oder in Industriekesseln zur Dampfer-
zeugung verbrannt.[3] Kunstdüngerfabriken, die zur Produktion
Anthrazit mit großer Körnung (Nußkohle) benötigen, erhielten
Feinkohle zugewiesen, mit der Folge, daß die Feinkohle vor

---

1 Vgl. Kapitel III.2.1.1.
2 Vgl. ZHU Yinren: Meitan ziyuan heli yu youxiao liyong wenti
  de tantao (Über die sinnvolle und wirtschaftliche Nutzung
  der Kohlevorkommen), in: Meitan Kexue Jishu, Nr.5, 1981,
  S.4. Die Steinkohlesorten wurden in erster Linie nach dem
  Aschegehalt unterschieden; Schwefelanteil und Korngröße
  waren von untergeordneter Bedeutung. Yang weist in diesem
  Zusammenhang darauf hin, daß mit jedem zusätzlichen Pro-
  mille Anteil Schwefel im Koks der Koksbedarf z.B. bei der
  Eisenverhüttung um 1,5 % steigt, ferner sich der Kalkbe-
  darf erhöht und die Leistungsfähigkeit des Hochofens gesenkt wird. Vgl. YANG Jinhe, a.a.O., S.20.
3 Vgl. ZHU Yinren, a.a.O., S.4.

der Verarbeitung erst gepreßt werden mußte: Die Folgen waren
erhöhter Kohleverbrauch pro Outputeinheit und erhöhte Selbstkosten. Einem Wärmekraftwerk in der Provinz Heilongjiang,
das mit einem Brenner für Staubkohle ausgerüstet ist, wurde
mitunter eine Kohlequalität mit hohem Anteil an Stückkohle
und Bergen zugeteilt. Mangels ausreichender eigener Aufberei-
tungs- und Zerkleinerungsanlagen konnten nur 45 MW des auf
eine Kapazität von 100 MW ausgelegten Kraftwerkes beschäftigt werden.[1] Ähnliche Beispiele werden für die Erdölindustrie aufgeführt.[2]

Das praktizierte Allokationssystem war somit allem Anschein
nach nicht in der Weise wirksam, daß ein Ausgleich zwischen
Angebot und Nachfrage erreicht und daß knappe Produktionsmittel ökonomisch verwendet wurden.

Das Allokationssystem wäre demnach eine wesentliche Quelle
für die hohe gesamtwirtschaftliche Energieintensität bzw. für
die Vergeudung von Energie.[3] Einzelne chinesische Autoren
sehen in dem Allokationssystem eine Hauptursache für die hohe
gesamtwirtschaftliche Energieintensität des Sozialprodukts.[4]

---

1 Vgl. YANG Jinhe, a.a.O., S.20.
2 TONG Yihao weist darauf hin, daß die an bestimmte Raffinerien, Verarbeitungsbetriebe oder Kunstfaserfabriken zugeteilten Rohöle oder Halbprodukte häufig nicht den Anforderungen der jeweils gegebenen technischen Anlagen und
  Ausrüstungen angemessen waren. Beispielsweise erfordern
  Wachsgehalt, der Anteil an Aromaten oder die Viskosität
  unterschiedlicher Rohöle jeweils verschiedene technische
  Ausrüstungen, wenn eine möglichst weitgehende Verarbeitung
  des Rohöls, d.h. eine hohe Ausnutzung des energetischen
  Gehalts dieses Energieträgers, erfolgen soll. Vgl. TONG
  Yihao, a.a.O., S.2 f.
3 Nach bisherigen Erfahrungen in zentral geleiteten sozialistischen Ländern ist die Vergeudung von Ressourcen bei
  administrativen Lenkungsmechanismen offenbar unvermeidbar.
  Zu den Kostenkomponenten bürokratischer Koordinationsver-
  fahren vgl. Karl-Ernst SCHENK: Bürokratie und Wirtschaftsordnung. Endogene Faktoren für die Veränderung, in: Hamburger Jahrbuch für Wirtschafts- und Gesellschaftspolitik,
  23.Jahr (1978), S.141 ff. und S.149.
4 Luo Hui quantifiziert die für die Energievergeudung maßgeblichen Bereiche wie folgt: 40 % durch Unzulänglichkeiten
  des staatlichen Administrationssystems; 40 % durch veralte-
  te Anlagen und Ausrüstungen, 20 % durch geringe Qualität
  der Brennstoffe. Vgl. LUO Hui: Jiangxi nengyuan jingji
  wenti chutan (Über energiewirtschaftliche Fragen der Provinz Jiangxi), in: Jiangxi Shiyuan Xuebao, Nr.4, 1982, S.26

3.2. Energiepreise als Signalgeber und als Kostenträger

Die Energiepreise waren im praktizierten Allokationssystem grundsätzlich von untergeordneter Bedeutung, da die Zuteilung von Produktionsmitteln nach Mengenkriterien erfolgte.

Es wurde bereits dargelegt, daß die Preise für Kohle, der bedeutendsten Energiequelle in China, niedrig sind - sowohl im Vergleich zu den Produktionskosten als auch im Vergleich zu anderen Industriegütern - und insofern falsche Signale auslösen können. Aus Tabelle IV.21. ist die Relation der Kohlepreise zu anderen Güterpreisen im Vergleich mit den entsprechenden Preisrelationen in anderen Ländern zu ersehen. Beispielsweise waren auch die Preisdifferenzierungen nicht ausreichend, um den Verbrauch hochwertiger Energieträger jenen Branchen und Produktionsprozessen vorzubehalten, die hochwertige Energieträger als Rohstoffe benötigen. Aufgrund "falscher" Preisdifferenzierungen schlägt der Verbrauch hochwertiger Kohlesorten in der betrieblichen Kostenrechnung nur unwesentlich mehr zu Buche, als der Verbrauch geringwertiger Kohlesorten. Tabelle IV.22. gibt einen Überblick über den Anteil der Energiekosten an den Selbstkosten in verschiedenen Branchen.

Da die Preise für Energieträger als einzelwirtschaftliches Entscheidungskriterium für die Wahl von Produktionsmitteln bis Ende der 70er Jahre ohnehin eine untergeordnete Rolle spielten - erwirtschaftete Gewinne wurden an die Finanzbehörden abgeführt, Verluste in einer Art Pauschalsubventionierung getragen, eine Eigenverantwortlichkeit der Betriebe für Gewinne und Verluste also weitgehend fehlte - gab es für die energieverbrauchenden Einheiten kaum wirtschaftliche Anreize, Produktionsmittel zum Zwecke der Kostenreduzierung ökonomisch einzusetzen.

Tabelle IV.21.

Die Relation der Kohlepreise zu anderen Güterpreisen in China
im Vergleich zu den Preisrelationen in anderen Ländern
(pro Tonne)

Land		Kohle[a]	Walz-stahl	Zement[b]	Weizen	Baum-wolle	Zeitpunkt (Jahr/Monat)
China	(Yuan)	44	720	55	330	2.660	1979
	Preisrelation	1	16,4	1,2	7,5	60,5	1979
Welt-markt	(US-$)	55	405	–	169,29	2.238	1980/2
	Preisrelation	1	7,4	–	3,1	40,7	1980/2
Frankreich	(FF)	219,9	1.869,8	264,43	1.048,6	16.860	1979/8
	Preisrelation	1	8,5	1,2	4,8	76,7	1979/8
BR-Deutschland	(DM)	165,9	892,3	–	461,82	–	1978
	Preisrelation	1	5,4	–	2,8	–	1978
USA	(US-$)	51,08	–	–	122,6	1.499	1976
	Preisrelation	1	–	–	2,4	29,3	1976

a Die Kohlepreise gelten für aufbereitete Kohle
b Zement der Güteklasse 500

Quelle: XU Shoubo: Nengyuan jishu jingjixue (Technoökonomie der Energie),
Changsha 1981, S. 514.

Tabelle IV.22.

Anteile der Energiekosten an den Selbstkosten in
verschiedenen Branchen

Stahlproduktion in großen Eisen- und Stahlhütten	37 %
Stahlproduktion in mittleren Eisen- u. Stahlhütten	50 %
Produktion von synthetischem Ammoniak	67 %
Stromerzeugung in großen Kohlekraftwerken	75 %
Zementproduktion	34 %
Glasproduktion	24 %
Eisenbahntransport (Dampfloks)	20 %

Quelle: YANG Jinhe: Dui zhiding gongye yong mei biaozhun de
ji jian kanfa (Über die Festlegung von Richtwerten für den
Kohleverbrauch in der Industrie), in: Meitan Kexue Jishu,
Nr.1. 1981, S.20.

4. Entwicklung des Energieexportüberschusses

Während die Kohleexporte seit den 50er Jahren bei ca. 1 %
der Gesamtfördermenge lagen, wurde der Export von Erdöl vor
allem während der 70er Jahre sehr rasch ausgedehnt und betrug Ende der 70er Jahre ca. 20 % des Fördervolumens.[1] Offenbar mußte man die binnenländische Unterdeckung der Energienachfrage und die dadurch verursachte Unterbeschäftigung von
Produktionskapazitäten in Kauf nehmen, um notwendige Devisen-
erlöse realisieren zu können. Während im Jahr 1977 die Erlöse
aus Erdölexporten ca. 10 % an den gesamten Exporterlösen
stellten[2] - das entsprach knapp 1 Mrd.US-Dollar - waren es
- wesentlich bedingt durch die zweite Ölpreissteigerung auf
dem Weltmarkt (1979) - bis zum Jahr 1982 mit 4,8 Mrd.US-
Dollar[3] bereits anteilig 21 %. Die Deviseneinnahmen aus dem
Export von Kohle beliefen sich Ende der 70er Jahre auf ca.
1,5 % der gesamten Exporteinnahmen.[4]

Den Ende der 70er Jahre veröffentlichten Exportabsichten
der damals maßgeblichen chinesischen Wirtschaftspolitiker
ist zu entnehmen, daß die mehrjährige Stagnation der Erdölgewinnung nicht vorher gesehen worden war. Die hohen Zuwachsraten in der Erdölförderung während der 60er und 70er Jahre,
die als Ergebnis der extensiv orientierten Energiepolitik
erzielt worden waren, waren allem Anschein nach auch Maßstab
für die zukünftige Exportplanung. Nur so läßt sich nämlich
erklären, daß im Jahr 1978 mit Japan, dem Hauptabnehmer

1 Vgl. die Tabellen III.9. und IV.23.
2 Vgl. World Bank (Hrsg.): China Socialist Economic Development, Vol.II, a.a.O., S.425.
3 Vgl. Robert DELFS: The critical impact of China's grain
  card, in: Far Eastern Economic Review, Nr.40, 6.10.1983,
  S.56.
4 Vgl. World Bank (Hrsg.): China: Socialist Economic Development, Vol.II, a.a.O., S.425.

Tabelle IV.23.

Energieexporte Chinas 1950 - 1983
(Mio.t)

	Kohle	Koks	Rohöl	Erdöl-produkte
1950	1,96	0,00		
1951	0,25	0,00		
1952	0,29	0,00		
1953	0,95	0,00		
1954	1,51	0,04		
1955	1,63	0,00		
1956	2,03	0,11		
1957	1,88	0,16		
1958	2,00	0,04		
1959	1,99	0,05		
1960	2,12	0,05		
1961	2,32	0,04		0,00
1962	2,60	0,05	0,06	0,03
1963	2,60	0,09	0,07	0,01
1964	2,97	0,12	0,09	0,04
1965	3,36	0,12	0,20	0,10
1966	3,97	0,11	0,20	0,20
1967	3,49	0,07	0,16	0,14
1968	2,13	0,07	0,13	0,11
1969	1,46	0,06	0,11	0,14
1970	2,27	0,27	0,19	0,19
1971	2,87	0,39	0,26	0,37
1972	2,82	0,36	0,64	0,89
1973	2,82	0,45	1,83	1,16
1974	2,87	0,44	5,07	1,48
1975	3,00	0,43	9,88	2,10
1976	2,27	0,25	8,50	1,95
1977	2,63	0,20	9,11	1,96
1978	3,12	0,30	11,31	2,17
1979	4,63	0,30	13,43	3,03
1980	6,32	0,27	13,30	4,20
1981	6,57	0,20	13,75	4,59
1982	6,44	0,40	15,20	5,27
1983	6,56	0,33	15,19	5,12

Quelle: Zhongguo tongjiju (Hrsg.): Zhongguo Tongji Nianjian
1984 (Statistisches Jahrbuch Chinas 1984), Beijing 1984,
S.408.

chinesischen Erdöls,[1] ein Liefervertrag über chinesisches Erdöl geschlossen wurde, der bis 1982 eine Ausweitung der Erdöllieferungen von 7 Mio.t/a auf 15 Mio.t/a vorsah.[2] Die ab 1979 stagnierende Erdölförderung zwang zur Vertragsrevision mit dem Ergebnis, daß im Jahr 1982 lediglich ca. 8 Mio.t Erdöl nach Japan exportiert werden konnten.[3]

Die an hohen Zuwachsraten orientierte Energiepolitik, die u.a. zu erheblichen Disparitäten zwischen Gewinnungs- und Verarbeitunskapazitäten geführt hatte, spiegelt sich auch in der strukturellen Entwicklung der Exporte von Rohöl und Erdölprodukten wider. Während bis Anfang der 70er Jahre der Export von Erdölprodukten mengenmäßig etwa dem Rohölexport entsprach, blieb in der Folgezeit der Export von Produkten im Vergleich zum Rohölexport deutlich zurück.[4] Weil es an inländischen Verarbeitungskapazitäten fehlte, mußte auf die Wertschöpfung, die durch die Verarbeitung des Erdöls im Inland erzielbar gewesen wären, verzichtet

---

1 Japan importierte im Zeitraum 1973-1982 rd. 70 Mio.t chinesisches Erdöl. Weitere bedeutende Abnehmer chinesischen Erdöls waren ebenfalls im ostasiatischen Raum: Nordkorea, Hongkong, Philippinen, Thailand und Singapur. Kleinere Mengen wurden auch in westliche Abnehmerländer exportiert, u.a. Brasilien, Frankreich, Italien, Bundesrepublik Deutschland, England, Schweiz, USA und Jugoslawien. Vgl. XNA, No. 12755 vom 17.12.1983. Es ist nicht wunderlich, daß in Anbetracht der expansiven Exportentwicklung Anfang der 70er Jahre auch von ausländischer Seite China eine wachsende Bedeutung als Erdöllieferant auf dem Weltmarkt beigemessen wurde. Für die zweite Hälfte der 70er Jahre wurde das chinesische Erdölexportvolumen bereits auf bis zu 50 Mio.t prognostiziert. Vgl. Choon-ho PARK, J.H. COHEN: The Politics of China's Oil Weapon, in: Foreign Policy 20 (1975), S.28 ff.; S.S. HARRISON: Time Bombs in East Asia, in: Foreign Policy 20 (1975), S.3 ff.; John FOSTER: Petroleum Prospects for the People's Republic of China, in: Joy DUNKERLEY (Hrsg.): International Energy Strategies, Cambridge, Mass., 1979, S.388 ff.
2 Vgl. Tadao IGUCHI, Hironao KOBAYASHI: The Japan-China long term trade agreement, in: JETRO, China Newsletter, No. 16, January 1978, S.6 f.
3 Vgl. XNA, No. 12755 vom 17.12.1983.
4 Vgl. Tabelle IV.23.

werden.[1]

5. Energie und Umwelt

Durch die wirtschaftliche Nutzung von Energieträgern ist ein
Eingriff in das ökologische System unvermeidlich. Je nach
Art des Energieträgers ist das Ausmaß der Störung des ökolo-
gischen Gleichgewichts unterschiedlich. Da die Anhebung des
Lebensstandards der Bevölkerung das eigentliche Ziel des
Wirtschaftens und insbesondere der Industrialisierung des
Landes ist, stellt sich die Frage, welche Beeinträchtigungen
des Lebensstandards in China durch Umweltbelastungen für den
Industrialisierungsprozeß in Kauf genommen werden. Eine
Untersuchung der Langzeitwirkungen der Energienutzung, wie
sie z.B. durch den Abbau fossiler Brennstoffe oder der Errichtung von Staubecken zur Nutzung der Wasserkraft ausgelöst
werden, wird in der vorliegenden Arbeit wegen der großen
Komplexität der Zusammenhänge nicht vorgenommen.[2] Eingegangen
werden soll aber auf die Frage, ob die Beeinflussung der
Ökologie während des Betrachtungszeitraums insbesondere
durch den Verbrauch von Brennstoffen Folgen zeigt, die bereits gesamtwirtschaftlich kostenwirksam werden. Dies wäre
z.B. dann der Fall, wenn eine Umweltbelastung die Gesundheit
der Arbeitskräfte beeinträchtigt oder wenn die Erträge ein-

---

1 Nach Berechnungen des chinesischen Erdölministeriums hätten
  z.B. im Jahr 1981 Devisenmehrerlöse von ca. 1 Mrd. US-
  Dollar erzielt werden können, wenn die im gleichen Jahr
  exportierte Rohölmenge im Inland weiterverarbeitet und erst
  danach exportiert worden wäre. Die exportierten Erzeugnisse
  verblieben ferner mangels verfügbarer Krackanlagen auf
  einer vergleichsweise niedrigen Verarbeitungsstufe, so daß
  potentiell mögliche Deviseneinnahmen verloren gingen. Im
  Jahr 1981 wurden beispielsweise 1,3 Mio.t Benzin exportiert, der Großteil mit einem Oktanwert von 80. Eine Wei-
  terveredelung des Benzins auf einen Oktanwert von 85 hätte
  nach Berechnungen von Tong Yihao zu Devisenmehreinnahmen
  von ca. 15 Mio.US-Dollar geführt. Vgl. TONG Yihao, a.a.O.,
  S.2 f.
2 Eine Langzeitwirkung des Eingriffs in das ökologische
  System zeichnet sich beispielsweise in der Provinz Shanxi
  ab. Durch die Grundwassersenkungsmaßnahmen beim Kohlebergbau ist in der traditionellen Kohleregion Shanxi der Grund-
  wasserspiegel so weit gesunken, daß die Wasserversorgung in
  der Provinz als sehr kritisch gilt. Vgl. Kurt WIESEGART:
  Entwicklungsstand der chinesischen Kohlewirtschaft am Beispiel der Provinz Shanxi, a.a.O., S.754.

zelner Wirtschaftzweige beeinträchtigt werden.

In China wurden Ende der 70er, Anfang der 80er Jahre jährlich
ca. 18 Mio.Tonnen Schwefeldioxyd, 6 Mio.Tonnen Stickoxyde und
andere Schwebstoffe sowie 20 Mio.Tonnen Staub freigesetzt.[1]
Im Vergleich zur Bundesrepublik Deutschland waren bei einem
mit rd. 860 Mio.Tonnen SKE (1979) etwa doppelt so hohem Energieverbrauch (einschließlich nichtkommerzieller Energieträger) die Emission von SO_2 etwa sechs mal und die Staubemission fast 30 mal höher.[2] Während der Heizperioden hatten die
Industriestädte im Norden Chinas täglich eine SO_2-Konzentra-
tion von 0,2 mg/cbm Luft. In der Stadt Taiyuan (Provinz Shanxi) stieg die Menge an krebserregenden Schadstoffen zwischen
1975 und 1978 von 0,046 mg/cbm Luft auf 0,234 mg/cbm.[3] In
Chongqing (Provinz Sichuan) betrug z.B. die SO_2-Konzentration
bis zu 0,8 mg/cbm.[4] Sie war damit um ein Mehrfaches höher als
beispielsweise im Ruhrgebiet Anfang der 80er Jahre.[5]

Die Ursachen der hohen Schadstoffemission sind in den ein-
schlägigen Veröffentlichungen unumstritten: Über 80 % der
Luftverschmutzung sind auf Emissionen durch direkte Verbrennung der Kohle zurückzuführen.[6] Da die Kohle, wie dargelegt, zum überwiegenden Teil unaufbereitet in den Verbrauch
geht, ist der Anteil an Ballaststoffen hoch. Der Schwefel-

---

1 Vgl. SUN Xing: Jizhong nengyuan dui huanjing de yinxiang
  (Der Einfluß verschiedener Energieträger auf die Umwelt),
  in: Nengyuan Nr.1, 1985, S.14.
2 Die Emission von SO_2 betrug in der Bundesrepublik Deutschland im Jahr 1982 3,0 Mio.t, die Staubemission 0,7 Mio.t.
  Vgl. Wolfgang FRICKE: Umfang und Entwicklung von Emissionen
  und Immissionen in der Bundesrepublik Deutschland, in:
  Glückauf, 120. Jg. (1984), Nr.15, S.988 ff.
3 Vgl. o.V.: Shanxi meitan nengyuan jianshe xueshu taolunhui
  jiyao (Zusammenfassung der Diskussionsveranstaltung über
  den Aufbau einer Kohleenergiebasis in der Provinz Shanxi),
  in Jingji Wenti, Nr.5, 1981, S.3.
4 Wolfgang K.H. Kinzelbach: Energie und Umwelt in China, in:
  Bernhard Glaeser (Hrsg.): Umweltpolitik in China - Modernisierung und Umwelt in Industrie, Landwirtschaft und Energieerzeugung, Bochum 1938, S.314
5 Wolfgang FRICKE, a.a.O., S.988.
6 Vgl. ZHAO Dianwu, GUO Baosen, CHEN Mingshao: Some environmental impacts of energy utilization in China, in: S.W.YUAN
  (Hrsg.): Energy Resources and Environment, Proceedings of
  the first US-China Conference, New York, Oxford, Toronto,
  Sydney, Paris, Frankfurt 1982, S.604.

gehalt beträgt bis zu 5 %.[1] Pro Tonne verbrauchte Kohle
werden durchschnittlich 30 - 40 kg Schwefeldioxyd (SO_2) und
ca. 50 kg Staub freigesetzt.[2] In der Industrie, Hauptver-
ursacher der Umweltverschmutzung, werden Filteranlagen zur
Schadstoffrückhaltung noch kaum verwendet. Lediglich 1 % der
thermischen Kraftwerkskapazitäten ist beispielsweise mit
Elektrofiltern ausgerüstet.[3]

Das Grundwasser wird belastet durch saure Grubenabwässer der
Bergwerke, durch Abwässer aus den Ölfördergebieten und Raffinerien sowie durch feste Verbrennungsrückstände. Eine Raffinerie mit einer Durchsatzkapazität von 5 Mio.t/a leitet
zwischen 10.000 und 50.000 t Öl pro Jahr in die Abwässer -
5 bis 25 mal so viel wie westliche Raffineriebetriebe. Kraftwerke und Industriebetriebe leiten ferner jährlich ca. 15
Mio.t Asche direkt in die Flüsse. Nur 10 % der durch Verbrennung anfallenden Asche werden genutzt; in der Bundesrepublik Deutschland ist die Nutzungsrate achtmal so hoch.[4]

Eine beträchtliche Umweltbelastung geht ferner von den Ab-
raumhalden der Kohlereviere aus. Jährlich fallen etwa 70
Mio.t Ganggestein an. Im Verlauf der Jahre wurden etwa 1
Mrd.t Gestein aufgehaldet. Die Halden beanspruchen nicht nur
Bodenfläche und landwirtschaftliche Nutzfläche in beträcht-
lichem Ausmaß - bisher insgesamt ca. 7.000 ha Land - sie
tragen ferner zur Luftverschmutzung sowie zur Wasserverunrei-
nigung durch Abgabe von Staub u.a. Schadstoffen bei.[5]

---

1 Vgl. ZHAO Dianwu, GUO Baossen, CHEN Mingshao, a.a.O.,
  S.604. Unter Bezug auf chinesische Quellen gibt Kinzelbach
  einen Schwefelgehalt der Kohle aus Lagerstätten im Süden
  von bis zu 10 % an. Vgl. Wolfgang K.H. KINZELBACH: China:
  Energy and Environment, in: Environmental Management,
  No.1, 1982, S.12.
2 Vgl. SUN Zhongying: Cong huanjing wuran tan Taiyuan shi de
  gongye tiaozheng (Die Situation der Industrie in Taiyuan
  aus der Sicht der Umweltbelastung), in: Jingji Wenti, Nr.3,
  1982, abgedr.in: Gongye Jingji, F3, Nr.11, 1982, S.60 f.
3 Vgl. Wolfgang K.H. KINZELBACH: Energie und Umwelt...,
  a.a.O., S.320. Elektrofilter gewährleisten einen Rückhalte-
  grad der Staubemission bis zu 99 %.
4 ebenda, S.320.
5 ebenda, S.320.

Die Folgen beispielsweise der Luftbelastung zeigen sich bereits in den Krankheits- und Mortalitätsstatistiken und
lassen die sozialen Kosten zumindest erahnen. Lungenkrebs
ist in den Industriestädten Nordchinas die häufigste Krebs-
art. Während jährlich im Landesdurchschnitt pro 100.000 Ein-
wohner 4 - 5 Lungenkrebstote gezählt werden, liegt die entsprechende Mortalitätsrate in den Städten des Nordens bei
17 - 31.[1]

Der hohe Verbrauch nichtkommerzieller Energieträger in den
privaten Haushalten verursacht neben der Schadstoffreisetzung
im Verbrennungsprozeß eine weitere Form der Umweltbelastung,
die regional bereits zu Einbußen wirtschaftlicher Erträge
führt. Von den ca. 200 Mio.cbm Holz, die jährlich in China
geschlagen werden, werden etwa zwei Drittel außerplanmäßig,
d.h. illegal geschlagen oder gehen durch Waldbrände verloren.
Der jährliche Verlust an Waldfläche übersteigt derzeit die
jährlich aufgeforstete Fläche um das Eineinhalbfache.[2] Der
größte Einzelposten dabei ist der Holzschlag zu Brennzwecken.
In einzelnen Gebieten sind die durch Abholzung hervorgerufenen Erosionsprobleme bereits so ernsthaft, daß die landwirtschaftliche Produktion erheblich beeinträchtigt wird. Beispielsweise wird vermutet, daß die starke Abholzung während
der vergangenen 30 Jahre in der Provinz Sichuan auch zu
Klimaveränderungen geführt hat. In der Provinz Heilongjiang
wurden im Zeitraum 1973-1976 670.000 ha Wald gerodet. Pro
Hektar und Jahr sind seither von den Berghängen etwa 100 t
fruchtbaren Bodens durch Erosion abgetragen. Die auf diese
Weise verursachten Ernteeinbußen werden auf eine halbe Tonne
pro Hektar geschätzt.[3]

Die Bodenerosion beeinträchtigt auch ernstlich die Kapazität
der Wasserkraftwerke. Durch die Sedimentierung der Staubecken
gehen jährlich bis zu 15 % der Speicherkapazitäten verloren[4],
wodurch sowohl die jährliche Stromerzeugungskapazität der

---

1 Vgl. Wolfgang K.H. KINZELBACH: Energie und Umwelt in China,
  a.a.O., S.315.
2 ebenda, S.320.
3 ebenda, S.318.
4 Vgl.Kapitel III,2.3.

Kraftwerke als auch die Nutzungsdauer der Becken reduziert
wird.

Die Umweltprobleme werden in chinesischen Veröffentlichungen
diskutiert; auch seitens der Regierung ist man sich bewußt,
daß Gegenmaßnahmen eingeleitet werden müssen. Umweltschutz-
gesetze und Bestimmungen sind vorhanden. Im Jahr 1973 wurde
die erste landesweite Umweltkonferenz durchgeführt.[1] Im Jahr
1979 wurde das Umweltschutzgesetz der VR China verabschiedet,
1981 folgte die Veröffentlichung der "Bestimmungen zur Ver-
stärkung der Umweltschutzarbeit während der gesamtwirtschaftlichen Korrekturphase"; 1982 wurde das Meeresumweltschutz-
gesetz verabschiedet; 1983 veröffentlichte der Staatsrat
die "Bestimmungen zur Beschränkung der industriellen Umweltbelastung bei der technischen Modernisierung"; verschiedene
Bestimmungen legen die Emissionsoberwerte fest; schließlich
sollen regional einzurichtende Umweltschutzämter und -for-
schungseinrichtungen die Einhaltung der Gesetze und Bestimmungen sicherstellen.[2] Unter anderen wird auch die Erhebung
von Gebühren für umweltbelastende Emissionen nach dem Verur-
sacherprinzip erwogen.[3]

Ein effizientes Kontrollsystem und Instrumentarium, das
die Einhaltung zulässiger Richtwerte gewährleisten, waren
bis Ende der 70er, Anfang der 80er Jahre offenbar noch nicht
vorhanden. So überstieg z.B. in Taiyuan der Schwefeldioxyd-
gehalt der Luft im Jahr 1980 die zulässigen Höchstwerte
um das Vierzehnfache.[4]

---

1 Vgl. o.V.: Quan Guo huanjing baohu keji qingbaowang jinian
  lai gongzuo gaikuang (Die Situation für landesweite Umweltschutzmaßnahmen während der letzten Jahre), in: Huanjing
  Kexue Dongtai, Nr.1, 1981, S.1.
2 Vgl. QU Geping: Zhongguo huanjing baohu he shengtai pingheng wenti (Über das Gleichgewicht von Umweltschutz und
  Ökologie in China), in: LIU Guogang, LIANG Wensen (Hrsg.):
  Zhongguo jingji fazhan zhanlüe wenti yanjiu, Shanghai 1983,
  S.468.
3 Vgl. ZHAO Yingbo: Huanjing wenti zai jingjixue zhong de
  diwei de tantao (Über die Stellung von Umweltfragen in der
  Wirtschaftswissenschaft), in: Jingji Wenti Tansuo, Nr.1,
  1983, S.26 f.
4 Vgl. o V.: Shanxi meitan nengyuan jidi jianshe xueshu taolunhui jiyiao, a.a.O., S.3.

Aus einzelwirtschaftlicher Sicht bestand bisher kaum ein
Interesse am Einsatz kostspieliger umweltfreundlicher Technologien. Umweltschutzmaßnahmen, wie etwa der Bau von Kläranla-
gen oder der Einbau von Filtern verschlechterten die tech-
nisch-ökonomischen Kennziffern eines Betriebes: Es sinken
Gewinn, Rentabilität und die Arbeitsproduktivität. Aus ökonomischer Sicht des Betriebes sind Aufwendungen für Umweltschutz mindestens ebenso unproduktiv, wie die sparsame Verwendung oder die Substitution billiger Brennstoffe. Die
Verantwortung für die Umweltbelastung lag bei den staatlichen
Behörden, die die Planung und Finanzierung entsprechender
Schutzmaßnahmen beim Aufbau von Produktionskapazitäten vernachlässigten.

Die Sicherung einer sauberen Umwelt kostet Geld. Über die
Ausgaben zum Umweltschutz in der Vergangenheit liegen keine
Angaben vor. Anfang der 80er Jahre betrugen nach offiziellen
Angaben die jährlichen Ausgaben für Umweltschutz ca. 5 Mrd.
Yuan (1983).[1] Das entspricht etwa 0,5 % des Bruttoproduk-
tionswertes von Industrie und Landwirtschaft. Nach Berechnungen des Vorsitzenden des Staatlichen Büros für Umweltfragen,
Qu Geping, deckten diese Ausgaben jedoch nur einen Bruchteil
der erforderlichen Aufwendungen. Allein die Reduzierung beispielsweise der Abwässerbelastung auf ein "erträgliches"
Niveau würde Investitionen in Höhe von ca. 30 Mrd.Yuan erfordern. Einschließlich der Aufwendungen zur Begrenzung der
Schadstoffe, die von Industrie und Städten in die Atmosphäre
emittiert werden, ergibt sich ein geschätzter Investitionsbedarf von über 100 Mrd.Yuan.[2] Das entspräche etwa 87 % der
gesamten Staatsausgaben des Jahres 1982,[3] womit die finan-
ziellen Möglichkeiten des Staates sicherlich überfordert wären.

Der Weg, durch Verwendung emissionsärmerer Energieträger wie
Öl oder Gas die Umweltbelastung zu reduzieren, wie ihn die

---

1 Vgl. XNA, No.12719 vom 11.11.1983.
2 Vgl. QU Geping, a.a.O., S.467.
3 Die Staatsausgaben betrugen im Jahr 1982 115,3 Mrd.Yuan.
  Vgl. Zhongguo Tongji Nianjian 1983, a.a.O., S.448.

Industrieländer wegen des billigen Öls gehen konnten, steht China - gemessen an den bisher nachgewiesenen Kohlenwasserstoffreserven - nicht offen. Ballastreiche Kohle wird weiterhin der wichtigste Energieträger in der Energiebilanz bleiben. Vergasung der Kohle ist eine Sache der Zukunft. Der zunächst gangbare und wohl wichtigste Weg zur Reduzierung der Schadstoffbelastung der Umwelt ist die Verbesserung der eingesetzten Energiequalitäten, d.h. vor allem die Aufbereitung der Kohle. Der technische Wirkungsgrad der energieverbrauchenden Anlagen muß erhöht werden, um auf diese Weise eine bessere Energienutzung, d.h. eine relative Senkung des Energieverbrauchs und damit der Umweltbelastung zu erreichen. Die Verwendung technischer Vorrichtungen zur Schadstoffrückhaltung bei industriellen Verbrauchern und der Ausbau des Fernwärmenetzes für die städtischen Haushalte werden komplementäre Maßnahmen sein müssen.

6. Zusammenfassende Beurteilung der Energienachfrage
   in der VR China

Die Untersuchung ergab, daß Ende der 70er Jahre erhebliche Disproportionen sowohl quantitativer als auch qualitativer Art zwischen Energieangebot und Energienachfrage zu verzeichnen waren, die sich nicht nur auf eine knappe Verfügbarkeit von Energieträgern zurückführen lassen. Marktsignale, die mangels direkter Kontakte zwischen Produzent und Nachfrager nur mittelbar über die Handelsorganisationen an die zuständigen Organe gelangten, wurden nur unzureichend in den Wirtschaftsplänen berücksichtigt, mit der Folge, daß weder Gesamtvolumen noch Angebotsstruktur der Energieträger dem Gesamtvolumen der Energienachfrage und der Nachfragestruktur entsprachen.

Das Sozialprodukt Chinas wird sehr energieintensiv erstellt. Wesentliche, entwicklungspolitisch bedingte Ursachen dafür sind die sektorale Wirtschaftsstruktur, der hohe Energieverbrauch der industriellen Kleinbetriebe sowie eine ungünstige Standortverteilung der Industrie.

Die hohe Energieintensität des Sozialprodukts ist ferner auf
den niedrigen, energetischen Wirkungsgrad der energieumwandelnden und -verbrauchenden Ausrüstungen zurückzuführen,
was vor allem durch die technische Überalterung des industriellen Maschinenparks bedingt ist. Zudem wird Energie
je nach Industriezweig zu 20-50 % zur Produktion von Aus-
schußgütern verschwendet.

Hinzu kam die Unzulänglichkeit des administrativen Allokationssystems. Es scheint, daß der administrative Planungs-
und Lenkungsapparat zunehmend damit überfordert war, sowohl
quantitativ als auch qualitativ einen Ausgleich zwischen
Energieangebot und Energienachfrage herzustellen. Das zeigt
sich beispielsweise auch daran, daß in China die Energiekoeffizienten noch in den 70er Jahren steigende Tendenz hatten,
während sie in anderen Ländern rückläufig waren. Die Energiepreise hatten im gegebenen Allokationssystem nur geringe
Effekte oder sie riefen "falsche" Anpassungsmaßnahmen hervor.
Sie boten keinen Anreiz zur Energieeinsparung, vor allem
lösten sie kaum Substitutionsprozesse aus.

Trotz der Unterdeckung des binnenländischen Energiebedarfs
und der dadurch hervorgerufenen Wachstumseinbußen waren die
chinesischen Wirtschaftsplaner gezwungen, als erforderlich
angesehene Importe in wachsendem Umfang mit dem Export von
Energie zu finanzieren.

Die hohe Zentralisierung der Planungs- und Entscheidungs-
kompetenzen führte keineswegs dazu, daß die Folgen des durch
den Abbau und Verbrauch von Energieträgern erfolgten Eingriffs in das ökologische System im Interesse des "Allgemein-
wohls" gering gehalten wurden. Die durch den Verbrauch der
verfügbaren Energieträger verursachte Umweltbelastung ist
sehr hoch.

FÜNFTES KAPITEL

ANSÄTZE ZUR LÖSUNG DER ENERGIEVERSORGUNGSPROBLEME
UND ENTWICKLUNGSPERSPEKTIVEN

Während gegen Ende der 70er Jahre führende Politiker der
VR China noch davon ausgingen, daß die Energieversorgungsprobleme durch eine drastische Ausweitung des Energieangebotes zu lösen seien, wurden innerhalb der chinesischen Führung
bald Stimmen laut, die auf die Grenzen weiterer extensiven
Wachstums hinwiesen. Man begann, sich zunehmend mit den
maßgeblichen Ursachen der ungleichgewichtigen Entwicklung
von Energieangebot und Energienachfrage zu befassen und
kam angesichts der hohen Energieintensität des Sozialprodukts
in den maßgeblichen Planungsinstanzen Anfang der 80er Jahre
schließlich überein, daß zur Sicherung des zukünftigen gesamtwirtschaftlichen Wachstums auch Maßnahmen zur Senkung
der Zuwachsraten des Energieverbrauchs ergriffen werden
müssen.

Im vorliegenden Kapitel wird darauf eingegangen, welche
energiewirtschaftlichen Ziele im Rahmen des gesamtwirtschaftlichen Wachstumszieles gesetzt sind. Es wird anschließend
untersucht, welche prozeß- und strukturpolitischen Maßnahmen
einerseits auf der Energienachfrageseite ergriffen wurden,
um den relativen Energieverbrauch zu reduzieren, und andererseits, welche Maßnahmen zur Ausweitung des Energieangebots
vorgesehen sind, um insgesamt die zukünftige Energieversorgung sicherzustellen. Ferner wird untersucht, welche ordnungspolitischen Reformen eingeleitet wurden, damit knappe
Energieträger rationell eingesetzt werden. Im Vordergrund
steht dabei die Frage, in welcher Weise in den Energiebereichen zentrale administrative Planungs- und Lenkungsmethoden durch dezentrale ökonomische Lenkungsmechanismen ersetzt
werden.

267

1. Strukturanpassungen und Perspektiven der Entwicklung
   des Energieverbrauchs

1.1. Energieeinsparung als "fünfte" Energiequelle

Die Lösung der Energieprobleme wurde im Regierungsbericht des
Jahres 1978 ausschließlich in der Ausweitung des Energieangebots gesehen.[1] Nach damaliger Auffassung hätte die Reduzierung des Energieverbrauchs unweigerlich eine Verminderung von
Wachstumschancen zur Folge[2] - eine Auffassung wie sie in den
westlichen Industrieländern bis Anfang der 70er Jahr verbreitet war. Die jahresdurchschnittlichen Zuwachsraten bei der
Energieerschließung sollten gemäß den Vorstellungen führender
Ökonomen wie z.B. Wu Jiapei, Vorsitzender der Gesellschaft
für Quantitative Ökonomie, oder Xu Shoubo, Präsident der Gesellschaft für Techno-Ökonomie, mindestens den jahresdurchschnittlichen Wachstumsraten des Bruttoproduktionswertes von
Industrie und Landwirtschaft entsprechen oder höher sein[3]
- wie dies in den vorausgegangenen drei Jahrzehnten der Fall
war. Energiewirtschaftler, wie Rong Donggu prognostizierten
entsprechend für das Jahr 2000 einen Energiebedarf in Höhe
von 2 Mrd.t SKE;[4] Zhu Bin et al. ermittelten gar einen Ener-

---

1 HUA Guofeng: Schließen wir uns zusammen, um für den Aufbau
  eines modernen und starken sozialistischen Landes zu kämpfen!, Bericht über die Tätigkeit der Regierung, erstattet
  am 26. Februar 1978 auf der I. Tagung des V. Nationalen
  Volkskongresses, in: Peking Rundschau, Nr.10, 14.3.1978,
  S.24 ff. Beispielsweise wurde als Zielgröße bis zum Jahr
  2000 die Vervierfachung der Kohleförderkapazitäten auf
  2,4 Mrd.t genannt. Vgl. HSIAO Han: Der Kohlenbergbau rasch
  entwickeln, in: Peking Rundschau, Nr.8, 28.2.1978, S.6.
2 Vgl. XUE Shoubo: Nengyuan yu fazhan jingji de guanxi (Die
  Beziehung zwischen Energie und Wirtschaftsentwicklung),
  in: Beijing Ribao vom 23.11.1979.
3 Der Energieverbrauchskoeffizient (nenguyan xiaofei cengzhan
  xishu) ist mit dem "Energieerschließungskoeffizienten"
  (nengyuan kaifa cengzhang xishu) identisch, wenn Import
  oder Export sowie Lagerung von Energieträgern mengenmäßig
  unerheblich sind. Vgl. XU Shoubo, WU Jiapei: Jiaqiang nengyuan kaifa - da li jieyue nenghao (Die Erschließung von
  Energie verstärken - mit aller Kraft den Energieverbrauch
  reduzieren), in: Renmin Ribao vom 21.1.1983.
4 Vgl. RONG Donggu: Nengyuan xiaofei yu guomin jingji fazhan
  de guanxi (Die Beziehung zwischen Energieverbrauch und
  Wirtschaftswachstum), in: Jingji Yanjiu, Nr.6, 1980, S.55.

bedarf von 2,4 Mrd.Tonnen SKE.[1] Andere Bedarfsprognosen
kamen zu ähnlichen Ergebnissen.[2]

Eine Vervierfachung der Energiegewinnung von rd. 600 Mio.t
SKE (1980) auf 2,4 Mrd.t SKE (im Jahr 2000) hätte eine Ausweitung der Energiegewinnungskapazitäten um jährlich durchschnittlich 90 Mio.t SKE erfordert. Es wurde den führenden
Wirtschaftsplanern bald offensichtlich, daß weder eine der-
artige Kapazitätsausweitung realisierbar - der jährliche
Investitionsbedarf für die Errichtung von 90 Mio.t SKE Ener-
giegewinnungskapazität hätte, berechnet auf der Basis der
in der zweiten Hälfte der 70er Jahre für die Schaffung einer
Einheit Gewinnungskapazität anfallenden Durchschnittskosten,
bis zu 30 Mrd.Yuan betragen; das entspräche etwa 70 % der
gesamten Anlageinvestitionen des Jahres 1981 - noch daß die
resultierenden Transport- oder Umweltprobleme lösbar gewesen
wären.

Seit Anfang der 80er Jahre rückte die Bedeutung der Energieverbrauchsseite für die Sicherung der zukünftigen Energieversorgung in das Betrachtungsspektrum wissenschaftlicher
Analyse und wirtschaftspolitischer Planung. Bedeutende Energiewirtschaftler, wie z.B. Xu Shoubo oder Huang Zhaiyao gingen dazu über, Energieangebot und Energieverbrauch als eine
Einheit zu betrachten, die insgesamt Änderungen unterliegt.[3]

---

1 Vgl. ZHU Bin, YANG Zhirong, XU Junzhang, ZHANG Zhengmin:
  Nengyuan shi shixian xiandaihua de wenzhi jichu (Energie
  ist die materielle Basis für die Umsetzung der Modernisie-
  rungsziele), in: Renmin Ribao vom 26.2.1980.
2 Vgl. XU Zeguang: Woguo ren ping chanzhi dadao yiqian meiyuan suo xuyao de zuidi nengyuan xiaofei de chubu gusuan
  (Vorläufige Schätzung des Verbrauchsminimums an Energie
  bei einem Bruttoproduktionswert von 1.000 US-Dollar pro
  Kopf der Bevölkerung), in: Gongye Jingji Guanli Congkan,
  Nr.6, 1980, abgedr.in: Gongye Jingji F 3, Nr.18, 1980,
  S.40; GONG Guangbing: 2000 nianshi Woguo de nengyuan xuqiu
  yuce (Prognose des Energiebedarfs Chinas im Jahr 2000), in:
  Beijing Kejibao vom 8.8.1980, abgedr.in: Gongye Jingji F 3,
  Nr.15, 1980, S.33.
3 Vgl. XU Shoubo: Lun guangyi jieneng, Changsha 1982, S.1 ff;
  HUANG Zhaiyao: Dui Woguo jinian lai nengyuan taolun zhong
  de jige wenti de shangtao (Über einige Fragen der Energie-
  diskussion in China während der letzten Jahre), in: Gongye
  Jingji Guanli Congkan, Nr.1, 1981, S.39 ff.

"Energieeinsparung" wurde schließlich neben Kohle, Erdöl, Erdgas und Elektrizität als "fünfte" Energiequelle angesehen, die von gleicher Bedeutung wie die Erschließung neuer Energievorkommen ist.[1] Einsparungsmaßnahmen wurden nicht mehr länger als Verzicht auf Energieeinsatz und auf die Herstellung von Produkten verstanden, sondern als eine Reduzierung der Energieintensität.[2] Darüber hinaus wurde Energieeinsparung als die wohl effektivste Maßnahme erkannt, um die durch den hohen Energieverbrauch hervorgerufenen Probleme wie Überbelastung des Transportsektors, hohe Umweltbelastung oder Raubbau des Waldbestandes und daraus resultierende Erosionserscheinungen zu verhindern.[3]

Es setzte sich innerhalb der chinesischen Führung die Ansicht durch, daß eine Realisierung des gesamtwirtschaftlichen Wachstumszieles bis zum Ende des Jahrhunderts nur erreichbar sein werde, wenn die jahresdurchschnittlichen Zuwachsraten des Energieverbrauchs deutlich unter den jahresdurchschnittlichen Zuwachsraten des Sozialprodukts bleiben.

Mit Hilfe verschiedener Vergleichsansätze versuchte man, eine Größenvorstellung von den potentiellen Einsparungsmöglichkeiten beim Energieverbrauch zu gewinnen. Ausgehend vom Energieverbrauch des Jahres 1978 führte das Zentralbüro für Technologische Forschung des Staatsrates (Guowuyuan jishu yanjiu zhongxin bangonshe) Schätzungen durch.[4] Eine der

---

1 Vgl. XIN Dingguo, HU Xiulian: Jieneng touzi jingji xiaoguo (Die Wirtschaftlichkeit von Energieeinsparungsinvestitionen), in Nengyuan, Nr.2, 1982, S.17; XU Shoubo, WU Jiapei: Jiaqing nengyuan kaifa, a.a.O.
2 Vgl. XU Shoubo: Lun guangyi jieneng, a.a.O., S.6. Offenbar folgte man mit der Kategorisierung der Energieeinsparung als "Energiequelle" einer in westlichen Industrieländern bereits einige Jahre zuvor verwendeten Bezeichnung. Vgl. Klaus M. MEYER-ABICH, Horst MEIXNER: Energieeinsparung ist ein neues Ziel der Energiepolitik, in: Klaus M. Meyer-Abich (Hrsg.): Energie – Energieeinsparung als neue Energiequelle – wirtschaftliche Möglichkeiten und alternative Technologien, München, Wien 1979, S.27 f.
3 Vgl. XU Shoupo, WU Jiapei: Jiaqiang nengyuan kaifa, a.a.O.
4 Vgl. Guowuyuan jishu yanjiu zhongxin bangongshi (Autorenkollektiv): 2000 nian zhanlüe mubiao yanjiu ziliao (Forschungsunterlagen zu den strategischen Zielsetzungen für das Jahr 2000, Teil 3), Beijing 1982, S.20.

Schätzungen legte die Höhe des Energieverbrauchs pro Wert-
einheit des Volkseinkommens während der ersten FJP-Periode
(1953-1957) zugrunde - jene Periode, in der der Energieverbrauch pro Einheit des Volkseinkommens am niedrigsten war;
in einem weiteren Ansatz bildete der Energieverbrauch Indiens
in den verschiedenen Sektoren die Vergleichsbasis; in einem
dritten Verfahren wurden die Energieeinsparungen, die in den
Jahren 1979 und 1980 durch verschiedene Maßnahmen erzielt
worden waren, zugrunde gelegt und extrapoliert. Die Ergebnisse der Schätzungen sind in Tabelle V.1. zusammengefaßt.
In allen drei Ansätzen wurde auf der Basis des Energieverbrauchs im Jahr 1978 ein potentielles Einsparvolumen von
55 - 60 % ermittelt.[1]

Ausgehend von dem auf diese Weise ermittelten potentiellen
Einsparvolumen folgerte man, daß bei der Erschließung dieses
Potentials bis zum Jahr 2000 im Rahmen der gesetzten gesamtwirtschaftlichen Wachstumsziele ein Energieverbrauch angesetzt werden könne, der um ca. 50 % niedriger ist, als dies
bei Fortschreibung der vorausgegangenen Zuwachsraten des
Energieverbrauchs bzw. des Energieverbrauchskoeffizienten
der Vergangenheit der Fall wäre. Der prognostizierte Energie-
"bedarf" wurde entsprechend auf 1,2 Mrd.t SKE beziffert. Das
entspricht einem Energieverbrauchskoeffizienten von 0,5.

1.2. Derzeitige prozeß- und strukturpolitische Maßnahmen
     zur Reduzierung des Energieverbrauchs und bisher
     erzielte Erfolge

In dem Anfang des Jahres 1978 von der chinesischen Regierung
vorgelegten gesamtwirtschaftlichen Entwicklungsplan waren für
die Industrie bis zum Jahr 1985 jahresdurchschnittliche Wachstumsraten von 10 % vorgesehen; es sollten zahlreiche industrielle Großprojekte vor allem in den schwerindustriellen
Branchen Eisen und Stahl, NE-Metalle sowie im Kohle- und im

---

1 Ausführlichere Hinweise auf die Berechnungsverfahren finden
  sich bei XU Shoubo: Lun guanyi jieneng, a.a.O., S.132 ff.
  Berechnungsbasis für das zweite Schätzverfahren bilden die
  Angaben in der Tabelle IV.5.

Tabelle V.1.

Schätzungen des Einsparungspotentials beim Energieverbrauch der VR China
auf der Basis des Energieverbrauchs des Jahres 1978
(567,0 Mio.t SKE)

Schätzung	Bezugsbasis	Energieeinsparungspotential	(Mio.t SKE)
I.	Energieverbrauch während der 1. FJP-Periode	Senkung des Energieverbrauchs pro Einheit des Volkseinkommens	Gesamt: 311,8
II.	Energieverbrauch Indiens i.J.1978	Senkung des sektoralen ·Energieverbrauchs	Gesamt: 311,4
		1. der Industrie	171,5
		2. der Landwirtschaft	20,7
		3. des Verkehrs- u. Transportsektors	-16,6
		4. der Sektoren Handel, Bauwesen u. Dienstleistg.	36,6
		5. der Haushalte	9,4
		6. durch Änderung der Wirtschaftsstruktur	90,1
III.	Extrapolation der Energieeinsparungen d.J. 1979 und 1980[a]	Einzelmaßnahmen zur Senkung des Energieverbrauchs	Gesamt: 338,0
		1. Steigerung der Energienutzungsrate	100,0
		2. Einsparung von (energieintensiven) Rohstoffen und Materialien	40,0
		3. Verbesserungen in der Organisation des Transportwesens	4,0
		4. Beschränkung d.Bevölkerungszuwachses	10,0
		5. Einsparung von Anlagenkapital	26,0
		6. Sonstige Einsparungen	o.A.
		7. Steigerung des Material- und Arbeitskräfteeinsatzes	5,0
		8. qualitative Verbesserung der Faktoren Material und Arbeit	10,00
		9. Senkung der Selbstkosten	60,0
		10. Veränderung der Wirtschafts- und Güterstruktur	83,0

a Vgl. Text: der Energieverbrauchskoeffizient betrug im Jahr 1979 0,45, im Jahr 1980 ca. 0,42. Wenn bis zum Jahr 2000 der Energieverbrauch bezogen auf den erwirtschafteten BPW um die Hälfte gesenkt werden kann, beträgt der Energieverbrauchskoeffizient ca. 0.5.

Quelle: Guowuyuan jishu yanjiu zhongxin bangongshi (Zentralbüro für technologische Forschung des Staatsrates; Hrsg.): 2000 nian zhanlüe mubiao yanjiu cankao ziliao zhi san (Forschungsunterlagen zu den strategischen Zielsetzungen für das Jahr 2000, Teil 3), in: Cankao Ziliao, Beijing, Nr.27, 10.10.1982, S.21.

Erdölsektor errichtet werden. Beispielsweise sollte die
Stahlproduktion von 32 Mio.Tonnen im Jahr 1978 bis zum Jahr
1985 auf 60 Mio.Tonnen verdoppelt werden.[1]

Es wurde den maßgeblichen Wirtschaftspolitikern aber rasch
deutlich, daß diese Entwicklungsziele kaum realisierbar sein
konnten. Zu diesem Zeitpunkt bestanden bereits erhebliche
Ungleichgewichte zwischen einzelnen Sektoren und Branchen;
die Engpässe bei der Energieversorgung, dem Transportwesen
und auch bei der Versorgung der Bevölkerung mit Konsumgütern
hatten sich so zugespitzt, daß die Umsetzung der Entwicklungsziele wenn überhaupt nur durch einen der Bevölkerung
auferlegten extremen Konsumverzicht, d.h. eine mindestens
der Vergangenheit entsprechend hohe oder gar noch höhere
"Zwangssparquote", möglich gewesen wäre. Die durch die Priorität der Schwerindustrie bestimmte Entwicklung der vorausgegangenen rd. drei Jahrzehnte und die dadurch hervorgerufenen Ungleichgewichte hätten sich noch weiter verstärkt.[2]

Noch im gleichen Jahr wurden die ehrgeizigen Entwicklungsziele aufgegeben, und man begann ab 1979 mit der Politik der
"Readjustierung, Umgestaltung, Konsolidierung und Niveau-
hebung". Neue Entwicklungsprioritäten, die in erster Linie
eine Abkehr von den extensiven Wachstumszielen hin zu einer
intensiven Wachstumsorientierung zum Inhalt hatten, wurden
festgelegt mit der Absicht, zunächst bestehende strukturelle
Ungleichgewichte zu beseitigen und damit mittelfristig die
Basis für einen dauerhaften Wirtschaftsaufschwung zu schaffen.

---

1 Vgl. Hua Guofeng: Schließen wir uns zusammen..., a.a.O.,
  S.25 f.
2 Zu den ungelösten Entwicklungspolitischen Problemen der
  chinesischen Wirtschaft Ende der 70er Jahre vgl. Wolfgang
  KLENNER: Der Wandel der Entwicklungsstrategie der VR China,
  Hamburg 1981, S.17 ff.

1.2.1. Prozeß- und strukturpolitische Reformmaßnahmen

Seither wurden unterschiedliche Maßnahmen ergriffen, um
den neugesetzten Entwicklungszielen gerecht zu werden. Ausschlaggebend für die Reduzierung des Energieverbrauchszuwachses waren die folgenden strukturpolitischen Maßnahmen;
auf sie wird unten im einzelnen eingegangen werden.

- Die gesamtwirtschaftliche Investitionsquote wurde gesenkt,
  so daß ein gegenüber vorausgegangenen Entwicklungsperioden
  größerer Anteil des Volkseinkommens dem Konsum vorbehalten
  bleiben konnte.

- Die sektoralen Entwicklungsprioritäten wurden zugunsten der
  Leichtindustrie, der Landwirtschaft und der Bereiche Wohnungsbau, Bildungswesen und Gesundheitswesen sowie dem Ausbau der Infrastruktur im weitesten Sinne verlagert, um sektorale Ungleichgewichte zu reduzieren und den Lebensstan-
  dart der Bevölkerung zu heben.

- Im Hinblick auf die industrielle Standortpolitik wurden
  Anpassungen vorgesehen, die eine stärker rohstofforientier-
  te Industrieansiedlung betreffen.

- Verschiedene einzelwirtschaftliche Maßnahmen wurden eingeleitet, die u.a. auf eine Verringerung der Ressourcen-
  und insbesondere der Energieintensität der Produktions- und
  Dienstleistungsbereiche abzielten.

- Bevölkerungspolitische Maßnahmen wurden ergriffen, um den
  Bevölkerungszuwachs zu beschränken.

Die Senkung der Investitionsquote sah man als unerläßlich
an, da aufgrund der bestehenden gesamtwirtschaftlichen Ungleichgewichte die chinesische Volkswirtschaft nicht in der
Lage war, weiterhin den mit hohen Investitionsquoten ver-
bundenen Kapitaleinsatz zu absorbieren. Bei der Festlegung
der anzustrebenden Investitionsquote orientierte man sich
an der Höhe der Investitionsquote während der ersten FJP-
Periode - sie lag bei ca. 25 % -, da in dieser Periode ein
relativ ausgewogenes Wirtschaftswachstum erzielt worden war.

Durch Reduzierung der staatlichen Investbauprojekte konnte
die Investitionsquote langsam verringert werden, so daß sie
in den Jahren 1981 und 1982 mit ca. 29 % des Volkseinkommens
erstmals seit 1970 unter 30 % lag.[1,2]

Zur Umsetzung der veränderten sektoralen Entwicklungsprioritäten wurde die staatliche Investitionspolitik zugunsten
der Konsumgüterbereiche geändert. Nachdem seit Ende der 60er
Jahre die aufgebrachten staatlichen Investitionsmittel zu
70 - 80 % in die produktiven Sektoren und Branchen gelenkt
worden waren, gingen sie ab 1979 zugunsten der nicht produktiven Bereiche zurück und lagen in den Jahren 1981 und 1982
knapp unter 50 %.[3] Die Haushaltspläne der Jahre ab 1979 sahen
höhere Anteile an den Investitionsmitteln, u.a. für Leichtindustrie, Landwirtschaft und auch für den Wohnungsbau vor.
Beispielsweise wurde der Anteil der staatlichen Investitionen
für die Landwirtschaft von 11 % im Jahr 1978 auf 14 % im
Jahr 1979 erhöht. Die aus dem Staatsbudget finanzierten
Investitionen in die Leichtindustrie wurden von 5,4 % (1978)
auf 5,8 % (1979) und 9,1 % (1980) gesteigert. Die Investitionen in die Schwerindustrie wurden anteilig reduziert:
von 55 % (1978) auf 47 % (1979) und auf ca. 39 % in den
Jahren 1980 und 1981.[4]

Erhöht wurden ab 1979 auch die Budgetzuweisungen, die für
die verbesserte Nutzung vorhandener betrieblicher Kapazitäten, für die Umrüstung der Betriebe sowie für die Herstellung
neuer Produkte ausgegeben wurden. Während diese Posten im
Budget in den 70er Jahren etwa zwischen 5 % und 13 % des
Volumens, das für neue Investbauten aufgebracht worden war,

---

1 Vgl. Zhongguo Tongji Nianjian 1983, a.a.O., S.25.
2 In den Jahren 1983 und 1984 stieg die Investitionsquote
  wieder auf 30 % und 31 % resp. an. Vgl. Zhongguo Tongji
  Nianjian 1985, a.a.O., S.36. Zu den Problemen, die sich
  bei der Senkung der Investitionsquote ergaben, vgl. Wolfgang KLENNER: Der Wandel..., a.a.O., S.41 ff.
3 Vgl. Zhongguo Tongji Nianjian 1983, a.a.O., S.27.
4 ebenda, S.328.

betragen hatten, wurden die Ausgaben in den Jahren 1980-
1982 erhöht, so daß sie etwa 20 % des Betrages entsprachen,
der im Staatsbudget für neue Investbauten vorgesehen war.[1]

Nachhaltige Strukturanpassungen waren ferner innerhalb einzelner Branchen sowie hinsichtlich der Güterstruktur vorgesehen. Aufgrund von Fehlplanungen während der vorausgegangenen Jahrzehnte war es zu Fehlentwicklungen gekommen, die
sich in einzelnen Branchen in hohen Überkapazitäten, in
anderen Branchen in Versorgungsengpässen widerspiegelten.
Hohe Überkapazitäten bestanden vor allem in den schwerindustriellen Branchen Eisen- und Stahl und Maschinenbau. Zwischen 1977 und 1978 war beispielsweise die Stahlproduktion
von 23,7 Mio.t drastisch auf 31,7 Mio.t gesteigert worden,
ohne daß die Erzeugnisse von der Nachfrage absorbiert werden
konnten. Ende der 70er Jahre lagen Stahlprodukte in einem
Umfang von 10 Mio.t auf Lager.[2] Am Bedarf vorbei produziert
wurden ebenfalls in großem Umfang verschiedene Maschinenbau-
erzeugnisse. Der Wert der maschinenbau- und elektrotechni-
schen Erzeugnisse, die sich Ende des Jahres 1980 mangels
Absatzmöglichkeiten auf Lager befanden, wird auf ca. 60
Mrd.Yuan beziffert.[3] Das Ausmaß der dadurch bedingten hohen
Kapitalbindung wird deutlich, wenn man bedenkt, daß dieser
Wert etwa 12 % des gesamten im Jahr 1980 von der Industrie
erstellten Bruttoproduktionswertes entsprach.[4]

Durch Senkung der staatlichen Dotationen in ausgewählten
schwerindustriellen Branchen konnten tendenziell zunächst
Strukturanpassungen erzielt werden. Nimmt man den Produk-

---

1 Die absolute Höhe des für Umrüstungen vorgesehenen Investi-
  tionsvolumens lag im Jahr 1980 mit rd. 8,1 Mrd.Yuan deutlich höher als in den Vorjahren. In den Jahren 1981 und
  1982 gingen diese Investitionen aufgrund der Kürzungen der
  Staatsausgaben jedoch wieder zurück. Sie betrugen 1981
  6,5 Mrd.Yuan und 1982 6,9 Mrd.Yuan. Vgl. Zhongguo Tongji
  Nianjian 1983, a.a.O., S.448.
2 Vgl. Wolfgang KLENNER: Der Wandel..., a.a.O., S.65.
3 Vgl. Wolfgang KLENNER, Kurt WIESEGART: The Chinese Economy
  - Structure and Reforms in the Domestic Economy and in
  Foreign Trade, Hamburg 1983, S.46.
4 Vgl. Zhongguo Tongji Nianjian 1983, a.a.O., S.16; eigene
  Berechnungen.

tionsoutput als Indikator für Strukturanpassungen, so zeigt
sich, daß beispielsweise die Rohstahlproduktion von 37,1
Mio.t im Jahr 1980 auf 35,6 Mio.t im Jahr 1981 reduziert
wurde; das Produktionsvolumen einzelner Bereiche der Maschinenbauindustrie, die hohe Überkapazitäten oder Lagerbestände
aufwiesen, wie z.B. spanabhebende Werkzeugmaschinen, Generatoren, Bergbauausrüstungen oder auch landwirtschaftliche
Traktoren wurde ebenfalls verringert - die Herstellung landwirtschaftlicher Traktoren sank beispielsweise von 125.000
Einheiten (1979) auf ca. 40.000 Einheiten (1982).[1] Erhöht
wurden dagegen die Dotationen für einzelne Sparten, deren
Erzeugnisse als Vorleistungen in die Landwirtschaft oder
Leichtindustrie gehen, wie z.B. die Mineraldüngerproduktion,
diverse chemische Grundstoffe, die Kunststofferzeugung sowie
auch - im Rahmen der Förderung des Wohnungsbauwesens - die
Zement- und Glasproduktion.[2]

Bei der regionalen Standortpolitik sind seit der Einleitung
der Reformmaßnahmen noch keine grundlegende Strukturanpassungen erkennbar. Für einzelne größere der neugeplanten Industrieprojekte wurde zwar eine Standortwahl nach rohstoff-
politischen Kriterien vorgenommen. Bis Ende des Jahrhunderts
sollen bestimmte Regionen im Landesinneren als rohstoff-
und schwerindustrielle Basen ausgebaut werden. Mit der Provinz Shanxi als Zentrum, den angrenzenden Gebieten westliche
Innere Mongelei, Sha'anxi, Ningxia und Westhenan sollen vor
Ort brennstoffintensive Industrien wie Kohlechemie, Kokerei-
betriebe, Eisen- und Stahlindustrie und Kraftwerke errichtet
werden, um die vorhandenen Rohstoffe vor Ort zu veredeln.[3]
Mit der Errichtung beispielsweise einer großen Aluminiumhütte
in der Provinz Shanxi, eines großen Werkes zur Herstellung
von Mineraldünger auf Kohlebasis[4] oder dem Bau von Groß-

---

1 Vgl. Zhongguo Tongji Nianjian 1983, a.a.O., S.242 ff.
2 ebenda S.246 ff.
3 Vgl. HUANG Rengsheng, RONG Donggu: Zhongguo shengchanli
  diqu buju de zhanlüe wenti (Strategische Fragen der Regionalverteilung der Produktionskräfte in China), in: LIU
  Guoguang, LIANG Wensen (Hrsg.) a.a.O., S.283.
4 Vgl. o.V. Jiakuai fazhan mietan huaxue gongye (Beschleunigt
  die kohlechemische Industrie entwickeln) in: Jingji Ribao
  vom 15.3.1983.

kraftwerken, die die Kohle vor Ort verstromen sollen,[1] wurde
bereits begonnen.[2]

Neben diesen durchaus sinnvollen regionalpolitischen Entscheidungen gibt es Projekte, die unter Rohstoffgesichtspunkten nur wenig rational erscheinen. Beispielsweise wurde
Anfang der 80er Jahre in der rohstoffarmen Ostregion nahe der
Stadt Shanghai mit der Errichtung des Eisen- und Stahlkombinat Baoshan begonnen, das nach seiner Fertigstellung mit ca.
6 Mio.Tonnen Stahl p.a. das größte Eisen- und Stahlkombinat
des Landes sein wird. Erforderliche energetische Brennstoffe
müssen nach Inbetriebnahme des Stahlwerkes aus dem Landesinneren, Erz aus Mangel an zugänglichen hochwertigen Eisenerzvorkommen im Inland aus dem Ausland importiert werden,
wobei der Überseetransport zusätzlich durch unzureichende
Hafenkapazitäten erschwert wird. Die Stahlerzeugnisse werden
wiederum zu einem wesentlichen Anteil ins Landesinnere transportiert werden müssen. Desgleichen sind weitere energieintensive große Industrieprojekte in den energiearmen Küstenregionen in Bau oder geplant, so daß auf absehbare Zeit
kaum ein Wandel der industriellen Standorte zugunsten einer
brennstofforientierten Regionalverteilung der Industrie
zu erwarten ist. Die östlichen Industriezentren dürften
entsprechend auf absehbare Zeit weiterhin unter Energiedefi-
ziten zu leiden haben.

Als kaum realisierbar erwiesen sich bisher durchgreifende
Strukturreformen bei den ressourcenintensiven industriellen
Kleinbetrieben. Im Zeitraum 1979-1981 gab es Tendenzen, ländliche Kleinbetriebe und auch andere Betriebe, die vorgegebene Richtwerte für den Faktorverbrauch überschritten, still-
zulegen. Stillegungen einer statistisch bedeutsamen Anzahl
von Kleinbetrieben hätte zwar zu einer Senkung des Energie-

---

1 Auf den Ausbau der Kraftwerkskapazitäten wird im zweiten
  Abschnitt dieses Kapitels eingegangen werden.
2 Vgl. Abschnitt 5.

verbrauchs insgesamt beigetragen. Sie hätten jedoch zu erheblichen Problemen in wichtigen Bereichen der Materialversor-
gung geführt. Der resultierende Ausfall an Vorleistungen
und Fertigerzeugnissen für die Landwirtschaft und die ländliche Industrie z.B. an Mineraldünger, Zement oder auch
Stahlprodukten wäre - nicht zuletzt wegen der unzureichenden
Infrastruktur - kaum durch Zulieferungen aus den städtischen
Großbetrieben substituierbar gewesen. Ferner hätten Stillegungen in größerer Zahl erhebliche beschäftigungspolitische
Probleme nach sich gezogen, da diese Kleinbetriebe, wie
erwähnt, von Bedeutung für die Absorption von freigesetzten
Arbeitskräften aus der landwirtschaftlichen Produktion sind.
Allerdings sah man für betriebliche Neugründungen strenge
Auflagen hinsichtlich der zulässigen Höhe des produktspezi-
fischen Energieverbrauchs vor.[1]

Die administrative Vorgabe von Verbrauchskennziffern für den
Energieverbrauch blieb zunächst weiterhin das maßgebliche
Steuerungsinstrument bei der Allokation von Energieträgern.
Die Senkung des produktspezifischen Energieverbrauchs suchte
die chinesische Führung durch nach unten korrigierte, verbindliche Richtwerte für den Material- und Energieverbrauch
zu erreichen. Eine Verbesserung der Mengenplanung erhofft
man sich durch kontinuierliche Korrekturen der Richtwerte.[2]
Überschreitungen der Verbrauchskennziffern sollen mit Geld-
strafen belegt, Unterschreitungen mit materiellen Anreizen
belohnt werden.[3] Desweiteren wurde ein Energiegesetz vorbe-
reitet, das bei Vergeudung von Energie Strafmaßnahmen vor-
sieht.[4]

---

1 Vgl. XNA vom 2.4.1983, No.12496.
2 Tiedaobu Tianjin jiche cheliang jixie gongchang (Autorenkollektiv): Jiaqiang nengyuan guanli, jianshao nengyuan
  xiaohao (Das Verwaltungswesen im Energiebereich verbessern,
  den Energieverbrauch reduzieren), in: Nengyuan, Nr.6, 1982,
  S.19 ff.
3 Vgl. XNA, No.13106 vom 2.12.1984; XU Zheming: Jiayue nengyuan jieyu guli, langfei nengyuan yao shou chengfa (Energieeinsparungen belohnen, Energievergeudung bestrafen),
  in: Renmin Ribao vom 11.6.1983
4 Vgl. SHI Taiyou, TAO Heqian: Zhuajin zhiding nengyuanfa
  (Die Festlegung eines Energiegesetzes anpacken), in: Renmin
  Ribao vom 11.5.1982.

Von Bedeutung für die Reduzierung der Zuwachsraten des Energieverbrauchs – gegenwärtig insbesondere hinsichtlich der
Entwicklung des Verbrauchs an nichtkommerziellen Energieträgern – sind die ergriffenen bevölkerungspolitischen Maßnahmen. Seit den 70er Jahren wurde die Bevölkerungszahl von
den führenden Politikern Chinas verstärkt unter dem Aspekt
des Konsums und nicht wie zuvor als potentiell wertbildender
Faktor betrachtet. Zur Beschränkung des Bevölkerungszuwachses
war im Verlaufe der 70er Jahre eine bereits in den 60er Jahren formulierte Familienpolitik eingeleitet worden, die für
jedes Ehepaar maximal zwei Nachkommen vorsah. Diese Bevölke-
rungspolitik trug u.a. dazu bei, daß die Bevölkerungszuwachs-
rate von 2,9 % Anfang der 50er Jahre bis zum Jahr 1978 auf
1,4 % zurückgegangen war[1] – deutlich unterhalb der Zuwachsraten anderer bevölkerungsreicher Entwicklungsländer wie
z.B. Indien oder Brasilien.[2] Seit Beginn der 80er Jahre wird
von staatlicher Seite die "Ein-Kind-Familie" propagiert, um
den Bevölkerungszuwachs weiter zu beschränken. Man hofft,
daß auf diese Weise die Bevölkerung im Jahr 2000 die Zahl
1,2 Milliarden nicht übersteigt.[3] Xu Shoubo errechnete, daß
– ausgehend vom gesamten Energieverbrauchsvolumen der Haushalte (einschließlich nichtkommerzielle Energieträger) im
Jahr 1978 – eine Senkung des jährlichen Bevölkerungszuwachses
um 0,1 Prozentpunkte zu einer Verringerung des jährlichen
Energieverbrauchszuwachses der Privaten Haushalte um bis
zu 1 Mio.Tonnen Brennstoffe führen würde.[4]

---

1 Vgl. XU Shoubo: Lun guanyi jieneng, a.a.O., S.124.
2 In den Weltbankstatistiken werden für die genannten Länder
  folgende Bevölkerungszuwachsraten ausgewiesen:

	1960-70	1970-1979
VR China	1,9	1,9
Indien	2,3	2,1
Brasilien	2,9	2,2

  Vgl. The World Bank (Hrsg.): World Development Report 1981.
  S.166.
3 XU Shoubo: Lun Guangyi jieneng, a.a.O., S.125.
4 ebenda, S.124 f.

1.2.2. Vorläufige Bewertung der Energieeinsparungsmaßnahmen

Eine umfassende Bewertung der Energieeinsparungsmaßnahmen
kann wegen der kurzen Zeit seit Einleitung der Maßnahmen
noch nicht erfolgen. Aus den während der vergangenen Jahre
durch die gesamtwirtschaftlichen Strukturanpassungen und
einzelwirtschaftlichen Maßnahmen erzielten Einsparungserfol-
gen lassen sich jedoch tendenzielle Entwicklungen aufzeigen.

Die im Jahr 1980 im Vergleich zum Vorjahr insgesamt eingesparte Energie wird auf 35 Mio.t SKE beziffert - berechnet
auf der Basis von Energieverbrauchszuwachs und Zuwachs des
BPW von Industrie und Landwirtschaft. Davon sind nach chinesischen Angaben Energieeinsparungen in Höhe von 22 Mio.t
SKE auf die Regulierung der Wirtschafts- und Güterstruktur
und 13 Mio.t SKE auf Verbesserungen im betrieblichen Management zurückzuführen.[1] Die im Zeitraum 1980-1982 erzielte
Energieeinsparung wird in einer anderen Quelle mit 80 Mio.t
SKE angegeben;[2] für das Jahr 1983 war eine Einsparung beim
Energieverbrauch in Höhe von 15 Mio.t SKE vorgesehen.[3]

Einzelne Angaben liegen zur Senkung des produktspezifischen
Energieverbrauchs vor.[4] So wurde in ca. 400 ländlichen Ammoniakfabriken der Kohleverbrauch bereits innerhalb eines
Jahres pro Tonne synthetischen Ammoniak von durchschnittlich
3,23 t (1978) auf 2,76 (1979), der Stromverbrauch von 1.774
kWh auf 1.600 kWh im gleichen Zeitraum gesenkt.[5]

Auch hinsichtlich der Struktur des Energieträgerverbrauchs
konnten Änderungen erreicht werden. Der Verbrauch von Erdöl

---

1 Vgl. LIN Senmu, ZHOU Shulian, QI Mengchen: Zhongguo shehuizhuyi xiandaihua jianshe 1977-1980 (5) - Zhongguo de
  gongye yu jiaotong (Die Modernisierung des sozialistischen
  Chinas 1977-1980, Teil 5, Industrie und Verkehr in China)
  Beijing 1982, S.28.
2 ZHU Zemin, a.a.O.
3 ebenda.
4 Vgl. Tabelle V.2.
5 Vgl. LIN Senmu, ZHOU Shulian, QI Mingchen, a.a.O., S.28.

Tabelle V.2.

Reduzierung des durchschnittlichen
produktspezifischen Energieverbrauchs
1977 - 1980

	1977	1980
Koksverbrauch pro t Roheisen (kg/t)	682	585
Gesamter Energieverbrauch pro t Stahl (t SKE)	2,87	2,04
Stromverbrauch pro t Aluminium (Elektrolyse; kWh)	16.879	15.432
Kohleverbrauch in der Strom-erzeugung (gr SKE/kWh; in Kraft-werken ab 6 MW Leistung)	446	413
Stromverbrauch pro t synthet. Ammoniak (kWh; Betriebe mittlerer Größe)	1.603	1.442
Kohleverbrauch pro t Sinter (kg SKE)	214,4	206,5
Gesamter Stromverbrauch pro t Zement (kWh)	98,3	96,7
Kohleverbrauch pro t km in dampfbetriebenen Traktions-maschinen (kg SKE)	122,2	106,4

Quelle: LIN Senmu, ZHOU Shulian, QI Mengchen: Zhongguo shehuizhuyi xiandihua jianshe 1077-1980 (5) - Zhongguo de gongye yu jiaotong (Die Modernisierung des sozialistischen Chinas 1977-1980, Teil 5, Industrie und Verkehr in China), Beijing 1982, S.29.

als Brennstoff wurde durch technische Umstellungen in Kraft-werken und Kesseln in verschiedenen Industriezweigen redu-ziert und durch Kohle substituiert: zwischen 1979 und 1984 wurden ca. 2.200 Ölbrenner auf die Bestückung mit Kohle umgerüstet. Das auf diese Weise für die erdölchemische Ver-edelung freigesetzte Rohöl entspricht einem Volumen von ca. 11 Mio.t.[1]

---

1 Vgl. XNA, No.12856 vom 27.3.1984.

Legt man den Energieverbrauchskoeffizienten als Indikator
zur Ermittlung des reduzierten Energieverbrauchs zugrunde,
so zeichnet sich seit 1978 entsprechend eine deutliche Reduzierung des Koeffizienten ab. Während die Zuwachsraten des
Bruttoproduktionswertes von Industrie und Landwirtschaft
im Zeitraum von 1978 bis 1982 jahresdurchschnittlich bei
etwa 8,0 % lagen, stieg der Energieverbrauch nur geringfügig,
und zwar von 571,4 Mio.t SKE (1978) auf 619,4 Mio.t SKE
(1982), jahresdurchschnittlich also um 1,6 %.[1] Der Energieverbrauchskoeffizient beträgt damit lediglich 0,2, blieb
also weit unterhalb des Energieverbrauchskoeffizienten der
vorausgegangenen drei Jahrzehnte.

Demnach konnten die seit der Reformpolitik eingeleiteten
diversen strukturpolitischen Maßnahmen zur Reduzierung der
Energieintensität des Sozialprodukts beitragen. Es bleibt
die Frage, welche zukünftige Entwicklung des Energieverbrauchs zu erwarten ist und ob die eingeleiteten Maßnahmen
eine dauerhafte Reduzierung des Energieverbrauchszuwachses
sicherstellen können.

1.3. Perspektiven der Entwicklung des Energieverbrauchs

Die zukünftige Entwicklung des Energieverbrauchs Chinas wird
von mehreren Faktoren abhängen. Die wichtigsten Faktoren,
die die Höhe des Energieverbrauchs beeinflußen, wie z.B.
Wirtschaftswachstum, sektorale und regionale Wirtschaftsstruktur sowie andere Strukturmerkmale des Energieangebots
und des Energieverbrauchs wurden in Kap. IV dargelegt. Eine
einigermaßen aussagefähige Prognose der Energieverbrauchsentwicklung müßte auf der Basis von bestimmten Annahmen über die
Entwicklung der einzelnen Einflußfaktoren erfolgen. Allerdings bleiben Prognosen über die zukünftige Entwicklung des
Energieverbrauchs mit einem hohen Unsicherheitsgrad behaftet,
wie Energieverbrauchsprognosen in westlichen Industrieländern

---

1 Vgl. Zhongguo Tongji Nianjian 1983, a.a.O., S.16 und S.260.

während der vergangenen Jahren wiederholt gezeigt haben.[1]
In China, wo die Energiepreisentwicklung zumindest keine
unkalkulierbare Einflußgröße ist, scheint den Prognosen
indes keine größere Aussagefähigkeit innezuwohnen als in
westlichen Marktwirtschaften. Soweit sich aus den verfügbaren
Unterlagen der Staatlichen Planungskommission entnehmen
läßt, ist die "Plangröße" Energieverbrauch im Jahr 2000
weniger das aus einer Analyse der zukünftigen strukturellen
Entwicklung der Volkswirtschaft Chinas abgeleitete Ergebnis
als vielmehr ein Wunschziel.

Die chinesische Führung ging Anfang der 80er Jahre, wie in
Abschnitt 1.1. dargelegt wurde, davon aus, daß die Vervierfachung des nominellen Bruttoproduktionswertes von Industrie
und Landwirtschaft von rd. 700 Mrd.Yuan (1980) auf 2800 Mrd.
Yuan (im Jahr 2000), d.h. eine jahresdurchschnittliche Zuwachsrate dieses Bruttoproduktionswertes von 7,2 % mit einer
Verdoppelung des Energieverbrauchs auf 1,2 Mrd.t SKE oder
einer jahresdurchschnittlichen Zuwachsrate des Energieverbrauchs von 3,5 % erreicht werden kann.[2] Das entspräche einem
Energieverbrauchskoeffizienten von 0,5. Welche mittel- und
langfristigen energiepolitischen Maßnahmen zur Erreichung
dieses energiepolitischen Zieles im einzelnen durchzuführen
sind, welche zukünftige Wirtschaftsstruktur angestrebt wird,
welche Güterstruktur langfristig realisiert werden soll, ist

---

1 Bei der Abschätzung der zukünftigen Energiebedarfsentwick-
  lung bedient man sich in westlichen Ländern bislang auch
  nur der globalen Elastizitätskoeffizientenmethode. Qualitative Prognosen, die von der sektorspezifischen Ver-
  brauchsentwicklung ausgehen und entsprechend differenzierte
  Vorgaben erfordern, wurden bisher nicht durchgeführt. Eine
  Analyse der prophetischen Relevanz unterschiedlicher Verfahren von Energieverbrauchsprognosen. Vgl. U. BOHNEN,
  H.K. SCHNEIDER: Erfolgskontrolle ausgewählter Energieprognosen der Vergangenheit (1960-1973), München 1973.
2 Vgl. XUE Muqiao, Generalsekretär des Wirtschaftsforschungs-
  zentrums beim Staatsrat, o.V.: Kann China sein wirtschaftliches Ziel bis 2000 erreichen, in: Beijing Rundschau,
  Nr. 42, 19.10.1982, S.19.

den Veröffentlichungen nicht zu entnehmen.[1]

Um die Zielgröße "Zukünftiger Energieverbrauch im Jahr 2000", wie sie von der chinesischen Führung festgelegt wurde, beurteilen zu können, muß auf westliche Schätzungen der zukünftigen Energieverbrauchsentwicklung zurückgegriffen werden.

Einigkeit besteht in der westlichen Literatur weitgehend darüber, daß die Weltenergienachfrage bis zum Jahr 2000 weiterhin ansteigen wird.[2] Die Ansichten über die zu erwartende Entwicklung des Energieverbrauchs in Industrieländern waren Anfang der 80er Jahre geteilt.[3] Kaum Zweifel bestanden indes darüber, daß in Entwicklungsländern zukünftig mit hohen Zuwächsen der Energienachfrage zu rechnen ist. Nach Ansicht der Weltenergiekonferenz wird das Wirtschaftswachstum der

---

1 Die langfristig vorgesehenen Entwicklungsschwerpunkte wurden bisher nur pauschal beziffert. Beispielsweise soll die Produktion von Stahl, Zement, Kunstdünger, Baumwollgarnen, Papier u.a. gegenüber den jeweiligen Produktionszahlen des Jahres 1980 bis zum Jahr 2000 verdoppelt werden. Die Produktion einzelner Maschinenerzeugnisse soll in diesem Zeitraum um das Vier- bis Fünffache gesteigert werden. Als wichtige Maßnahmen, die zur Erreichung der Ziele ergriffen werden müssen, werden die Steigerung der Produktivität, die Reduzierung des Materialverbrauchs sowie die Verbesserung der Güterqualität genannt. Vgl. die Stellungnahme bedeutender chinesischer Ökonomen, o.V.: Kann China sein wirtschaftliches Ziel bis 2000 erreichen? in Beijing Rundschau, Nr.42, 1982, S.19-21.
2 Schneider weist zu Recht darauf hin, daß die seit 1973 von internationalen Organisationen, Workshops, Ölgesellschaften und Forscherteams vorgelegten langfristigen Projektionen des Weltenergieverbrauchs das gemeinsame Merkmal haben, daß der Anstieg des Weltenergieverbrauchs umso niedriger geschätzt wird, je später die Projektion erfolgt. Zum einen wurde zunehmend das langfristige Wachstum des Weltsozialprodukts ungünstiger beurteilt, zum anderen wird die Substitution von Energie durch Arbeit und Kapital und das nicht faktorgebundene Energiesparen zunehmend größer eingeschätzt. Vgl. Hans K. SCHNEIDER: Weltweite Entwicklung des Energieangebots, der Energienachfrage und der relativen Preise für Energie, in: Beihefte der Konjunkturpolitik, H. 28: Ernergiewirtschaft und gesamtwirtschaftliche Entwicklung - internationale und nationale Aspekte,Berlin 1981, S.18.
3 ebenda.

Entwicklungsländer den Weltdurchschnitt übersteigen und
der Energieverbrauchskoeffizient der Entwicklungsländer
etwa bei 1 oder höher liegen.[1]

Als maßgebliche Einflußfaktoren auf die Höhe des Energieverbrauchs in Entwicklungsländern werden neben dem Wirtschaftswachstum der Strukturwandel zugunsten von energieintensiven
Produktionsbereichen, die zunehmende Verstädterung, die
einen Anstieg der Nachfrage nach kommerziellen Energieträgern
auslöst, Bevölkerungswachstum sowie die Substitution von
nichtkommerzieller Energie durch kommerzielle Energie genannt.[2]

Trotz aller Unsicherheit, die den Verbrauchsprognosen inne-
wohnen,[3] wird zumindest deutlich, daß die prognostizierten
Energieverbrauchsdaten der chinesischen Führung für das Jahr
2000 erheblich von westlichen Prognosen der Bedarfsentwick-
lung abweichen. Zwar ist es für China u.a. auch in Anbetracht
der begrenzt verfügbaren Energievorkommen[4] zweifellos sinnvoll, den Zuwachs des Energieverbrauchs zu verringern.

---

1 Vgl. Hans K. SCHNEIDER, a.a.O., S.19. Frisch ermittelte
  anhand einer Erhebung unter 17 Entwicklungsländern, daß
  diese nach eigenen Schätzungen bis zum Jahr 2000 eine Vervierfachung des Energieverbrauchs erwarten, wobei eine Ein-
  kommenselastizität des Energieverbrauchs von ca. 0,95 zugrunde gelegt wird. Vgl. J.-R. FRISCH: Survey of the long-
  term development of the energy supply and demand of the
  LDC's, in: 11th World Energy Conference, 8.-12. Sept.,
  München 1980, S.340 ff.
2 Vgl. Lutz HOFFMANN: Derzeitige Situation und spezielle
  Probleme im Energiebereich der Entwicklungsländer, in:
  Energiewirtschaft und gesamtwirtschaftliche Entwicklung -
  internationale und nationale Aspekte, Beihefte der Konjunkturpolitik, Nr.28, Berlin 1981, S.108; Georg CREMER: Energiestrategien und Verteilung des Weltenergieverbrauchs: Die
  Auswirkungen energiepolitischer Entscheidungen in den Industrieländern auf die Rahmenbedingungen der Energieversorgung in der Dritten Welt, Berlin 1984, S.53 ff.
3 Prognosen des zukünftigen Energieverbrauchs variieren um
  bis zu 50 % des prognostizierten Verbrauchsvolumens. Vgl.
  W. AHLBORN, M.R. SCHRÖTER: Eine statistische Methode zur
  Beschreibung des Weltenergieverbrauchs, in: Brennstoff-
  Wärme-Kraft, Nr.5, 1983, S.258.
4 Vgl. Kapitel III.2.3.

Es scheint allerdings eine gewisse Skepsis angebracht, daß
das gesetzte Ziel, eine Vervierfachung des Bruttoproduktionswertes von Industrie und Landwirtschaft bei einem um die
Hälfte reduzierten Zuwachs des Energieverbrauchs realisiert
werden könnte. Dies würde voraussetzen, daß China einen
Energieverbrauchskoeffizienten in einer Größenordnung erreichen müßte, wie ihn hochentwickelte Industrieländer aufweisen, d.h. eine Reduzierung des Energieverbrauchs bezogen
auf den Zuwachs des Sozialprodukts in Höhe von ca. 50 %.
Nach Ansicht der Weltbank wären in Entwicklungsländern jedoch
lediglich 15 % des Energieverbrauchs einsparfähig, wenn
ein verringerter Energiesatz nicht zu gesamtwirtschaftlichen
Wachstumseinbußen führen soll.[1]

Es ist zu erwarten, daß die für die Entwicklung des Energieverbrauchs in anderen Entwicklungsländern maßgeblichen Einflußfaktoren auch in China die Entwicklung des zukünftigen
Energieverbrauchs bestimmen werden. Zwar ist in China durch
Strukturanpassungen innerhalb des Industriesektors ein erhebliches Einsparungspotential gegeben, wie in Kapitel IV aufgezeigt wurde. Allerdings werden die nichtindustriellen Sektoren, die bislang einen geringen Anteil am Verbrauch kommerzieller Energieträger hatten, diese zunehmend nachfragen.

So kann die Landwirtschaft Chinas wegen der begrenzt verfügbaren agrarwirtschaftlichen Nutzfläche des Landes langfristig
eine Steigerung der Erträge nur durch eine Erhöhung der
Flächenproduktivität erreichen. Dies wird einen erhöhten Faktoreinsatz u.a. in Form von Bewässerungssystemen, Mineraldünger, Maschinen oder Pestiziden erfordern - im wesentlichen
also energieintensivere Anbaumethoden.[2] Der Ausbau des Ver-
kehrsnetzes und das wachsende überregionale Transportaufkom-
men werden einen zunehmenden Energiebedarf des Verkehrs- und
Transportsektors nach sich ziehen. Die Privaten Haushalte,

---

1 Vgl. World Bank (Hrsg.): Energy in the Developing Countries, a.a.O., S.64.
2 Vgl. PALMEDEO et al., a.a.O., S.79 ff. RONG Donggu: Nengyuan xiaofei yu guomin jingji fazhan de guanxi, a.a.O.,
  S.50f.

deren Bedarf noch kaum zu einem Viertel mit kommerziellen
Energieträgern gedeckt wird, werden zukünftig mehr kommerzielle Energie nachfragen. Die seit Beginn der Reformpolitik
verstärkt in den Konsumbereich gelenkten Finanzmittel haben
bereits zu vermehrter Nachfrage u.a. nach energieverbrauchenden Konsumgütern geführt.[1] Eine zunehmende Deckung des Energiebedarfs der Haushalte mit kommerzieller Energie ist gleichermaßen als eine der Maßnahmen zur Sicherung des ökologi-
schen Gleichgewichts erforderlich, um sowohl den Raubbau in
Wäldern als auch die durch direkte Verbrennung niedrigwerti-
ger Brennstoffe verursachte Schadstoffemission zu reduzieren.

1.4. Zukünftiger Investitionsbedarf zur Reduzierung des Energieverbrauchs

Die Reduzierung des Energieverbrauchs erfordert meist auch
die Substitution von Energieträgern durch andere Produktionsfaktoren. Die in China seit Ende der 70er Jahre erreichten
Energieeinsparungen waren überwiegend durch strukturelle
Anpassungen sowie durch Verbesserungen des betrieblichen
Managements erzielt worden, durch Maßnahmen also, die nur
in geringem Umfang Investitionen erforderten. Weitere Redu-
zierungen des Energieverbrauchs werden jedoch in zunehmendem
Umfang investive Maßnahmen notwendig machen, d.h. vor allem
die Modernisierung veralteter Anlagen durch Ausrüstungen
mit höherem energetischen Wirkungsgrad.

Welcher Kapitalbedarf ist bis Ende des Jahrhunderts für energieeinsparende investive Maßnahmen zu erwarten? In einer
Stichprobenerhebung bei 300 Projekten wurde ein durchschnittlicher Kapitalbedarf für technische Umrüstungen zur Einsparung von einer Tonne Rohkohle in Höhe von 135 Yuan ermit-

---

1 Zwischen 1983 und 1985 ist beispielsweise der Absatz von
  Waschmaschinen, Kühlschränken, Farbfernsehgeräten und Ven-
  tilatoren landesweit zwischen 50 % und 100 % gestiegen.
  Vgl. HUANG Zhijie: Beilun Woguo xiandaihua jianshe de
  nengyuan wenti (Über die Frage der Energieversorgung bei
  der Modernisierung Chinas), in: Nengyuan Nr.3, 1985, S.2 f.

telt.[1] In der Stadt Shanghai, die bereits mit vergleichsweise
modernen Industrieanlagen ausgestattet ist, lagen die entsprechenden Kosten mit durchschnittlich 200 Yuan bedeutend
höher.[2] Nach Schätzungen von Xin und Hu wird sich der Kapitalbedarf für energieeinsparende technische Umrüstungen
in den 80er Jahren in folgenden Größenordnungen bewegen:

Tabelle V.3.

   Kapitalbedarf für energiesubstituierende Investitionen

- Einsparung von einer Tonne Kohle in Industriekesseln	150 Yuan
- Einsparung von einer Tonne Heizöl	200 - 300 Yuan
- Anlagen zur Nutzung von Abwärme in Kraftwerken	500 - 600 Yuan
- Kraft-Wärme-Koppelung	1300 - 1500 Yuan

Quelle: XIN Dingguo, XU Xiulian: Jieneng touzi jingji xiaoguo (Die Wirtschaftlichkeit von Investitionen zu Einsparungen des Energieverbrauchs), in: Nengyuan, Nr.2, 1982, S.20.

Das Zentralbüro für technologische Forschung des Staatrates
geht davon aus, daß bis zum Jahr 2000 für energiesubstituierende Ausrüstungsinvestitionen ein Kapitalbedarf pro Tonne
eingesparte Energie (SKE) von durchschnittlich 350 Yuan zu
erwarten ist.[3] Demnach ließen sich mit den im Haushaltsbudget
bis zum Jahr 2000 für Energieeinsparungsinvestitionen vorgesehenen Mitteln in Höhe von 70 Mrd.Yuan[4] etwa 200 Mio. Tonnen
SKE durch Kapital substituieren. Die verbleibende "Einspa-
rungslücke" im Umfang von rd. 1 Mrd.Tonnen SKE - die vorgesehenen Gesamteinsparungen im Planungszeitraum belaufen sich
wie erwähnt auf 1,2 Mrd.Tonnen - müßte entsprechend aus
anderen Quellen gedeckt werden.

---

1 Vgl. XIN Dinggou, HU Xiulian: Jieneng touzi jingji xiaoguo
  (Die Wirtschaftlichkeit von Investitionen zu Einsparungen
  des Energieverbrauchs), in: Nengyuan, Nr.2, 1982, S.20.
2 YAO Xitang, JIN Xingren: Shanghai jieneng jingji xiaoguo
  wenti de tantao (Über die Wirtschaftlichkeit der Energieeinsparungen in Shanghai), in Renmin Ribao vom 20.9.1982.
3 Vgl. Guowuyuan jishu yanjiu zhongxin bangongshi, a.a.O.,
  S.25.
4 ebenda.

Die Realisierung eines Energieverbrauchskoeffizienten in
einer Größenordnung, wie er von entwickelten Industrieländern
erst in der zweiten Hälfte der 70er Jahre erreicht worden
war, wird aller Voraussicht nach nur durch eine Substitution
der eingesparten Energieträger durch Kapital in Form modern-
ster energetisch effizienter Anlagen und Ausrüstungen möglich
sein. Es ist zweifelhaft, daß entsprechende Ausrüstungen auf
absehbare Zeit in erforderlichem Umfang von den chinesischen
Zulieferindustrien bereitgestellt werden können. Eine Umsetzung des Planzieles würde demnach den Import von Ausrüstungen
und Technologie in erheblichem Ausmaß erfordern.

2. Investitionsschwerpunkte in den energiegewinnenden und
   -umwandelnden Bereichen und Entwicklungsperspektiven

Die Zielsetzung der zentralen Planungsinstanzen, den Energieverbrauchszuwachs bis zur Jahrhundertwende nachhaltig zu
reduzieren, hat zur Folge, daß der Bedarf an Energieträgern
zur Realisierung des gesetzten gesamtwirtschaftlichen Wachs-
tumsziels relativ abnimmt. Die Ausweitung des Energieangebots, die gemäß den noch Ende der 70er Jahre geltenden Vorstellungen der chinesischen Wirtschaftsplaner bei einer Vervierfachung des Bruttoproduktionswertes mindestens eine Vervierfachung des Energieangebots erfordert hätte, verringert
sich bei einem angestrebten Energieverbrauchskoeffizienten
von 0,5 auf eine Verdoppelung des Energieverbrauchs: von ca.
600 Mio.t SKE auf 1,2 Mrd.t SKE (i.J. 2000). Das entspricht
mit einer jahresdurchschnittlichen Zuwachsrate von 3,6 %
zwar einer erheblich niedrigeren jahresdurchschnittlichen
Zuwachsrate des Energieangebots, als sie in den vorausgegangenen drei Jahrzehnten erreicht worden war (ca. 10 %, vgl.
Kap.III.2.); dennoch sieht sich die chinesische Führung
veranlaßt, dem Bereich Energie zusammen mit dem Sektor Transport und Verkehr oberste entwicklungspolitische Priorität
zuzuordnen, um die Zielerreichung sicherstellen zu können.

Bei der Umsetzung dieser Plangröße werden die chinesischen
Planungsfachleute und Manager mit zahlreichen Problemen
konfrontiert sein, die - selbst wenn es gelingt, die bestehenden, durch Planungs- und Koordinationsmängel der Vergangenheit entstandenen Ungleichgewichte zu beheben - erhebliche Anforderungen an die Planungs- und Leitungskapazitäten
auf allen Ebenen stellen werden. Ungleiche regionale Roh-
stoffverteilung, Konzentration von Energievorkommen in peri-
pheren Gebieten mit z.T. sehr ungünstigen klimatischen
und/oder geographischen Bedingungen sowie eine in diesen
Gebieten geringe Bevölkerungsdichte, die eine Ansiedlung
von Industriestandorten erschweren, sind Hindernisse, deren
Überwindung mit hohen Kosten verbunden sein wird.

Ein zentrales Problem für die Erschließung von Energievorkommen ist zweifelsohne die Rechenbarkeit der Rentabilität
der Energieerschließung. Rentabilitätsberechnungen, die
vor dem Aufschluß von einzelnen Energielagerstätten und
-quellen notwendig sind, scheitern in China an den gegebenen
Preisverzerrungen.

Eine umfassende ökonomische Bewertung der Ausbauziele kann
deshalb kaum geleistet werden. In diesem Abschnitt der Arbeit
wird jedoch versucht, die wichtigsten Maßnahmen zu erfassen,
die seit Beginn der Neuorientierung der Wirtschaftspolitik
zur Ausweitung des Energieangebots ergriffen wurden. Ausgehend von der in Kapitel III.3. ermittelten Kostensituation
wird der Investitionsbedarf abgeschätzt, der im Planungszeitraum für die Erreichung der Ausbauziele gegeben sein wird.

2.1. Ausweitung und Diversifizierung des Energieangebots

2.1.1. Kohle

Kohle wird weiterhin mit Abstand die größte Bedeutung unter
den Energieträgern für die zukünftige Energieversorgung
haben. Die Rohkohleförderung soll gemäß dem 1982 vorgelegten
Wirtschaftsplan bis zum Ende des Jahrhunderts auf ca. 1,2
Mrd.Tonnen per annum gesteigert werden.[1] Das entspricht
einer jahresdurchschnittlichen Zuwachsrate von etwa 3,5 %.

Die Kapazität der bereits erschlossenen, unter zentraler
Verwaltung stehenden Bergwerke soll nach Angaben der Staatlichen Planungskommission von 345 Mio.Tonnen per annum Ende
der fünften FJP-Periode bis zum Jahr 2000 auf 400 Mio.Tonnen,
die Kapazität der dezentral verwalteten Bergwerke (einschließlich genossenschaftlich betriebener Zechen) soll von
385 Mio.Tonnen um ca. 150 Mio.Tonnen erweitert werden. In
neu aufzuschließenden Lagerstätten soll eine Förderkapazität
von 400 Mio.Tonnen per annum erreicht werden.[2]

Soweit sich aus den verfügbaren Unterlagen ableiten läßt,
wird weiterhin eine dualistische Struktur der Betriebsgrößen
in der Kohleindustrie angestrebt. Wesentlichen Anteil an der
Steigerung der Kohleförderung sollen mehrere große Kohlereviere haben, die in der Endausbaustufe nach Vorstellungen
der chinesischen Wirtschaftsplaner eine bis zu dreifach
höhere Förderkapazität als die Anfang der 80er Jahre größten
vorhandenen Kohlereviere des Landes haben sollen. Als bedeutendste Projekte, die zur Entwicklung vorgesehen sind, werden
fünf Tagebaue und zehn große Tiefbauprojekte genannt. Der
kostengünstigen Gewinnung der Kohle im Tagebau mißt man
für die Zukunft offenbar größere Bedeutung bei. Die Tagebaue,

----

1 Vgl. o.V. China plant seine Kohlenproduktion zu verdoppeln,
  in: Beijing Rundschau, Nr.41, 1982, S.6 f.
2 Vgl. Tabelle V.4.

deren Aufschluß im Norden des Landes geplant ist, sollen bis
zur Jahrhundertwende eine Förderkapazität von 200 Mio.Tonnen
erreichen - etwa ein Sechstel der für diesen Zeitraum geplanten Gesamtfördermenge. Das größte Revier, Zhunge'er in der
Inneren Mongolei, soll in der Endausbaustufe eine Förderkapazität von ca. 60 Mio.Tonnen erreichen. Für die Tagebaureviere
Pingshuo, Huolinhe, Yiminhe und Yuanbaoshan ist eine Förderkapazität von jeweils 30 - 40 Mio.Tonnen vorgesehen. Bis
auf das Revier Pingshuo in der Provinz Shanxi befinden sich
die geplanten Tagebaureviere in der Inneren Mongolei. Die
bedeutendsten Tiefbauprojekte sind in den Provinzen Hebei
(Handan, Xintai), Shanxi (Weibei), Anhui (Huainan, Huaibei),
Shandong (Yanzhou, Tenxian), West-Henan, Ost-Heilongjiang,
Liaoning (Shenyang) und Guizhou (Liupanshui) geplant.[1]

Der Aufschluß der großen Kohlevorkommen im Norden des Landes
wird in erheblichem Umfang den Transfer von Arbeitskräften
in die dünnbesiedelten, unwirtlichen Gebiete erfordern[2] und
den Aufbau einer entsprechenden Infrastruktur notwendig machen - für die Errichtung der Produktionsstätten sowie für
den Abtransport der Kohle in die Brennstoffbedarfszentren
an der Ostküste. Da die Gewinnung von Kohle im Tagebau in
China bislang kaum betrieben wurde - Ende der 70er Jahre
wurden ca. 95 % der Förderkohle im Tiefbau gewonnen - und
entsprechende Erfahrungen für den Aufschluß großer Tagebaue
fehlen, wird deren Realisierung in der geplanten Größenordnung erhebliche Anforderungen an die inländischen Fachkräfte
stellen.

Wie aus Tabelle V.4. hervorgeht, wird den lokal verwalteten
und genossenschaftlichen Zechenbetrieben ein hoher Stellen-

---

1 Vgl. KONG Xun: Prospects of China's Coal Industry, in:
  China Mines - Investment and Marketing Seminar, Beijing,
  March 18-26, 1983, S.1 ff. Nähere Angaben zu den einzelnen
  Bergwerken vgl. WU Yaxing: Proposed Sino-Foreign Cooperation Projects, in: China Mines, a.a.O., S.VI.
2 Die Möglichkeit der Umsiedlung von Arbeitskräften in größerer Zahl aus den dichtbesiedelten Ostgebieten in die rohstoffreichen Nord- und Nordwestgebiete werden erwogen. Vgl.
  Radio Peking vom 4.2.1985, Sendung in deutscher Sprache,
  zit. in Monitor-Dienst, Rias Berlin vom 4.2.1985, S.1 f.

Tabelle V.4. Geschätzte zukünftige Entwicklung der Förderkapazitäten im chinesischen Kohlenbergbau (Mio.t)

Zeitraum	Aufschluß neuer Produktionskapazitäten im jeweil. Zeitraum	Aufnahme der Produktion neuer Kapazitäten im jeweil. Zeitraum	6. FJPP Produktionskapazitäten		7. FJPP Produktionskapazitäten		8. FJPP Produktionskapazitäten		9. FJPP Produktionskapazitäten		Gesamte Produktionskapazitäten bis zum Jahr 2000
			vorhandene	neugeschaffene	vorhandene	neugeschaffene	vorhandene	neugeschaffene	vorhandene	neugeschaffene	
Zentral verwaltete Bergwerke in der 5. FJP-Periode			345	20							
1982 im Bau befindlich	(75)	(6.FJPP) - 50 (7.FJPP) - 25		20	385	30 15		10			
1983-1985	75-90	(7.FJPP) - 40 (8.FJPP) - 40-50				20	450	20 20		20-30	
1986-1990	150	(8.FJPP) - 120 (9.FJPP) - 30						80	580	40 30	
1991-1995	150	(9.FJPP) - 120 (10.FJPP) - 30								80	
1996-2000	150	(10.FJPP) - 120 (11.FJPP) - 30									
Entwicklung der Kapazität der zentral verwalteten Bergwerke	525-540		345	40	385	65	450	130	580	170-180	750-760
Entwicklung der Kapazität der lokal verwalteten Bergwerke			285	(1983-85) 30	315	40	355	40	395	40	435
Entwicklung der Gesamtkapazitäten			630	70	700	105	805	170	975	210-220	1185-1195

Quelle: Guowuyuan jishu zhongxin bangongshi (Zentralbüro für technologische Forschung des Staatsrates; Hrsg.): 2000 nian zhanlüe mubiao yanjiu ziliao zhi san (Forschungsunterlagen zu den strategischen Zielsetzungen für das Jahr 2000, Teil 3), Beijing, 1982, S.14.

wert für die zukünftige Ausweitung der Kohlefördermengen beigemessen. Es hatte zwar in den Jahren 1979 und 1980 Tendenzen
gegeben, unwirtschaftlich arbeitende Kleinstzechen stillzu-
legen. Da diese zum Teil wohl recht überstürzt veranlaßten
Stillegungen von Bergbaubetrieben jedoch zu einer Verschär-
fung in der Energieversorgung führten, entschloß sich die
chinesische Führung, die Errichtung der kleinen und mittleren
Zechenbetriebe nicht nur weiter zuzulassen, sondern sie sogar
zu fördern.[1] Bis zum Jahr 1983 hatte sich die Zahl der genossenschaftlichen Zechenbetriebe gegenüber dem Jahr 1980 auf
40.000 verdoppelt.

Die chinesische Führung ist sich offenbar bewußt, daß wesentliche Voraussetzungen, wie z.B. die Erhöhung der (technischen) Produktivität durch verstärkte Mechanisierung der
Kohlegewinnung – beispielsweise sollen bis 1990 56 % der
Kohlegewinnung in zentralverwalteten Bergwerken mechanisiert
sein – und die Anhebung des Ausbildungsniveaus der im Kohlebergbau beschäftigten Arbeitskräfte geschaffen werden müssen,
um die Wachstumsziele realisieren zu können.[2]

Eine im Vergleich zu früher größere Bedeutung wird der Ver-
edelung der Förderkohle beigemessen. Bis zum Jahr 1990 sollen
ca. 50 % der Förderkohle aufbereitet werden; dies würde bedeuten, daß die Aufbereitungskapazitäten von ca. 110 Mio.Ton-
nen im "Basisjahr" 1980 bis zum Jahr 1990 mindestens vervier-
facht werden müssen. Ferner ist vorgesehen, mittel- und langfristig verstärkt modernste Techniken für die Vergasung und
Verflüssigung der Kohle zu nutzen – nicht zuletzt, um die
Probleme beim Feststofftransport zu reduzieren. Eine kleine

---

1 Vgl. GAO Yangwen (Minister für Kohleindustrie): Guowuyuan
   caiqu sitiao jingji cuoshe fuzhi xiao meiyao (Vier wirtschaftliche Maßnahmen des Staatsrates zur Unterstützung
   kleiner Kohlezechen), in: Renmin Ribao vom 4.7.1982; Meitan
   gongyebu (Hrsg.): Meitan gongyebu guanyu jiakuai fazhan
   xiao meikuang ba xiang cuoshe de baogao, 9.4.1983 (Bericht
   des Kohleministeriums vom 9.4.1983 über die acht Maßnahmen
   zur beschleunigten Entwicklung kleiner Kohlebergwerke), in:
   XUE Muqiao (Hrsg.): Zhongguo Jingji Nianjian 1984, a.a.O.
   S.IX 27 f.
2 Vgl. o.V.: China plant seine Kohlenproduktion zu verdoppeln, a.a.O., S6 f.

Pilotanlage zur Kohleverflüssigung hatte im April 1983 den Versuchsbetrieb aufgenommen.[1]

Schließlich ist die chinesische Führung entschlossen, die seit dem Bruch mit der Sowjetunion Ende der 50er Jahre entschieden verfolgte Politik der Ablehnung ausländischer Einflüsse zumindest partiell aufzugeben. Ausländisches Kapital und modernes westliches technisches und organisatorisches Know How sollen genutzt werden, um den Mangel an Kapital und qualifizierten Fachkräften zu verringern. In einem späteren Abschnitt des Kapitels wird darauf noch eingegangen werden.

2.1.2. Erdöl und Erdgas

Über die zukünftige Bedeutung von Erdöl und Erdgas bei der Energieversorgung besteht innerhalb der maßgeblichen Planungsinstanzen offenbar noch Unklarheit. Sicher ist, daß die bis Anfang der 80er Jahre nachgewiesenen Kohlenwasserstoffreserven bis Ende des Jahrhunderts erschöpft sein werden. Bereits Anfang der 80er Jahre diente ein wesentlicher Teil der in die Erdöl- und Erdgasindustrie gelenkten Finanzmittel dazu, das Fördervolumen in den produzierenden Feldern durch zusätzliche technische Einrichtungen (z.B. sekundärer Wasserbetrieb) auf dem erreichten Förderniveau zu halten.[2] Entsprechend zurückhaltend sind die chinesischen Prognosen für die Ausweitung des Fördervolumens. Sie belaufen sich für das Jahr 2000 lediglich auf 130 - 150 Tonnen.[3] Demnach wird der Anteil der Kohlenwasserstoffe am gesamten Energieangebot zurückgehen.

---

1 Die Anlage wurde aus Japan importiert. Vgl. XNA No. 12516, 22.4.1983. Über den Import größerer Anlagen wurde Anfang der 80er Jahre mit ausländischen Lieferanten verhandelt. Vgl. o.V. Mitsui SRC will donate liquifaction plant to China, in: The Japan Economic Journal, No.1098, 6.3.1984.
2 Im allgemeinen gilt, daß bei einem Verhältnis der Reserven zum Fördervolumen von 30 : 1 und mehr (dies ist beispielsweise in Ölförderländern des Nahen Osten der Fall) eine Ausweitung des Fördervolumens möglich ist; bei einem Fördervolumen von 20 - 25 : 1 (z.B. in der Sowjetunion) kann das Fördervolumen etwa aufrecht erhalten werden; ist das Verhältnis ungünstiger als 20 : 1 (z.B. in den USA), ist die Förderung im allgemeinen rückläufig. Vgl. Guowuyauan jishu yanjiu zhongxin bangongshe, a.a.O., S.10.
3 ebenda, S.17.

Die Exploration und Erschließung von neuen Kohlenwasserstoffvorkommen wird wesentlich kapitalintensiver sein als dies
in der Vergangenheit der Fall war, da die noch nicht explorierten potentiell höffigen Gebiete überwiegend in den noch
unerschlossenen und dünnbesiedelten Westregionen' sowie in
den offshore Gebieten des Küstenschelfs konzentriert sind.
Seit Ende der 70er Jahre wird verstärkt in den offshore Gebieten im Golf von Bohai, Yingehai, Beibu sowie im Süden des
Gelben Meeres exploriert. In den nordwestlichen Becken Qaidam, Tarim und Junggar sollen die Explorationsaktivitäten
trotz bestehender infrastruktureller Hindernisse zukünftig
intensiviert werden.

Für die sechste FJP-Periode (1981-1985) war vorgesehen,
ca. 300.000 qkm - das entspricht etwa der Fläche der Bundesrepublik Deutschland und der Schweiz - zu explorieren und
Bohrungen mit einer Gesamtlänge von 34.000 km niederzubrin-
gen. Für die siebte FJP-Periode (1986-1990) ist die Exploration von 510.000 qkm geplant. Bis zum Jahr 1990 ist die
Errichtung von Förderkapazitäten im Umfang von 22 Mio.Tonnen
vorgesehen. Ab 1990 hofft man, das erreichte Fördervolumen
aus den onshore Lagerstätten stabilisieren zu können und
aus den bis dahin explorierten und aufgeschlossenen offshore
Lagerstätten die Förderung ausweiten zu können.[1] Da davon
ausgegangen werden muß, daß vom Zeitpunkt des Nachweises
abbaufähiger Kohlenwasserstofflagerstätten bis zur Aufnahme
der Förderung etwa 3 - 5 Jahre notwendig sind, um die erforderlichen Förderanlagen und die Logistik aufzubauen, sind
spektakuläre Explorationserfolge spätestens in der frühen
zweiten Hälfte der 80er Jahre Voraussetzung für eine wesentliche Ausweitung der Erdölfördermengen ab Anfang der 90er
Jahre.

---

1 Vgl. Guowuyuan jishu yanjiu zhongxin bangongshe, a.a.O.,
  S.13 f. Die bis Mitte der 80er Jahre erzielten Explora-
  tionserfolge in den offshore Gebieten sind indes keineswegs
  derart, daß die Aussichten für eine wesentliche Steigerung
  der Erdölförderung aus Offshore Regionen ab Anfang der 90er
  Jahre als günstig zu bezeichnen sind. Vgl. Erhard LOUVEN:
  Zweite Lizenzrunde im Offshore-Ölbereich abgeschlossen, in:
  China aktuell, Juli 1985, S.425 f.

Die Bedeutung des Erdgases bei der Energieversorgung wird, gemessen am Stand der nachgewiesenen Erdgasreserven, voraussichtlich abnehmen. Die Förderung von Erdgas wird auf dem Niveau Anfang der 80er Jahre verbleiben, so daß der Anteil des Erdgases am gesamten inländischen Primärenergieangebot wahrscheinlich von 3 % (1980) auf 1,3 - 1,7 % im Jahr 2000 zurückgehen wird.[1]

2.1.3. Elektrizität

Die Elektrizifierung des Landes soll weiterhin forciert vorangetrieben werden. Bis zur Jahrhundertwende soll die Stromerzeugung jahresdurchschnittlich um 7 % wachsen - in der gleichen Größenordnung wie die geplanten jahresdurchschnittlichen Zuwachsraten der Industrieproduktion. Die Generatorenkapazität für die Stromerzeugung soll von 62.000 MW auf 210.000 MW ausgebaut werden.[2]

Offenbar ist nicht beabsichtigt, daß der Anteil der Wasserkraftwerke an den gesamten Stromerzeugungskapazitäten erhöht wird. Die Kapazitäten der Wasserkraftwerke sollen von 18.000 MW (1980) auf ca. 55.000 MW ausgebaut werden, was bedeuten würde, daß der Anteil der Wasserkraftwerke an den gesamten Stromerzeugungskapazitäten sogar zurückgeht - von knapp 30 % auf etwa 25 %. Diese Entwicklung stände im Widerspruch zu den von Regierungsseite seit Ende der 70er Jahre betonten Absicht, die riesigen Wasserkraftreserven des Landes verstärkt für die Stromerzeugung zu erschließen.

Verschiedene Gründe bieten sich dafür an, daß im Planungszeitraum die Nutzung des Wasserkraftpotentials weiterhin beschränkt bleibt: Das Defizit an Elektrizität in den Industriezentren macht eine möglichst rasche Ausweitung der Kraftwerkskapazitäten erforderlich; Investitionskapital ist

---

1 Vgl. Tabelle V.7.
2 Vgl. Guowuyuan jishu yanjiu zhongxin bangongshe, a.a.O., S.14, Tab.2.9.

knapp; da die Errichtung von Wasserkraftwerken länger dauert, als von Wärmekraftwerken mit vergleichbar großen Leistungen, ferner die Kosten von Wärmekraftwerken pro Leistungseinheit niedriger sind als in Wasserkraftwerken[1] und schließlich die Nutzung der großen Wasserkraftreserven im Südwesten des Landes den Aufbau von überregionalen Leitungssystemen erfordert, die den Strom in die entfernten Bedarfszentren bringen, tendieren die maßgeblichen Wirtschaftspolitiker offenbar dazu, den Wärmekraftwerken gegenüber den Wasserkraftwerken weiterhin den Vorzug zu geben.[2]

Hohe Zuwachsraten bei der Stromerzeugung verbunden mit wesentlich niedrigeren Zuwachsraten der Gewinnung von Brennstoffen und einem verringerten Anteil der Wasserkraftwerke an den Stromerzeugungskapazitäten setzen voraus, daß bis zum Jahr 2000 ein wesentlich höherer Anteil der verfügbaren fossilen Brennstoffe in Elektrizität umgewandelt werden muß, als Ende der 70er Jahre. Während der Anteil der in Elektrizität umgewandelten Kohle im Jahr 1980 bei ca. 20 % lag, wird sich der entsprechende Anteil bis zum Jahr 2000 auf 35 - 40 % erhöhen.[3]

Um die Transportprobleme zu reduzieren, die sich aus dem zu erwartenden Zuwachs der Brennstofftransporte ergeben

---

1 Vgl. Kap.II.1.2.3.
2 Es gibt in der chinesischen Literatur Berechnungsansätze, die darauf hinweisen, daß Wasserkraftwerke sowohl unter Kosten- als auch unter zeitlichen Gesichtspunkten durchaus konkurrenzfähig mit Wärmekraftwerken sind, wenn bei Wärmekraftwerken die Kosten und der Zeitfaktor für die erforderlich werdende Erschließung von Kohlevorkommen und dem Aufbau von Transportkapazitäten mitberücksichtigt werden. Vgl. LI Rui: Guanyu jiakuai fazhan Woguo shuidian jianshe de jijian yijian (Einige Ansichten zur beschleunigten Entwicklung der Wasserkraftreserven Chinas), in: Shuili Fadian, Nr.1, 1980, S.2 ff.
3 Ausgehend von den genannten Plangrößen errechnet sich für das Jahr 2000 ein Gesamtvolumen der fossil gefeuerten Kraftwerke von ca. 150.000 MW. Bei einem Brennstoffbedarf eines 1000 MW-Wärmekraftwerkes von etwa 2 Mio.t p.a. ergibt sich ein Brennstoffbedarf lediglich für den elektrizitätserzeugenden Bereich in Höhe von etwa 300 Mio.Tonnen SKE oder fast 450 Mio.Tonnen Förderkohle - mehr als ein Drittel der insgesamt vorgesehenen Kohlefördermenge.

werden, soll Kohle verstärkt bei den Bergwerken in Großkraftwerken verstromt werden. Beispielsweise ist für das Tagebau-
revier Yuanbaoshan (Innere Mongolei) die Errichtung eines
Kraftwerkes mit 2000 MW Leistung geplant.[1] Ferner ist vorgesehen einige stadtnahe Kraftwerke für eine Kraft-Wärme-Kopp-
lung zu konzipieren, um eine höhere Ausnutzung der umgesetzten energetischen Rohstoffe sicherzustellen.[2]

Da die unzureichenden Transportkapazitäten auf absehbare Zeit
weiterhin die Energieversorgung der Industrieregionen an
der Ostküste behindern werden, wurde Anfang der 80er Jahre
- nach einem über knapp ein Jahrzehnt innerhalb der chinesischen Führung geführten Diskussion über das Für und Wider
der Kernkraft[3] - beschlossen, Kernenergie für die energiearmen Industriegebiete im Osten und Süden des Landes zu
nutzen. Mit dem Bau einer vergleichsweise kleinen Anlage
mit einer Leistung von 300 MW wurde im Jahr 1983 in Qinshan,
südlich von Shanghai, begonnen. Als zweites Kraftwerk ist
eine Doppelblockanlage mit je 900 MW in der Provinz Guangdong

---

1 Vgl. Martin WEIL: Coal's Promises and Problems, a.a.O.,
  S.48.
2 Vgl. JUN Jie: Dangqian nengyuan yanjiu zhong ruogan wenti
  (Über einige Probleme der gegenwärtigen Energieforschung),
  in: Gongye Jingji F 3, Nr.23, 1981, S.55 ff.; Li Jun: Jiji
  fazhan chengshi jizhong gongre (Verstärkt die städtische
  Wärmeversorgung entwickeln), in: Chengxiang Jianshe, Nr.12,
  1982, abgedr. in: Gongye Jingji F 3, Nr.24, 1982, S.58 f.
3 Verschiedene bedeutende Wirtschafts- und Energiewissen-
  schaftler lehnten die Nutzung der Kernenergie u.a. mit der
  Begründung ab, daß die erforderlichen Voraussetzungen für
  die Errichtung und den Betrieb von Kernkraftwerken in China
  noch nicht gegeben seien... Vgl. XU Shoupo, WU Jiapei:
  Jiaqiang nengyuan kaifa, dali jieyue nenghao (Verstärkt
  Energiequellen erschließen, mit aller Kraft Energie einsparen), in: Renmin Ribao vom 21.1.1983. Befürworter der
  Kernenergie verwiesen vor allem auf die im Vergleich zur
  Kohle kostengünstigeren Bedingungen beim Transport von
  Uranbrennstoffen in die Küstenregionen. Vgl. LUO Anren
  zitiert bei HUANG Zhaiyao: Dui Woguo jinian lai nengyuan
  taolun zhong jige wenti de shangtao (Über die Energie-
  diskussion der letzten Jahre in China), in: Gongye Jingji
  Guanli Gongkan, Nr.1, 1981, S.60. Ein Überblick über die
  Situation und Perspektiven der Kernenergienutzung in China,
  vgl. Kurt WIESEGART: Kernenergie zur Lösung von Chinas
  Energieproblemen? in: Brennstoff-Wärme-Kraft Nr.1/2, 1983,
  S.31 ff.

nahe der Grenze zu Hongkong geplant.[1] Der Anteil der Kernenergie wird aber - sofern die hochgesteckten Ziele realisiert werden sollten - Ende des Jahrhunderts einen Anteil
von 1 % an der gesamten Energieerzeugung Chinas einnehmen.[2]

Über neu zu errichtende Höchstspannungsleitungen mit Über-
tragungsleistungen von 500 kV sollen die in den periphe-
ren Gebieten neu errichteten Großkraftwerke an die regionalen
Verbundsysteme angeschlossen werden. Bis zum Jahr 2000 ist
die Errichtung von insgesamt elf 500 kV-Leitungen mit einer
Gesamtlänge von 4.680 km vorgesehen. Diese Leitungen werden
u.a. die drei großen regionalen Stromnetze im Norden, Nordosten und Osten koppeln und somit die Basis für ein landesweites Stromverbundsystem schaffen.[3]

Ergänzend zu den großen Kraftwerkseinheiten ist die verstärkte Nutzung regenerativer Energiequellen zur Stromversorgung vorwiegend abgelegener ländlicher Gebiete vorgesehen.
Bis zum Jahr 2000 soll beispielsweise die in kleinen Wasserkraftstationen errichtete Generatorenkapazität von ca. 6600
MW (1980) auf etwa 40.000 MW erweitert werden.[4] Desgleichen
sollen verstärkt Energiequellen wie direkte Sonnenenergie,
Biogas, Windkraft, Erdwärme und Gezeitenenergie erschlossen
werden. Die Nutzung dieser Energiequellen soll - soweit dies
den offiziellen Angaben zu entnehmen ist - vorwiegend lokalen
Verwaltungseinheiten überlassen bleiben, allerdings z.T.
durch Budgetzuweisungen oder zinsgünstige Kredite unterstützt werden.[5]

---

1 Dieses Kernkraftwerk soll als Joint Venture Unternehmen
  zusammen mit einem Unternehmen aus Hongkong errichtet und
  betrieben werden. Vgl. XNA, No.13157 vom 22.1.1985.
2 Vgl. Tabelle V.6.
3 Die längste der geplanten Leitungen hat eine Gesamtlänge
  von 1.080 km und verbindet das größte Anfang der 80er Jahre
  im Bau befindliche Wasserkraftwerk Chinas, Gezhouba, mit
  der Industrieregion Shanghai. Vgl. XNA, No.13155 vom 20.1.
  1985
4 Vgl. o.V.: Woguo xiao shuidian jianshe de xiangzhuang he
  zhanwang (Situation und Perspektiven für kleine Wasserkraftwerke in China), in: Shuili Shuidian, Nr.3, 1980,
  S.57 f.
5 Vgl. Abschnitt 5.2.2.

2.1.4. Vorläufige Bewertung der Ausbaupläne

Zum Zeitpunkt der Fertigstellung der vorliegenden Arbeit
kann zwar nur eine vorsichtige Beurteilung der seit der Neuorientierung der Wirtschaftspolitik eingeleiteten Maßnahmen
und Ausbaupläne getroffen werden. Einige Anzeichen deuten
jedoch darauf hin, daß es bisher noch nicht gelungen ist,
Planvorgaben umzusetzen und eine störungsfreie Entwicklung
in den Energiebereichen sicherzustellen. Es scheint fraglich,
daß die gesetzten Wachstumsziele - zunächst einmal unabhängig
von dem zu erwartenden Investitionsmittelbedarf - zu ver-
wirklichen sind.

Nach mehrjähriger Stagnation der Kohlefördermengen konnten
in den Jahren nach 1982 wieder positive Zuwachsraten bei der
Kohleausbringung erzielt werden: Die Fördermenge stieg von
622 Mio.t (1981) auf über 800 Mio.t Ende der sechsten FJP-
Periode (1985) - mit einer jahresdurchschnittlichen "über-
planmäßigen" Zuwachsrate von knapp 5 % (geplant: ca. 3,5 %).

Trotz dieser Produktionsausweitung gibt es jedoch keinen
Hinweis darauf, daß hierdurch die Energieversorgungskrise
entschärft werden konnte. Es ist vielmehr zu vermuten, daß
die geförderte Kohle nicht in gleichem Umfang der Brennstoff-
nachfrage zugeführt werden konnte, weil ein erheblicher Teil
mangels Transportkapazitäten auf Halde oder bei den Verlade-
stationen verblieb.

Eine vorsichtige Bewertung der Ausbauziele läßt sich für den
Elektrizitätsbereich treffen. Die Erweiterung der Stromerzeugungskapazitäten bis zum Jahr 2000 um rd. 150.000 MW setzt
voraus, daß zwischen 1980 und dem Jahr 2000 jahresdurchschnittlich 7500 MW Generatorenkapazität neu installiert werden müssen. Die im Zeitraum 1981-1984 hergestellten Generato-
renkapazitäten betrugen insgesamt aber lediglich ca. 10.000
MW - nicht mehr als ein Drittel der für diesen Zeitraum

Tabelle V.5.

Voraussichtliche Entwicklung der Primärenergiegewinnung bis zum Jahr 2000

Energieträger		6. FJPP Produktionskapazität		7. FJPP Produktionskapazität		8. FJPP Produktionskapazität		9. FJPP Produktionskapazität		Jahr 2000 Gesamtproduktion
		zu Beginn d. Periode	Zuwachs	zu Beginn d. Periode	Zuwachs	zu Beginn d. Periode	Zuwachs	zu Beginn d. Periode	Zuwachs	
Kohle	Mio.t	630,0	70,0	700,0	100,0-105,0	800,0-805,0	140,0-170,0	940,0-975,0	140,0-220,0	1.080,0-1.195,0
	Mio.t SKE	449,8	50,0	499,8	71,4- 75,0	571,2-574,8	100,0-121,4	671,2-696,2	100,0-157,0	771,1- 853,2
Erdöl	Mio.t	100,0	0	100,0	20,0	120,0	10,0	130,0	0 - 20,0	130,0- 150,0
	Mio.t SKE	142,9		142,9	28,6	171,5	14,3	185,8	0 - 28,6	185,8- 214,4
Erdgas	Mrd.m³	14,2	-4,3	10,0	0	10,0	0	10 - 12	0 - 3	10 - 15
	Mio.t SKE	19,0	-5,7	13,3		13,3	0 - 2,7	13,3 - 16,0	0 - 4	13,3- 20,0
Kernkraft	Mrd. kWh	0	0	0	1,7	1,7	15,4	17,1	10,2	27,4
	Mio.t SKE	0	0	0	0,7	0,7	6,5	7,2	4,3	11,5
Wasserkraft	Mrd. kWh	65,5	1,5- 9,5	67,0- 75,0	28,0	98,0-100,0	36,7- 40,0	135,0-140,0	50,0- 54,0	185,0- 200,0
	Mio.t SKE	27,1	0,6- 4,0	28,1- 31,5	11,8	41,2- 42,0	15,4- 16,8	56,7- 58,8	21,0- 22,7	77,7- 84,0
Gesamte Primärenergieproduktion (Mio.t SKE)		638,8	44,9-48,3	684,1-687,5	112,5-116,0	797,9-802,3	136,1-161,6	934,1-963,9	125,3-216,5	1.059,4-1.183,0

Anmerkung: Geringfügige Abweichungen der Summen sind durch Ab- bzw. Aufrundungen der zweiten Stellen nach dem Komma bedingt.

Quelle: Guowuyuan jishi zhongxin bangongshi (Zentralbüro für technologische Forschung des Staatsrates; Hrsg.): 2000 nian zhanlüe mubiao yanjiu zilao zhi san (Forschungsunterlagen zu den strategischen Zielsetzungen für das Jahr 2000, Teil 3), Beijing, 1982, S.18.

Tabelle V.6.
Voraussichtliche Entwicklung der Energieangebotsstruktur bis zum Jahr 2000

Primär-energie-träger	1980 Produktions-volumen (Mio.t SKE)	1980 Anteil (%)	1985 Produktions-volumen (Mio.t SKE)	1985 Anteil (%)	1990 Produktions-volumen (Mio.t SKE)	1990 Anteil (%)	1995 Produktions-volumen (Mio.t SKE)	1995 Anteil (%)	2000 Produktions-volumen (Mio.t SKE)	2000 Anteil (%)
Kohle	442,85	69,49	499,80	73,05	571,20	71,59	671,16	71,85	771,12	72,79
					574,77	71,64	696,15	72,22	853,23	72,12
Erdöl	151,39	23,76	142,90	20,89	171,48	21,49	185,77	19,89	185,77	17,54
						21,37		19,27	214,35	18,12
Erdgas	18,98	2,98	13,30	1,94	13,30	1,67	13,30	1,42	13,30	1,26
						1,66	15,96	1,66	19,96	1,69
Wasserkraft	24,04	3,77	28,14	4,11	41,16	5,16	56,70	6,07	77,70	7,33
			31,50		42,00	5,24	58,80	6,10	84,00	7,10
Kernkraft	0	0	0	0	0,71	0,08	7,20	0,77	11,49	1,08
						0,09		0,75		0,97
Gesamt	637,26	100	684,14	100	797,85	100	934,13	100	1.059,38	100
			687,50		802,26		963,88		1.183,03	

Quelle: Guowuyuan jishu yanjiu zhongxin bangongshi (Zentralbüro für technologische Forschung des Staatsrates; Hrsg.): 2000 nian zhanlüe mubiao yanjiu ziliao zhi san (Forschungsunterlagen zu den strategischen Zielsetzungen für das Jahr 2000, Teil 3), Beijing, 1982, S.17.

"geplanten" Generatorenkapazität.[1] Demnach verbleibt für den
Zeitraum 1985-2000 ein jahresdurchschnittlicher Installa-
tions-"bedarf" von fast 10.000 MW Generatorenkapazität. Das
würde bedeuten, daß bis zum Ende des Jahrhunderts jährlich
etwa ein Sechstel der Kraftwerkskapazitäten errichtet werden,
die in den vorausgegangenen dreißig Jahren insgesamt errichtet wurden. An diesen Zahlen wird erkennbar, daß noch erhebliche Anstrengungen unternommen werden müssen, um die hochgesteckten Ziele zu erreichen.

2.2. Ausbau und Diversifizierung des Transportsektors

Es gibt zwar Ansätze in der industriellen Standortpolitik,
energieintensive Industriezweige in Regionen mit großen
Brennstoffvorkommen anzusiedeln und auf diese Weise langfristig eine unter Rohstoffgesichtspunkten sinnvollere industrielle Standortstruktur zu erreichen.[2] Selbst ein durch-
greifender Wandel in der Standortpolitik könnte aber nichts
an der Notwendigkeit ändern, die überregionalen Transportstrecken vor allem in Nord-Süd-Richtung sowie in der nördlichen Landeshälfte in West-Ost-Richtung auszubauen, um die
überwiegend im Norden befindlichen Brennstoffvorräte in
andere Landesteile befördern zu können.

Zur Lösung dieser Transportaufgaben werden seit Anfang der
80er Jahre verstärkt Anstrengungen unternommen.

Im Eisenbahnbereich, der weiterhin bedeutendster Verkehrsträger für den Brennstofftransport bleiben wird, wurde Anfang
der 80er Jahre mit der Verlegung von zehn neuen Trassen für
den Kohletransport aus den landesinneren Regionen begonnen.
Die Strecken werden doppelgleisig verlegt und z.T. elektri-
fiziert.[3] Einzelne Strecken, wie z.B. die Trasse vom Kohle-

---

1 Vgl. Zhongguo tongjiju (Hrsg.): Zhongguo Tongji Nianjian
  1985, a.a.O., S. 340. Den Angaben des Statistischen Jahrbuchs ist nicht zu entnehmen, ob die produzierten Generatoren im gleichen Jahr installiert wurden.
2 Vgl. Abschnitt 1.2.
3 Vgl. XNA, No. 12345 vo, 2.11.1982.

revier Datong (Shanxi) zum Hafen Qinghuangdao (Hebei) werden
nach US-amerikanischem Vorbild für den Betrieb von Schwer-
lastzügen ausgebaut.[1]

Um den Schienentransport zu entlasten, ist die Verlegung
mehrerer Pipeline-Trassen für Feststofftransporte vorgesehen.
Bei dieser weltweit vergleichsweise selten genutzten Trans-
portart wird feingemahlene Kohle mit Hilfe von Wasser durch
die Rohrleitungen zum Zielort gepumpt. Am Zielort wird das
Wasser wieder entzogen und die Kohle dem Verbrauch zugeführt.
Anfang der 80er Jahre befand sich eine 960 km lange Rohrleitung von Changzhi (Südshanxi) zum Hafen von Nantong an der
Mündung des Changjiang mit einer Durchsatzkapazität von 15
Mio.Tonnen p.a. im Bau.[2] Die Verlegung weiterer Kohlefern-
leitungen wird von den geplanten und z.T. bereits im Aufschluß befindlichen großen Kohletagebauprojekten in der Inneren Mongolei zur Küste erwogen.[3]

Die Binnenschiffahrtswege und Binnenhäfen sollen gleichfalls
für den Transport und Umschlag von Kohle ausgebaut werden.
Der Bau eines ca. 140 km langen Kanals vom Gelben Fluß zum
Sanggang Fluß südlich von Datong soll die Voraussetzungen
für einen kostengünstigen Transport von Kohle aus Shanxi auf
Binnenschiffen an die Ostküste ermöglichen.[4]

Im großen Umfang ausgebaut werden ferner die Seehäfen zum
Umschlag von Kohle für den Küstentransport und vor allem für
den Überseetransport. Der drittgrößte Hafen des Landes, Qinghuangdao, soll zum bedeutendsten Kohleexporthafen ausgebaut
werden. In der Endausbaustufe, so die offiziellen Angaben,
sollen die Umschlagkapazitäten auf 120 Mio.Tonnen p.a. er-

---

1 Vgl. XNA, No.12505 vom 11.4.1983.
2 Vgl. China Trade Report, May 1983 vom S.3.
3 Vgl. XNA, No. 12486 vom 23.3.1983.
4 Vgl. REN Baiping, ZHAO Shuzhen: Jiejue Jing Tiang yong shui
  ji Datong meitan yunchu wenti de yige fangan (Konzept zur
  Lösung der Wasserversorgung in Beijing und Tianjin und des
  Transports von Kohle aus Datong), in: Jishu Jingji F 3,
  Nr.15, 1981, S.63 f; vgl. Kurt WIESEGART: Probleme bei der
  Nutzung..., a.a.O., S.754.

weitert werden sein.[1] Die Seehäfen Shijiusuo, Qingdao und
Lianyungang in der Provinz Shandong sollen bereits in der
zweiten Hälfte der 80er Jahre eine Kohleumschlagkapazität
von jeweils 15 - 30 Mio.Tonnen p.a. erreichen.[2]

Welche zusätzlichen Anforderungen an den Ausbau des Verkehrssektors gestellt und in welchem Ausmaß logistische Probleme
erwachsen werden, läßt sich unschwer erahnen: Der Transport
jeder zusätzlichen Million Tonne Kohle per Eisenbahn erfordert - wenn man beispielsweise von der durchschnittlichen
Transportkapazität der Güterzüge in der Bundesrepublik
Deutschland ausgeht - den Einsatz von ca. 1000 Güterzügen.
Ein Hafenumschlag von 100 Mio.Tonnen per annum setzt entsprechend voraus, daß rd. 100.000 Güterzüge jährlich oder fast
300 Güterzüge täglich mit je ca. 1000 Tonnen Kohle in den
Häfen gelöscht werden müssen. Die Bewältigung der damit ver-
bundenen logistischen Probleme wird modernste Transport- und
Verladeeinrichtungen erfordern. Da die inländische Zuliefer-
industrie kaum in der Lage sein wird, entsprechende Technologien in dem benötigten Umfang bereitzustellen, werden Anlagen
und Ausrüstungen sowie auch technisches und organisatorisches
Know How in größerem Umfang importiert werden müssen, wenn
die Ausbaupläne realisiert werden sollen.

2.3. Zukünftiger Kapitalbedarf für den Ausbau der
     Energiebereiche

Die im Zeitraum 1953-1980 aus dem Staatshaushalt für den
Ausbau der Energiebereiche insgesamt aufgebrachten Finanzmittel betrugen ca. 129 Mrd.Yuan;[3] mit diesem Betrag wurden
die Energiegewinnungs- und Umwandlungskapazitäten von ca.
50 Mio.Tonnen SKE auf etwa 600 Mio.Tonnen SKE erweitert.

---

1 Vgl. Rewi ALLEY: The world biggest coal exporter, in: Ta
  Kung Pao, 27.10./2.11.1983.
2 Vgl. Kurt WIESEGART: Probleme bei der Nutzung..., a.a.O.,
  S.753; Die erste Erweiterungsstufe des Hafens Shijiusuo
  war Ende 1984 mit 15 Mio.jato Umschlagkapazität fertigge-
  stellt. Vgl. XNA No. 664470 vom 29.1.1985.
3 Vgl. Kap.II.1.1.

Demnach ergeben sich näherungsweise durchschnittliche Investitionskosten pro Tonne SKE in Höhe von 220 Yuan. Zwar sind, wie oben aufgezeigt werden konnte, Kostendämpfungen durchaus möglich, wenn eine Investitionspolitik betrieben wird, die stärker auf ökonomischen Einsatz der Ressourcen bedacht ist - sei es durch bessere Abstimmung von Planung und Durchführung, Kontinuität in der Faktorallokation oder durch Verkürzung der Bauzeiten - als dies in der Vergangenheit der Fall war. Grundsätzlich werden aber pro Energiegewinnungseinheit steigende Kosten zu erwarten sein, da die Exploration und die Erschließung von Energievorkommen zunehmend in geographisch und klimatisch ungünstigeren Regionen erfolgen muß. Diese Kostensteigerungstendenz zeichnete sich bereits deutlich in den 70er Jahren ab.[1]

Der für den Ausbau der einzelnen Energiebereiche bis zum Jahr 2000 entstehende Kapitalbedarf läßt sich den Planungen der Staatlichen Planungskommission entnehmen. Demnach sind zwischen 1981 und dem Jahr 2000 für die Kohleindustrie Investitionsmittel in Höhe von 81-92 Mrd.Yuan aufzubringen, für die Erdöl- und Erdgasindustrie 327 Mrd.Yuan (einschließlich der Investitionen zur Stabilisierung des Fördervolumens in den bereits produzierenden Feldern) und rd. 250 Mrd.Yuan für die Errichtung neuer Kraftwerkskapazitäten (darunter 31-33 Mrd. Yuan für den Bau der Kernkraftwerken).[2] Der gesamte Kapital-

---

1 Vgl. Kap.III.1.
2 Die für die Errichtung von zehn Kernkraftwerksanlagen angesetzte Investitionssumme scheint sehr knapp zu sein. Wenn man z.B. die voraussichtlichen Investitionskosten des in der Südprovinz Guangdong geplanten Kernkraftwerkes für eine Abschätzung der zu erwartenden Kosten zugrunde legt, so ergeben sich für die 1800 MW-Anlage bei voraussichtlichen Gesamtkosten von 4,1 Mrd.US-Dollar (Vgl. Handelsblatt vom 6.1.1986) pro installierte Leistungseinheit (kW) Kosten von etwa 2.300 US-Dollar; das ergibt bei einem offiziellen Wechselkurs von ca. 3 Yuan pro US-Dollar (Stand Ende 1985) den Betrag von knapp 7.000 Yuan pro installierte Kilowatt-Leistung. Demnach errechnen sich beispielsweise für eine 1000 MW-Kernkraftanlage bereits Gesamtkosten von rd. 7 Mrd. Yuan, so daß die in Ansatz gebrachten ca. 33 Mrd.Yuan kaum für die Errichtung von fünf Kernkraftwerken zu je 1000 MW installierte Leistung ausreichen. Da China für den vorgesehenen Ausbau der Kernkraftwerkskapazitäten wesentlich auf Technologieimporte angewiesen sein wird, dürften Weltmarktpreise und somit die Devisenkosten durchaus eine realistische Kalkulationsgröße für den zu erwartenden Investitionsbedarf sein.

Tabelle V.7.

Geschätzter zukünftiger Investitionsmittelbedarf für den Ausbau der Energiebereiche

Energieträger	6. Fünfjahrplanperiode			7. Fünfjahrplanperiode		
	Projekt (Kapazitätserweiterung)	Kapitalbedarf (Mrd. Yuan)	kumulierter Kapitalbedarf (Mrd. Yuan)	Projekt (Kapazitätserweiterung)	Kapitalbedarf (Mrd. Yuan)	kumulierter Kapitalbedarf (Mrd. Yuan)
Kohle	70–90 Mio.t	14,0–16,0	14,0–16,0	120–150 Mio.t	21,0–23,0	35,0–39,0
Erdöl und Erdgas — onshore	Stabilisierung d.Prod.Volumens	34,0	34,0	Stabilisierung d.Prod.Volumens	65,0	99,0
offshore	Exploration	19,0	19,0	Explorations- u. Förderbohrungen (20 Mio.t)	22,8	41,8
gesamt		53,0	53,0		87,8	140,8
Kernkraftwerke finanziert durch:						
Inlandskapital	2.355 MW	0,15	0,15	3.860 MW	4,05	4,20
Auslandskapital		0,76	0,76		12,35	13,11
Kernbrennstoffe		0,20	0,20		0,8–1,3	1,0–1,5
gesamt		1,11	1,11		17,20–17,70	18,30–18,80
Elektrizität		23,00	23,00		45,00	68,00
darunter: aus Wasserkraft		7,00	7,00		14,00–17,00	21,00–24,00
gesamt		91,10–93,10	91,10–93,10		171,00–173,00	262,00–266,00

Quelle: Guowuyuan jishu yanjiu zhongxin bangongshi (Zentralbüro für technologische Forschung des Staatsrates; Hrsg.): 2000 nian zhanlüe mubiao yanjiu zilao zhi san (Forschungsunterlagen zu den strategischen Zielsetzungen für das Jahr 2000, Teil 3) Beijing, 1982, S.24.

Tabelle V.7. (Fortsetzung)

Geschätzter Investitionsmittelbedarf für den Ausbau der Energiebereiche

Energieträger		8. Fünfjahrplanperiode			9. Fünfjahrplanperiode		
		Projekt (Kapazitäts-erweiterung)	Kapitalbedarf (Mrd. Yuan)	kumulierter Kapitalbedarf (Mrd. Yuan)	Projekt (Kapazitäts-erweiterung)	Kapitalbedarf (Mrd. Yuan)	kumulierter Kapitalbedarf (Mrd. Yuan)
Kohle		120-150 Mio.t	23,0-26,5	58,0-65,5	120-150 Mio.t	23,0-26,5	81,0-92,0
Erdöl und	onshore	Stabilisierung d.Prod.Volumens	70,0	169,0	Stabilisierung d.Prod.Volumens	70,0	239,0
Erdgas	offshore		22,8	64,6		22,8	87,4
	gesamt		92,8	233,6		92,8	326,4
Kernkraftwerke finanziert durch:							
Inlandskapital		2.555 MW	5,0-5,2	9,2-9,4		4,1-4,9	13,3-14,3
Auslandskapital			1,52	14,63		0	14,63
Kernbrennstoffe			1,5	2,5-3,0		1,0	3,5-4,0
	gesamt		8,02-8,22	26,33-27,03		5,1-5,9	31,43-32,93
Elektrizität		45.000 MW	67,5	135,5	55.000 MW	82,5	218,0
darunter: aus Wasserkraft		17.600 MW	21,0-25,0	42,0-49,0	20.000 MW	39,0	71,0-88,0
	gesamt		191,32-195,02	453,43-461,63		203,40-207,70	656,83-679,33

ebenda

bedarf summiert sich somit auf 660-680 Mrd.Yuan[1] - das entspricht der fünffachen Höhe jenes Betrages, der in den vorausgegangenen knapp drei Jahrzehnten für die Energiebereiche
aufgebracht wurde.

Nicht enthalten in dieser Kapitalbedarfsrechnung sind die
für den Ausbau des Transportsektors erforderlichen Investitionen. Geht man davon aus, daß diese gegenüber früher steigen werden, u.a. weil die Transportkapazitäten Anfang der
80er Jahre völlig unzureichend waren und ein entsprechender
"Nachholbedarf" besteht oder weil der Aufbau neuer Transportwege in vergleichsweise unzugänglichen Gebieten erfolgen muß,
so ergäbe sich bei einem projizierten Investitionsanteil für
den Ausbau des Transport- und Verkehrssektors von schätzungsweise 15-20 % an den Gesamtinvestitionen - sie betrugen im
Zeitraum 1953-1980 etwa 17 % - ein Kapitalbedarf von 220-300
Mrd.Yuan.[2]

Voraussetzung für die Realisierung der Ausbauziele in den
Energiebereichen werden zweifellos stabile und vergleichsweise hohe Zuwachsraten des Sozialprodukts sein. Die Staatliche Planungskommission geht in ihren Berechnungen davon
aus, daß der aus dem Staatshaushalt finanzierte Anteil der
Investbauinvestitionen für die Energiebereiche an den gesamten Investbauinvestitionen höher als in den vorausgegangenen
Planperioden sein muß, um auch nur annähernd den Kapitalbedarf für die vorgesehenen Erweiterungsinvestitionen in den
Energiebereichen decken zu können. Ausgehend von einem Anteil
der Investbauinvestitionen für die Energiebereiche in Höhe
von 23,4 % an den gesamten staatlich finanzierten Investbauinvestitionen in der sechsten FJP-Periode (1981-1985) soll
nach den Vorstellungen der Planungskommission der entsprechende Anteil in den nachfolgenden FJP-Perioden um jeweils

---

1 Vgl. Tabelle V.7.
2 Für den Zeitraum 1981-2000 sind im Haushalt Investbauinvestitionen in Höhe von insgesamt 1.473 Mrd.Yuan angesetzt.
  Die Investbauinvestitionen für den Transportsektor wurden
  von diesem Betrag errechnet. Vgl. Guowuyuan jishu yanjiu
  zhongxin bangongshi, a.a.O., S.27.

10 % gegenüber dem Anteil in der jeweiligen Vorperiode erhöht werden, so daß er in der neunten FJP-Periode (1996-
2000) bei 31,2 % läge. Das entspräche im Zeitraum 1980-2000
einem Anteil der Investbauinvestitionen für die Energiebereiche von ca. 28,3 % an den gesamten staatlich finanzierten Investbauinvestitionen - gegenüber etwa 18 % im Zeitraum
1953-1980 (vgl. Kap.II). Demnach ergäbe sich eine für den
Ausbau von Energieprojekten aus dem Staatsbudget finanzierte
Investitionssumme in Höhe von 417 Mrd.Yuan - bei einer insgesamt angesetzten Investitionssumme von 1473 Mrd.Yuan.[1] Der
restliche Kapitalbedarf in Höhe von etwa 250 Mrd.Yuan, der
zur Finanzierung der Ausbaupläne verbleibt, müßte nach den
Vorstellungen der Planungskommission aus anderen Quellen
finanziert werden: Aus Mitteln der Gebietskörperschaften,
aus Genossenschaftsfonds, Kooperationsfonds zentraler und
regionaler Verwaltungseinheiten sowie aus ausländischen
Kapitalquellen.[2]

3. Nutzung von Auslandskapital

Eine bedeutende Rolle zur Überwindung der Kapitalknappheit
in den Energiebereichen wird die Kooperation mit dem Ausland einnehmen müssen. Nach den Vorstellungen der Staatlichen
Planungskommission sollen von dem gesamten Kapitalbedarf,
der für den Ausbau der Energiebereiche erwartet wird, fast
10 % oder 56 Mrd.Yuan aus ausländischen Quellen finanziert
werden.[3] Ein grundlegender Wandel in der Haltung der maßgeblichen Wirtschaftspolitiker Chinas gegenüber einer engeren
wirtschaftlichen Kooperation mit dem Ausland hatte sich bereits Ende der 70er Jahre abgezeichnet. China wurde beispielsweise im Jahr 1980 Mitglied des Internationalen Wäh-

1 Vgl. Guowuyuan jishu yanjiu zhongxin bangongshi, a.a.O.,
  S.27 f.
2 ebenda
3 ebenda. Zur Zeit der Drucklegung des zitierten Papiers der
  Staatlichen Planungskommission entsprachen 56 Mrd.Yuan etwa
  30 Mrd. US-Dollar.

rungsfonds und der Weltbank[1] und begann u.a. ausländische Indirektinvestitionen auf chinesischen Territorium zuzulassen. Mit internationalen Organisationen und mit einzelnen Länderregierungen wurden Verträge und Abkommen geschlossen, die China Unterstützung beim Ausbau der Energiebereiche zusicherten.

Bis Ende des Jahres 1983 waren der VR China von der Weltbank konditionsgünstige Kredite für Energie- und Transportprojekte in Höhe von ca. 300 Mio. US-Dollar zur Verfügung gestellt worden.[2] Bis Mitte des Jahres 1985 belief sich die Summe ausländischer Direktinvestitionen nach chinesischen Angaben auf 4,8 Mrd. US-Dollar.[3] Ein wesentlicher Teil davon wurde in Chinas Energiesektor investiert. Allein die Investitionen westlicher Ölgesellschaften, die seit Ende der 70er Jahren in den offshore Regionen zur Exploration von Kohlenwasserstoffen erfolgt waren,[4] erreichten nach chinesischen Angaben bis Ende 1982 ein Gesamtvolumen von etwa 1 Mrd.US-Dollar.[5] Ausländisches Beteiligungskapital soll gleichfalls zur Exploration und Erschließung von onshore Erdöllagerstätten[6] sowie zur Erschließung von Kohlevorkommen[7] den binnenlän-

---

1 Vgl. Kurt WIESEGART: Wirtschaftskooperation mit China. Die institutionellen Rahmenbedingungen, Hamburg 1984, S.15 ff., 27 ff.
2 Vgl. Kurt WIESEGART: Wirtschaftskooperation mit China, a.a.O., S.29.
3 Zitiert nach Elizabeth MORRISON: Borrowing on World Bond Markets, in: The China Business Review, January-February 1986, S.18.
4 Vgl. Zhongguo haiyang shiyou zonggongsi zhengce yanjiuzu (Autorenkollektiv): Zhongguo haiyang shiyou kaicai (Die Erschließung der chinesischen offshore Ölvorkommen), in: XUE Muqiao (Hrsg.): Zhongguo Jiangji Nianjian 1984, a.a.O., S.V 69 f.
5 Vgl. ZHANG Peiji: Zhongguo liyong waizi zhanlüe he waihui shouzi pingheng wenti (Über das Devisengleichgewicht und die strategische Nutzung von Auslandskapital in China), in: LIU Guogang, LIANG Wensen (Hrsg.): Zhongguo jingji fazhan zhanlüe wenti yanjiu (Über die Strategie der chinesischen Wirtschaftsentwicklung), Shanghai 1983, S.553.
6 Beispielsweise waren Mitte der 80er Jahre amerikanische Bohrteams mit der Exploration von Kohlenwasserstoffen im Erdölgebiet Daqing, dem einstigen Symbol für nationale Unabhängigkeit, befaßt. Vgl. XNA, No.13143 vom 8.1.1985.
7 Vgl. Kurt WIESEGART: Probleme bei der Nutzung der Shanxi-Kohle, a.a.O., S.755 f.

ländischen Kapitalmangel überwinden helfen. Im Rahmen von
bilateralen Abkommen wurden ausländische Fachleute zu Bera-
tungszwecken ins Land geholt; beispielsweise führten west-
deutsche Experten, finanziert aus Mitteln der Technischen
Hilfe, eine Feasibility-Studie über die Energieversorgung
der Südprovinz Guangdong durch. Mit Italien und den Vereinten
Nationen besteht ein Abkommen über die Zusammenarbeit bei
der Erschließung von geothermischen Quellen.[1]

Trotz dieser Öffnung nach außen blieb der Kapitalfluß aus
dem Ausland in die Energiebereiche Chinas gemessen an den
Erwartungen der chinesischen Führung vergleichsweise gering.

4. Perspektiven des Energieexports

Der Ausweitung der Energieexporte wurde von der chinesischen
Führung Anfang der 80er Jahre ein hoher Stellenwert beigemessen. Erdölexporte waren zu diesem Zeitpunkt bereits einer
der wichtigsten Devisenbringer.[2] Allerdings werden in Anbetracht der Anfang der 80er Jahre bekannten Kohlenwasserstoffvorkommen kaum wesentliche Steigerungen der Deviseneinnahmen
aus Erdölexporten zu erwarten sein; bei stagnierendem oder
nur geringfügig zunehmendem Fördervolumen und wachsendem
Energiebedarf der binnenländischen Verarbeitungsindustrie
ist eher eine rückläufige Entwicklung der Erdölexporte zu
erwarten. Hohe Erwartungen werden aber in die Möglichkeiten
der Ausweitung der Kohleexporte gesetzt, wie die Angaben
über den geplanten Ausbau der Kohleumschlagskapazitäten in
den Exporthäfen verdeutlichen.[3]

Sollten die Ausbaupläne im Kohlebereich auch nur annähernd
verwirklicht werden und Kohle in jenem Umfang für den Export
verfügbar sein, wie sie die Ausbaupläne für die Exporthäfen
vorsehen - bis zu 200 Mio.Tonnen Löschkapazität; vgl. Abschnitt 2.2. - so würde China bis zum Ende des Jahrhunderts

---

1 Vgl. XNA, No. 12502 vom 8.4.1983.
2 Vgl. Kap. IV.4.
3 Vgl. Abschnitt 2.2.

als einer der wichtigsten Anbieter von Kohle auf dem Weltmarkt auftreten - neben den bislang bedeutendsten Kohleexpor-
teuren Vereinigten Staaten, Australien, Süd-Afrika und der
Sowjetunion.[1] Allerdings wird die Entwicklung des Kohleexportvolumens nicht nur von der Entwicklung des Eigenbedarfs
in China sondern wesentlich von der Absorptionsfähigkeit des
Weltmarktes abhängen. Die beispielsweise allein für den
Exporthafen Qinghuangdao geplante Umschlagskapazität von
120 Mio.Tonnen Kohle in der Endausbaustufe würde bereits
knapp der Hälfte des Weltkohleexportes des Jahres 1980 (255
Mio.Tonnen) betragen. Es gibt bislang jedoch keinen Grund zu
der Annahme, daß die weltweite Kohlenachfrage bis zum Ende
des Jahrhunderts so zunehmen wird, daß ein im Vergleich zum
Jahr 1980 um 50 % größeres Angebot abgesetzt werden kann.
Sicher ist jedoch, daß eine Ausweitung des Kohleangebots auf
dem Weltmarkt in einem Umfang, der auch nur annähernd den
chinesischen Exportvorstellungen entspricht, zu einer erheblichen Intensivierung des Wettbewerbes auf dem Weltkohle-
markt führen wird[2] - mit den entsprechenden Auswirkungen auf
die Entwicklung der Weltmarktpreise für Kohle.

In Anbetracht der Unsicherheit über die zukünftige Entwicklung des weltweiten Energiebedarfs und der Energiepreise
sind Zweifel angebracht, ob die hohe Kapitalbindung, die für
den Ausbau der Energiegewinnungskapazitäten und die notwendigen infrastrukturellen Maßnahmen erforderlich sein wird,
gerechtfertigt ist oder ob stattdessen nicht weniger kapital-
intensive Exportindustrien ausgebaut werden sollten, um den
zukünftigen Devisenbedarf zu decken.

---

1 Mit der zu erwartenden Entwicklung des Kohleexportvolumens
  der bedeutenden Kohleexportländer und den Exportchancen
  Chinas befaßt sich YIN Shuqin: Taotan Woguo meitan chukou
  quianjing (Über die Perspektiven der Kohleexporte Chinas),
  in: Jingjixue Dongtai, Nr.4, 1982, abgedr. in: Gongye
  Jingji F 3, Nr.7, 1982, S.79 ff.
2 Vgl. Verein Deutscher Kohleimporteure (Hrsg.): Jahresbericht 1984, Hamburg, 1985, S.61.

5. Ordnungspolitische Reformen

Eine Schlüsselfunktion bei der zukünftigen Entwicklung wird
die Reform des Wirtschaftssystems einnehmen. Dies ist seit
Ende der 70er Jahre die erklärte Absicht der chinesischen
Führung. Im letzten Abschnitt dieses Kapitels werden zunächst
die grundlegenden ordnungspolitischen Reformziele skizziert.
Danach wird untersucht, inwieweit die ordnungspolitischen
Reformmaßnahmen die energiewirtschaftlichen Bereiche betref-
fen.

5.1. Grundzüge der ordnungspolitischen Reformen

Die chinesische Führung geht seit Ende der 70er Jahre davon
aus, daß die gesamt- und einzelwirtschaftlichen Ungleichgewichte nicht allein durch prozeß- und strukturpolitische
Maßnahmen aufzuheben sein werden, sondern daß bestimmte or-
dnungspolitische Rahmenbedingungen, die entscheidend zu der
ungleichgewichtigen Entwicklung der Wirtschaftssektoren und
zu der unzureichenden Abstimmung des Angebots an den Bedarf
in einzelwirtschaftlichen Bereichen beigetragen haben, reformiert werden müssen. Nachdem in den Jahren 1978/79 mit ordnungspolitischen Reformmaßnahmen in einzelnen Provinzen und
Städten sowie in ausgewählten Unternehmen begonnen worden
war, wurden seither die Reformen auf eine wachsende Zahl von
Betrieben ausgeweitet.

Ziel der Reformen ist es, die Beziehungen zwischen der Zentralverwaltung, regionalen Verwaltungseinheiten und Unternehmen in der Weise neu zu ordnen, daß den dezentralen Verwaltungseinheiten sowie den Produktions- und Handelsunternehmen ein größerer Entscheidungs- und Handlungsspielraum
bei Investitions- und Produktionsentscheidungen zugeordnet
wird, um auf diese Weise eine bessere Anpassung des Angebots
an den Bedarf sowie einen ökonomischen Einsatz der Produktionsfaktoren zu ermöglichen. Das bis Ende der 70er Jahre
praktizierte System der zentralisierten Güter- und Finanz-
allokation soll in Richtung eines Systems dezentralisierter

und marktorientierter Planung und Faktorallokation geändert werden.[1]

Die direkte Lenkungs- und Kontrollfunktion des Staates soll auf einen Teilbereich der Wirtschaft beschränkt bleiben, und zwar vorwiegend auf größere Unternehmen, "die entwicklungsstrategisch oder für die Subsistenz der Bevölkerung als besonders wichtig angesehene Güter" herstellen. Diesen Betrieben sollen weiterhin verbindliche Produktionsziffern vorgegeben werden; die Zuteilung von Produktionsfaktoren für diese Betriebe verbleibt ebenso wie der Absatz der Produkte bei staatlichen Organen.[2] Zu diesen Gütern gehören die Energieträger Erdöl und Kohle, ferner Bauholz, chemische Grundsubstanzen sowie bestimmte Stahlerzeugnisse.

5.2. Ordnungspolitische Reformen in den Energiebereichen

5.2.1. Allokation von Gütern

In den Energiebereichen, die gemäß den Anfang der 80er Jahre maßgeblichen Reformvorstellungen zunächst prinzipiell weiterhin der direkten Leitung und Kontrolle unterliegen, werden die Allokation von Gütern und Finanzmitteln, die Produktion sowie der Absatz der Erzeugnisse weiterhin nach staatlichen Planvorhaben bzw. über zentral gesteuerte und kontrollierte Verteilungskanäle abgewickelt. Da den direkt geleiteten Bergbaubetrieben (für Kohle- und Kohlenwasserstoffe) und Kraftwerken bindende Produktionsziele vorgegeben sind, sollen diese vorrangig mit den benötigten Produktionsfaktoren beliefert werden. Dadurch will man sicherstellen, daß diejenigen Unternehmen, Sektoren und Regionen, die in der "Prioritätenskala" ganz oben stehen, ihren Bedarf an knappen Produktionsfaktoren decken können.

---

1 Vgl. Shigeru ISHIKAWA: China's Economic Growth since 1949 -
An Assessment, in: The China Quarterly, No.94, June 1983,
S.242.
2 Wolfgang KLENNER: Einzelwirtschaftliche Entscheidung und
zentrale Leitung im Wirtschaftsprozeß der VR China. Zur
Reformdiskussion und Reformpolitik im nachmaoistischen
China, (unveröffentl. Manuskript), Hamburg 1984, S.15.

Um Fehlallokationen knapper Ressourcen zukünftig zu vermeiden, wurde jedoch das administrative Zuteilungsverfahren für Produktionsmittel geändert. Anstelle der direkten Belieferung der Abnehmer mit den beantragten Produktionsmitteln stellen die für die Materialzuteilung zuständigen Materialämter Anrechtscheine zur Verfügung, die zum Bezug bestimmter Mengen zentralverwalteter Produktionsmittel berechtigen. Den Zeitpunkt, zu dem die Güter abgerufen werden, können die Unternehmen ebenso selbst wählen wie die Lieferanten, von denen die Güter bezogen werden.[1]

Man erhofft sich so eine bessere Koordination der auf bestimmte Produktionsmittel spezialisierten Gesellschaften in der Weise, daß die hinsichtlich Quantität und Qualität benötigten Güter bezogen werden können und z.B. Bauverzögerungen oder nicht genutzte Produktionskapazitäten[2] vermieden werden.

Eine Erweiterung des betrieblichen Handlungsspielraums zeigt sich bei der Neuregelung der zwischenbetrieblichen Wirtschaftsbeziehungen. Die Beziehungen zwischen Lieferanten und Abnehmer sollen zunehmend über frei ausgehandelte Wirtschaftsverträge gestaltet werden. Die bindenden staatlichen Planvorhaben stecken lediglich den Rahmen für die Vertragsgestaltung ab.[3]

Hinweise darauf, daß die Dezentralisierungsmaßnahmen auch die energiewirtschaftlichen Betriebe erfassen, liegen bislang nur für die Kohleindustrie vor. Den Kohlebergbaubetrieben wurde zunächst gestattet, Lagerbestände oder Überplanmengen direkt über zwischenbetriebliche Verträge abzusetzen, und zwar zu Preisen, die innerhalb bestimmter Margen "frei" ausgehandelt werden können. Durch Einführung dieses Vertragssystems seien bereits erhebliche Verbesserungen bei der Ener-

---

1 Vgl. Wolfgang KLENNER: Einzelwirtschaftliche Entscheidung..., a.a.O., S.15 ff.
2 Vgl. Kap.III.3.1.
3 Vgl. Frank MÜNZEL: Das Recht der Volksrepublik China, Darmstadt, 1982, S.167 f.

gieversorgung z.B. in den örtlichen Industrieregionen zu verzeichnen, wie in chinesischen Veröffentlichungen vermerkt
wird.[1]

Eine weitergehende Dezentralisierung zeichnete sich im Jahr
1985 ab. Nach Angaben von Xue Muqiao, einem leitenden Berater der Staatlichen Kommission zur Neustrukturierung des
Wirtschaftssystems, war der Anteil der über staatliche Allo-
kationspläne zugeteilten Kohle in der zweiten Hälfte des
Jahres 1985 bereits auf ca. 50 % zurückgegangen.[2] Es war bei
Abschluß der vorliegenden Arbeit jedoch nicht zu ermitteln,
welche Mechanismen im einzelnen das zuvor praktizierte Allokationssystem ersetzten.

Es ist in Anbetracht der grundlegenden Dezentralisierungs-
tendenzen zu vermuten, daß auch Kraftwerke sowie Betriebe
der Erdöl- und Erdgasindustrie in ähnlicher Weise in die Reformen einbezogen werden.

5.2.2. Allokation von Finanzmitteln

Auch bei der Allokation von Finanzmitteln sind durchgreifende
Reformen vorgesehen oder wurden bereits eingeleitet, um eine
ökonomische Verwendung der knappen Mittel zu erreichen. Wie
in Kapitel II dargelegt, war das Budget bis Ende der 70er
Jahre bei weitem das wichtigste Instrument für die Allokation
von Finanzmitteln zum Aufbau der energiewirtschaftlichen Bereiche. Das Budget wird zwar weiterhin eine bedeutende Rolle
bei der Finanzierung von Energieprojekten innehaben, wie die
Anfang der 80er Jahre von der Staatlichen Planungskommission
formulierten Finanzierungsvorstellungen zeigen.[3] Anderen Fi-
nanzquellen wird jedoch eine zunehmend größere Bedeutung zugewiesen.

---

1 Vgl. XNA, No. 13140 vom 5.1.1985.
2 XUE Muqiao: Jihua guanli tizhi gaige de xin keti (Neue
  Überlegungen zur Reform des Planungs- und Verwaltungssystems), in: Jingji Ribao vom 12.10.1985.
3 Vgl. Abschn. 2.3.

Grundsätzlich sollen zukünftig die staatlichen Mittel für
Investitionszwecke den Banken überantwortet werden. Diese
sollen sie den Betrieben nach eingehender Wirtschaftlich-
keitsprüfung der Investitionsvorhaben als Kredite zur Verfügung stellen, und zwar gegen Berechnung von Zinsen.[1] Nachdem dieses Verfahren zunächst versuchsweise praktiziert wurde – Ende 1983 beliefen sich die auf diese Weise vergebenen
Kredite auf knapp 14 Mrd.Yuan, das entsprach ca. 14 % der
gesamten Anlageinvestitionen –[2] war vorgesehen, daß ab 1985
Investbauprojekte grundsätzlich durch Kredite anstatt durch
Dotationen finanziert werden. Mittel zur Finanzierung von
Energieeinsparungsmaßnahmen werden bereits seit 1981 zum
Großteil ebenfalls in Form von Krediten vergeben.[3]

Unterschiedliche Zinssätze sollen bei der Kreditvergabe die
Mittel in die von den Zentralbehörden gewünschten Bereiche
lenken. Während der allgemeine Zinssatz für Bankkredite im
Jahr 1982 bei 3 % p.a. lag, wurde beispielsweise für Kredite
zur Finanzierung von Kohlebergwerken und Erdölförderstätten
nur ein Zinssatz von 2,4 % errechnet.[4] Zinsgünstige Kredite
sollen auch für die verstärkte Erschließung von Windenergie,
Biogas und anderen regenerativen Energiequellen in abgelegenen Regionen vergeben werden.[5]

Schließlich ist beabsichtigt, Investitionen auf der Basis
von Beteiligungsfinanzierungen zuzulassen. Beispielsweise
sollen sich energiearme Regionen an der Finanzierung zur

---

1 Vgl. XUE Muqiao: Sozialismus in China, a.a.O., S.219.
2 Vgl. Zhongguo Tongji Nianjian 1984, a.a.O., S.302; eigene
  Berechnungen.
3 Vgl. XIN Dinggou, HU Xiulian: Jieneng touzi jingji xiaoguo
  (Die Wirtschaftlichkeit der Investitionen zur Energieeinsparung), in: Nengyuan, Nr.2, 1982, S.17.
4 Vgl. Dianli gongyebu kexue jishu weiyuanhui (Autorenkollektiv): Shuineng zai Woguo nengyuan zhong de diwei jiqi kaifa
  zhengce (Die Bedeutung der Wasserkraft unter Chinas Energieträgern und die Erschließungspolitik), in: Shuili Fadian, Nr.3, 1982, S.4 f.
5 Vgl. JIANG Yun: Fengli fadian zhuneng nibian gong dian yu
  jingji fenxi (Windenergie zur Stromerzeugung – Analyse der
  Wirtschaftlichkeit von Stromlieferungen bei nicht speicher-
  fähiger Energie), in: Nengyuan, Nr.4, 1983, S.36.

Erschließung von Energievorkommen in anderen Regionen über
Kooperationsverträge oder auch hundertprozentige Direktinvestitionen beteiligen. Praktiziert werden ferner bereits Kom-
pensationsgeschäfte. Im Gegengeschäft lieferte z.B. die an
Kohlevorkommen reiche Provinz Shanxi im Jahr 1981 aus den
regional verwalteten Zechen 10 Mio.Tonnen Überplankohle gegen
Baumaterialien, chemische Rohstoffe, Produktionsausrüstungen,
Getreide und andere Konsumgüter sowie gegen technisch-wissen-
schaftliche Beratungen an andere Regionen. Wirtschaftsbeziehungen dieser Art hatten die Provinzbehörden von Shanxi
bis Ende 1982 mit insgesamt 15 Städten und Provinzen, darunter mit Shangahi, Beijing, Tianjin, Jiangsu und Zhejiang aufgenommen.[1]

Die Möglichkeit einer unmittelbaren Kooperation ist ferner
zwischen den Fachabteilungen und den Provinzverwaltungen im
Gespräch. Der Minister für Kohleindustrie schlug vor, daß
die an Energiemangel leidenden Regionen im Osten des Landes
Kapital in den zentral verwalteten Kohlerevieren der Ostpro-
vinzen wie Huainan und Huaibei (Anhui), Fengpei (Jiangsu),
Xuzhou und Qining (Shandong) investieren; die Provinzverwal-
tung der Nordostprovinz Liaoning soll in den Bergwerken des
Reviers Dongsanmeng (Heilongjiang, Innere Mongolei) investieren; die Provinzverwaltungen von Guangdong, Guangxi und Hubei
soll den Ausbau der zentral verwalteten Bergwerke in den Provinzen Henan und Guizhou mitfinanzieren, und zwar mittels
neu zu gründender Gemeinschaftsunternehmen oder auch durch
hundertprozentige Beteiligungsfinanzierung.[2] Auch überregionale Infrastrukturprojekte sollen - sofern gleichgerichtete
Interessen gegeben sind - auf Basis einer Kofinanzierung von
Fachabteilungen und Provinzregierungen durchgeführt werden
können. Ein Beispiel im Energiebereich ist die Verlegung
einer neuen Eisenbahnstrecke zwischen der Region Guangxi und

1 Vgl. o.V. Shanxi tong yanhai diqu jishu xiezuo you you xin
  fazhan (Neue Fortschritte bei der technischen Zusammenarbeit der Provinz Shanxi mit den Küstenregionen), in:
  Renmin Ribao vom 16.8.1982.
2 Vgl. GAO Yangwen: Dui meitan ziyuan fengfu diqu jiankuang
  (Über die Errichtung von Bergwerken in kohlereichen Gebieten), in: Renmin Ribao vom 12.11.1981.

der Südküste, um den Abtransport der lokalen Kohlevorkommen zu ermöglichen. Finanziert wird das Projekt vom Eisenbahnministerium und der Provinzregierung von Guangxi.[1]

Grundsätzlich ist vorgesehen, daß die regional verwalteten energiewirtschaftlichen Betriebe aus den Haushalten der Regionalbehörden finanziert werden. Die zentralen Finanzbehörden sollen jedoch weiterhin Investitionshilfen leisten. Anfang der 80er Jahre wurden von regionalen Organen beispielsweise ca. 700 Mio.Yuan für den Ausbau von lokalen Zechen bereitgestellt. Darüber hinaus wurden von der Zentrale Investitionshilfen in Höhe von 470 Mio.Yuan beigesteuert, um die Ausbringung der regional verwalteten Zechen zu erhöhen.[2]

Neben den direkten Investitionshilfen sind eine Reihe indirekter Maßnahmen vorgesehen, um z.B. die Förderkapazitäten in kleinen und mittelgroßen (dezentral verwalteten) Zechen auszuweiten oder um in strukturschwachen ländlichen Gebieten den Aufbau von Energieprojekten zu fördern. Mitte des Jahres 1982 wurde vom Kohleministerium beschlossen, daß:

- jede Region in angemessener Weise die Verkaufspreise für Kohle aus lokalen Zechen erhöhen kann;[3]
- die Steuerbelastung der lokalen Zechen reduziert oder ganz aufgehoben wird;
- der betriebliche Fonds für technische Verbesserungen erhöht wird und
- die zulässige Abschreibungsrate erhöht wird.[4]

Durch Erhöhung der zulässigen Abschreibungssätze, einer

---

1 Vgl. XNA, No.12570 vom 15.6.1983.
2 Vgl. XNA, No. 12572 vom 17.6.1983.
3 Auf Preisreformen wird in nachfolgendem Abschnitt gesondert eingegangen werden.
4 Vgl. GAO Yangwen: Guowuyuan caiyu si tiao jingji zuoshe fuzhi xiao meiyao (Vier wirtschaftliche Maßnahmen des Staatsrates zur Unterstützung kleiner Zechenbetriebe), in Renmin Ribao vom 4.7.1982.

anderen Handhabung des betrieblichen Abschreibungsfonds[1] sowie anderer betrieblichen Fonds und schließlich der Beteiligung der Unternehmen an den erwirtschafteten Gewinnen sollen
den Betrieben Finanzmittel für die Realisierung eingener Entscheidungen verfügbar gemacht werden. In den Kohlebergbaubetrieben, beispielsweise der Provinz Yunnan, betrug der
Anteil der den Bergbauunternehmen "von oben" (einschließlich
der regionalen und zentralen Finanzbehörden) im Jahr 1980
zugewiesenen Finanzmittel nur noch 72 % der für Anlageinvestitionen verwendeten Mittel. Der andere Teil stammte bereits
aus betriebseigenen Fonds.[2]

5.2.3. Allokation von Arbeitskräften

Die Allokation von Arbeitskräften wird prinzipiell weiterhin
staatlichen Behörden vorbehalten bleiben. Allerdings soll
den Unternehmen ein gewisser Entscheidungsspielraum in Form
eines Mitspracherechts bei der Ausweitung des Personalbe-
standes eingeräumt werden, und es sollen in bestimmten Fällen
auch Kündigungen möglich sein. Ferner ist vorgesehen, auf
der Basis zeitlich befristeter Verträge Arbeitskräfte einzu-
stellen, um den Personalbestand dem jeweiligen Bedarf an-
passen zu können.[3] Ob auf diese Weise z.B. für Bergbaubetriebe die Voraussetzungen dafür verbessert werden, daß das
Qualifikationsniveau der eingestellten Arbeitskräfte erhöht
werden kann – was eine wesentliche Voraussetzung für die
Realisierung von Innovationen und technischem Fortschritt
wäre – ist zum gegenwärtigen Zeitpunkt nicht zu beurteilen.

---

1 Gemäß den im Mai 1984 vom Staatsrat erlassenen Bestimmungen
  sollten ab 1985 70 % der Mittel aus Ausschreibungsfonds
  beim Unternehmen verbleiben; lediglich 30 % sollten weiterhin abgeführt werden. Vgl. Frank MÜNZEL: Chinas Recht,
  a.a.O., S.II, 4 vom 10.5.84.
2 Vgl. SONG Ling: Ying zhongshe meitan gongye jiben jianshe
  de gaige (Die Reformen beim Ausbau der Kohleindustrie
  müssen forciert werden), in: Jingji Wenti Tansuo, Nr.4,
  1981, S.48.
3 Vgl. Wolfgang KLENNER: Einzelwirtschaftliche Entscheidungen..., a.a.O., S.26 ff.

5.2.4. Gewinne, Steuern

Zur Verflechtung der einzelwirtschaftlichen und gesamtwirtschaftlichen Interessen wurde die Beteiligung der Unternehmen
an den Gewinnen vorgesehen.[1] Nachdem seit 1979 in einer beschränkten Anzahl von Betrieben (456 Betriebe) mit verschiedenen Gewinnbeteiligungs- und Gewinnsteuersätzen experimentiert worden war,[2] trat im Juni 1983 eine generell für alle
Staatsbetriebe geltende Verordnung in Kraft, die einen Ein-
kommensteuersatz von 55 % auf den betrieblichen Jahresgewinn
vorsah. Für Kleinbetriebe und bestimmte Dienstleistungsbe-
triebe wurden niedrigere Steuersätze vorgesehen.[3]

Ungeklärt blieb bisher noch die Behandlung der durch "objek-
tive" Faktoren hervorgerufene Gewinnunterschiede. Um diese
Differenzen, die in den energiewirtschaftlichen Bereichen
z.B. durch falsche Produktpreise, durch unterschiedliche
Gegebenheiten in der Urproduktion sowie durch technisch bedingte Unterschiede in der Arbeitsproduktivität verursacht
sind, zu eliminieren, werden folgende Maßnahmen diskutiert:[4]

Da man eine grundlegende Preisreform, sei es die Annäherung
der Preise an Kostenpreise oder gar eine völlige Freigabe
der Preise zur Realisierung von Knappheitspreisen nicht
durchzuführen können glaubt, sollen zunächst die durch die
fixierten Administrativpreise bedingten überdurchschnittliche
Gewinne weggesteuert werden. Davon wären beispielsweise
Betriebe der Erdölgewinnung und -verarbeitung betroffen.

Unterschiedliche natürliche Gegebenheiten in den extraktiven
Industriezweigen sollen durch variierende Besteuerungsnormen
und ggf. durch Subventionen berücksichtigt werden. Durch

---

1 Vgl. XUE Muqiao: Sozialismus in China, a.a.O., S.214 ff.
2 Vgl. Armin GUTOWSKI, Wolfgang KLENNER, Renate MERKLEIN:
  Bericht über einen Aufenthalt zur Beratung der Staatlichen
  Planungskommission in der Volksrepublik China vom 1.-19.
  September 1980, Hamburg 1980, unveröffentl. Manuskr.,
  S.14 ff.
3 Vgl. XNA, No. 12522 vom 28.4.1983.
4 Vgl. XUE Muqiao: Sozialismus in China, a.a.O., S.215 ff.

technische Ausstattung bedingte Produktivitätsunterschiede
will man mit einer Art Kapitalsteuer ausgleichen.

Über die Höhe der Ausgleichsteuersätze oder über die zugrunde
zu legenden Differenzierungskriterien besteht bislang offenbar noch keine einheitliche Vorstellung. Es kann jedoch davon ausgegangen werden, daß die Erstellung eines Ausgleichs-
steuersystems recht kompliziert sein dürfte. Gerade in den
Energiebereichen ist eine Differenzierung lediglich nach
Branchen kaum ausreichend, um eine Einkommensgerechtigkeit
zu wahren. Unterschiedliche geophysikalische Verhältnisse
z.B. in den Kohlerevieren im Norden und Süden des Landes
führen zu erheblichen Einkommensdifferenzen. Während Bergbaubetriebe im Norden trotz niedriger Kohlepreise in der Lage
sind, Gewinne zu erwirtschaften, arbeiten die Bergbaubetriebe
südlich des Changjiang z.T. mit sehr hohen Verlusten. Zur
Aufrechterhaltung der Kohlegewinnung im Süden, die zur Sicherung der Energieversorgung dieses Raumes unumgänglich ist -
es sei daran erinnert, daß der Mangel an Transportkapazitäten
auf absehbare Zeit den Transfer der "Nordkohle" weiterhin
beschränken wird - müßten bei der Ausgleichssteuer auch entsprechende regionalspezifische Gesichtspunkte berücksichtigt
werden.

Um den unterschiedlichen lokalen Gegebenheiten gerecht zu
werden, wird als steuerpolitische Möglichkeit vorgeschlagen,
z.B. Zechen mit besseren Kohlequalitäten einer progressiven
Bergbausteuer zu unterwerfen; Zechen mit schlechter Kohle
sollen aus diesem Topf subventioniert werden.[1] Dieses Verfahren wäre im Unterschied zu preispolitischen Maßnahmen besonders dann sinnvoll, wenn - wie dies angestrebt wird - Zechen und Verbraucher zunehmend direkt miteinander Lieferver-
träge schließen.[2]

---

1 Vgl. XUE Muqiao: Sozialismus in China, a.a.O., S.148.
2 Als preisliche Maßnahme wäre denkbar, daß je nach den natürlichen Bedingungen in den Bergbaurevieren unterschiedlich hohe Ankaufpreise festgelegt werden, zu denen die
  Kohle von den Handelsgesellschaften aufgekauft wird. Die
  nach den Kohlequalitäten gestaffelten Verkaufspreise werden
  auf der Basis der den Zechen gezahlten Durchschnittspreise
  festgelegt. Ebenda, S.148.

Es wird in diesem Zusammenhang ferner vorgeschlagen, die
Industrie- und Handelssteuer - sie beträgt bei Kohle 8 %,
bei Erdöl hingegen nur 5 % - zu senken.[1]

Als energiepolitisch relevante steuerpolitische Maßnahmen
wurde bei den energieverbrauchenden Unternehmen eingeführt:
Alle Unternehmen, die eine selbständige Rechnungseinheit darstellen und die an ihren Gewinnen beteiligt sind, müssen
eine Art "Energie- und Transportsteuer" abführen. Der Steuer-
satz beträgt 10 % auf sämtliche im Abrechnungszeitraum in
die verschiedenen Betriebsfonds vorgenommenen Zuweisungen.
Die Mittel werden einem speziellen Staatlichen Fonds zugeführt und dienen der Finanzierung von Schwerpunktprojekten
in den Energiebereichen und im Transportsektor.[2]

5.3. Preisreform

Das entscheidende Hindernis für die Durchführung der ordnungspolitischen Reformen ist zweifellos das verzerrte Preissystem. Dessen ist sich die chinesische Führung bewußt: Im
Regierungsbeschluß über die Reform des Wirtschaftssystems
vom Oktober 1984 wurde die Veränderung des Preisgefüges als
Schlüsselfrage der Reformen bezeichnet.[3]

Die Gewinne und entsprechend die Gewinnanteile, die im Zuge
der Dezentralisierungsmaßnahmen ein entscheidender ökonomischer Hebel bei der Einführung indirekter staatlicher Lenkungsmechanismen werden sollen, können kein Indikator für
einzelwirtschaftliche Leistungen sein, solange die Faktor-

---

1 Vgl. ZHANG Siping: Jiangnan meitan ziyuan de kaifa liyong
  wenti (Über die Erschließung und Nutzung der Kohlevorkommen
  südlich des Changjiang), in: Xuexi yu Sixiang, Nr.3, 1981,
  S.28 f.
2 Vgl. Guowuyuan: Guojia nengyuan jiaotong zhongdian jianshe
  jijin zhengji banfa (Über einen staatlichen Sammelfonds
  für Schwerpunktprojekte in den Bereichen Energie und Transport) 15.12.1982, in: Xue Muqiao (Hrsg.): Zhongguo Jingji
  Nianjian 1983, a.a.O., S.VIII, S.53 f.
3 Vgl. o.V.: Beschluß des Zentralkommitees der Kommunistischen Partei Chinas über die Reform des Wirtschaftssystems
  vom 20.10.1984, abgedruckt in: Beijing Rundschau Nr.44,
  30.10.1984 (Beilage).

preise keine Knappheits- oder zumindest "richtige" Kostenrelationen widerspiegeln. Unter den Energiebereichen ist vor
allem der Kohlebergbau benachteiligt, da, wie erwähnt,[1] aufgrund falscher Preise über die Hälfte der zentral gelenkten
Bergbaubetriebe mit Verlusten produziert. Die Erdölindustrie
profitiert hingegen von den vergleichsweise hohen Administra-
tivpreisen, desgleichen die Stromerzeuger, die "billige"
Kohle einsetzen können.

Die Anpassung der Preise an die Produktionskosten oder an
Knappheitsrelationen ist deshalb eine entscheidende Voraussetzung für die weitere Dezentralisierung der Wirtschaft.[2]
Zunächst wurde für eine Anzahl von Gütern, deren gesamtwirtschaftliche Bedeutung gering ist, die Preisbildung dem Markt
überlassen. Es wurden beispielsweise in den meisten Großstädten des Landes die Preise für Nebennahrungsmittel, wie
Fleisch, Fisch, Eier und Gemüse freigegeben. Als Folge kam es
in einzelnen Städten zu Preissteigerungen um 50 % und mehr.[3]

Von durchgreifenden Preisanpassungen für Energieträger, vor
allem von einer Anhebung der Kohlepreise, sah man zunächst
jedoch ab. Kohle, so die Befürchtung der führenden Wirt-
schaftsberater der chinesischen Führung, sei das "Getreide"
der Industrie;[4] eine Anhebung der Kohlepreise auf eine Höhe,
die beispielsweise lediglich die Durchschnittkosten im Kohlebergbau decken würde, würde unmittelbar zu einer Erhöhung der
meisten Industriegüterpreise führen und unkontrollierbare gesamtwirtschaftliche Auswirkungen hervorrufen, die nicht im
Sinne der chinesischen Führung sind. Nachhaltig von drastischen Energiepreiserhöhungen betroffen wären nicht zuletzt
die privaten Haushalte - was widerum dem vorrangigen Reform-
ziel, zunächst den Lebensstandard der Bevölkerung zu erhöhen, entgegenwirken würde - sowie die Vielzahl der für die
Güterversorgung bedeutsamen industriellen Kleinbetriebe,
die sehr energieintensiv produzieren.

---

1 Vgl. Kapitel III.3.2.
2 Vgl. HE Jianzhang: Kuoda qiye zizhuquan he jiaqiang jihua
  guanli (Die Eigenverantwortlichkeit der Unternehmen erwei-
  tern und das Planungssystem stärken); in: Renmin Ribao vom
  20.7.1984.
3 Vgl. o.V.: Zwischenbilanz der Preisreform, in: Beijing
  Rundschau Nr.49, 1985, S.6 f.
4 Vgl. XUE Muqiao: Sozialismus in China, a.a.O., S.147 f.

Vorsichtige Preiskorrekturen werden jedoch seit 1982 durchgeführt. Beispielsweise durften die Bergbaubetriebe Kohle, die über vorgegebene Planquoten hinaus gefördert wurde, zu Preisen verkaufen, die innerhalb gewisser Margen (+/- 20 % Abweichung vom staatlich festgelegten Preis)[1] zwischen Lieferant und Abnehmer ausgehandelt werden konnten.[2] Diese Lockerung des Preissystems habe bereits zu einer Erhöhung des Energieangebots in den östlichen Küstenregionen beigetragen.[3] Im Jahr 1985 begann man mit der Anhebung der Abnahmepreise für Kohle, die abweichend von früheren Preisanhebungen, nicht pauschal erfolgten. Die den Bergwerken in den energiearmen östlichen Küstenregionen gezahlten Kohlepreise wurden um 10-25% angehoben; mit einer Anhebung der Preise um 5-9 % wurden ferner unterschiedliche Kohlequalitäten berücksichtigt; die Preise für Kohle, die über die im Jahr 1984 geförderte Menge hinaus abgebaut wird, sollen um 50 % erhöht und für die über die Planvorgaben des Jahres 1985 hinaus geförderte Kohle wurden Preisanhebungen um 100 % vorgesehen. Diese Preisanhebungen sollten im Jahr 1985 insgesamt zu einer Steigerung der Kohlepreise um 10-15 % führen.[4]

Die Ergebnisse dieser Preiskorrekturen sind jedoch noch weit davon entfernt, die Preisverzerrungen zwischen den Energieträgern aufzuheben. Xu Shoubo, Berater der Staatlichen Planungskommission für energiewirtschaftliche Fragen, versuchte anhand mathematischer Berechnungen eine Vorstellung von "richtigen" Energiepreisen zu ermitteln. Nach seinen Berechnungen müßten die Kohlepreise von 21 Yuan/Tonne auf 50 Yuan/

---

1 Vgl. HE Jianzhang: Kuoda qiye..., a.a.O.
2 Trotz der Anfang der 80er Jahre geltenden Bestimmungen, daß die Preisfestlegung für schwerindustrielle Güter den Zentralbehörden vorbehalten bleibt, begannen zahlreiche Unternehmen der Schwerindustrie ihre Produktpreise selbständig anzuheben. Dies führte bei bestimmten Erzeugnissen, wie z.B. Stahlprodukten, Zement oder einzelnen Rohstoffen zu Preissteigerungen um bis zu 35 % oberhalb der staatlich festgelegten Preisobergrenzen. Vgl. LU Mu: Gangcai shuini deng jijian cailiao huan zhongjia (Große Preissteigerungen bei Stahlerzeugnissen, Zement und anderen Gütern), in Renmin Ribao vom 4.6.1984.
3 Vgl. XNA, No. 13140 vom 5.1.1985.
4 Vgl. World Bank (Hrsg.): China: Long-Term Issues and Options, a.a.O., S.74.

Tonne erhöht werden, um eine im Hinblick auf die Produktionskosten angemessene Preisrelation zu den anderen Enegieträger
herzustellen. Bei Zugrundelegung von Knappheitspreisrelationen ermittelte Xu Shoubo mit 193 Yuan/Tonne einen Kohlepreis,
der fast um den Faktor 8 über den geltenden Preisen lag; die
ermittelten Rohölpreise lagen mit 540 Yuan/Tonne um mehr als
das Fünffache, die Strompreise mit 149 Yuan/kWh um mehr als
das Doppelte höher. Er kommt zu dem Ergebnis, daß die Preiskorrekturen sich langfristig auf dieses Preisniveau zube-
wegen müßten, wenn die Reformen sinnvoll weitergeführt werden
sollen.[1]

Es zeichnen sich ferner Ansätze ab, preispolitische Maßnahmen
als indirekte Hebel zur Durchsetzung strukturpolitischer
Ziele, wie z.B. zur Förderung einer rohstofforientierten Ansiedelung von Industriebetrieben, einzusetzen. So wurde beispielsweise Ende 1983 in den östlichen Küstenregionen die
Gewährung von Vorzugstarifen beim Stromverbrauch für elektri-
zitätsintensive Produktionszweige, wie z.B. Aluminiumhütten,
Eisen- und Stahlwerke oder Ammoniakfabriken eingestellt.
Gleichzeitig wurden in anderen Regionen des Landes mit bedeutenden Wasserkraftvorkommen die Stromtarife für diesen Pro-
duktionszweig gesenkt.[2]

Sicherlich wird die Veränderung der Energiepreise - bei fort-
schreitender Dezentralisierung der Entscheidungsbefugnisse
und wirtschaftlichen Eigenverantwortlichkeit - einen maß-

---

1 Vgl. XU Shoubo: Nengyuan jishu jingjixue, a.a.O., S.517 ff.
  Nach Angaben von M. Weil wurde in bestimmten Industriegebieten an der Ostküste Kohle aus lokalen Zechen bereits
  zum Tonnenpreis von 100-120 Yuan verkauft - ein Indikator
  dafür, daß die von Xu rechnerisch ermittelten Knappheitspreise sich zumindest tendenziell in einer realistischen
  Größenordnung bewegen. Vgl. Martin WEIL: Rethinking Coal
  Development, in: The China Business Review, March-April
  1986, S.16.
2 Vgl. Guowuyuan: Shuili dianlibu guanyu an sheng, shi,
  zizhiqu shixing jihua ying dian baogan de zanxing guanli
  banfa (Die Durchführung vorläufiger Verwaltungsmethoden
  des Ministeriums für Elektrizität und Wasserwirtschaft
  hinsichtlich der planmäßigen Stromzuteilung an Provinzen,
  Städte und selbstverwaltete Gebiete), in Xue Muqiao
  (Hrsg.): Zhongguo Jingji Nianjian 1983, a.a.O., S.VIII,
  47 f.

geblichen Einfluß auf die Höhe des Energieverbrauchs haben. Bei wirksamen Preismechanismen sind mit der Verteuerung von Energieträgern nachhaltige Substitutionsprozesse zu erwarten, wie sich dies beispielsweise in den meisten westlichen Industrieländern nach 1973 gezeigt hatte: Durch steigende Energiepreise wurde die Produktivität des Energieeinsatzes gegenüber der Zeit von 1973 beträchtlich erhöht. Dies war allerdings nicht der Fall in Ländern, in denen der Einsatz von Produktionsfaktoren nicht durch das Preissystem gelenkt wird oder in denen die Energiepreissteigerungen nicht an die Verbraucher weitergegeben wurden: In den meisten sozialistischen Ländern Europas blieb der Energieverbrauch pro Einheit des Sozialprodukts weiterhin um das Doppelte und mehr beispielsweise über jenem der Bundesrepublik Deutschland. Auch in den Vereinigten Staaten, wo die staatliche Energiesubventionierung eine Anpassung der inländischen Energiepreise an die Weltmarktpreisentwicklung verhinderte, wurden kaum Anstöße zur Energiesubstitution bzw. Energieeinsparung gegeben, so daß der Energieverschwendung Tür und Tor offen blieben.[1]

Eine abschließende Bewertung der chinesischen Preisreformen ist zum gegenwärtigen Zeitpunkt noch nicht vorzunehmen. Zwar wurden Preiserhöhungen durchgeführt und für bestimmte Güter wurden "flexible" Preise, die sich innerhalb einer gewissen Spanne nach "Marktbedingungen" richten können, eingeführt. Andererseits entsprechen einige Preise, wie z.B. die Preise für Energieträger, nach wie vor weder den inländischen Knappheitsbedingungen noch den Weltmarktpreisrelationen. Größere Preisanpassungen sowie die Reform des Preissystems müßten daher wichtiger Bestandteil der Bemühungen der Regierung um ein leistungsfähigeres Wirtschaftssystem bleiben.

---

1 Vgl. Hans K. SCHNEIDER: Wachstumsminderung durch begrenzte Energie- und Rohstoffvorräte, in: W. Zohlnhöfer (Hrsg.): Wachstumsminderung und soziale Gerechtigkeit, Littburg 1982, S.22.

ZUSAMMENFASSUNG UND SCHLUSSFOLGERUNGEN

Die vorliegende Ausarbeitung hatte zum Ziel, anhand von Primärquellen die in der VR China zur Sicherung der Energieversorgung verfolgte Politik zu untersuchen und die Gründe für die Ende der 70er Jahre auftretende Energiekrise herauszuarbeiten.

Zu Beginn der Untersuchung wurden die wirtschaftspolitischen Grundlagen zur Zeit der Gründung der Volksrepublik China dargestellt und die Voraussetzungen ermittelt, die für eine autarke Energieversorgung gegeben waren. Es wurde festgestellt, daß zwar bereits umfangreiche Energieressourcen insbesondere Kohlevorkommen bekannt waren. Ihre Erschließungs- und Nutzungsmöglichkeiten wurden jedoch durch die ungünstige regionale Verteilung sowie durch das noch kaum ausgebaute überregionale Transportsystem eingeschränkt. Allerdings verfügte man über einen Planungsapparat und eine klar gegliederte, alle Regionen umfassende Wirtschaftsverwaltung, so daß wesentliche Voraussetzungen dafür gegeben waren, um die der Entwicklung des Energiebedarfs entsprechende Ausweitung des Energieangebots sicherstellen zu können. Da das Ziel der entwicklungspolitischen Strategie seit der Gründung der Volksrepublik ein rasches Wirtschaftswachstum war, das vorwiegend vom Industriesektor, insbesondere der schwerindustriellen Branchen getragen werden sollte, war eine rasch steigende Nachfrage nach Energie voraussehbar. Dementsprechend mußten die Bedingungen für die Bereitstellung von Energieträgern geschaffen werden.

Es konnte anschließend gezeigt werden, daß in allen Entwicklungsphasen seit der Gründung der Volksrepublik China den Energiebereichen eine große Bedeutung beigemessen wurde. Umfangreiche Finanzmittel und zahlreiche Arbeitskräfte wurden eingesetzt, um die Energiegewinnungs- und Energieumwandlungskapazitäten auszubauen. Als Folge der in den verschiedenen Entwicklungsphasen verfolgten unterschiedlichen Entwicklungsstrategien bildete sich in den Energiebranchen eine dualistische Struktur der Betriebsgrößen heraus. Neben einer relativ kleinen Zahl von großen Kohlerevieren, Erdölförderzentren und -raffinerien sowie Großkraftwerken entstanden zahlreiche Mittel- und eine Vielzahl von Kleinbetrieben, letztere vor allem im Kohlebergbau und in der Elektrizitätserzeugung. Diese weit gestreut liegenden Kleinbetriebe boten u.a. den Vorteil, daß lokale Energieressourcen durch die meist im Überschuß vorhandenen Arbeitskräfte erschlossen und den neu gegründeten industriellen Kleinbetrieben verfügbar gemacht werden konnten.

Die Erwartung, daß der planmäßig durchgeführte Ausbau der Energiegewinnungsstätten an einer langfristigen Ausbaukonzeption orientiert war, hat sich indes nicht bestätigt. Während der über einen Zeitraum von rund drei Jahrzehnten erfolgten Ausbauaktivitäten sind z.T. erhebliche Schwankungen im Faktoreinsatz zu verzeichnen. Diese bewirkten u.a. Stillegungen begonnener Energieprojekte und somit eine entsprechende Vergeudung volkswirtschaftlicher Ressourcen. Es zeichnete sich ferner ab, daß der Ausbau der Energiebereiche überwiegend an dem Ziel der quantitativen Erweiterung des Energieangebots ausgerichtet war. Der Errichtung von Aufbereitungs- und Verarbeitungsanlagen für fossile Energieträger wurde vergleichsweise wenig Bedeutung beigemessen mit der Folge, daß eine zunehmende Verringerung der angebotenen Energieträgerqualitäten unvermeidbar war.

Diese Investitionspolitik führte zu einer Ausweitung des Energieangebots, wie sie kaum von einem anderen Land in einem vergleichbaren Zeitraum erreicht wurde. Während China Anfang der 50er Jahre als Energieproduzent vergleichsweise unbedeutend war und Energie importieren mußte, zählte es Ende der 70er Jahre zu den drei bedeutendsten enegiegewinnenden Ländern, zusammen mit der UdSSR und den USA. Der nationale Bedarf konnte seit den 60er Jahren gedeckt werden. Seit den 70er Jahren wurde Energie exportiert.

Der durchschnittliche jährliche Zuwachs des Energieangebots erfolgte im Verlaufe von drei Jahrzehnten in deutlich höheren Raten als das entsprechende Wachstum des Sozialprodukts. Damit war gemessen an den Erfahrungen anderer Länder prinzipiell die Voraussetzung für eine gesicherte Energieversorgung gegeben. Dennoch wurde im Verlaufe der 70er Jahre die Energieversorgung kritisch; Ende der 70er Jahre begann die Energiegewinnung für einen Zeitraum von mehreren Jahren zu stagnieren.

Die Untersuchung ergab, daß für diese Energieversorgungskrise mehrere Ursachen maßgeblich waren. Die lange Zeit verfolgte extensive Wachstumspolitik in den Energiebereichen hatte nicht nur eine zunehmende Verringerung der Energiequalitäten zur Folge. Sie bewirkte auch, daß die rechtzeitige Exploration neuer Energievorkommen zur Sicherung einer mittel- und langfristig stabilen Ausweitung des Energieangebots versäumt wurde. Ferner: Das in einzelnen Entwicklungsphasen verfolgte Regionalprinzip bewirkte zwar die Erschließung verstreut liegender Energielagerstätten. Die in diesen Kleinzechen oder Kleinkraftwerken gewonnene Energie konnte aber nur partiell den lokalen Energiebedarf decken. Da im Zuge dieser Entwicklungsstrategie der Aufbau überregionaler Verkehrswege vernachlässigt wurde und auch die Ansiedelung neuer energieintensiver Industriezweige offenbar nicht vorrangig an einer gesicherten Energieversorgung orientiert war, verschärfte sich der Energiemangel vor allem in den vergleichsweise industrialisierten Küstenregionen.

Schließlich erwies sich, daß das Sozialprodukt im Vergleich zu anderen Ländern sehr energieintensiv erwirtschaftet wird. Dies ist zum einen durch die sektorale Struktur bedingt. Als Ergebnis der verfolgten Entwicklungsstrategie, wirtschaftliches Wachstum durch den forcierten Aufbau der Schwerindustrie voranzutreiben, erstellten die schwerindustriellen Branchen Ende der 70er Jahre einen relativ hohen Anteil am Sozialprodukt und sie verbrauchten über die Hälfte der insgesamt umgesetzten kommerziellen Energie. Hinzu kam, daß der

Großteil der Industrieanlagen veraltet ist und sehr niedrige
energetische Wirkungsgrade aufweist. Die meisten Industrieerzeugnisse werden mit einem Energieeinsatz produziert, der
um 50 % bis 100 % höher als in westlichen Industrieländern
ist.

Maßgeblich für die Versorgungsprobleme war ferner, daß es
kein effizientes Allokationssystem gab, das die Energiever-
braucher zum rationellen Einsatz von Energie zwang. Energie
wurde gemäß administrativ festgelegten Verbrauchsquoten zugeteilt, die im wesentlichen an Erfahrungswerten orientiert waren. Energiepreise hatten lediglich eine Verrechnungsfunktion.

Die Preise für Energieträger waren während der 50er Jahre
festgelegt und bis Ende der 70er Jahre nicht wesentlich
verändert worden. Veränderungen in den Kostenstrukturen
in den energiegewinnenden Unternehmen blieben weitgehend unberücksichtigt. Ende der 70er Jahre waren die Preise für
Kohle, dem wichtigsten Energieträger, so niedrig, daß über
die Hälfte der Kohlebergbaubetriebe Verluste auswies. Grundsätzlich stellte sich in der Untersuchung heraus, daß die
Preise für Energieträger sowohl im Vergleich zueinander als
auch im Vergleich zu anderen Güterpreisen in einer Weise ver-
zerrt waren, daß sie für Wirtschaftlichkeitsberechnungen nur
mit erheblichen Einschränkungen verwendbar waren.

Als bemerkenswert erwies sich, daß in der chinesischen Industrie insgesamt und insbesondere in der Kohleindustrie nur
ein geringer Produktivitätsfortschritt zu verzeichnen ist.
Der vergleichsweise hohe Kapitalinput in den Energiebereichen
über einen Zeitraum von drei Jahrzehnten hatte lediglich in
der Erdöl- und der Elektroindustrie zu Produktivitätsfort-
schritten geführt. Letzteres war allerdings auch durch die
bei phasenweise sinkenden Selbstkosten und konstant gehalte-
nen Administrationspreisen verursachte Wertschöpfung dieser
Industriezweige bedingt. Die nahezu unbedeutende Produktivitätsentwicklung in der Kohleindustrie bestätigte sich
bei der Untersuchung technischer Produktivitätskennziffern.

Es ist zu vermuten, daß der niedrige Ausbildungsstand der
Beschäftigten in der Kohleindustrie einer der wesentlichen
Gründe ist. Es war von den zuständigen Staatsorganen versäumt
worden, das Ausbildungsniveau der Beschäftigten rechtzeitig
den Anforderungen eines zunehmend mechanisierten Kohlebergbaus anzupassen. Die Folge war, daß eingesetzte moderne Anlagen und Ausrüstungen aus Mangel an qualifiziertem Personal
nicht entsprechend den technischen Kapazitäten genutzt werden
konnten und Innovationsprozesse ausblieben.

Zwar war die Entwicklung Chinas keineswegs ausschließlich
von ökonomischen Zielsetzungen bestimmt. Militärisch-stra-
tegische Überlegungen oder ideologische Leitbilder haben den
Entwicklungsverlauf geprägt und die chinesische Führung zu
Entscheidungen gezwungen, die - beurteilt nach außerökono-
mischen Kriterien - ihre Berechtigung haben mögen. Sicher
scheint, daß die Erhaltung einer "sauberen Umwelt" bis Ende
der 70er Jahre kein relevantes Kriterium für wirtschaftspoli-
tische Entscheidungen war. Der Industrialisierungsprozeß
wurde forciert, ohne daß die Konsequenzen für Umwelt und Bevölkerung bedacht wurden - kaum anders als in den frühen
Phasen der Industrialisierung der westlichen Industrieländer.

Ende der 70er Jahre wurde ein grundlegender Neuorientierungs-
prozeß in der Wirtschaftspolitik eingeleitet. Unter anderem
wurde die Energiepolitik der Vergangenheit überdacht und es
schälte sich die Erkenntnis heraus, daß die zukünftige Energieversorgung keinesfalls allein durch eine weitere Erhöhung
des Energieangebots gesichert werden kann. Seit 1979/80
wurde die Einsparung beim Energieverbrauch ein vorrangiges
wirtschaftspolitisches Ziel.

Nachdem mehrere Jahre in anderen Wirtschaftssektoren mit der
Einführung marktwirtschaftlicher Elemente in das zentral-
verwaltete Wirtschaftssystem experimentiert wurde, zeichnen
sich seit 1985 auch in den Energiebereichen vorsichtige Ansätze für marktwirtschaftliche Lösungen zur Reduzierung der

Versorgungsprobleme ab. Die Preisbildung für Energieträger, die während der ersten Reformjahre noch explizit zentralstaatlichen Behörden vorbehalten war, wird seit Mitte der 80er Jahre für einen Teil des Energieangebots dem Markt überlassen.

Für die Erreichung des energiewirtschaftlichen Zieles bis zum Jahr 2000, die angestrebten gesamtwirtschaftlichen Wachstumsraten bei deutlich reduziertem Energieverbrauchszuwachs zu erreichen, wird eine umfassende Modernisierung der energieverbrauchenden Anlagen und Ausrüstungen vor allem im Industriesektor und dort in den schwerindustriellen Branchen notwendig sein. Da nicht zu erwarten ist, daß die inländische Maschinenbauindustrie kurz- und mittelfristig in der Lage sein wird, den zu erwartenden Bedarf an energieeffizienten Anlagen und Ausrüstungen zu decken, wird sich China verstärkt moderne energieeffiziente Technologie aus dem Westen nutzbar machen müssen. Es ist zweifelhaft, daß der Importbedarf durch Exporte wird finanziert werden können - zumal Anfang der 80er Jahre bereits ein Viertel der Devisen aus Exporten mit Erdöllieferungen verdient wurden und sich seit 1985 durch den beginnenden Ölpreisverfall auf dem Weltmarkt deutliche Einbußen der Einnahmen aus Erdölexporten abzuzeichnen begannen. Da vergleichbar absatzfähige Exportgüter kurz- und mittelfristig kaum verfügbar sein werden - Ausfuhrsteigerungen beim zweitbedeutendsten Exportgut, Textilien, sind durch die Importrestriktionen der Industrieländer begrenzt - wird China mit großer Wahrscheinlichkeit auf ausländisches Kapital zurückgreifen müssen.

Die vergangenen Jahrzehnte chinesischer Wirtschaftsentwicklung haben gezeigt, daß umfangreiche Ressourcen mobilisierbar sind und beachtliche Leistungen erbracht werden können. Allerdings wird die wichtigste Voraussetzung für den erfolgreichen Marsch in das technologische Zeitalter die Fortführung des Umdenkungsprozesses innerhalb der chinesischen Führung sein, wie er sich seit Ende der 70er Jahre abzeichnet. Die hochgesteckten wirtschaftspolitischen Ziele werden nur erreichbar sein, wenn ökonomischen Kriterien bei der Planung und Lenkung des Wirtschaftsgeschehens eine größere Bedeutung als in den vorausgegangenen Entwicklungsphasen beigemessen wird, so daß Fehlallokationen knapper Ressourcen vermieden werden. Dazu wird die Weiterführung der ordnungspolitischen Reformen, vor allem aber eine umfassende Reform des Preissystems notwendig sein, damit gesamt- und einzelwirtschaftliche Kosten rechenbar werden.

LITERATURVERZEICHNIS

Benutzte Zeitschriften und Zeitungen - Chinesisch

Benutzte Zeitschriften und Zeitungen - Andere Sprachen

Bücher und Artikel   - Chinesisch

Bücher und Artikel   - Andere Sprachen

BENUTZTE ZEITSCHRIFTEN UND ZEITUNGEN - CHINESISCH

Baike Zhishi (Enzyklopädisches Wissen), Beijing
Banyuetan (Halbmonatsgepräch), Beijing
Beijing Kejibao (Beijing Zeitung für Wissenschaft und Technik), Beijing
Beijing Ribao (Beijing Tageszeitung), Beijing
Caijing Jingji Yanjiu (Finanzwirtschaftliche Forschung), Dalian
Caizheng (Finanzen), Beijing
Chengxiang Jianshe (Städtischer und ländlicher Aufbau), Tianjin
Dili Xuebao (Geographische Studienzeitung), Beijing
Dili Yanjiu (Geographische Forschung), Beijing
Dili Zhishi (Geographisches Wissen), Beijing
Gongren Ribao (Arbeiter-Zeitung), Beijing
Gongye Jingji Guanli Congkan (Schriftenreihe für industriewirtschaftliche Verwaltung), Beijing
Guangming Ribao (Guangming-Zeitung), Beijing
Guizhou Shehui Kexue (Sozialwissenschaft Guizhou), Guiyang
Huanjing Kexue Dongtai (Stand der wissenschaftlichen Ökologie), Beijing
Jiage Lilun yu Shijian (Preistheorie und Praxis), Beijing
Jiangxi Caijing Xueyuan Xuebao (Studienzeitung des Instituts für Finanzen Jiangxi), Jiangxi
Jiangxi Shehui Kexue (Sozialwissenschaft, Jiangxi), Nanchang
Jiangxi Shiyuan Xuebao (Studienzeitung der Pädagogischen Hochschule Jiangxi), Nanchang
Jianzhu Jingji Yanjiu (Bauwirtschaftliche Forschung), Beijing
Jiefang Ribao (Befreiungs-Zeitung), Shanghai
Jingji Dili (Wirtschaftsgeographie), Changsha
Jingji Lilun yu Jingji Guanli (Wirtschaftstheorie und Wirtschaftsverwaltung), Beijing
Jingji Ribao (Wirtschaftszeitung), Beijing
Jingji Wenti Tansuo (Überlegungen zu Wirtschaftsfragen), Tianjin
Jingji Wenti (Wirtschaftsfragen), Taiyuan
Jingji Wenti Ziliao (Material zu Wirtschaftsfragen), Beijing
Jingjixue Dongtai (Stand der Wirtschaftswissenschaft), Beijing
Jingjixue Wenzhai (Wirtschaftswissenschaftliche Dokumentation), Beijing
Jingji Yanjiu (Wirtschaftsforschung), Beijing
Jingji yu Guanli Yanjiu (Wirtschafts- und Verwaltungsforschung), Beijing

Jishu Jingji he Guanli Xiandaihua Tongxin (Nachrichten zur Techno-Ökonomie und zur Modernisierung der Verwaltung), Beijing
Jishu Jingji yu Guanli Yanjiu (Techno-Ökonomie- und Verwaltungsforschung), Taiyuan
Jisuanji Shijie (Computer-Welt), Beijing
Liaowang (Liaowang), Changsha
Meitan Kexue Jishu (Coal, Science and Technology), Beijing
Nengyuan (Energie), Beijing
Nongye Jingji Congkan (Schriftenreihe für Landwirtschaft), Beijing
Qiye Guanli (Betriebliche Verwaltung), Beijing
Renmin Ribao (Volkszeitung), Beijing
Shanghai Qiye (Shanghaier Betriebe), Shanghai
Shehui Kexue (Sozialwissenschaft), Shenyang
Shehui Kexue Yanjiu (Sozialwissenschaftliche Forschung), Shanghai
Shehui Kexue Zhanxian (Sozialwissenschaftliche Front), Changchun
Shijie Jingji Dabao (Zeitschrift für Weltwirtschaft), Shanghai
Shiyou Xuebao (Erdöl-Studienzeitung), Beijing
Shuili Shuidian (Elektrizität aus Wasserkraft), Beijing
Shuili Shuidian Jishu (Technologie der Elektrizität aus Wasserkraft), Beijing
Tianjin Caijing Xueyuan Xuebao (Studienzeitung des Finanzwirtschaftlichen Instituts Tianjin), Tianjin
Tianranqi Gongye (Erdgasindustrie), Chengdu
Tiedao Yunshu yu Jingji (Eisenbahn-Transport und -Wirtschaft), Beijing
Tongji (Statistik), Beijing
Wenhui Bao (Zeitung für Kulturbeiträge), Shanghai
Wuzi Guanli (Güterverwaltung), Beijing
Xin Nengyuan (Neue Energiequellen), Chongqing
Xuexi yu Sikao (Studium und Denken), Beijing
Zhengming (Zhengming), Nanchang
Zhongguo Caimaobao (Chinas Zeitung für Finanzen und Handel), Beijing
Zhongguo Jingji Wenti (Wirtschaftswissenschaftliche Fragen Chinas), Xiamen
Ziran Bianzhengfa Tongxun (Journal für die Dialektik der Natur), Beijing
Zonghe Yunshu (Transportwesen), Beijing

BENUTZTE ZEITSCHRIFTEN UND ZEITUNGEN - ANDERE SPRACHEN

American Scientist, New Haven
Beihefte für Konjunkturpolitik, Berlin
Beijing Rundschau, Beijing
Blick durch die Wirtschaft, Frankfurt
Brennstoff-Wärme-Kraft, Essen
China aktuell, Hamburg
Energiewirtschaftliche Tagesfragen, München
Environmental Management, New York
Far Eastern Economic Review, Hong Kong
Foreign Policy, Washington

Geographische Zeitschrift, Wiesbaden
Glückauf, Essen
Jetro China Newsletter, Tokyo
Oel - Zeitschrift für die Mineralölwirtschaft, Hamburg
Petroleum Economist, Hong Kong
Resources Policy, Guilford
Social Sciences in China, Beijing
Statistische Hefte, Heidelberg
The China Business Review, Washington
The China Quarterly, London
The Japan Economic Journal, Tokyo
VDI-Nachrichten, Düsseldorf
Wasser-Energie-Luft, Baden
Xinhua News Agency, Beijing
Zeitschrift für Energiewirtschaft, Wiesbaden

BÜCHER UND ARTIKEL - CHINESISCH

An Zuoxiang: Guanyu Woguo shiyou ziyuan jige wenti, in:
Nengyuan, Nr.2, 1981, S.9-11.

ders.: Woguo tianranqu ziyuan ji youguan wenti, in: Tianranqi
Gongye, Nr.1, 1982, S.15.

Bai Yuzhou: Guanyu gongye fenlei wenti zhi wo jian, in:
Jingji Yanjiu, Nr.8, 1982, abgedr.in: Gongye Jingji F 3,
Nr.16, 1982, S.79-80.

Cai Bianwen: Yao zhongshe "di wu nengyuan", in: Caizheng,
Nr.2, 1980, S.15-16, abgedr.in: Gongye Jingji F 3, Nr.5,
1980, S.29-30.

Cai Dezhen: Taiyangneng zai jianzhu zhong de yingyong, in:
Jianzhu Jingji Yanjiu, Nr.3, 1982, S.36-37, abgedr.in: Gongye
Jingji F 3, Nr.12, 1982, S.73-74.

Cai Yihan: Woguo fazhan direneng de jingji xiaoyi, in: Nengyuan, Nr.2, 1981, S.12-13.

Cao Huiwen: Cong dianwang tiaodu kan dongbei diqu shuidian
jianshe de potiexing, in: Shuili Fadian, Nr.6, 1980, S.6-8.

Cao Yalin, Jin Chenghu: Tielu dianqihua shi jieneng de zhong-
yao tujing, in: Nengyuan, Nr.3, 1981, S.14-15.

Chen Baowen, Liu Shulou: Woguo qingtian taiyang zong fushe
ziyuan fenbu, in: Nengyuan, Nr.4, 1983, S.38-41.

Chen Dongpo: Nengyuan jieyue shi yixiang changqi de zhanlüe
renwu, in: Shanghai Qiye, Nr.6, 1982, abgedr.in: Gongye
Jingji F 3, No.22, 1982, S.70-71.

Chen Dongsheng: Tiaozheng jingji jiegou, jiasu meitan nengyuan jidi jianshe, in: Gongye Jingji Guanli Congkan, Nr.12,
1980, abgedr.in: Gongye Jingji F 3, Nr.1, 1981, S.63-72.

ders.: Woguo gongye buju de chengjiu yu jingyuan jiaoxun, in: Jishu Jingji yu Guanli Yanjiu, Nr.1, 1982, abgedr.in: Gongye Jingji F 3, Nr.8, 1982, S.46-48.

Chen Huiqin: Woguo sanshi nian lai jishu yinjin gongzuo jingji xiaoguo chubu fenxi, in: Gongye Jingji Guanli Congkan, Nr.5, 1981, abgedr.in: Gongye Jingji F 3, Nr.16, 1981, S.31-51.

Chen Jie, Ji Kesheng: Kuangjing jianshe zhong zhide zhuyi de jige wenti, in: Caizheng, Nr.4, 1981, S.22.

Chen Mingzhi: Dongbei diqu shuidian jianshe bufa yao jiakuai, in: Shuili Fadian, Nr.6, 1980, S.3-5.

Chen Shangkui: Dali fazhan kuangqu dianzhan, in: Dili Zhishi, Nr.12, 1980, abgedr.in: Gongye Jingji F 3, Nr.1, 1981, S.61-62.

Chen Zengqing: Zhongguo dianli gongye, in: Xue Muqiao (Hrsg.): Zhongguo Jingji Nianjian 1981, Beijing 1981, S.IV,65-67.

Chen Zhibiao: Guomin shouru fanwei de chongxin kaocha, in: Jingji Yanjiu, Nr.4, 1983, S.39.

Chen Guangquan, Wang Zhuming: Guanyu tiaozheng jiagong zai diqushang de heli fenpei, in: Nengyuan Nr.2, 1982, S.5-7.

Cheng Hua: Shilun Woguo shui wuran fangzhi de jiben duice, in: Chengxiang Jianshe, Nr.12, 1982, abgedr.in: Gongye Jingji F 3, Nr.24, 1982, S.49-50.

Cui Jiali: Woguo tielu jianshe de chengjiu, in: Banyüetan, Nr.13, 1981, S.13-14.

Deng Heshi: Fengli ziyuan de liyong - fengli fadian, in: Nengyuan, Nr.5, 1981, S.49.

Dianli gongyebu dier shuidianzhan gongchengji: Shiquan shui-zhan de gongcheng zhiliang guanli, in: Shuili Fadian, Nr.3, 1982, S.9-11.

Dianli gongyebu kexue jishu weiyuanhui: Shuili zai Woguo nengyuan zhong de diwei jiqi kaifa zhengce, in: Shuili Fadian, Nr.3, 1982, S.3-5.

Dianli gongyebu shuili fadian jianshe zongju: Woguo shuineng ziyuan de xin pucha he xin chengguo, in: Shuili Fadian, Nr.2, 1981, S.1-5.

Ding Kun, Li Zaiqing, Lin Yun: Yao jianchi jianshe Jiangnan meikuang de fanzhan, in: Gongren Ribao vom 28.8.1979.

Ditu Chubanshe: Zhongguo jiadong tuce, Sha'anxi 1979.

Duan Hui: Meitan yunshu sunhao jingren, in: Renmin Ribao vom 14.9.1981.

Fan Chongda: Jiaohua gongye de jieneng, in: Nengyuan, Nr.4, 1981, S.23-25.

Fan Guangru: Zhongguo nengyuan gongye gaikuang, in: Xue Muqiao (Hrsg.): Zhongguo Jingji Nianjian 1982, Beijing 1982, S.V, 96-100.

Feng Xiang: Guanyu Woguo meitan chukou wenti, in: Jingjixue Dongtai, Nr.5, 1980, S.31-34.

Gao Rongjing, Wu Zhihong: Woguo gonglu yunshu nengyuan xiaohao de jieyue he kongzhi fangfa, in: Zonghe Yunshu, Nr.4, 1981, S.39-43.

Gao Xiangzhu: Lun wujia gaige, Beijing 1982.

Gao Yangwen: Jiakuai meitan gongye de fazhan baozheng shixian jingji jianshe de hongwei ribiao, in: Jingji Guanli, Nr.10, 1982.

ders.: Guowuyuan caiqu sitiao jingji cuoshi fuzhi xiao meiyao, in: Renmin Ribao vom 4.7.1982.

ders.: Quanli kaizhuang meitan gongye xiandaihua jianshe de xin jimien, in: Nengyuan, Nr.2, 1983, S.1-13.

ders.: Yikao kexue jishu jinbu shixian meitan chanliang fanyifan, in: Nengyuan, Nr.6, 1983, S.1-7.

ders.: Dui meitan ziyuan fengfu diqu jiankuang, in: Renmin Ribao vom 15.6.1983

Gong Guangyu: 2000 nianshi Woguo de nengyuan xuqiuliang yuce, in: Beijing Kejibao vom 8.8.1980.

ders.: Woguo nengyuan de xianzhuang he weilai, in: Xinhua Shudian (Hrsg.): Gongyuan 2000 nian de Zhongguo, Beijing 1984, S.31-48.

Guan Shicong: Jiakuai tianranqi kantan kaifa zuotanhui fayan xuandeng, in: Tianranqi Gongye, Nr.2, 1982, S.2-9.

Guojia jingji zonghe yunshu yanjiusuo: Yunshuye chengwei guomin jingji fazhan zhong baoruo huanjie de youlai, in: Gongye Jingjie Guanli Congkan, Nr.4, 1981, S.1-3.

Guojia jiwei zongheju yucechu: Chuanche yikao lao de fangzhen, cujin jingji chixo fazhan, in: Gongye Jingji Guanli Congkan, Nr.11, 1981, S.25-27.

Guojia nengyuan weiyuanhui diwu danwei lianhe fachu tongzhi: Zhongyanghe guojia jiguan shixian jieyou baogan, in: Renmin Ribao vom 15.6.1981.

Guojia Tongjiju (Hrsg.): Zhongguo Tongji Nianjian, Jgg. 1981-1984, Beijing.

Guo Tingjia: Guangyi jieneng zai gangtie gongye zhong de yingyong, in: Nengyuan, Nr.3, 1982, S.12, 24-26.

Guowuyuan: Zhonghua Renmin Gongheguo guomin jingji he shehui fazhan di liu ge wumian jihua - 1981-1985, in: Zhongguo Cai-maobao vom 16.12.1982.

ders.: Guojia nengyuan jiaotong zhongdian jianshe jijin zhengji banfa, 15.12.1982, in: Xue Muqiao (Hrsg.): Zhongguo Jingji Nianjian 1983, Beijing 1983, S.VIII, 53-54.

ders.: Shuili dianlibu guangyu an sheng, shi, zizhiqu shixing jihua yong dian baogan de zanxing guanli banfa, in: Xue Muqiao (Hrsg.): Zhongguo Jingji Nianjian 1983, Beijing 1983, S.VIII, 47-48.

Guowuyuan jishu zhongxin bangongshe: 2000 nian zhanlüe mubiao yanjiu ziliao zhi san, Beijing 1982.

Han Yaogen: Bu kaolü huanjing houhuan wuqiong, in: Shijie Jingji Dabao vom 31.1.1983.

He Jianzhang: Kuo da qiye zizhuquan he jiaqiang jihua guanli, in: Renmin Ribao vom 20.7.1984.

Hou Lei: Jiaqiang xingzheng gangyu xianzhi tujiao shengchan, in: Nengyuan, Nr.2, 1982, S.7.

ders.: Jieneng shi huanhe nengyuan gongxu jinzhang maodun de youxiao tujing, in: Jingji yu Guanli Yanjiu, Nr.6, 1982, S.46-49.

Hu Chaoyuan: Jiakuai tianranqi kantan kaifa zuotan fayan xuandeng, in: Tianranqi Gongye, Nr.2, 1982, S.2-9.

Hu Guangrong: Shanxi meitan jidi jianshe zhong de yunshu wenti, in: Nengyuan, Nr.3, 1982, S.11-12.

Hu Qiaomu (Hrsg.): Zhongguo Baike Nianjian, Jgg.1980, 1982, Shanghai.

Hua Depei: Guanyu dianwang gongye jingchanzhi de yixie yi-jian, in: Zhongguo Jingji Wenti, Nr.1, 1982, S.26-31.

Huang Heyu: Woguo xinchai nengyuan de xianzhuang yu fazhan qianjiang, in: Nengyuan, Nr.2, 1982, S.40-42.

Huang Kailiang: Bixu jiasu gongye luohu bianxin gaizao gong-zuo, in: Nengyuan, Nr.3, 1982, S.4-6.

Huang Rongsheng: Yao zhongshe heli kaifa liyong yu baohu ziran ziyuan, in: Caijing Jingji Yanjiu, Nr.1, 1981, S.48-53.

ders.: Jingji tiaozheng yu nengyuan wenti zhongguo, in: Jingji wenti, Nr.6, 1979, S.17-22.

ders.: Zhongguo shengchanli diqu de zhanlüe wenti, in: Liu Guogang, Liang Wensen (Hrsg.): Zhongguo jingji fazhan zhanlüe wenti yanjiu, Shanghai 1983, S.264-287.

Huang Rongsheng, Rong Donggu: Zhongguo shengchanli diqu buju de zhanlüe wenti, in: Liu Guogang, Liang Wensen (Hrsg.): Zhongguo jinggji fazhan zhanlüe wenti yanjiu, Shanghai, 1983, S.264-287.
344

Huang Yicheng, Gan Liequan: Jizhong dire, redian jiehe luohu bianxian gaizao de zuihao xingshi, in: Nengyuan, Nr.6, 1982, S.1-4, 8.

Huang Zaiyao: Dui Woguo jinian lai nengyuan taolun zhong jige wenti de shangtao, in: Gongye Jingji Guanli Congkan, Nr.1, 1981, S.39-43.

Huang Zaiyao, Huang Rongsheng: Dui jiejue Woguo nengyuan wenti de yixie kanfa, in: Jingjixue Dongtai, Nr.5, 1980, S.35-38.

Huang Zhijie: Beilun Woguo xiandaihua jianshe de nengyuan wenti, in: Nengyuan, Nr.3, 1985, S.1-6.

Huang Zhijie, Zhang Zhengmin: Fazhan zhaoqi shi jiejue nongcun nengyuan de dashi in: Hongqi, Nr.21, 1980, S.39-41.

Huang Zhijie, Xu Junzhang: Nongcun nengyuan wenti, in: Guang-min Ribao vom 25.1.1981.

Jia Yueqian: Woguo meikuang kaicai jishu, in: Meitan Kexue Jishu, Nr.4, 1981, S.12-17.

ders.: Kuangjing jizhong shengchan de zhuyao jishu tujing, in: Meitan Kexue Jishu, Nr.5, 1981, S.11-15.

Jiang Ying: Guanyu Woguo shuineng ziyuan kaifa liyong chengdu wenti, in: Shuili Fadian, Nr.2, 1980, S.6.

Jiang Yun: Fengli fadian zhuneng nibian gongdian yu jingji fenxi, in: Nengyuan, Nr.4, 1983, S.35-37.

Jiang Zhenzhong: Dianwang shixing tongyi jingji tiaodu jieyue meitan, in: Nengyuan, Nr.3, 1983, S.24-25.

Jun Jie: Dangqian mengyuan yanjiu zhong ruogan lunjian, in: Gongye Jingji Guanli Congkan, Nr.10, 1981, S.43-50.

ders.: Zhaoqi de heli liyong yu xiaoguo, in: Nengyuan, Nr.3, 1979, S.25.

Kazaning S.: Zhongguo jingji dili, Beijing 1959.

Li Bingren: Woguo lianyou gongye de quwei wenti, in: Jingji Dili, Nr.6, 1982, S.109-113.

Li Dazheng: Jiaqiang meitan kaifa, zaoying sihua xuyao, in: Nengyuan, Nr.2, 1981, S.6-8.

Li Guangan: Jiaqiang nengyuan kaifa, in: Xuexi yu Yanjiu, Nr.11, 1982, S.40-44

Li Guangan, Wei Liqun: Nengyuan shi jingji fazhan de zhanlüe zhongdian, in: Jingji Yanjiu, Nr.11, 1982, S.10-16.

Li Jianyi: Gongye buju zhong guanyu huanjing baohu wenti, in: Jingji Dili, Nr.3, 1982, S.187-193.

Li Jun: Jiji fazhan chengshi jizhong gongre, in: Chengxiang Jianshe, Nr.12, 1982, S.33-34.

Li Kaiming: Shanxi meitan nengyuan jidi jianshe zhong yizhi bu ke qushao de liliang, in: Jingji Wenti, Nr.4, 1982, S.29-31.

ders.: Tan Shanxi meitan yunshu wenti, in: Jingji Wenti, Nr.8, 1982, S.33-35.

Li Mu: Guangyu xinjian kuangjing jingxin wenti de qianjian, in: Nengyuan, Nr.5, 1982, S.1-3, 8.

Li Rui: Guanyu jiakuai fazhan Woguo shuidian jianshe de jijian yijian, in: Shuili Fadian, Nr.1, 1980, S.2-6.

ders.: Bixu youxian fazhan shudian, in: Renmin Ribao vom 6.3.1980.

ders.: Zhongguo gongye bumen jiegou, Beijing 1983.

Li Wenyan: Woguo kuangchan ziyuan yu dili weizhi de diqu chadao, in: Dili Yanjiu, Nr.1, 1982, S.19-30.

Li Yining: Shehuizhuyi youxiao touzi yu heli touzi, in: Caizheng Jingji, Nr.1, 1982.

Li Youjia, Xu Junzhang, Gong Zhaoqun: Fazhan chengshi meiqi de tujing, in: Nengyuan, Nr.2, 1981, S.33-35.

Li Zhiyu: Fazhan heneng de biyao he hedianzhan de jingjixing, in: Jishu Jingji he Guanli Xiandaihua Tongxin, Nr.9, 1981, S.2.

Li Zuxin: Shuineng zai Wuguo nengyuan zhong de diwei jiqi kaifa zhengce, in: Shuili Fajian, Nr.1, 1982, S.3-7.

Liang Wensen, Tian Jianghai: Yingdang zhubu tigao zhejiulü, in: Renmin Ribao vom 15.10.1979.

Liang Zhaojia: Tigao xiao shuidian jingji xiaoyi de jidian cuoshi, in: Shuili Fadian, Nr.8, 1981, S.44-45.

Lin Senmu: Ershe'er ge chengtao shebei yinjin xiangmu de jiaoxun, in: Jingji Guanli, Nr.6, 1981, S.12-14.

Lin Senmu, Tan Kewen: Lun tigao touzi xiaoguo, in: Jingji Yanjiu, Nr.6, 1980, S.26-32.

Lin Senmu, Zhou Shulian, Qi Mingcheng: Zhongguo shehuizhuyi xiandaihua jianshe (1977-80) Zhongguo de gongye yu jiaotong, Beijing 1982.

Ling Gang: Caizheng fenpei yu jilei, xiaofei (qiantan shehuizhuyi jiben jingji guilü caizheng lingyu de tixian), in: Tianjin Caijing Xueyuan Xuebao, Nr.1, 1982.

Liu Aicheng: Feng - da ke liyong de nengyuan, in: Renmin Ribao vom 25.8.1980.

Liu Guoguang: Xuexi shi'er da tichu de jingji gangling de yixie chubu lijie, in: Jingjixue Dongtai, Nr.1, 1982, S.1-4.

Liu Guoguang (Hrsg.): Zhongguo jingji fazhan zhanlüe wenti yanjiu, Shanghai 1984.

Lu Dadao: Gongye qu de gongye qiye chenzu buju leixing jiqi jishu jingji xiaoguo, in: Dili Xuebao, Nr.3, 1979, S.248-262.

Lu Mu: Gangcai shuini deng jijian cailiao huan zhongjia, in: Renmin Ribao vom 4.6.1984.

Lu Qikang: Guanyu meitan shengchan chengben yu chuchang jiage wenti de tantao, in: Jiage Lilun yu Shijian, Nr.1, 1982, S.28-31.

Luo Hongda: Tantan Woguo de nengyuan zhengce, in: Nengyuan, Nr.1, 1982, S.1-4.

Luo Hui: Jiangxi nengyuan jingji wenti chutan, in: Jiangxi Shiyuan Xuebao, Nr.4, 1982, S.25-30.

Ma Hong: Gao hao Shanxi nengyuan jidi conghe kaifa guihua wei quanguo sihua jianshe zuochu gongxian, in: Jingji Wenti, Nr.6, 1982, S.1-6.

Meitanbu zhengce yanjiushi: Zhongguo meitan gongye, in: Xue Muqiao (Hrsg.): Zhongguo Jingji Nianjian, Beijing 1982, S.V 105-108.

Meitan gongyebu (Hrsg.): Meitan gongyebu guanyu jiakuai fazhan xiao meikuang baxiang cuoshe de baogao (9.4.83), in: Xue Muqiao (Hrsg.): Zhongguo Jingji Nianjian 1984, Beijing 1984, S.IX 27-28.

Meitan gongyebu zhengce yanjiushi: Zhongguo meitan gongye sanshi nian, in: Zhongguo meitan gongyebu (Hrsg.): Zhongguo Meitan Gongye Nianjian 1982, Beijing 1983, S.4-8.

Nanfang Shiliusuo Daxue "Zhengzhi jingjixue jiaocha" Bianxiezu (Autorenkollektiv): Zhengzhi jingjixue - shehuizhuyi bufen, Sichuan 1979.

Ou Yangyuan, Li Shilun: Jiakuai fazhan meizhi chengshi meiqi, in: Meitan Kexue Jishu, Nr.1, 1982, S.8-11, 20.

Qian Ning, Dai Dingzhong: Woguo heliu nisha ke ti yanjiu jinzhan, in: Shuili Shuidian Jishu, Nr.2, 1980, S.18-22.

Qiu Daxiong, Gu Shuhua: Nengyuan xuqiu de yuce, in: Baike Zhishi, Nr.7, 1982, S.43-47.

Qu Geping: Zhongguo huanjing baohu he shengtai pingheng wenti, in: Liu Guoguang, Liang Wensen (Hrsg.): Zhongguo jingji fazhan zhanlüe wenti yanjiu, Shanghai 1983, S.461-482.

Ren Baiping, Zhao Shuzhen: Jiejüe Jing Tian yong shui ji Datong meitan yunchu wenti de yige fangan, in: Jishu Jingji yu Guanli Yanjiu, Nr.2, 1981, S.54-55.

Ren Dehui: Wu meizhu kaicai, in: Baike Zhishi, Nr.12, 1982, S.55-57.

Rong Bo: Jing, Tian, Tan diqu lianyou gongye de nenhao fenxi he fazhan zhong de wenti, in: Nengyuan, Nr.4, 1982, S.5-7.

Rong Changqian: Meitan jiagong liyong yu nengyuan jidi jian- she, in: Jingji Wenti, Nr.11, 1982, S.16-18.

Rong Changqian, Li Sen: Tantan wo sheng shedui qiye de jishu gaizao, in: Jishu Jingji yu Guanli Yanjiu, Nr.4, 1981, S.51-53.

Rong Donggu: Nengyuan xiaofei yu guomin jingji fazhan de guanxi, in: Jingji Yanjiu, Nr.6, 1980, S.49-55.

Rong Donggu, Huang Rongsheng: Zhongguo jingji fazhanzhong de nengyuan wenti, in: Liu Guoguang, Liang Wensen (Hrsg.) Zhongguo jingji fazhan zhenlüe wenti yanjin, Shanghai 1983, S.175-197.

Rong Sheng: Guanyu Woguo nengyuan wenti de bu tong guandian jianjia, in: Jingjixue Dongtai, Nr.6, 1980, S.27-30.

Sai Feng: Woguo shiyou ziyuan de qianjing yu pucha kantan renwu, in: Renmin Ribao vom 16.4.1982.

Shanghai shehui kexueyuan (Hrsg.): Shanghai jingji (1949-1982), Shanghai 1983.

Shao Maochun: Dui meitan chanping goucheng cunzai wenti de tantao, in: Jingjixue Wenzhai, Nr.9, 1982, S.28-30.

Shen Xinxiang, Guo Zhongxing: Shuidian zai Woguo nengyuan zhong de diwei, in: Nengyuan, Nr.2, 1981, S.2-5.

Shen Xinxiang, Guo Zhongxing, Sun Dezhou: Tan Woguo shuineng ziyuan zai nengyuanzi zhong de diwei, in: Shuili Fadian, Nr.2, 1980, S.1-6.

Shi Ruifang, Gan Weiyi: Liujiaxia shuidianzhan gongcheng shiji de jijian zhuyao jingyan, in: Shuili Fadian, Nr.8, 1981, S.3-8.

Shi Taiyao, Tao Heqian: Zhuajin zhiding nengyuanfa, in: Renmin Ribao vom 11.5.1982.

Shiyou gongyebu gongying shiyou gongye: Changyong cailiao shouce bianxie zubian - Shiyou gongye changyong cailiao shui- ce, Beijing 1981.

Shuili gongyebu diba shuidian gonchengji: Gaohao wujiangdu shuidianzhan gongcheng zhiliang guanli de jidian tihui, in: Shuili Fadian, Nr.3, S.6-9.

Song Ling: Ying zhongshi meitan gongye jiben jianshe de gaige, in: Jingji Wenti Tansuo, Nr.4, 1981, S.48-49.

Song Tao, Zhu Xuemin: Zai Shanxi nengyuan jidi jianshe zhong zijue yunyong bianzhengfa, in: Zhou Jianren, Lu Jiaxi, Cheng Fangwu, Mao Yisheng, Gao Shiqi (Hrsg.): Ziran Bianzhengfa Lunwenji, Beijing 1983, S.493-503.

Sun Mingpei: Jiasu kaifa Woguo de fengneng ziyuan, in: Nengyuan, Nr.6, 1982, S.42-43.

Sun Shangqing: Nengyuan jiegou, in: Ma Hong, Sun Shangqing (Hrsg.): Zhongguo Jingji Jiegou Wenti Yanjiu, Peking 1981, Bd.I, S.261-294.

Tang Cengxiong: Daqing youtian zhushui kaifa, in: Shiyou Xuebao, Nr.1, 1980, S.63-76.

Tiedaobu Tianjin jiche cheliang jixie gongchang: Jiaqiang nengyuan guanli, jianshao nengyuan xiaohao, in: Nengyuan, Nr.6, 1982, S.19-20.

Tong Yihao: Guanyu yong hao yiyi dun shiyou de tantao, in: Nengyuan, Nr.3, 1983, S.1-4.

Wang Junchen: Xiongyue dire fadian ji zonghe liyong, in: Nengyuan, Nr.2, 1983, S.42.

Wang Changgui: Woguo taiyang dianshe dimian yingyong gaikuang, in: Nengyuan, Nr.3, S.26-28, 44.

Wang Chijie, Feng Tianyuan: Zhanwang meichengqi ziyuan de qianjing, in: Meitan Zhanwang meichengqi ziyuan de qiangjing, in: Meitan Kexue Jishu, Nr.6, 1982, S.2-4.

Wang Derong, Guo Yun: Zongguo jiaotong yunshu fazhan zhanlüe wenti, In: Liu Guogang, Liang Wensen (Hrsg.): Zhongguo jingji fazhan zhanlüe wenti yanjiu, Shanghai 1984, S.198-216.

Wang Derong, Yang Zhanhui: Fahui shuiyun youshi, jiakuai shuiyun fazhan, in: Zonghe Yunshu, Nr.2, 1980, S.6-12.

Wang Ganchang, Lian Peisheng, Li Yingxiang, Kang Lixin: Fazhan hedian shi jiejue nengyuan wenti de chulu zhiyi, in: Hongqi, Nr,21, 1980, S.42-47.

Wang Honglin: Woguo shiyou kantan zhong de jisuanji yingyong, in: Jisuanji Shijie vom 5.12.1981.

Wang Jiacheng: Jieyue shiyou shi dang wu zhiji, in: Nengyuan, Nr.3, 1981, S.9-10.

ders.: Cong Woguo nengyuan de xiaofei goucheng kan jieneng de tianli he tujing, in: Gongye Jingji Guanli Congkan, Nr.3, 1981, S.1-8.

Wang Kehuan, Li Zhi, Sun Qigui: Meitian wasi de kaifa he liyong, in: Nengyuan, Nr.2, 1982, S.21-22.

Wang Li, Wang Shuting: Zhongguo qihou gaikuang, in: Zhongguo Jingji Nianjian 1983, Beijing 1983, S.I 18-23.

Wang Maolin: Dui zongcai jingji xiaoyi de chubu pouxi, in: Jingji Wenti, Nr.7, 1982, S.21-25.

ders.: Zhuanjin xianyou qiye jishu gaizao jiakuai Shanxi meitan fazhan, in: Jishu Jingji yu Guanli Yanjiu, Nr.3, 1982, S.11-16.

Wang Yinren: Meitan ziyuan heli yu youxiao liyong wenti de tantao, in: Meitan Kexue Jishu, Nr.5, 1981, S.2-7.

Wei Yanan: Jianshe hedianzhan, kaifa xin nengyuan, in: Renmin Ribao vom 14.10.1982.

Wen Suzhen: Woguo tielu xiandaihua de mubiao yu buhu, in: Zonghe Yunshu, Nr.4, 1980, S.10-15.

Wen Yuzhang: Fuxin kuangwuju anzhao "sihua" yaoqiu zhengdun lingdao banzi, in: Qiye Guanli, Nr.6, 1982, S.7-9.

Wu Dechun: Sihua jianshe de yi xiang zhanlüe cuoshi (Guanyu Shanxi meitan jidi de jianshe), in: Nengyuan, Nr.4, 1981, S.2-4, 16.

Wu Feng: Tielu, in: Hu Qiaomu (Hrsg.): Zhongguo Baike Nianjian 1980, Shanghai 1980, S.364.

Wu Peiru: Meitan zai Woguo nengyuan jigou zhong de diwei he zuoyong, in: Nengyuan, Nr.1, 1981, S.14-16.

Wu Shaoqian: Kuangjing shengchan jizhonghua zhibiao de fenxi, in: Meitan Kexue Jishu, Nr.10, 1981, S.44-46.

Wu Xing: Woguo zhonggongye dili, Beijing 1957.

Wu Zhengkai: Wei henengyuan shuo jiju hua, in: Baike Zhishi, S.52-55.

Wu Zhonghua: Cong nengyuan kexue jishu kan jiejue nengyuan weiji de chulu, in: Hongqi, Nr.17, 1980, S.31-43.

Xia Meng: Nengyuan yu tiaozheng, in: Jianxi Shehui Kexue, Nr.3, 1981, S.72-76.

Xin Dingguo, Hu Xiulian: Jieneng touzi xiaoguo, in: Nengyuan, Nr.2, 1982, S.17-20.

Xu Junzhang: Nengyuan ziyuan de pingjia he kaifa zhengce de tantao, in: Renmin Ribao vom 8.7.1980.

ders.: Nongcun nengyuan xianzhuang, in: Hu Qiaomu (Hrsg.): Zhongguo Baike Nianjian 1981, Shanghai 1981, S.378.

Xu Junzhang, Zhang Zhengmin, Yang Zhirong, Zhu Bin: Taolun zhongguo xiandaihua de nengyuan jianshe, in: Ziran Bianzhengfa Tongxun, Nr.2, 1980.

Xu Shoubo: Jieyue nengyuan, yixiang zhanlüe duice, in: Liao-wang, Nr.7, 1981, S.12-13.

ders.: Nengyuan yu fazhan jingji de guanxi, in: Beijing Ribao vom 23.11.1979.

ders.: Jishu jingjixue gailun, Shanghai 1981.

ders.: Lun guangyi jieneng, Changsha 1982.

ders.: Nengyuan jishu jingjixue, Changsha 1982.

Xu Shoubo, Wu Jiapei: Jiaqing nengyuan kaifa, dali jieyue nenghao, in: Renmin Ribao vom 21.1.1983.

Xu Sifu, Zhu Ying: Bixu zhongshe Shanxi shuiziyuan de kaifa liyong, in: Jishu Jingji yu Guanli Yanjiu, Nr.2, 1982, S.11-13.

Xu Zeguang: Woguo ren ping chanzhi dadao yi qian meiyuan suo xuyao de zuidi nengyuan xiaofei de chubu gusuan, in: Gongye Jingji Guanli Congkan, Nr.6, 1980, S.30-32.

ders.: Qiantan nengyuan jihua guanli de ruogan wenti, in: Nengyuan, Nr.2, 1981, S.14-16.

Xue Muqiao: Cong hongguan jingji lai kan zeyan tigao jingji xiaoguo, in: Jingji Lilun yu Jingji Guanli, Nr.7, 1981, S.115-118.

ders.: Jihua guanli tizhi gaige de xin keti, in: Jingji Ribao vom 12.10.1985.

ders.: Zhongguo Jingji Nianjian, Jgg.1981-1984, Beijing.

Yang Bo: Nuli yasuo shaoyou, qieshi jieyue yong you, in: Nengyuan, Nr.2, 1982, S.1-4.

Yang Jianbai: Zhonghua Renmin Gongheguo huifu fazhan guomin jingji chengji chengjiu, Peking 1956.

Yang Jinhe: Dui zhiding qiye yong mei biaozhun jidian kanfa, in: Meitan Kexue Jishu, Nr.1, 1981, S.19-23.

Yang Jinhe, Chen Wenming: Woguo mei de jiben texing jiqi zhuyao liyong tujing, in: Meitan Kexue Jishu, Nr.3, 1982, S.2-9.

Yang Jun: Mei de zhuanhua he zonghe de tantao, in: Hongqi, Nr.11, 1983, S.40-42, 48.

Yao Xitang, Jin Xingren: Jieneng de qianli, jingji xiaoguo he touzi fangxiang, in: Shehui Kexue, Nr.5, 1981, S.28-30.

ders.: Shanghai jieneng jingji xiaoguo wenti de tantao, in: Renmin Ribao vom 20.9.1982.

Ye Jian: Woguo minyong mei de diwei, xianzhuang ji jishu jin wenti, in: Nengyuan, Nr.3, 1981, S.3-5.

Yejinbu tiaoyanshi: Renzhi zongjie jingyan jiaoxun jinyibu gaoshao gangtie de tiaozheng, in: Jingji Guanli, Nr.6, 1981, S.3-6.

Ye Lianjun: Jiakuai tianranqi kantan kaifa zuotanhui fayan xuandeng, in: Tianranqi Gongye, Nr.2, 1982, S.2-9.

Ye Qingyu: Tiaozheng yunshu jiegou wenti, in: Jingjixue Dongtai, Nr.12, 1980, S.8-13.

Yin Shuqin: Taotan Woguo meitan chukou qianjing, in: Jingjixue Dongtai, Nr.4, 1982, S.23-26.

Yu Guangqian: Yao jieyue shiyou jin yao jiaqiang guanli, in: Renmin Ribao vom 13.2.1981.

Yue Xixin: Jiakuai tianranqi kantan kaifa zuotanhui fayan xuandeng, in: Tianranqi Gongye, Nr.2, 1982, S.2-9.

Zhai Ligong: Guanyu meitan jiage jige wenti, in: Jingji Wenti Ziliao, Nr.2, 1981, S.9-20.

ders.: Qiantan nengyuan xiaofei de chanpin jiegou, in: Jingji Wenti, Nr.6, 1982, S.30-32.

ders.: Guanyu jianshe Shanxi meitan nengyuan jidi ruogan wenti de taolun yijian, in: Jingjixue Dongtai, Nr.8, 1980, S.6-10.

ders.: Guanyu Woguo nengyuan fazhan yuce wenti de tantao, in: Jingji Wenti, Nr.8, 1982, S.27-32.

Zhang Peiji: Zhongguo liyong waizi zhanlüe he waihui shouzhi pingheng wenti, in: Liu Guogang, Liang Wensen (Hrsg.): Zhongguo jingji fazhan zhanlüe wenti yanjiu, Shanghai 1983, S.549-566.

Zhang Siping: Lianhe touzi jingying meikuang jiejue Woguo ranliao wenti, in: Nengyuan, Nr.3, 1981, S.6-8.

ders.: Tigao nengyuan kaifa jingji xiaoguo qianjian, in: Jingji Wenti Tansuo, Nr.5, 1981, S.41-43.

ders.: Taolun Jiangnan diqu meitan ziyuan kaifa liyong de jingji xiaoguo, in: Nengyuan, Nr.5, 1981, S.5-8.

ders.: Nengyuan xiaofei yu guomin jingji jiegou de guanxi, in: Shehui Kexue Yanjiu, Nr.4, 1980.

ders.: Jiangnan meitan ziyuan de kaifa liyong wenti, in: Xuexi yu Sikao, Nr.3, 1981, S.26-30.

Zhang Wenchang: Gongye jidi jiaotong yunshu buju wenti, in: Dili Xuebao, Nr.2, 1981.

Zhang Yulin: Jianli yi Jincheng kuangqu weizhu de danfei gongye yuanliao jidi, in: Nengyuan, Nr.3, 1982, S.7-8.

Zhang Zaihao: Guanyu fazhan Woguo meitan yehua de ji dian jianyi, in: Nengyuan, Nr.4, 1982, S.36.

Zhao Longye: Guo neiwai ziyuan, yiji kantan yunshu jingji qingkuang fenxi, in: Gongye Jingji Guanli Congkan, Nr.7, 1980, S.40-47.

Zheng Wenjing: Zhougguo shehuizhuyi gongyehua, Peking 1957.

Zhongguo Meitan Gongyebu (Hrsg.): Zhongguo Meitan Gongye Nianjian, Jgg. 1981-1983, Beijing.

Zhonghua quan guo zonghui bangongting zhengce yanjiushi: Jianguo yilai Zongguo gongren jieji duiwu fazhan bianhua de yixie ziliao, in: Xue Muqiao (Hrsg.): Zhongguo Jingji Nianjian 1983, Beijing 1983, S.I. 36-39.

Zhonghua Renmin Gongheguo fenshen ditu, Shanghai 1951.

Zhou Hongfeng: Kaiyuan he jieliu bixu shuangguan qixia, in: Beijing Ribao vom 2.12.1979.

Zhou Hongshu, Bai Qingxiang, Wang Baoming: Guanyu zonghe Fushun youyeyan fadian de dianyi, in: Nengyuan, Nr.5, 1982, S.7-8.

Zhou Jing: Yejin qiye erzi nengyuan de huishou he liyong, in: Nengyuan, Nr.3, 1982, S.27-29.

Zhou Shiyu: Dizhi kantan gongzuo yao jingqiu jingji xiaoguo, in: Jingji Guanli, Nr.2, 1980, S.32-33.

Zhu Chengzhang: Woguo de chaoxi dongli ziyuan, in: Xin Nengyuan, Nr.3, 1981, S.71-73.

Zhu Chengzhang: Guanyu Woguo xiao shuidian de fazhan fangxiang wenti, in: Shuili Fadian, Nr.2, 1981, S.6-10.

Zhu Xiaozhang: Ye tan youxian kaifa shuidian de wenti, in: Shuili Fadian, Nr.2, 1980, S.5-6.

Zhu Yaoming: Dui nengyuan xiaohao jishu jisuan fangfa de yixie yidian, in: Nengyuan, Nr.1, 1981, S.18-19.

Zhu Yinren: Meitan ziyuan heli yu youxiao liyong wenti de tantao, in: Meitan Kexue Jishu, Nr.5, 1981, S.2-7.

Zhu Zemin: Jieyue nengyuan jieyu guli, langfei nengyuan yao shou chengfa, in: Renmin Ribao vom 11.6.1983.

Zuo Hu: Woguo yinggai fazhan hedian, in: Guangmin Ribao vom 11.12.1979.

ohne Verfasser
Guanyu tigao zhaoqishi mifeng xingneng de tujing, in: Nengyuan, Nr.4, 1982, S.37-39.

Huaihuang shinian, Beijing 1959.

Jiaqiang nengyuan guanli, jianshao nengyuan xiaohao, in: Nengyuan, Nr.6, 1982, S.19 ff.

Jiasu kaifa Dalimu pendi yonqi ziyuan, in: Renmin Ribao vom 2.1.1980.

Liaohe youtian jiancheng, in: Renmin Ribao vom 29.1.1980.

Liyong kuangjing wasi, jieyue meitan ziyuan, in: Xin Nengyuan, Nr.4, 1981, S.43.

Longyangxia shuidianzhan kanhong douzheng shi zeyang qude shengli de, in: Shuili Fadian, Nr.1, 1982, S.8-9, 14.

Meikuang anquan shengchan ke bu ronghuan, in: Renmin Ribao vom 4.11.1979.

Neng fou ceng chan bu ceng neng? Ceng chan you ceng neng ?, in: Shijie Jingji Dabao, 8.3.1983.

Quan guo huanjing baohu keji qingbaowang ji nian lai gongzuo gaikuang, in: Huanjing Kexue Dongtai, Nr.1, 1981, S.1-4.

Shanxi juexin ba meitan jidi jianshe hao, in: Renmin Ribao vom 17.9.1982.

Shanxi meitan nengyuan jidi jianshe xueshu taolunhui jiyao, in: Jingji Wenti, Nr.5, 1981, S.1-7.

Shanxi tong yanhai diqu jishu xiezuo youyou xin fazhan, in: Renmin Ribao vom 16.8.1982.

Shuidian gongcheng shigong zhiliang zeren zhanxing zhidu, in: Shuili Fadian, Nr.2, 1982, S.7-12.

Shuidian jiben jianshe gongcheng shigong zhiliang jiancha fangfa, in: Shuili Fadian, Nr.2, 1982, S.13-19.

Shuidianzhan yunxing guanli zhuanye weiyuanhui chengli ji xueshu taolunhui, in: Shuili Fadian, Nr.2, 1982, S.52.

Woguo gongtie, dianli, meitan, jixie, fangzhi zaozhi gongye jinxie, Beijing 1958.

Woguo shiyou xiaofei jiegou ji bu heli, in: Shijie Jingji Dabao vom 1.6.1981.

Woguo xiao shuidian dianshe de xianzhuang he zhanwang, in: Shuili Shuidian Jishu, Nr.3, 1980, S.57-58.

Zhongguo shiyou huagong zonggongsi zai Beijing chengli, in: Renmin Ribao vom 13.7.1983.

Xin Zhishi Cidian, Shanghai, 1958.

BÜCHER UND ARTIKEL - ANDERE SPRACHEN

Adelmann, M.A.: The World Petroleum Market, Baltimore 1972

Ahlborn, W.; Schröter, M.R.: Eine statistische Methode zur Beschreibung des Weltenergieverbrauchs, in: Brennstoff-Wärme-Kraft, Nr.5, 1983, S.255-258.

Anton, Peter: Mineralölwirtschaft (Themenbereich: Prognosen und Annahmen in Prognosen über die Energie-Intensität in der Endverbrauchsstruktur), in: Hans Matthöfer (Hrsg.): Argumente in der Energiediskussion. Energiebedarf und Energiebedarfsforschung, Bd.2, Villingen-Schwenningen 1977, S.153-168.

Arbeitsgemeinschaft deutscher wirtschaftswissenschaftlicher Forschungsinstitute e.V. (Hrsg.): Hearing 82.

Auer, Peter (Hrsg.): Energy and the Developing Countries, Pergamon Press 1981.

Bahlke, E.: Neue Transporttechnologien im Wandel der Energie, in: Brennstoff-Wärme-Kraft, Nr.6 (1981), S.257-268.

Bao Hanchen, Jin Fanan, Zhu Yajie: The prospects of the application of new techniques in the utilization of coal and oil shale in China, in: S.W.Yuan (Hrsg.): Energy, Resources and Environment, New York, Oxford, Toronto, Sydney, Paris, Frankfurt 1982, S.173-177.

Bischoff, Gerhard; Gocht, Werner (Hrsg.): Das Energie-Handbuch, Braunschweig 1981.

Bohnen, Ulrich; Schneider, H.K.: Erfolgskontrolle ausgewählter Energieprognosen der Vergangenheit (1960-1973), München 1979.

Brendow, K.: Energieverbrauchsprognosen internationaler Organisationen für Westeuropa - eine Exaktheitsanalyse, in: Statistische Hefte, Nr.1, 1969, S.66-85.

British Petroleum (Hrsg.): BP Statistical Review of World Energy 1982, London 1982.

Chang, John K.: Industrial Development in Pre-Communist China, Chicago 1969.

Chen Kaiguo: A tentative Inquiry into the Scissors Gap in the Rate of Exchange Between Industrial and Agricultural Products, in: Social Sciences in China, No.2, 1982, S.55-75.

Chen, Nai-Ruenn; Galenson, Walter: The Chinese Economy under Communism, Chicago 1969.

Cheng Chu-yuan: China's Allocation of Fixed Capital Investment 1952-1957, in: Michigan Papers in Chinese Studies, No.17, 1974

ders.: China's Petroleum Industry, Output Growth and Export Potentail, New York, Washington, London 1976.

Chin E.: China, in: Mining Annual Review, London 1982.

Clement, Hermann: Die Roh- und Grundstoffwirtschaft der Sowjetunion (Die Stellung der sowjetischen Roh- und Grundstoffindustrie in der internen sowjetischen Entwicklungspolitik), Hamburg 1974.

Cremer, Georg: Energiestrategien und Verteilung des Weltenergieverbrauchs: Die Auswirkungen energiepolitischer Entscheidungen in den Industrieländern auf die Rahmenbedingungen der
Energieversorgung der Dritten Welt, Berlin 1984.

Czakainski, Martin: Zur Energieversorgung der Entwicklungsländer, in: Zeitschrift für Energiewirtschaft, Nr.2, 1983, S.124-
135.

Darmstadter, Joel; zus.mit Teitelbaum, P.; Polach, J.: Energy
in the World Economy - A Statistical Review of Trends in Output, Trade and Consumption since 1925, Baltimore, London 1971.

Darmstadter, Joel; Dunkerly, J.; Alterman, J.: How Industrial
Societies use Energy - A Comparative Analysis, Baltimore,
London 1977.

Delfs, Robert: Thinking ahead - A planned nuclear plant would
be the biggest foreign investment in China, in: Far Eastern
Economic Review, No.35, 27.1.1982.

ders.: The critical impact of China's grain card, in: Far
Eastern Economic Review, No.40, 6.10.1983, S.56-58.

Deutsche Shell AG. (Hrsg.): Mineralöl und Erdgas 1983, in:
Shell Briefing Service, Mai 1984.

Donnithorne, Audrey: China's Economic System, London 1967.

Dunkerley, Joy et al.: Energy Strategies for Developing Nations, Baltimore 1981.

Eckstein, Alexander: The National Income of Communist China,
New York 1961.

ders.: China's Economic Revolution, Cambridge, London, New
York 1977.

Editional Committee (Hrsg.): China Handbook, Beijing 1983.

Ellis, A.J.: Geothermal Systems and Power Development, in:
American Scientist, Vol.63, Sept.-Oct.1975, S.510-521.

Emerson, John P.: Nonagricultural Employment in Mainland
China: 1949-1958, in: International Population Statistics Re-
port, Series P-90, No.21, US-Government Printing Office,
Washington, D.C.1965.

Ertle, Hand-Jürgen; Kneuper, Gottfried: Exploration als Voraussetzung für neuen wirtschaftlichen Bergbau, in: Glückauf,
Nr.19, 1980, S.898-903.

Esso AG (Hrsg.): Informationsprogramm Nr.4, Hamburg 1980.

Field, Robert M.: Slow Growth of Labour Productivity in Chinese Industry, in: The China Quarterly, No.96, Dec.1983,
S.641-664.

Fingar, Thomas: Energy and Development: China's Strategy for the 1980s, in: P.Auer (Hrsg.): Energy and the Developing Countries, Pergamon Press 1981, S.418-445.

Förster, Karl: Allgemeine Energiewirtschaft, Berlin 1965.

Foster, John: Petroleum Prospects for the People's Republic of China, in: J.Dunkerly (Hrsg.): International Energy Strategies, Cambridge, Mass.1979, S.381-389.

Franke, Jürgen; Viefhues, Dieter: Das Ende des billigen Atomstroms, Köln, Freiburg 1983.

Friecke, Wolfgang: Umfang und Entwicklung von Emissionen und Immissionen in der Bundesrepublik Deutschland, in: Glückauf, Nr.15, 1984, S.987-992.

Friede, Gerhard: Substitutionsansatz zur Schätzung alternativer Möglichkeiten der wirtschaftlichen Entwicklung, in: H. Matthöfer (Hrsg.): Argumente in der Energiediskussion, Energiebedarf und Energiebedarfsforschung, Bd.2, Villingen, Schwenningen 1977, S.63-75.

Frisch, J.-R.: Energy Prospects for the Third World 2000-25, in: World Energy Conference (Hrsg.): Conservation Commission Review and African Energy Prospects, 1976, S.62-65.

ders.: Third World Energy Horizons 2000-2020. A Regional Approach to Consumption and Supply Sources, Paper presented at the World Energy Conference, München 1980.

ders.: Survey of the long-term development of the energy supply and demand of the LDC's, in: 11th World Energy Conference, 8.-12.Sept., München 1980, S.337-364.

Geddes, W.P.: The Uranium and Nuclear Industries in China, in: Resources Policy, Dec. 1983.

Giersch, Herbert: Allgemeine Wirtschaftspolitik, Bd.I, Grundlagen, Wiesbaden 1961.

Glaeser, Bernhard (Hrsg.): Umweltpolitik in China. (Modernisierung und Umwelt in Industrie, Landwirtschaft und Energieerzeugung), Bochum 1983.

Gloria, Hans Gunter; Harnisch, Heinz; Braumann, Friedhelm: Die Energie- und Rohstoffwirtschaft der Volksrepublik China, Essen 1985.

Grathwohl, Manfred: Energieversorgung - Ressourcen, Technologie, Perspektiven, Berlin, New York 1978.

Großmann, Bernhard: Die wirtschaftliche Entwicklung der Volksrepublik China. Methoden und Probleme kommunistischer Entwicklungspolitik, Stuttgart 1960.

Gumpel, Werner: Energiepolitik in der Sowjetunion, Köln 1970.

ders.: Energiewirtschaft und Energiepolitik in den Ländern Osteuropas, in: Herbert Schmidt (Hrsg.): Energiewirtschaft und Energiepolitik in Gegenwart und Zukunft, Berlin 1966, S.107- 128.

Gutowski, Armin: Anmerkungen zu den Entwicklungschancen Chinas, in: Hamburger Jahrbuch für Wirtschafts- und Gesellschaftspolitik, 25.Jahr (1980), Tübingen 1980, S.275-286.

ders.: Kurzbericht über meine Beratungstätigkeit für die Regierung der VR China, (Aug./Sept.1981), unveröff. Manuskript.

Gutowski, Armin; Klenner, Wolfgang; Merklein, Renate: Bericht über einen Aufenthalt zur Beratung der Staatlichen Planungskommission in der VR China vom 1. bis 19. September 1980, unveröff.Manuskript

Gutowski, Armin; Klenner, Wolfgang; Wiesegart, Kurt: Situation und Perspektiven der chinesischen Wirtschaft, Verschuldungsnotwendigkeit und Finanzierungsspielraum, Hamburg 1979.

Harrison, S.S.: Time Bombs in East Asia, in: Foreign Policy, No.20, 1975, S.3-27.

Hoffman, Lutz: Der Kapitalbedarf im Energiesektor der Ölimportierenden Entwicklungsländer, in: Friedrich Ebert-Stiftung (Hrsg.): Probleme der Rohstofförderung, Bonn 1981, S.19-24.

ders.: Derzeitige Situation und spezielle Probleme im Energiebereich der Entwicklungsländer, in: Energiewirtschaft und gesamtwirtschaftliche Entwicklung - internationale und nationale Aspekte, Beihefte der Konkunkturpolitik, Nr.28, Berlin 1981, S.107-117.

Hua Guofeng: Schließen wir uns zusammen, um für den Aufbau eines modernen und starken sozialistischen Landes zu kämpfen!, Bericht über die Tätigkeit der Regierung, erstattet am 26. Februar 1978 auf der 1. Tagung der V. Nationalen Volkskongresses, in: Beijing Rundschau, Nr.10, 14.3.1978, S.24-27.

Iguchi, Tadao; Kobayashi, Hironao: The Japan-China long term trade agreement, in: Jetro, China Newsletter, No.16, Jan.1978.

Ishikawa, Shigeru: National Income and Capital Formation in Mainland China (An Examination of Official Statistics), Tokyo 1965.

ders.: China's Economic Growth since 1949 - An Assessment, in: The China Quarterly, No.94, June 1983, S.242-281.

Jiang Shengjie: Entwicklung von Chinas Kernenergie-Industrie, in: Beijing Rundschau, Nr.25, 1984, S.18-21.

J. S.: Free Market in Oil condemned, in: Petroleum Economist, April 1981.

Kalinowski, Paul: China baut sein Eisenbahnnetz aus, in: VDI-Nachrichten, Nr.47 vom 20.11.1981.

Kambara, Tatsu: The Petroleum Industry in China, in: The China Quarterly, No.60, 1974, S.699-719.

Kaneko, Masaru: Regional Population and Production, in: Jetro China Newsletter, No.34, Sept.-Oct.1981.

Kinzelbach, Wolfgang K.H.: Energie und Umwelt in China, in: B.Glaeser (Hrsg.): Umweltpolitik in China, Bochum 1983, S.303-324.

ders.: China: Energy and Environment, in: Environmental Management, No.1, 1982, S.10-16.

Klausing, Horst: Probleme der Standortverteilung der Schwerindustrie in der Volksrepublik China 1949-1959, Leipzig 1968.

Klenner, Wolfgang: Ordnungsprinzipien im Industrialisierungsprozeß der VR China, Hamburg 1979.

ders.: Der Wandel in der Entwicklungsstrategie der VR China - Umstrukturierung und Reform der chinesischen Wirtschaft seit 1978, Hamburg 1981.

ders.: Einzelwirtschaftliche Entscheidung und zentrale Lenkung im Wirtschaftsprozeß der VR China (Zur Reformdiskussion und Reformpolitik im nachmaoistischen China), unveröff. Manuskript, Hamburg 1984.

Klenner, W.; Wiesegart, K.: The Chinese Economy - Structure and Reforms in the Domestic Economy and in Foreign Trade, Hamburg 1983.

Kneuper, Gottfried: Der Kohlebergbau in den Entwicklungsländern, in: Glückauf, Nr.10 (1980), S.502-507.

Koch, Wilfried: Der Naturraum (China), In: B. Staiger (Hrsg.): China: Natur - Geschichte - Gesellschaft - Politik - Staat - Wirtschaft - Kultur, Stuttgart 1980.

Kong Xun: Prospects of China's Coal Industry, in: China Mines - Investment and Marketing Seminar, Beijing, März 1983.

Kraus, Willy: Wirtschaftliche Entwicklung und sozialer Wandel in der Volksrepublik China, Berlin, Heidelberg, New York 1979.

Krause, Florentin; Bossel, Hartmut; Müller-Reissmann, Karl F.: Energie-Wende, Wachstum und Wohlstand ohne Erdöl und Uran, Frankfurt 1980.

Kravis, Irving; Heston, W.W.; Summers, Robert: Real GDP per Capita for more than 100 Countries, in: Economic Journal, No.88, 1978, S.215-244.

Library of Congress (Hrsg.): China's Offshore Oil Development and the Energy Security of the Pacific Rim. Hearing before the Special Subcommittee on Energy and Commerce House of Representatives, 89th Congress, Second Session, Feb.28, 1984, Serial No.98-101, June 13, 1984.

Li Fu-dshun: Bericht über den ersten Fünfjahrplan zur Entwicklung der Volkswirtschaft in der Volksrepublik China von 1953 - bis 1957. Engl.Übers.: Report on the First Five-Year Plan for Development of the National Economy of the People's Republic of China in 1953-1957, Berlin (Ost).

Ling, H.C.: The Petroleum Industry of the People's Republic of China, Stanford 1975.

Lo In-zai: Die Entwicklung in der Volksrepublik China, in Glückauf, Nr.13, 1980, S.651-655.

Louven, Erhard: Zweite Lizenzrunde im Offshore-Ölbereich abgeschlossen, in: China aktuell, Juli 1985, S.425-426.

Lu Da-Dao; Kolb Albert: Zur territorialen Struktur der Industrie in China, in: Geographische Zeitschrift, H.4, 1982, S.273-292.

Lu Yingzhong: The important Role of Nuclear Energy within the Future Energy System of China, presented on the International Conference on Nuclear Power in Asia-Pacific Region, 25.-27.Jan 1983, Honolulu, Hawai, USA.

Lüttig, G.: Die Erdwärme und ihre voraussichtliche Rolle bei der Energiedeckung der Zukunft, in: Brennstoff-Wärme-Kraft, Nr.7, 1978, S.275-281.

Mao Tse-Tung: Ausgewählte Werke, Bd.IV, Peking 1969.

Marx, Karl: Das Kapital, Kritik der politischen Ökonomie, Bd.3, Berlin (Ost), 1969.

Meinhold, R.; Pätz, H.: Erdöl und Erdgas - von Plankton bis zur Pipeline, Leipzig 1979.

Meliß, M.: Regenerative Energiequellen, in: Brennstoff-Wärme-Kraft, Nr.4, 1977, S.136-142.
ders.: Regenerative Energiequellen, in: Brennstoff-Wärme-Kraft, Nr.4, 1983, S.150-155.

Menges, Günter: Probleme der Erhebung, Verfügbarkeit und Verwendung von Daten für Wirtschaftsprognosen, in: H. Matthöfer (Hrsg.): Argumente in der Energiediskussion, Bd.2, Energiebedarf und Energiebedarfsforschung, Villingen, Schwenningen 1977, S.367-381.

Meyerhoff, Arthur A.: Das Kohle-, Erdöl- und Erdgaspotential Chinas, in: Glückauf, Nr.7, 1980, S.346-356.

Meyerhoff, A.A.; Willums, J.O.: Petroleum Geology and Industry of the People's Republic of China, Vol.10, VN ESCAP, CCOP Technical Bulletin, Dec. 1976.

Meyer-Abich, Klaus M.: Energie, Energieeinsparung als neue Energiequelle, München, Wien 1979.

Mitchel, B.R.: Eisenbahnbau und Wirtschaftswachstum im Vereinigten Königreich, in: R.Braun et al. (Hrsg.): Industrielle Revolution, Köln, Berlin 1972, S.356-374.

Moog, Walter: Betriebliches Energie-Handbuch, Ludwigshafen 1983.

Morrison, Elizabeth: Borrowing on World Bond Markets, in: The China Business Review, January-February 1986, S.18-21.

Münzel, Frank (Hrsg.): Chinas Recht, Übersetzungen aus dem Recht der Volksrepublik China, Hamburg, versch.Jgg.

ders.: Das Recht der Volksrepublik China. Einführung in die Geschichte und den gegenwärtigen Stand, Darmstadt 1982.

Munteanu, Robert L.: Die Bedeutung der energiepolitischen Planung in den Entwicklungsländern, in: Herbert Schmidt (Hrsg.): Energiewirtschaft und Energiepolitik in Gegenwart und Zukunft, Berlin 1966, S.129-136.

Neu, Axel D.: Entkoppelung von Wirtschaftswachstum und Ener-gieverbrauch - eine Strategie der Energiepolitik, in: Kieler Diskussionsbeiträge, Nr.52, Kiel 1978.

ders.: Substitionspotentiale und Subtitutionshemmnisse in der Energieversorgung, in: Giersch (Hrsg.): Kieler Studien, Tübingen 1982.

Palmedo, Philip F.; Nathans, R.; Beardsworth, E.; Hale, S. jr.: Energy Needs, Uses and Resources in Developing Countries, New York 1978

Park Choon-ho; Cohen J.H.: The Politics of China's Oil Weapon, in: Foreign Policy, No.20, 1975, S.28-40.

Petroleum Economist, Petroconsultants (Hrsg.): Special Report on China, in: Petroleum Economist, Nov.1981.

Pressedienst der Hauptverwaltung der Deutschen Bundesbahn (Hrsg.): Zahlen von der Deutschen Bundesbahn, Ausgabe 1983.

Qi Wen: China: Ein Überblick, Peking 1982.

Rose, Klaus: Produktivität, in: Handwörterbuch der Sozial-wissenschaften, Achter Band, Göttingen 1964, S.613-619.

Rostow, W.W.: The Process of Economic Growth, 2.Aufl., Oxford 1960.

Rowly, Anthony; Loong, Pauline: The politics of nucear power. - A project in China has implications for Hongkong, Britain and world commerce, in: Far Eastern Economic Review, No.42, 10.10.1980.

Rühl, Walter: Erdölgewinnung weltweit (Technische und finan-zielle Probleme - immer mehr aus dem Meer), in: Energiewirt-schaftliche Tagesfragen, H.3, 1982, S.214-217.

Sames, C.-W.: Die Zukunft der Metalle, Frankfurt 1974.

Sandner, Norbert: Die Grenzen der mittel- und langfristigen Prognosen des Energieverbrauchs, in: Glückauf, Nr.24, 1972, S.1147-1160.

Schenk, Karl-Ernst: Bürokratie und Wirtschaftsordnung. Endo-gene Faktoren für die Veränderung, in: Hamburger Jahrbuch für Wirtschafts- und Gesellschaftspolitik, 23.Jahr (1978).

ders.: Märkte, Hierarchien und Wettbewerb, Elemente einer Theorie der Wirtschaftsordnung, München 1981.

Schier, Peter: Veränderungen im Verwaltungssystem der Volks-republik China, in: China aktuell, Juli 1984, S.392-398.

Schilling, H.D.; Wiegand, D.: Transportkosten für Kohle und ihre Veredelungsprodukte von Übersee nach Westeuropa, in: Glückauf, Nr.6, 1980, S.283-288.

Schmidt, Helmut: Metall- und Nichtmetallrohstoffe in der VR China, in: E.Garms (Hrsg.): Wirtschaftspartner China 81/82, Chancen nach der Ernüchterung, Hamburg 1981, S.155-176.

Schmidt, Herbert (Hrsg.): Energiewirtschaft und Energiepolitik in Gegenwart und Zukunft, Berlin 1966.

Schneider, Hans K.: Die Interdependenz zwischen Energieversor-gung und Gesamtwirtschaft als wirtschaftpolitisches Problem, in: Institut für Volkswirtschaftslehre der Universität Augs-burg (Hrsg.): Volkswirtschaftliche Diskussionsreihe, Beitrag Nr.15, Augsburg 1980.

ders.: Weltweite Entwicklung des Energieangebots, der Energie-nachfrage und der relativen Preise für Energie, in: Beihefte der Konjunkturpolitik, H.28: Energiewirtschaft und gesamtwirt-schaftliche Entwicklung - internationale und nationale Aspek-te, Berlin 1981, S.9-36.

ders.: Wachstumsminderung durch begrenzte Energie- und Roh-stoffvorräte, in: W.Zohlnhöfer (Hrsg.): Wachstumsminderung und soziale Gerechtigkeit, Limburg 1982, S.7-23.

Schneider, Hans K.; Schulz, W.: Die optimale Nutzung erschöpf-barer Ressourcen, in: O.Issing (Hrsg.): Ökonomische Probleme der Umweltschutzpolitik, Schriften des Vereins für Socialpoli-tik, Nr. 91, Berlin 1976, S.119-161.

Schubert, E.: Kohlenwasserstoffe, in: Weltenergiekonferenz (Hrsg.): Survey of Energy Resources 1980, 11.Weltenergiekonfe-renz, München 1980.

Schulz, Walter: Die langfristige Kostenentwicklung für Stein-kohle am Weltmarkt, in: Zeitschrift für Energiewirtschaft, Nr.1, 1984, D.8-20.

Sigurdson, Jon: Rural Industrialization in China, in: Joint Economic Committee (Hrsg.): China: A Reassessment of the Eco-nomy, Washington, D.C. 1975, S.411-435.

Smil, Vaclav: China's Energy Consumption and Economic Growth, presented at the Second Petroleum News Conference on Hong Kong: The Energy Development of Southern China, Hong Kong, 16./17.März 1981.

ders.: Of Trees and Straws, in: P.Auer (Hrsg.): Energy and the Developing Countries, Pergamon Press 1981, S.126-143

ders.: China's Energy - Achievements, Problems, Prospects, New York, Washington, London 1976.

Sombart, Werner: Der moderne Kapitalismus, 3.Band: Das Wirtschaftsleben im Zeitalter des Hochkapitalismus, 1.Halbband, München und Leipzig, 1927.

Song Ming: China's Pipeline-Netz wächst, in: Oel - Zeitschrift für die Mineralölwirtschaft, Oktober 1982, S.274.

State Statistical Bureau (Hrsg.): Ten Great Years, Peking 1960.

Strewe, M.Th.: Das Verkehrswesen in China, in: Josef Hellauer (Hrsg.): China-Wirtschaft und Wirtschaftsgrundlagen, Berlin, Leipzig 1921, S.95-127.

ders.: Industrie und Bergbau Chinas, in: Josef Hellauer (Hrsg.): China - Wirtschaft und Wirtschaftsgrundlagen, Berlin, Leipzig 1921, S.185-217.

Sun Yefang: Industrie: Der Weg zur technischen Umgestaltung, in: Beijing Rundschau, Nr.9, 1983, S.21-25.

Tian Jiyun: Über die Reform des Preissystems, in: Beijing Rundschau, Nr.4, 1985, S.17-21.

Tjiu Pe-tjiang: Die Energiekrise und die Rauferei um die Energievorkommen, in: Peking Rundschau, Nr.39, 1973, S.13-15.

Traube, Klaus; Ullrich, Otto: Billiger Atomstrom ? Wie die Interessen der Elektrizitätswirtschaft die Energiepolitik bestimmen, Reinbek bei Hamburg, 1982.

United Nations (Hrsg.): 1981 Yearbook of World Energy Statistics, New York 1983.

Verein Deutscher Elektrizitätswerke VDEW (Hrsg.): Die öffentliche Elektrizitätsversorgung, versch.Jgg., Frankfurt.

Verein Deutscher Kohleimporteure (Hrsg.): Jahresbericht, versch. Jgg., Hamburg.

Wang Zhenzhi; Wang Yongzhi; Jia Xiuyan: A Summary of the Discussion on Price Theory during the Past Few Years, in: Social Sciences in China, No.3, 1982, S.16-34.

Weil, Martin: Coal's Promises and Problems (Old prejudices are weakening as the Chinese move to speed up production), in: The China Business Review, March-April 1984, S.40-48.

ders.: Hydropower, China plans to add 1500 MW annually through the year 2000, in: The China Business Review, July/Aug. 1982, S.9-23.

ders.: Rethinking Coal Development, in: The China Business Review, March-April 1986, S.16-17.

Weltenergiekonferenz (Hrsg.): Survey of Energy Resources 1980, 11.Weltenergiekonferenz, München 1980.

Wiesegart, Kurt: Der Kohlesektor in der Provinz Shanxi, in: Glückauf, Nr.8, 1984, S.480-492.

ders.:Probleme bei der Nutzung der Shanxi-Kohle, in: Glückauf, Nr.12, 1984, S.751-757.

ders.: Kernenergie zur Lösung von China's Energieproblemen ?, in: Brennstoff-Wärme-Kraft, Nr.1/2, 1984, S.31-34.

ders.: Die Energiewirtschaft der VR China - Kohle, Erdöl, Erdgas, Wasserkraft, in: E. Garms (Hrsg.): Wirtschaftspartner China, 81/82, Hamburg 1981, S.136-154.

ders.: Gezeitenkraftwerke in der VR China, in: Energie-Wasser-Luft, Nr.7/8, 1984, S.162-164.

ders.: Wirtschaftskooperation mit China. Die institutionellen Rahmenbedingungen, Hamburg 1984.

Wiesinger, J.: Transport von Energie, Verbesserungen der Verfahren zum elektrischen Energietransport und seine Umweltbeeinflussung, in: Brennstoff-Wärme-Kraft, Nr.3, 1975, S.116-119.

Wittfogel, K.A.: Wirtschaft und Gesellschaft Chinas, Leipzig 1931.

Woodward, Kim: The International Energy Policies of the People's Republic of China, Vol.I, II, Ann Arbor, London 1976.

ders.: Year of the Bear of Year of the Wildcat ? China's Oil in the International Context, presented at the Second Petroleum News Conference on Hong Kong: The Energy Development of Southern China, Hong Kong, March 1981, S.16/17.

ders.: The Drilling Begins, in: The China Business Review, Mai-June 1983, S.18-25.

World Bank (Hrsg.): Weltentwicklungsbericht, Washington, D.C., versch. Jgg.

ders.: Energy in the Developing Countries, Washington, D.C., August, 1980.

ders.: China: Socialist Economic Development, Vol.I, The Economy Statistical System and Basic Data; Vol.II, The Economic Sectors, Agriculture, Industry, Energy, Transport and External Trade and Finance; Vol.III, The Social Sectors, Population, Health, Nutrition and Education, Washington, D.C. 1983.

ders.: China: Long-Term Issues and Options, Annex C: Energy, Washington, D.C. 1985.

World Energy Conference (Hrsg.): An Appraisal of World Coal Resources and their Future Availability, Essen 1977.

Wu Yaxing: Proposed Sino-Foreign Cooperation Projects, in:
China Mines - Investment and Marketing, Beijing, March 18-26,
1983.

Wu Yuan-Li with the assistance of H.C.Ling: Economic Development and the Use of Energy Resources in Communist China,
New York, London 1963.

Wu Yuan-Li with a contribution by Ronald Hsia: The Steel
Industry in Communist China, New York, Washington, London
1965.

Xu Li; Chen Baosen: On the Necessity and Possibility of Stabi-
lizing Prices, in: Social Sciences in China, No.3, 1981,
S.121-138.

Xue Muqiao: Sozialismus in China - Erfolge, Fehlschläge,
Reformperspektiven, Hamburg 1982.

ohne Verfasser

Beschluß des Zentralkommittees der Kommunistischen Partei
Chinas über die Reform des Wirtschaftssystems vom 20.10.1984,
abgedr.in: Beijing Rundschau Nr.44, 1984, vom 30.10.1984 (Beilage).

China will Kernkraftwerke betreiben (Verzicht auf Kontroll-
inspektion bringt Frankreich Vorteile), in: Blick durch die
Wirtschaft (FAZ), Frankfurt, Nr.11, 16.1.1981.

China plant seine Kohlenproduktion zu verdoppeln, in: Beijing
Rundschau, Nr.41, 12.Okt.1982, S.6-7.

Datjing - Ein rotes Banner an Chinas industrieller Front,
in: Verlag für fremdsprachige Literatur, Beijing 1972.

Erfolge und Probleme der Volkswirtschaft Chinas 1982, in:
Beijing Rundschau, Nr.13, 1983, S.19-23.

Kann China sein wirtschaftliches Ziel bis 2000 erreichen?
in: Beijing Rundschau, Nr.42, 19.10.1982, S.19-21.

New China's Economic Achievements 1949-1952, Peking 1952

Mitsui SRC will donate liquifaction plant to China, in: The
Japan Economic Journal,No.1098, 6.3.1984.

Zwischenbilanz der Preisreform, in: Beijing Rundschau, Nr.49,
1985, S.6-7.